高等院校小学教育专业教材

小学班队工作
原理与实践（第四版）

主 编 ◎ 古人伏 沈嘉祺 朱 炜

华东师范大学出版社
·上海·

图书在版编目(CIP)数据

小学班队工作:原理与实践/古人伏,沈嘉祺,朱炜主编.—4版.—上海:华东师范大学出版社,2021
ISBN 978-7-5760-1845-5

Ⅰ.①小… Ⅱ.①古…②沈…③朱… Ⅲ.①小学-班会-师范大学-教材②小学-少年先锋队活动-师范大学-教材 Ⅳ.①G621②D432.51

中国版本图书馆 CIP 数据核字(2021)第 114628 号

小学班队工作——原理与实践(第四版)

主　　编	古人伏　沈嘉祺　朱　炜
责任编辑	师　文
特约审读	时方圆
责任校对	时东明
装帧设计	俞　越

出版发行　华东师范大学出版社
社　　址　上海市中山北路 3663 号　邮编 200062
网　　址　www.ecnupress.com.cn
电　　话　021-60821666　行政传真 021-62572105
客服电话　021-62865537　门市(邮购)电话 021-62869887
地　　址　上海市中山北路 3663 号华东师范大学校内先锋路口
网　　店　http://hdsdcbs.tmall.com

印 刷 者　上海展强印刷有限公司
开　　本　787 毫米×1092 毫米　1/16
印　　张　20
字　　数　427 千字
版　　次　2021 年 11 月第 4 版
印　　次　2025 年 7 月第 14 次
书　　号　ISBN 978-7-5760-1845-5
定　　价　49.80 元

出版人　王　焰

(如发现本版图书有印订质量问题,请寄回本社客服中心调换或电话 021-62865537 联系)

第四版前言

时代在发展，社会在变革，《小学班队工作——原理与实践》一书也随之作了两次修订。本书是在新时代中国特色社会主义的社会大背景下第三次修订的版本。

小学班队工作一直受到党和政府的高度重视，2021年2月颁发的《中共中央关于全面加强新时代少先队工作的意见》，让小学少先队工作面临新的发展机遇。本次修订，秉承既往的编写理念，以社会主义核心价值观为价值引领，力求体现时代精神，反映教育理论与实践研究的新成果，并将两者较好地结合起来，使全书更具科学性、应用性和可读性，为读者的学习、研究和工作提供支持和帮助。

党的二十大报告指出，"育人的根本在于立德"，要求"落实立德树人根本任务"。为此，本书在修订过程中，对一些问题作了较深入的思考与探究，如：新时代培养青少年成为"时代新人"的具体要求是什么？小学班队工作者的使命与任务有哪些新特点？对小学生进行社会主义核心价值观教育的着眼点在哪里？怎样为小学生确立正确的价值观打下坚实基础？爱国主义教育的时代意义和新特点，以及人工智能时代劳动教育的特点及价值如何体现？在此思考的基础上，本书对内容作了增补和修改，对一些案例、延伸阅读等材料去旧出新，力求使内容更丰富充实、形式更生动活泼，能够给人以启迪。

本书在修订过程中参考了一些书报杂志和互联网上的资料，并从中选用了部分资料，以丰富和完善相关内容，在此由衷地向各作者致谢。

上海市闵行区莘庄镇小学冯志兰老师、上海市浦东新区孙桥小学曹婷婷老师、上海市徐汇区东二小学张艳老师、上海市徐汇区光启小学吴婷老师、上海市浦东新区福山外国语小学吴屹老师、上海市嘉定区古猗小学方志婷老师、上海市徐汇区实验小学沈韶华老师、上海市闵行区田园外语实验小学王祯娇老师、浙江省武义县芦北小学巩淑青老师为本书提供了视频资源，在此向以上老师致以诚挚的谢意。

华东师范大学出版社的师文编辑，对本书的修订工作给予了悉心指导，对她的大力支持和帮助深表谢意。

本书由朱炜修订第一、四、九章，沈嘉祺修订第二、三、五、六、七章，何光修订第八章，古人伏统稿。

因水平所限，不足之处在所难免，敬请同行和广大读者批评指正。

编　者

2023年5月

第三版前言

本书修订主要参照教育部《关于大力推进教师教育课程改革的意见》（[2011]6号）及《教师教育课程标准（试行）》的具体要求。

本书修订着重在三个方面：一是体现党的"十八大"以来党和国家对年轻一代培养与教育的重要指示精神，凸显新形势下对少年儿童思想品德教育和精神素质培养的新要求；二是在互联网时代，小学班队工作面对的问题与应对措施；三是汲取近年来德育理论与实践研究的新成果，进一步充实有关内容，并对部分案例和相关资料作修改补充和更新。

本书在修订过程中参阅了许多相关著作和文章，并引用了其中的一些案例和资料，在此对文章作者深表谢意。本书的修订得到华东师范大学出版社邓华琼、夏海涵两位编辑的大力支持和帮助，在此表示深切感谢。

本书由古人伏、沈嘉祺、朱炜修订。

编　者

2015年6月

第二版前言

本书自 2001 年出版以来,先后印刷 10 次,数量逾 5 万册。该书能得到各方使用者的肯定,我们深感欣慰,感谢读者的厚爱。

八年来,我国社会各方面发生了巨大变化,教育有了很大的发展,德育也越来越受到人们的关注,尤其是中共中央、国务院《关于进一步加强和改进未成年人思想道德建设的若干意见》的发布,对中小学的德育工作更是起了极大的推动作用。其间,德育理论出了不少新的研究成果,德育实践创造了许多新鲜经验。这些都促使我们对小学班队工作作了进一步的思考和研究。为此,我们对此书进行了修订。

在新的社会大背景下,重新审视此书,它所阐述的原理和论点仍然适用,但在书中的内容和呈现方式等方面,需要进一步充实和更新,以适应新形势下教学的需要。因之,此次修订主要着眼于以下三个方面:一是根据时代发展变化的要求,在班队工作的理念与教育的实施方面,充实新的内容。二是进一步突出实践性,吸纳近年来中小学德育实践中创造的行之有效的德育方法与途径,对书中原有的案例进行更新,并补充许多新鲜经验,以增强操作性。同时,在"思考与探究"中,增加了源自实践的问题讨论及实践作业,力求以任务带学习,提高学习者联系实际思考和解决问题的能力。三是在呈现方式上,增加了许多图片和表格,并以"资料链接"的方式呈现一些资料,以丰富学习内容,拓展学习者的视野,活跃其思维,使之在阅读中获得更多的快乐。

原书参加编写的人员(按章节顺序)有:朱炜、沈嘉祺、颜培红、陈建华、施永达、古人伏、张虹、段鸿、梅珍兰、夏正江。

本书由古人伏、沈嘉祺、朱炜修订。

本书引用了许多发表在互联网上以及刊登在杂志、报纸及著作中的实践研究成果和典型案例,在此对上述文章的作者以及所有给予支持和帮助的人表示衷心的感谢。江苏教育报刊社总编办公室主任、副编审蒋新生审读了全部书稿,华东师范大学出版社的朱建宝编辑为本书的修订工作付出了辛勤劳动,在此一并表示谢意。

尽管我们力求将原书修改完善,但限于水平,仍会有许多疏漏或不妥之处,恳请同行和广大读者批评指正。

编　者

2009 年 12 月

目录

第一章 现代小学教育与小学生 / 1

第一节 小学教育的性质和特点 / 3
一、小学教育的性质 / 3
二、小学教育的特点 / 9

第二节 现代小学生与小学教育 / 18
一、小学生的心理发展特点 / 18
二、现代小学生的时代特征 / 19
三、21世纪的人才素质和现代小学教育 / 23

视频资源：我们的班名我们做主："四季逗"诞生记 / 32

第二章 班队工作的意义与理念 / 33

第一节 班队的含义、历史由来及性质与特点 / 35
一、班级的含义、历史由来及性质与特点 / 35
二、少先队的含义、历史由来及性质与特点 / 36

第二节 班队工作的意义及相互关系 / 39
一、班队工作的意义 / 39
二、班级工作与少先队工作的关系 / 40

第三节 班队工作的理念 / 42
一、学生主体观 / 42
二、知行统一观 / 47
三、可持续发展观 / 48
四、全局、全面观 / 50
五、生命教育观 / 51

视频资源："安"乐幸福 "源"起先锋 / 56

第三章　班队工作的内容与原则 / 57

第一节　班队工作者的主要职责与任务 / 59
　　一、班队工作者的主要职责 / 59
　　二、班队工作者的主要任务 / 61

第二节　班队工作的基本内容 / 67
　　一、班级工作的基本内容 / 67
　　二、少先队工作的基本内容 / 70

第三节　班队工作的基本原则 / 75
　　一、正面教育原则 / 75
　　二、尊重学生与严格要求相结合原则 / 75
　　三、适应年龄特征与因材施教相统一原则 / 76
　　四、集体教育与个别指导相结合原则 / 78
　　五、教育一致性和连贯性相统一原则 / 79
　　六、言行一致原则 / 80

　　▶ 视频资源：扔还是不扔？——一堂"劳动教育"主题班会 / 83

第四章　班队工作者的素养 / 84

第一节　思想政治素养 / 86
　　一、政治素养 / 86
　　二、思想素养 / 88

第二节　学识素养 / 92
　　一、扎实的教育学、心理学知识 / 92
　　二、精深的专业知识 / 92
　　三、广博的知识视野 / 96

第三节　道德素养 / 97
　　一、加强对自身的道德要求 / 98
　　二、热爱班队工作，有专业奉献精神 / 100
　　三、运用"道德"的教育手段和教育方法 / 101

第四节　心理素养 / 103
　　一、良好的个性品质 / 104
　　二、对学生有同情心 / 104
　　三、正确地认识自我、评价自我 / 104
　　四、具有自我控制能力 / 105

第五节 能力素养 / 106
    一、信息技术应用能力 / 106
    二、谈话沟通能力 / 108
    三、活动能力 / 112
    四、创新能力 / 113

视频资源：引领学生从"我"走向"我们"——记2020年上海市"十佳"班主任吴婷 / 120

第五章 班队建设 / 121

第一节 班队建设的意义 / 123
    一、班队建设的必要性 / 123
    二、班队集体建设的意义 / 124

第二节 班队建设的基本构架 / 127
    一、班队思想建设 / 128
    二、班队组织建设 / 130
    三、班队制度建设 / 136
    四、班队环境建设 / 141

视频资源：我们的班规我们订 / 151

第六章 班队中的人际互动与教育 / 152

第一节 班队中的师生互动 / 154
    一、师生互动的实质 / 154
    二、师生互动的类型 / 158
    三、师生互动的主要影响因素 / 159
    四、师生互动的基本准则 / 161

第二节 班队中的个别教育 / 165
    一、学业与品德发展良好学生的教育 / 165
    二、学业与品德发展中间状态学生的教育 / 166
    三、学业与品德发展存在问题行为的学生的教育 / 167

第三节 班级中非正式群体的教育 / 178
    一、小学班级非正式群体的主要特点 / 178
    二、正确对待班级中的非正式群体 / 179

视频资源：小淘气变形记 / 187

第七章　班队活动的组织与设计 / 188

第一节　班队活动概述 / 190
一、班队活动的含义及其教育意义 / 190
二、班队活动的原则 / 192
三、班队活动题材的来源 / 197

第二节　班队活动的组织形式 / 199
一、主题教育活动 / 199
二、班队例会 / 202
三、班队文艺活动 / 205
四、班队体育活动 / 206
五、班队科技活动 / 206
六、班队劳动 / 209
七、班队游戏活动 / 216
八、"红领巾奖章"争章活动 / 218

第三节　班队活动设计案例 / 219
一、班级主题活动案例 / 219
二、少先队实践活动案例 / 226

视频资源：手机使用公约修订：手机铃响起后 / 233

第八章　学校与家庭、社区的合作 / 234

第一节　学校与家庭的合作 / 236
一、学校与家庭合作的必要性 / 237
二、家校合作的主要类型及具体形式 / 240
三、家校合作的基本策略 / 250

第二节　学校与社区的合作 / 255
一、学校与社区合作的必要性 / 255
二、学校与社区合作的组织形式 / 261

视频资源：班主任第一次家访须知 / 272

第九章　班队工作研究 / 273

第一节　班队工作研究的原理与策略 / 275
一、班队工作研究的原理：发扬科学人文主义精神，一切为了儿童 / 275
二、班队工作研究的策略之一——行动研究 / 277

三、班队工作研究的策略之二——案例研究 / 288

第二节　班队工作研究的课题 / 294
　　一、科研课题的产生条件 / 294
　　二、研究课题举例 / 299

视频资源：行动是自信的源泉——乡村班主任的自信心发展之路 / 303

附录（扫描二维码阅读）/ 304

　　一、《小学生日常行为规范（修订）》
　　二、《少先队辅导员工作纲要（试行）》
　　三、《中小学班主任工作规定》
　　四、《教育部关于〈中小学班主任工作规定〉所作的说明（节选）》
　　五、《中小学心理健康教育指导纲要（2012年修订）》
　　六、《中国少年先锋队章程》
　　七、《中共中央国务院关于全面加强新时代大中小学劳动教育的意见》
　　八、《大中小学如何开展劳动教育？教育部12问答详解》
　　九、《中共中央关于全面加强新时代少先队工作的意见》
　　十、《全国教育科学规划课程申请书》

第一章

现代小学教育与小学生

- 掌握小学教育的性质与特点
- 了解小学生的心理发展特点
- 领会现代小学生的时代特征
- 理解小学教育模式及其在人才培养中的作用

案例 1-1

　　孩子的心灵是一颗透明的玻璃球，美丽而易碎，有时候一句无心的话语都有可能伤害他们稚嫩的童心。有一件事情，至今想起来都在不停地提醒着我、鞭策着我，也正是这件事情告诉了我——童心无邪。

　　那是周五，轮到我上辅导课，考虑到一年级小朋友认识的字太少，所以为了图省事，我就要求他们统一把数学卷子拿出来，我念一题，他们做一题。孩子们都听话地开始做起来，可是当我走到小美身边时，发现她没有做题目，而是在涂涂画画着什么。于是我在她的桌子边敲了敲，并让她把卷子拿出来赶快做。可是，当我把一面卷子全部念完，下去检查同学们的完成情况时，发现小美还在拿着她那张纸不停地画着。这一下我的脸便板了起来："你在干什么呢？为什么不做作业乱画画？"小家伙的脸一下子红了，小嘴嗫嚅了几下，仿佛想为自己辩解，但是我没有给她辩解的机会，也无视她眼中委屈的泪水，直接就把她的画给没收了。

　　本来，这只是我教学生涯中的一件微不足道的小事，可是，两天后发生的事情改变了我的看法。那天正是9月10日教师节，放学时，我看着孩子们一个一个被家长领走。这时，小美的妈妈走上来对我说："我们家小美说今天是教师节，一定要送给您一张贺卡，可是准备好了，自己又不敢送，非得要我来给你。"说完，递给我一个白色的信封。我打开一看，原来是小家伙自己画的一张画，画的右边歪歪斜斜地写着"祝尤老师教师节快乐"几个字。我看了看一直躲在妈妈身后没有说话的小美，微笑着对她说："尤老师很喜欢你送的贺卡，真是一份特殊的礼物，但是如果是你亲手送给我就更好了！"小美低着头轻声地说："那天我在给你做贺卡时，你很生气，所以……"小家伙的话如同一记闷棍打在了我的头上，天哪，原来当时她正满心欢喜地给我制作教师节卡片，可我却以为她不守纪律并用那么简单粗暴的方式来对待她。想到这里我的脸不由自主地发烫了起来。带着深深的歉意，我低下身子对她说："那天老师没有问清楚原因就收掉你的画，是老师的不对，你能原谅老师吗？"她点点头。我接着说："但是，尤老师要告诉你，我们小朋友上课时要听老师的安排，不可以做和上课无关的事儿，知道了吗？"看着她如释重负的样子，再看着手中这份特殊的教师节礼物，我的心一点也轻松不起来。

　　童心是纯真的，我们老师在处理一些问题时，如果所用的方法简单、粗暴，往往会在不知不觉中伤害这一颗颗无价的童心，而如果我们当时多一些耐心、关爱和理解，我们就会发现童心世界是个充满爱的世界。我告诫自己：好好努力，善待童心！

　　（资料来源　选自佚名：《童心无价》。）

儿童的可爱，在于他们的纯真、善良和清澈，正如案例中的小美。教师，以教书育人为己任，一个优秀的教师，能够在遵循儿童身心发展规律的同时履行自己的职责，因为他知道：童心无价。

小学是对儿童实施初等教育的学校，它是给儿童以全面的基础教育的场所。作为着眼于未来的小学教育，其在人一生的发展过程中所起的奠基作用是不言而喻的，因而几乎所有的国家都把做好小学教育同本国的长远发展联系起来，把对儿童的初等教育当作一项国家的基本任务来实施。

对进入小学的儿童来说，年级和班队是学校教育结构中对其进行定位的两大因素，而后者更是构成了儿童日常学习和生活的直接环境。在我国，小学班队工作是实施德育的重要途径。党的十九大报告和二十大报告都强调要"落实立德树人根本任务"；教育部在2017年8月颁布的《中小学德育工作指南》中明确指出要"以培养学生良好思想品德和健全人格为根本"。因此，全面而深入地对小学班队工作进行探讨和研究，是贯彻党和国家的教育方针政策，更好地促进学生核心素养提升和全面发展的必然要求。正是基于这样的认识，对班队的分析及其工作的开展便成为本书的中心内容。在此之前，首先要对小学教育性质有清晰的认识，从总体上理解小学教育的实质及小学生的基本特点，只有这样才能较好地把握小学班队工作的特点及其运作过程。

第一节
小学教育的性质和特点

一、小学教育的性质

（一）基础性

我们常用"天真烂漫""活泼可爱"来形容儿童的性格表现。从心理学意义上来讲，作为情绪性表征，这是儿童内部心理过程的自然展开。然而，人不能只停留在这种原始的情绪化水平，必须经历从自然人到社会人的转变。而作为一个社会人，其所具备的素质应该是多层次、多类型的，从知识结构、思想道德，到业务能力、人际交往，这些都是保证一个人在社会舞台上生存和发展的必要条件，而这样或那样的素质，并非与生俱来，或者是从"天真烂漫""活泼可爱"中自然演化的，它是在接受有计划的教育（尤其是学校教育）过程中逐步习得的。其中，小学教育则是推动人的素质发展的基础，因而，小学教育亦被称作"基础教育"。在社会主义现代化建设过程中,科技是关键,教育是基础,基础教育则是基础的基础。具体而言,小学教育的这种基础性主要体现在以下两个方面。

首先,对于小学生个人来说,小学教育是全面发展的基础。个体是群体最基本的单元,对于社会总体的发展,不能单纯脱离于个体之外而抽象地理解,个体的完善是推动群体发展的基本条件。对小学教育来说,它的作用对象首先就是一个个具有个性特点的小学生,因而,"小学生在小学教育的影响下怎样成长",成为教育者乃至全社会必须关注的问题。

在我国制定的课程计划中,对小学的培养目标作了具体的规定,在思想品德、知识能力、身心健康、生活劳动等方面都有明确的要求。在面向未来的发展过程中,小学教育的基础性,从最概括的意义上看,是为小学生的全面发展打好基础。这种全面发展的基础包括两大方面:一是社会适应性基础,二是自我发展性基础。前者可进一步解释为社会对人的各项要求,例如,对基本思想道德规范,读、写、算的能力,生活、劳动的基本态度和能力的了解与掌握,以及具备合群、乐观、负责等积极的心理品质,这些是小学生将来从事社会工作和活动的立足之本。后者则是从挖掘儿童的主体潜能出发,侧重于培养小学生对自我的认识和控制,激发其主体力量,使其自觉、主动地学习,并逐步完善自己的人格。从世界发展的趋势看,面向未来的现代人,通过激发主体潜能促进自我发展,已显得愈发重要。从内容上看,这种自我发展性基础包括独立、自主、探究、开放、创造等精神品质的开发和养成。心理学研究表明,自我意识(包括自我评价、自我体验、自我控制)在小学阶段发展速度较快。针对这一特点,通过教育为少年儿童打下自我发展的基础,使之在人生道路上化被动为主动,化消极为积极,这不仅仅是为适应社会打基础,更是为融入社会作准备。

其次,对国家和社会来说,小学教育是"广出人才,出好人才"的基础。2019年2月,由中共中央、国务院颁布的《中国教育现代化2035》中指出:"将服务中华民族伟大复兴作为教育的重要使命……着力提高教育质量,促进教育公平,优化教育结构,为决胜全面建成小康社会、实现新时代中国特色社会主义发展的奋斗目标提供有力支撑。"[①]中国的未来发展、中华民族的伟大复兴,关键靠人才,基础在教育。的确,当我们从"类"的意义上来理解人的时候,以固定地域、共同种族特点的人构成的集合体为特征的国家和民族便显现了出来。一个国家的发展,并不是其中一个人或者一小部分人的力量所能决定的,而是依靠国家全体公民齐心协力推动,因而,这个国家的公民总体素质的高低,便成为能否有效推动国家整体向前发展的关键因素。所以,几乎所有国家的政府在提高国民素质上都是竭尽全力的。通过教育达到这一目标,则是最为重要,也是最有成效的手段之一。即便是在美国、日本等经济发达国家,总统或首相在竞选、执政期间,也都把教育当作头等大事。包括中国在内的许多发展中国家也纷纷采取措施,力图通过教育培养大批人才,提高国民素质,以此推动本国经济文

---

① 中共中央、国务院印发《中国教育现代化2035》[EB/OL]. (2019-02-03)[2020-08-30]. http://www.gov.cn/zhengce/2019-02/23/content_5367987.htm.

化的快速发展,增强综合国力。

人才从"出炉"到"投入使用",需要有一个过程,尤其是那些掌握高端技术,能够走在科学研究领域前沿的人才,更须凝聚教育工作者的智慧和精力,花费更多的时间,才能培养出来。而在培养人才的过程中,小学基础教育始终是"多出人才,出好人才"的摇篮。"九层之台,始于垒土",只有基盘坚实,才能长得高、站得稳。世界上没有一蹴而就的教育,知识获得靠的就是积累、完善,小学阶段掌握的知识、技能,看似简单,实则不可或缺,人才尽管不直接出自基础教育,但必然孕育于基础教育。

始于20世纪80年代中期的中国教育改革,出于对"多出人才,出好人才"的渴求,从教育体制到课程编制上进行了一系列改革,小学作为基础教育也成为改革的一片"热土"。经过这些年的努力,我国小学教育呈现了崭新面貌,然而,在小学教育的完善方面还有很长的路要走,广大教育工作者也正在孜孜不倦地探索,因为他们懂得,小学教育的基础性在人才培养中起到了至关重要的作用。

(二) 全面性

所谓"全面性",就是指小学教育的对象是全体适龄儿童,对小学生要进行全面发展的教育。具体而言,体现在以下两个方面。

1. 教育对象的普及性

当美国实用主义哲学家约翰·杜威(John Dewey)于1938年提出"民主主义本身便是一个教育的原则,一个教育的方针和政策"[①]时,早他两千年的中国古代哲人孔子便以精练的"有教无类"表达了类似的思想,而且孔子的"三千弟子"更是他对这一思想的践行。18世纪的法国启蒙思想家卢梭(Jean-Jacques Rousseau)曾直截了当地指出:"在自然秩序中,所有的人都是平等的,他们共同的天职,是取得人品;不管是谁,只要在这方面受了很好的教育,就不至于欠缺同他相称的品格。"[②]每个人都应有受教育的权利,这是教育全面性的第一个要义。从最根本的意义上来讲,这种权利既不是统治阶层所施予的,也不是未来的社会劳动所强求的,而是社会公平的体现。不必从自然状态追究人的平等性,在由某一群体所组成的社会当中,由社会提供的权利应该是抹去贵贱等级的每个人所应平等享有的,正如美国哲学家约翰·罗尔斯(John Bordley Rawls)所指出的:"按照正义即公平的观点,社会被解释为一种互利的合作事业,这种基本结构是一种公共规则体系,它规定了一种活动安排,而这种安排使人们共同行动,以产生更大数量的利益,并按照利益中赢得的份额把某些公认的权利分配给每一个人。"[③]也就是说,教育即是一种公共的权利。在文明程度日益提高的现代社会,未经教育"洗礼"的人,将很难在社会中开展正常的活动。对于国家来说,保障每一个国民的受

---

① [美]约翰·杜威.人的问题[M].傅统先,等,译.上海:上海人民出版社,1965:25.
② [法]卢梭.爱弥儿(上卷)[M].李平沤,译.北京:商务印书馆,1978:13.
③ [美]约翰·罗尔斯.正义论[M].谢延光,译.上海:上海译文出版社,1991:93—94.

教育权利,已是它的基本责任。

小学教育是义务教育。现代国家为了使所有的适龄儿童进入学校接受教育,往往从法律上对初等教育的对象、年龄、性质等作出规定,这被称为"义务教育"。义务教育的强制性特征,促使政府部门、社会、儿童的监护人保障每个儿童都能享有受教育的权利,因此,儿童在义务教育阶段的费用,基本上是由国家承担的。

从世界范围来看,义务教育是19世纪60年代从德国开始并向欧美诸国逐步扩展的,在100多年间,世界上大多数国家已推行了义务教育。但各国义务教育的年限因发展水平的不同而存在差异,一般而言,经济发展水平较高的国家,义务教育的年限较长,例如,美、英等国已达到10—12年,延伸至高中阶段;而发展中国家和经济较落后国家则分别从5—6年到7—9年不等。我国则于1986年4月颁布了《中华人民共和国义务教育法》,并于2018年12月进行了第二次修正,其中明确规定"国家实行九年义务教育制度",并且对义务教育的对象、师资、管理、经费等作了详尽的说明。

从法律上明确初等教育的义务性,说明了国家对基础教育的强调和重视,而法律条文的严肃性和强制性,则是推动基础教育普及的重要因素。小学是义务教育的首要阶段,大凡义务教育,就必须历经小学阶段,一般而言,在小学、初中、高中各教育阶段中,小学教育的普及程度最高。

2. 教育实施的全面性

国家从法律上保障儿童的受教育权利,不仅提倡就学权利均等,而且在教育条件和教育态度上也主张人人平等。在《中华人民共和国义务教育法实施细则》中明确提出:"实施义务教育学校的教育教学工作,应当适应全体学生身心发展的需要。"这就是说,义务教育应面向全体学生,使每个学生都得到发展。班级授课、班队活动这种教育形式,势必使一个教师要面对众多学生进行教育,而个性多样、表现各异的学生,给教师的印象是千差万别的,有的学生乖巧、聪明,而有的学生学习不主动,却调皮、喜欢"惹是生非"。对于不同类型的学生,教师应该以同等态度对待,都应亲近、合作,而不能冷漠、疏远,应针对不同学生的个性特点引导其充分发展。因为教师在教育态度上所表现出的差异,对学生的影响是巨大的。社会心理学家利瑞(T. F. Leary)将人际行为模式分为八类,其中提到"由管理、指导、教育等行为导致尊敬和顺从等反应","由攻击、惩罚、责骂等行为导致仇恨和反抗等反应"。[1] 对于不同的学生,教师所表现出的教育态度和行为上的差异,尤其是那些对"不良学生"的消极教育态度和行为,会在学生幼小的心灵中留下难以抹去的创伤。因而,教师的热爱和关心,应面向全体学生。

教育实施的全面性的另一层含义是指要培养儿童的全面素质。这一点在《中华人民共和国教育法》中已作出了明确规定:"教育必须为社会主义现代化建设服务、为人民服务,必

---

[1] 章志光.小学教育心理学[M].北京:科学出版社,1996:342.

须与生产劳动和社会实践相结合,培养德智体美劳全面发展的社会主义建设者和接班人。"有调查表明,学龄期是身心发展可塑性最强的时期,在这一时期,以怎样的教育思想,用怎样的教育内容来教育学生,是摆在教育者面前的首要问题。无论是中国古代儒家以伦理为中心的教育,还是欧洲古代宗教神学教育或者唯理教育,都有其片面性。20世纪初进步主义教育在欧美风起云涌之时,对传统教育的批判,首要的一条就是"对唯智主义的抗议,对学校过分关注心智培养的抗议"。[1] 小学教育所奠定的基础,应该是为儿童将来为人处世打下全面的基础,而不是仅仅为升学就业打基础,因此,注重德智体美劳的全面发展,是我国学校教育的目标,小学教育要保护小学生的好奇心,发展审美力、创造力,促使其活泼、生动、全面地发展。小学阶段教育的全面性,是孕育现代人应具备的健全的人格、开放的头脑、豁达的性情、奇妙的创意等综合素质的保证。

(三) 综合性

学校教育的首要职能,在于促使学生真实、准确、高效地认识外部事物及人自身。而不论是外部事物还是人自身,作为认识对象,都是以知识的形式呈现的,学生正是通过课程学习的方式,来获取这些知识的。我们知道,任何事物都是部分与整体的辩证统一,但这仅仅是从思想观念上把握事物的最终归宿,而在实际的认识过程中,常常需要侧重于部分分析或整体综合的路径选择。就小学教育而言,综合性是其本质特征之一,这种综合性主要表现在知识形式的综合性和认识过程的综合性两方面。

1. 现实世界中知识形式的综合性

知识的历史进化,总体上遵循着"综合—分化—综合"的历程。人类认识外部世界,是出于自身生存的需要,或者自发的好奇心,但限于认识条件和思维能力,人类初期对于事物的认识是浅显、粗疏、未分化的,即使到了贤哲辈出的时代,例如,两千多年前中国的先秦时期和古希腊时期,孔子、古希腊的亚里士多德(Aristotle)等思想家提出的知识,依然是作为整体示人的,很难将古代的这些智者划归为某个学科的专家。知识的大规模分化,是在14世纪欧洲文艺复兴时期。很显然,这一复兴,远远超出了文艺的范畴,摆脱了对于神性的绝对依附,重拾古希腊形式思维的衣钵,为科学的兴起和发展奠定了基础。知识的分化这一趋势自此便不可阻挡,天文学、解剖学、物理学、化学等自然科学纷纷获得"新生",社会学、心理学、经济学等社会科学也相继问世。进入20世纪以后,知识的专门化在新学科如雨后春笋般涌现的背景下愈演愈烈。毋庸置疑,人类历史上许多划时代的科学发现和技术成就,都是在知识的分化中产生的,可以说,知识的分化是知识向纵深发展的重要条件。但是,知识过度分化乃至细化却也带来了种种问题,其中,最主要的就是人为割裂了现实世界的完整性。早在19世纪中期,约翰·亨利·纽曼(John Henry Newman)就曾对知识在分化过程中出现的分离

---

[1] [澳]W·F·康纳尔.二十世纪世界教育史[M].孟湘砥,等,译.长沙:湖南教育出版社,1991:203.

问题表达了忧虑,他指出,"构成知识的各门科学之间有着千丝万缕的联系。它们内部统一协调……它们相互补充,相互纠正,相互平衡";"一门科学被视为整体的一部分时所产生的意义,与一门孤立的科学在没有其他科学的保障情况下所产生的意义是不可同日而语的"[①]。20世纪以来的学术思想愈发强调现实世界的综合性和完整性,例如,哲学中胡塞尔(Husserl)的生活世界理论,人类学中文化模式的观点,社会学中结构功能主义理论,以及融入诸多学科的系统论思想,等等,显然知识的"碎片化"与这些主张背道而驰。于是从20世纪后期开始,不同学科、专业的知识出现了交融的趋向,综合性已成为当前知识研究与发展的显著特征,物理与化学交叉、地理与历史融合已为人们所熟知,当下学界方兴未艾的所谓"学科群研究",就是不同学科在共同目标引领下的携手合作,这已代表了科学发展的潮流。小学教育虽然旨在为学生打下知识的基础,但也应反映知识形式的发展特点。在小学阶段,应该呈示给学生尽管浅显,却能体现事物完整性的知识。

2. 儿童认识过程的综合性

学习需要一定的智慧能力,一般而言,个体思维的发展程度决定了其接受知识的程度。为了最大限度地实现教学的有效性,在知识材料的组织和传授方式上,就应当遵循学习者认知发展的特点。就如同给树苗浇水,有经验的园艺师会根据不同生长时期的树苗对于水分的不同需求,选择恰当的时机施以适宜的水分,这样就能促使其迅速地健康成长。小学生的年龄通常处于六七岁到十一二岁之间,和其他生理、心理素质一样,他们的思维也处在一个迅速而重要的发展时期。小学教育的综合性,正是基于小学生思维发展的特点而提出的。

首先,小学生,尤其是低年级儿童,他们的思维尚未细致分化,对于事物的认识大多是整体的、综合的。心理学研究表明,小学生的思维发展处于具体形象思维到抽象思维的过渡阶段,他们对于事物的认识较大程度上依赖于该事物的外部特征,诸如形状、大小、色彩等,儿童往往以直觉、整体的方式把握他们所看到的事物。反过来讲,将事物整体地、综合地呈现有利于儿童发挥自身的思维特点,能更好地帮助其认识事物。其次,儿童的有效认知具有生活化的特点。对于生活中的认识对象,例如,食物、交通工具、家居用品、生活规则等,儿童能更迅捷有效地理解、掌握,而这些"生活世界的背景知识是一个综合的整体……(它)是一个非课题性的、奠基性的、直观的人的生命存在的综合世界"[②]。换言之,将教育内容融入儿童的生活场景,作为生活整体的有机部分让儿童有所觉知,就能提高他们认识的有效性。因此,小学教育的综合性又是由小学生的认知发展特点所决定的。

目前对于全球范围的基础教育改革而言,综合化是一个重要标志。以课程改革为例,国外出现了以下几个趋势:一是在指导思想上强调各科课程理论的相互渗透和融合;二是在课程内容上重视教材的现代化和理论化;三是在学科类型上趋于综合化和一体化;四是在课程

[①] [英]约翰·亨利·纽曼.大学的理想[M].徐辉,等,译.杭州:浙江教育出版社,2001:20—21.
[②] 王智秋.小学教育专业人才培养模式的研究与探索[J].教育研究,2007(05):25—30.

结构上注重普通课程和职业课程相结合。① 而教育部 2001 年颁发的《基础教育课程改革纲要(试行)》中也明确提出:"小学阶段以综合课程为主。"2017 年又印发《中小学综合实践活动课程指导纲要》,主张学生综合运用各学科知识,认识、分析和解决现实问题,提升综合素质;形成并逐步提升对自然、社会和自我之内在联系的整体认识。② 可以说,对知识的综合理解,是学生认识现实世界的重要基础,这已成为一种教育共识。而这种综合的理解体现在教育教学中,怀特(Watt)认为主要在于以下几个方面:一是应该向学习者介绍尽可能宽泛的生活和认识方式,既包括生活实践形式的知识,也包括以纯理论获得为基础的知识。二是应该向学习者提供对于某一学科的尽可能广泛的不同说法,使学习者能够用更为广泛且不同的概念体系来思考各个学科的现象和事实。三是强调知识的多种形式,而不应该把知识看成是分离的、独立自主的体系。③

二、小学教育的特点

(一) 活动性

"实践活动"在马克思主义哲学中是一个重要概念,它是人类改造客观世界的中介,而教育领域中的"活动",主要是学生本人与外部教育影响的中介,是沟通学生主体观念和行为的桥梁。对小学生来说,活动在其身心发展中显示出特殊且重要的价值。

1. 活动对于小学儿童发展的价值

个体的发展轨迹其实是人类社会发展的一个缩影,"外部的、感性—实践活动,从发生上来说,是人类活动的原始的和基本的形式"。④ 同样,活动对于儿童个体发展具有基础性的动力作用。

(1) 活动是保证儿童身体健康发育的必要条件

身体素质是人的综合素质中的一个重要方面。六七岁至十一二岁的小学儿童处于生长发育的重要时期,儿童生理学的研究显示,儿童的生长发育呈波浪式的周期性特征,大致可分为四个显著的时期:①从出生到 2 岁,发展十分迅速;②2 岁到青春发育期,发展较平稳;③青春发育期开始(男孩约在 13—15 岁,女孩约在 11—13 岁),发展急剧迅速,变化极大;④十五六岁到成熟期,发展又趋缓慢。处于小学阶段的儿童主要属于这一周期中的第二阶段,尽管身高、体重、脑、神经系统的发育具有相对平稳的特征,但由于处于两次生长发育高峰期之间,此期间的生长状况,对于青春期的发育具有不可低估的先导作用,因而,重视并确

---

① 钟祖荣,刘维良.教育理论[M].北京:高等教育出版社,2009:81.
② 中华人民共和国教育部.教育部关于印发《中小学综合实践活动课程指导纲要》的通知[EB/OL].(2017-09-27)[2020-08-30]. http://www.moe.gov.cn/srcsite/A26/s8001/201710/t20171017_316616.html.
③ 孙可平.STS 教育论[M].上海:上海教育出版社,2001:148.
④ [苏]列昂捷夫.活动·意识·个性[M].李沂,等,译.上海:上海译文出版社,1980:57.

保小学儿童身体各器官的健康成长,同样是小学教育的重要内容。而活动则是促使身体良好发展的基本条件。身体发展不可能在儿童孤立、静止的状态中进行,"儿童动作的发展与儿童身体的发展、大脑和神经系统的发展密切相关"。① 儿童的头部及肢体动作、感官和言语动作,一方面,在中枢神经和肌肉的支配下进行;另一方面,也反过来刺激神经和各器官的生长。通过开展各种各样的活动,使儿童自发地产生和运用各种躯体动作,是促使儿童身体健康成长的重要因素。

（2）活动是促进小学儿童基本心理机能发展的必要条件

"主体与客观世界相互作用的物质实践活动,包括游戏、学习、劳动、社会交往等,这是个体心理赖以发展的基础。"② 这表明了活动对人的心理发展的意义。小学阶段的儿童,一方面,在认知、情感、社会化水平等心理机能上都处于比较低的水平;另一方面,也处于不断向前发展的比较关键的时期。在这一时期,用怎样的教育形式寻求儿童心理发展的理想效果,是教育工作者所着力追求的。教育活动是联系儿童主观世界和外部环境的中介,儿童作为主体在积极参与的过程中,可以将知识、规则、价值观自觉地纳入心理结构,从而不断推进心理结构的更高级整合,以此促进自身心理的发展。活动对于儿童心理发展的有效功能是由儿童心理的实际发展水平所决定的。例如,小学儿童的认知水平比较低,思维以具体形象性为主,因而,学生会通过活动尽可能让各种感觉器官调动起来,在头脑中构成神经联系,形成记忆痕迹,从而提高学习效果。同时,儿童的情绪也只有在活动所提供的情境当中才有可能发展。总之,活动在小学儿童心理发展中的地位和作用是无法取代的。

2. 小学教育中的活动结构及内容

在我国译介的第一部系统阐述活动理论的著作《活动·意识·个性》中,苏联心理学家列昂捷夫认为:活动"具有自己的结构、自己的内部转变和转化、自己的发展的系统"。③ 关于活动结构的要素,有许多不同的看法,我们认为,小学教育中的活动结构,应该包括以下几大要素:活动主体(学生)、活动目的、活动手段、活动过程本身。学生作为活动的主体,是活动结构中的中心要素。而教师的教育影响,是凝聚在活动目的、活动手段、活动开展过程之中的。一个完整而有效的活动,应该是多种因素相互联系、相互协调、相互促进的,可以使学生通过活动,达到接受教育、促进身心发展的目的。

关于小学教育活动的类型,就活动途径分,有校内活动(主要是课堂教学和课外活动)和校外活动;就活动内容分,有教学活动、保健活动、道德教育活动,以及文艺、科技活动,等等。

（1）*教学活动*

教学活动主要是在课堂中,教师和学生双方互动而构建的活动方式,是小学教育中的主

---

① 李丹.儿童发展心理学[M].上海:华东师范大学出版社,1987:107.
② 朱智贤.心理学大词典[M].北京:北京师范大学出版社,1989:279.
③ [苏]列昂捷夫.活动·意识·个性[M].李沂,等,译.上海:上海译文出版社,1980:51.

要活动。由于在活动结构中,学生处于主体地位,教师则主要发挥主导作用,因而传统上教师只管讲、学生只管听的灌输式教学受到质疑,教师只有在顾及学生认知发展水平及实际接受能力的前提下施行教育,使学生调动多种心理因素,主动、积极地学习,才能取得教学活动的理想效果。

(2) 保健活动

保健活动是有益于小学生身体健康发展的活动。一方面,通过跑、跳、投、体操等运动锻炼身体;另一方面,领会和养成爱惜身体、保护身体的知识和习惯。保健活动应明确活动目标,注意适度原则,运动过量、过强,反而对小学生的身体发育有害。

(3) 道德教育活动

道德教育活动是培育和完善小学生良好的道德品质的活动。课堂教学是实施德育的主渠道,通过班队在集体中开展道德教育活动是其主要形式。开展道德教育活动,应让学生在道德认识、道德情感、道德行为诸方面得到综合发展。

(4) 文艺、科技活动

文艺、科技活动是培养儿童想象力、创造力、动手能力,开发儿童智力,陶冶儿童情操,培育儿童审美观和审美力的活动。这种活动的形式和内容丰富多彩,小发明、小创造、诗歌、小说、音乐、美术、舞蹈等,都可以被组织成活动,对学生进行教育。

(5) 校外活动

校外活动是学校联合家庭和社区,活动场所主要设在校外的教育活动。同样,校外活动的形式可以多种多样,例如参观、访问、考察、调查、公益活动等。这种实践活动是对学校教育活动很好的补充。

案例 1-2

寓教于乐

担任班主任兼中队辅导员以来,我为自己的班级量身定做了许多丰富多彩的活动。

随着社会的进步,公路越来越宽,汽车越来越多,交通安全问题牵连着每一个家庭。学生们通过实地考察、采访交警、查阅资料,以及网上搜索等方式,了解到交通与生活的紧密相连,以及由于人们对交通法规的漠视而造成的很多安全隐患。配合这一课题,学生们开展了"与平安同行"的实践活动和主题班会活动。活动中,那一幅幅意义深刻的漫画,一句句浅显易懂、朗朗上口的儿歌,深受师生与家长的喜爱;那一篇篇体验深刻的日记,感人至深。

面对日益恶化的环境,学生们又开展了"保护环境"的系列活动,并在全校举办了一场"保护环境,请从身边做起"的主题队会。通过活动,他们懂得了环境保护的重要性和迫切性,懂得了如何当好"环境小卫士",受到了全校老师的一致好评。

一桌桌美味佳肴令人垂涎欲滴,学生们针对这一感兴趣的课题,开展了"走进厨房"的实践活动。他们走进菜场、走进厨房、走进网络,以全新的方式获得真切的体验,体会到父母下厨的艰辛,了解到厨房和饮食文化。小厨师们巧妙的构思、精湛的厨艺以及起的各具特色的菜名更是令人赞叹不已。

另外,学生们还开展了"班级管理人人岗位责任制活动""热爱横扇看建设新成果的秋游活动",开展了"远足踏青""绿色的呼唤""我与篮球"等实践活动,举办了意义深刻的"友谊之光""齐心迎奥运"和"漫游古诗园"等中队主题活动,面对班中家庭困难的同学,又组织开展了"节约一分零用钱,爱心献给同龄人"的活动,把温暖送给了家庭有困难的同学。

通过组织丰富多彩的活动,学生们的积极性调动起来了,班干部的威信树立起来了,班级的凝聚力也增强了,大家真正感受到了"当家做主"的乐趣,享受到了成功的快乐。每个学生都深深地喜欢上了自己的班级:运动会上,他们齐心协力,共同拼搏;五月歌会,他们歌声嘹亮,意气风发;日常规范,他们严格自律,争当模范……

(资料来源 选自江苏省吴江市横扇镇中心小学陈丽芳老师《寓教于乐,从班队活动出发》。本文有删改。)

(二)趣味性

1. 趣味性对于小学儿童的教育学意义

孔子早在两千多年以前就阐发了"乐学"的思想,他说:"知之者不如好之者,好之者不如乐之者。"伟大的理论物理学家爱因斯坦(Albert Einstein)则称:"兴趣是最好的老师。"许多卓有成就的伟大人物,都是在幼年时代对某一事物、某一领域产生了浓厚的兴趣,并驱使其不断努力、刻苦钻研,毕生孜孜以求,终成杰出人才。例如,生物进化论的创始者达尔文(Charles Robert Darwin),幼年即对自然界抱有强烈的兴趣,正是这种兴趣,驱使他广泛阅读自然科学书籍,到野外搜集各种动植物标本,在这一过程中,逐渐明确了探索自然奥秘、揭示生物进化的人生追求目标,并据此奋斗终身,终于形成了具有划时代意义的进化论思想。现代教育思想也主张学生应该自主地学、愉快地学。

对于小学生来说,一旦对某种活动(例如,学习活动、班队活动)产生了兴趣,便可以直接将其转化成推动其介入活动的内在动力,主动、积极地发展自己。小学儿童的认知、情感在很大程度上带有具体形象性特征,容易受外部具体事物的影响,鉴于此,外部环境与事物的特点,新奇抑或平淡、有趣抑或无趣,对能否激发小学生兴趣、保持小学生注意力具有重要价值。此外,有实证研究发现,激发外部动机可以提升小学生自主性动机的强度,进而培养他们的创造思维,具体体现在思维的流畅性和独创性上。也就是说,如果教师提供的学习材料能激发学生的兴趣,对于培养他们的创新性品质也是很有利的。[①] 因而,小学教育的形式和内容所显示出的趣味性特点,便具有了教育学上的意义。

2. 兴趣的品质及其培养

（1）兴趣的外在趋向性和内在趋向性

以儿童作为主体的活动,总是指向某些活动对象。外在趋向性是指活动对象的外部特征,例如,形状奇特、颜色鲜艳、富于变化等,对儿童具有吸引力、诱惑力,从而使儿童产生兴趣趋向它,构成主客体之间的活动。内在趋向性是指儿童对外在事物的兴趣已不再依附于该事物的外在特点,而是它的一些内在的、本质的特征造成了儿童对它的喜爱和趋近。由此可见,外在趋向性经常导致学生的兴趣易变而不持久,由外部特征决定的趋向是消极的、被动的。而内在趋向性是儿童对活动对象本身,对它的内在属性产生兴趣,因而具有内在性、稳定性和一贯性。对小学教育来说,应以培育儿童的内在趋向性为目标。然而依据事物的辩证法,内在趋向性往往是以外在趋向性为基础的,首先是事物的新颖性、奇特性吸引了儿童,儿童对其进行探索后,才逐步深入事物的内在本质,进而上升为内在趋向性,驱使儿童主动、积极地去探索。例如,在学习中,起初儿童对学习缺乏兴趣时,教师通过积极组织教学形式、组合教学材料,使之体现趣味性,引导学生产生外在趋向性,引发对学习的兴趣,进而在深入开展学习活动的过程中,促使学生理解学习的意义,体味学习本身的快乐,使学生对学习的兴趣更加浓厚、更加持久,这样就过渡到对学习的内在趋向性。

（2）兴趣的外在选择性和内在选择性

儿童周围的事物和现象种类繁多、丰富多彩,对什么样的客观对象产生兴趣,主动投入,这就需要作出选择。例如,在课外阅读方面,是对低级庸俗的读物产生兴趣,还是对高雅、反映正能量的读物产生兴趣,这就体现了兴趣的选择性。兴趣的这种品质,可以分为外在选择性和内在选择性。当儿童面对许多事物,对其中一种或者数种事物作出选择、产生兴趣,而这样的选择纯粹是由兴趣对象的外部特征而引发的时候,就认为这种兴趣带有外在选择性。而内在选择性是指兴趣所指向的事物在众多事物中表现并不奇特、新颖,但儿童却能够意识到该事物内在的吸引力,由主体自身内部力量所驱使,对其发生兴趣。显然,具有内在选择性的兴趣,更具有稳定性、持久性,更能吸引儿童的主动介入。小学教育就是要根据具体情况,充分利用兴趣具有选择性的特点,将能够促进儿童身心发展的对象,不仅在"外观"上对

[①] 张景焕,等.动机的激发与小学生创造思维的关系:自主性动机的中介作用[J].心理学报,2011,43(10):1138—1150.

其加以装饰,更要挖掘其内在的吸引力,引导和促使学生把它作为兴趣选择的对象,主动积极地构建双向关系,开展活动。

3. 兴趣的发展过程及其培养

兴趣的发展历经以下三个阶段。

(1) 有趣阶段

这是兴趣的初级阶段。处于有趣阶段的儿童,兴趣多而杂,且具有表面性、随意性、易变性等特点,对同一事物的兴趣难以持久,多半是事物的外部特征决定了儿童的兴趣指向,因而这种兴趣必然是肤浅的。然而,对一无所知的事物,儿童起初往往就是被其新奇的外部特征所吸引,觉得其有趣,才趋向它。枯燥的教育内容,经过教育者的组织,变得新颖独特,使儿童感到有趣,儿童就会主动参与其中。当然,只是有趣,并不能保证其对某一学习内容维持稳定的兴趣,因而对教师来说,引导儿童兴趣向更高阶段的发展,是不可缺的。

(2) 乐趣阶段

在这一阶段,儿童从多而杂的兴趣中选择出单一或少数的兴趣,并使之趋于稳定、深化。将兴趣集中于少数事物,同时在操作事物的过程中,能够获得满足、愉快等积极的情感体验,这便是乐趣阶段的主要特征。处于乐趣阶段的儿童,相对于有趣阶段而言,兴趣的持久性、自觉性、稳定性都大大加强了。小学教育应当使儿童能够乐学,自觉感受到学习的乐趣,促使儿童对学习的兴趣达到乐趣阶段。学习是一项运用脑力的艰苦劳动,为使儿童能体验到乐趣,教师不仅应在教学组织上体现出趣味性,还应设法使学生品尝学习过程中内在的愉快,体验学习成功后的满足、快乐,进而形成推动其不断学习的内部动力。

(3) 志趣阶段

在这一阶段,学生将对于某一事物的兴趣与自己的人生目标、远大理想结合起来。根据研究,处于小学阶段的儿童多半未达到志趣这一阶段,因为处于小学阶段的儿童还没有达到具有抽象思维的认识水平,但这并不等于小学教育可以无视志趣。兴趣的发展是一个连续的过程,高阶段的兴趣必然以低阶段的兴趣为基础,志趣对于儿童实现自己的理想具有重要的心理动力作用,而不经由有趣、乐趣的志趣,如同空中楼阁,没有存在的可能性。因而,对小学教育而言,一方面,仍然存在着激发和培育儿童对教育中有价值的事物的有趣、乐趣的心理倾向;另一方面,要具有发展的眼光,有意识地引导儿童向志趣方向发展。

(三) 艺术性

1. 艺术教育和艺术地教育

人自幼小时期起就表现出了对艺术的感知力,处于幼儿阶段(2—7岁)的儿童,如果能有机会接触一些艺术形式,并进行主题探索,他们就可以学会音乐、绘画、文学当中最基本的规律。到小学阶段,随着儿童对艺术感知觉的进一步发展,他们已具备了掌握艺术符号系统的条件。

艺术是人类社会中的一种特殊的文化现象，它以绘画、雕塑、文学作品等感性实体打动人、感染人，使欣赏者从情感上获得满足和充实。艺术"能极大地丰富人们的精神生活，久而久之便形成滋养生命的精神之泉……获得了非常丰富的美感享受"。① 然而，艺术的力量远不止于此，"因为在艺术中，我们接触到的不只是使人感到舒适和有用的八音钟，而是那永恒内容和形式的精神解放，是那绝对本质和现象的显现和调和，是真理的展示"。② 艺术通过外在的美，使人获得美感，进而净化人的心灵，提升人的精神境界，并加深人的认识，达到真、善、美的完美结合和统一。正是由于艺术在一个人的人生道路和发展过程中具有特殊的价值，因而在小学教育阶段，音乐、美术等艺术学科被纳入学习课程之中，借此陶冶小学生的情操。把艺术作为教育内容，有目的、有组织、有系统地对学生进行教育，这就是"艺术教育"。

在艺术教育中，无疑地，艺术性能得以最充分的体现。然而，在学校教育的其他学科中，在教师的教学过程中，在师生交往的教育活动中，是否也能体现出艺术性呢？回答是肯定的。教育的主导者是人（教师），教育的对象也是人（学生），对教师来说，他不是知识的静止的化身，而是赋予知识以活力和创造力的"艺术家"，其在对教育内容的选取和组织上，在教学方式的运用上，无不反映出艺术的特征；对学生来说，他不是静止的"容器"，他有见解，有感情，有需要，有性格，有自己的心理特点和行为方式。针对学生的需要进行教育，根据学生的差异施以不同的教育，这就是教育的艺术。尤其在小学教育阶段，小学生的心理形式和机能处于发展的初级水平，认识和意向特点决定了外部信息的直接灌输难以激起学生的主动反应和积极参与。变换活泼的形式，调动多样的手段，是激活小学生心理需求，优化其心理结构的有效教育方法，也是小学生获得发展的必要条件。"没有一条富有诗意的、感情的和审美的清泉，就不可能有学生全面的智力发展。"③因而，不仅在艺术教育中，而且在整个教育过程中，都应该并且能够展现出教育的艺术性。

2. 小学教育艺术性的体现

（1）在教师的教学方法和技巧中体现

任何艺术类别都有一套属于自身的创作手法，任何艺术作品也是运用一定的创作技巧才能完成的。小学教育过程也具有艺术创作过程中的类似特点，教师必须借助一定的教育方法和技巧，对学生进行各方面的教育。如同艺术创作，教育技巧运用水平的高低，对教育的"作品"——学生来说，具有重要的影响，而艺术性，便隐含在对教育技巧的操作当中。同样的教育环境，同样的教育内容，运用不同的技巧，很可能会产生不同的教育效果。我国不少小学特级教师或优秀班主任，例如，霍懋征、毛蓓蕾、斯霞等，其优秀之处主要就是在于他们具有高超的教育技艺。通过运用教育技巧，艺术性地教育学生，是取得良好教育效果的重

---

① 张毅.艺术的魅力——欣赏心理[M].北京：中国青年出版社，1993：8.
② 黑格尔语，转引自博格斯特.艺术判断[M].刁承俊，等，译.北京：生活•读书•新知三联书店，1988：33.
③ [苏]苏霍姆林斯基.教育的艺术[M].肖勇，译.长沙：湖南教育出版社，1983：161.

要因素。

（2）在形象化的教育手段中体现

艺术作为一种感性存在，具有形象化的特点；艺术的美，起初总是通过人的感觉器官被感受到的。在小学教育中，同样需要通过形象化的手段，例如，通过教师的表情、语言、动作以及借助一定的器材设备，用音响、图像、动画等，让学生有所感知。由于小学生的思维特点以具体形象性为主，因而形象教育更具有教育学上的意义。形象化手段的运用，在于激发学生的兴趣，集中学生的注意，形成学生持续学习的心向，因而，各类形象化手段的表现、制作、组合上就大有讲究。教师的形象表现是一种艺术；运用声、像、影等多媒体手段进行形象化教学，也是一种艺术。

（3）在教育感染力的渗透中体现

好的艺术作品往往能打动欣赏者的心灵，一首凝重激越的交响乐可以催人奋进，一部故事内容艰辛曲折的影片可以使人伤怀，艺术作品多样的表现形式和丰富的内涵常常能激起欣赏者的情感。教育，特别是小学教育，也能够通过教育者的言传身教，发挥教育的感染力，激发学生的积极情感，由此使学生产生对学习的向往和愉快的体验，形成学习的欲望和动机，并维持这种心向。这对教育的顺利进行，具有重要意义。

（4）在教育的创造中体现

艺术就是创造，失去了创造，艺术也就不成其为"艺术"。流芳百世的艺术家，可能在观念、风格、手法上千差万别，但有一点是共同的，就是具有强烈的创造欲望和创造意识。另辟蹊径，不沿袭前人，是能够在艺术领域独树一帜的前提。小学教育，同样是一种需要创造的工作，创造力强的教师，其开展的教育往往能取得事半功倍的效果。教育是一个多变量的、复杂的开放系统，教育环境、教育条件、教育对象的特点多种多样，不尽相同。如果都套用某一种固定的教育思路和教育模式来解决不同性质的教育问题，就不可能取得理想的效果。只有根据教育现象所表现出的特点，创造性地提出教育策略，解决教育问题，才能把教育工作做得更好。

案例1-3

教育的艺术——留白

书法中讲究"留白"的技法。一处运用得恰到好处的"留白"，可以让人产生无限的遐思，作品的意境也会因此得到无尽的拓展，这就是"留白"的魅力。在这半学期的教育教学过程中，我深切体会到教育更需要"留白"。

一天下午，我在办公室里批改作业，我们班上的两个学生跑来告诉我："老师，郑立轩在班里又打人了……"话还没有说完，后面紧跟着的一群学生便推推搡搡地进了办公室，走在最前面的就是郑立轩。还没等我开口他就先嚷开了："我没有打人，是他先说我的……"看着他那委屈而又骄横的神情，我没有说什么，而是叫其他学生先回教室去。我知道，这个时候跟他讲什么，他也是听不进去的，我尽量克制自己，心平气和地对他说："立轩，老师并没有说你打人，你在这里先坐下，我出去办点事。"

于是，我找了被他打的当事人（郑邦正）了解情况。原来事情是由郑邦正引起的，他用本地方言骂了郑立轩，结果郑立轩被他激怒了，就一拳挥了过去，接着便打了起来。弄清了事情的原委，我就先从郑邦正入手，跟他分析了事情的经过，让他明白，虽然他挨了打，但事情是由他引起的，首先错的是他。然后，我又动员他跟郑立轩道歉。郑邦正听了我的话立即向郑立轩道歉。孰料，郑立轩根本就不理睬他。

我努力压制着自己心中的怒火，语气平静地问郑立轩："你为什么要打人？""谁叫他先说我的，他说我，我就要揍他！"从他那高分贝的语气中可以看出他根本就没有对此事进行反思。

"老师并没有批评你，只是想向你了解事情的一些情况。"我的语气很平和，也很真诚，"如果你今天不想说，我也不勉强你，但我希望你回去认真思考这两个问题：第一，跟老师或长辈说话时应该用什么样的语气比较合适？第二，打人对不对？用错误的方式对待别人的错误对不对？我给你一段时间回去思考，你已经是四年级的学生了，老师相信你是能够想清楚的，等你想清楚了再来找我，现在你先回去上课。"

一连好几天，郑立轩始终没有主动来找我，我也没有去找他，我耐心地等待着。课堂上，我还和平时一样，叫他回答问题，让他感觉到我时刻都在关注他，我并没有因为那件事而对他有什么偏见。

虽然郑立轩还是没有来，但他在作业本上回答了我的问题，事实表明，他确实改正了。在接下来的日子里，听到同学们说他打人的话少了。看来，我的教育是有效果的。

在我们教育学生的过程中应该学会宽容，宽容不是对学生置之不理，更不是包庇纵容，宽容是老师教育学生的一种艺术。除此之外，我们还要学会等待，要把思考的时间留给学生，这就像书法艺术中的"留白"。有很多时候，由于我们操之过急，给孩子们改正错误的时间太少，要知道孩子们的每一个进步都不是发生在一瞬间的，因此我们老师要学会耐心等待。

（资料来源　选自谢胜标老师《留给学生充分思考的时间和空间》。本文有删改。）

书法中"留白"的艺术,被用到教育中,起到了意想不到的效果。学生是人,而不是机器,在成长中他们需要作为人的感悟、思考和觉知,艺术地教育,由于赋予了更多的人性,从而使教师和学生都能回归并体验生命的真谛。

第二节 现代小学生与小学教育

一、小学生的心理发展特点

人的发展,是遗传基因和社会环境共同作用的结果。作为高级生物体,人在生命的早期,无论是在生理还是心理上,都显得弱小而需要扶助,但人的高级在于,他的遗传基因中孕育了巨大的发展可能性。在正常的生长条件下,各种生理和心理素质会得到自然性的发展,从而获得认识与改造世界的能力。了解小学生的发展规律,尤其是心理发展特点,对提高小学教育的适切性和有效性,具有重要的意义。根据心理学研究的相关成果,小学生心理发展的主要特点如表1-1所示。

表1-1 小学生心理发展特点

项目	特　　点
感知觉发展	① 从笼统、不精确地感知事物的整体逐渐发展到能较精确地感知事物的各部分及其关系
	② 空间知觉从直观向抽象过渡
	③ 时间知觉需借助于生活中的具体事物或周围现象为参考
	④ 运动知觉的灵活性、协调性和精巧性有很大的提高
认知发展	① 从无意注意向有意注意发展,对信息搜集的计划性和系统性不断增强
	② 有意记忆逐渐占优势,记忆策略及元记忆能力不断发展
	③ 思维水平由具体形象思维向抽象思维过渡
	④ 分析综合能力不断提高,出现了思维脱中心化的倾向
	⑤ 比较能力从区分具体事物的异同逐渐发展到区分事物内部不同部分关系的异同
	⑥ 概括能力从对事物外部特点的概括发展到对事物本质属性的概括

（续表）

项目	特　　点
自我意识发展	① 自我概念方面：能运用心理特征描述自己；能将自己和同伴的心理特征互相比较，通过社会比较了解自我；能用多维的观点看待自己
	② 自尊方面：与幼儿相比，自尊更加分化；对自己心理特点和能力的评价更趋现实；开始注意公众面前的自我
	③ 逐渐摆脱对外部控制的依赖，发展出内化的行为准则监督、调节、控制自己的行为
情绪和社会性发展	① 情绪理解能力上能更好地认识自己的情绪并对自己的情绪作出反应，能认识到情绪的因果关系
	② 在情绪调节能力上能使用一些策略帮助自己调节情绪以适应困难情境
	③ 能从概念上理解情绪表达的规则，并能理解情绪表达的意义和目的以及应用它的重要性

（资料来源　中小学教师心理健康教育教程编写组.心理健康教育教程[M].北京：人民教育出版社，2004.本表根据相关内容编制而成。）

一般而言，越是年幼儿童，其行为表现越受其内部身心素质的制约。虽然处于小学阶段的儿童人际交往日趋频繁，所受社会影响愈发多样、深刻，但生命成长规律决定了此时内生性因素在他们的发展过程中仍然发挥着较大作用，所谓"童言无忌"便是这种特点的生动写照。

二、现代小学生的时代特征

小学生心理的一般发展特点，是生命的自我展现，但人的生命还包括社会属性。按照马克思主义的观点，社会属性构成了人的本质属性；而心理结构中的许多素质，例如，情感、自尊、自我意识等，若是脱离了社会因素的激发，也就丧失了发展的条件。因此，包括小学生在内的个体，其心理发展是在内部素质与外部环境的互动中实现的。社会环境的变迁，无疑也会引起小学生的价值观与行为的变化。改革开放使中国的经济、社会、文化环境发生了天翻地覆般的变化，现代小学生身处于三种外部力量所构成的综合影响之下：一是因家庭结构变化而受到的特殊的家庭环境与亲子关系的影响；二是市场经济对于人们社会生活无孔不入的影响；三是计算机及相关网络信息技术的影响。这些影响交织在一起，共同催生了现代小学生的时代特征。

（一）自主意识显著增强

中国40余年的改革开放，以建立社会主义市场经济体制为主要标志。培育市场主体，是这一经济体制健康发展的必要条件，于是"松绑"成为社会管理的策略取向。过去千篇一律、千人一面的学校教育，制造的是教师的"听话者"和"顺从者"，这种剥夺主体意识的教育,自然不可能引发儿童的主体意识。而新时代的儿童,所感受的不再是个人价值观的被否定。社会上,个体的自由空间在拓展;学校里,学生的个性受到尊重,使得其自主意识具有了萌发和确立的条件。有研究显示,我国小学生的自主性随年级增长而呈上升趋势,在三至四年级之间较之四至五年级和五至六年级之间发展略为迅速。[1] 一个具有自主意识的人,必须能够自主、自由地思考,形成自己的观点和观念,并能据此驱动自身的行为实践。从个体心理发展过程来看,尽管处于小学阶段的儿童难以对自我意识形成清晰的认知,但在社会和教育氛围的刺激下,他们有机会受到鼓励,主动思考学习与游戏、生活与交往中的种种问题,而自己思考的过程本身,便是在形成作为大写的"我"的主体。现代的小学生,会动脑、点子多、不甘寂寞、争相出头,这就是自主意识显现的标志。这里需引起注意的是,儿童的自主意识有别于"以自我为中心"(即在思考、选择、行动的时候,纯粹以自我为出发点,毫不理会他人和周围环境的现实条件),面对这种情况,教师应给予必要的引导和帮助。

(二) 开放、活跃、求新求异的品性日益显现

随着现代儿童进入小学生活,他们的社会交往空间比过去有了很大的拓展,交往对象也呈现出多样化的趋势,除了父母、教师、同伴之外,还有社会各行各业的人员,以及外国友人等。交往对象的扩展会使儿童产生新的认识和体验,在与各种人进行交往的过程中,也能促使儿童的思想逐步开放,倾向于扩展自己的社交范围,容纳不同的意见和观点。尤其是计算机和互联网的发展与普及,使越来越多的学生在"触网"的同时,观念、性情乃至行为都发生了变化。据中国互联网络信息中心(CNNIC)发布的《第 45 次中国互联网发展状况统计报告》:截至 2019 年 12 月,中国网民规模达到 9.04 亿,互联网普及率为 64.5%,较 5 年前(2014年)增加 2.55 亿,普及程度提高了 16.6 个百分点;在网民群体中,学生数量最多,达 2 亿 4300 万,占比为 26.9%;从年龄构成看,10 岁以下儿童占网民总数的 3.9%,达 3525 万人,比 5 年前(2014 年)增加 2422 万,增长率超过 219.6%。[2] 由此可见,小学生是增长速度最快的网民群体,且呈继续增长的趋势,他们正逐渐成为互联网世界中的"生力军"。网络犹如一扇窗户,为儿童打开了广袤的外部世界,开放、新奇、活跃是网络的基本特点,小学生畅游其中,无形中就会受到这些特点的影响,耳濡目染地形成了类似的个性品质。儿童的这些特点是当今开放社会的反映,因此,培养小学生的社会交往能力,教导其学会竞争和合作,是小学教育的重要课题。

---

[1] 邹晓燕,许颖.3—6 年级小学生自主性结构及其发展特点研究[J].辽宁师范大学学报(社会科学版),2008(06):59—63.
[2] 根据第 45 次和 35 次中国互联网发展状况统计报告中的相关数据得出。

> **资料链接 1-1**
>
> 2020年5月,共青团中央维护青少年权益部和中国互联网络信息中心(CNNIC)共同发布《2019年全国未成年人互联网使用情况研究报告》,展示了未成年人互联网使用特点和网上生活状态。报告显示,我国未成年网民规模达1.75亿,未成年人的互联网普及率达到93.1%,明显高于同期全国人口的互联网普及率(64.5%)。其中,小学生互联网普及率为89.4%,日均上网时长主要集中在2小时之内,有11.2%的小学生网民对互联网存在主观依赖。调查发现,超过六成的未成年网民认为互联网是自己认识世界的重要窗口和日常学习的得力助手,超过五成认为互联网是自己娱乐放松的有效途径和便利生活的重要工具。其中,小学生上网从事的活动按比例大小依次为:网上学习(87.6%)、玩游戏(56.7%)、听音乐(54.1%)、聊天(41.6%)、看短视频(38.3%)、搜索信息(37.4%)、看动画漫画(31.7%)等,同其他学历段未成年网民相比,小学生网民对网上玩游戏和看动画、漫画存在显著偏好,而社交应用比例明显较低,使用社交网站、微博和论坛的比例更小。调查显示,46.0%的未成年网民曾在上网过程中遭遇过淫秽色情、血腥暴力、消极思想内容等不良信息,42.3%的未成年网民在网上遭到过讽刺、谩骂或恶意骚扰。在维护自身权益方面,75.3%的未成年人知晓可以通过互联网进行举报,其中小学生网民达到66.3%。
>
> (资料来源 《2019年全国未成年人互联网使用情况研究报告》。本文有删节。)

(三)出现了一定的功利心态

在向市场经济转轨的过程中,商业文化日益兴起,人们的利益观、金钱观发生了很大的变化,追逐利益、获取财富成为人们生活、工作的重要目标,这一社会价值观的转变也影响到小学校园里的孩子们。一方面,他们在家庭、社区中,通过传媒、他人言行感受到了崇尚实利的风气;另一方面,从父母那里得来的零花钱,比起他们的前辈们显著增加,有的甚至成了"小富翁",于是,想金钱、要实惠的功利心态逐渐滋生。比起过去的儿童,现代儿童对个人利益的认识,经济意识的萌发,在现实的环境中有一定的积极意义,但如果儿童的功利心态过于严重,将导致自私、唯金钱是图的不良品质,在小学教育过程中这是教师应该加以关注的。

(四)学习压力较大,产生了一定的焦虑感和矛盾心理

受"望子成龙、望女成凤"的传统文化心理,以及市场经济条件下社会竞争环境的影响,

现代小学生承载着无数家庭的未来和希望。这种压力，会不自觉地通过亲子关系和教养方式传递到他们身上。学习，由于同将来出人头地有不言自明的关系，便成了压力之源。问题在于，在一个班级、一个学校中，通常所谓的"学习上的成功"，永远只是一小部分学生的专属，于是更多学生必须面对来自家庭的不满、焦躁与责难。挥之不去的压力无疑会影响到他们的幼小心灵，造成了一定的焦虑感和矛盾心理。他们喜欢尝试新生事物，但缺乏毅力；习惯于顺从，但常表现出任性、一意孤行的态度；具有自主欲望，但生活中抹不去对父母的严重依赖心理；性情外向，但常常自觉孤独，内心自我封闭；善于反抗，但脆弱，经不起挫折。据研究，矛盾型学生的人数比重在小学中年级到高年级阶段增长迅速，表明我国小学生，尤其是中高年级学生在敏感、焦虑等消极情绪的表现方面存在着令人担忧的问题。① 也有学者通过实证研究发现，当前小学生由于学习压力容易导致情绪低落、对事情不感兴趣、厌倦生活等心理健康问题。② 因此，应准确了解并正视外部因素带给当代小学生的心理变化，并采取有效的措施加以引导。

> **资料链接 1-2**
>
> 2016 年 10 月，中国青少年研究中心发布了《中国少年儿童发展状况研究报告》。该报告主要以 2005 年和 2015 年的调查数据为依据，对"90 后"和"00 后"的特征进行描述和代际对比。
>
> 特征 1：更追求亲情、友情和个体幸福
>
> 对十年来少年儿童幸福观的变化进行纵向比较发现，对温暖的家的渴求、对友情的需要是少年儿童不变的选择，亲情、友情在少年儿童心目中越来越重要，尤其是友情的分量呈明显上升趋势。与此对应的是，"为社会做贡献"占比呈现明显下降趋势，而"事业成功"占比也有所下降。和"90 后"相比，"00 后"更注重个人的发展与感受，个体幸福变得更加重要，对社会价值的追求逐渐下降。
>
> 特征 2：更看重谦虚品质，注重个人发展
>
> 从 2005 年到 2015 年，善良、诚实、谦虚、勇敢、守信均是少年儿童推崇的重要品质。值得注意的是，"90 后"少年儿童更看重"孝敬"品质，"00 后"少年儿童更看重"谦虚"品质。在"00 后"心目中，长辈的权威地位在下降，个人发展在少年儿童的心目中更重要。

---

① 张野，杨丽珠. 小学生人格类型及发展特点研究[J]. 心理科学，2007(01)：205—208.
② 郑莉君. 小学生心理健康状况、个性特点与学习成绩的相关研究[J]. 宁波大学学报（教育科学版），2007(02)：18—21.

特征3：具有较高的环境保护意识

调查发现，超过七成的"00后"少年儿童具有环境保护意识，其中，农村少年儿童的环保意识比城市少年儿童略强，而西部少年儿童的环保意识最强。"00后"和"90后"相比，环保优先的意识更强，而经济优先的意识在减退。

特征4：社会利益和个体利益并重

多数少年儿童能把国家、人民的利益放在重要位置，而表示不愿意放弃个人利益的比例也超过半数，说明少年儿童的群己观呈现出社会性与个体性并重的特点，其中，富裕家庭的少年儿童更看重社会价值与集体利益。

特征5：有高度的国家认同感，但认为社会存在不公平现象

92.7%的"00后"对自己是中国人感到自豪，90.2%的"00后"对自己生活在中国感到满意，可见，当代少年儿童有着高度的国家认同感。不过，有72.8%的少年儿童认为社会上存在很多不公平的现象，其中，困难家庭少年儿童的比例为77.9%。

（资料来源 《中国少年儿童发展状况研究报告》解读你所不了解的"00"后。本文有删节。）

三、21世纪的人才素质和现代小学教育

现代小学生是21世纪中国建设现代化强国的主力军，在科学技术日新月异、社会经济快速发展的情况下，对人才的要求也是全方位的。在历次召开的关于未来世界教育的国际研讨会中，各国代表提出的一致看法是：21世纪的人才应具备适应性、创造性、社会性、坚韧性及全球观念等素质。[①]

资料链接 1-3

2016年6月3日，世界教育创新峰会（WISE）与北京师范大学中国教育创新研究院在北京共同发布《面向未来：21世纪核心素养教育的全球经验》研究报告。报告将29个素养框架中的相关内容归纳为两大类、18个素养条目，大体反映了全球范围内不同组织或经济体的政策制定者对未来公民所应具备的核心素养的基本判断和整体把握。在这18个素养条目中，有9个都与某个特定内容

[①] 苏柏林，刘本武，黄正斌.现代小学教师的素质[J].沙洋师范高等专科学校学报，2007(06)：88—90.

领域密切相关,被称为"领域素养",包括基础领域素养(语言素养、数学素养、科技素养、人文与社会素养、艺术素养、运动与健康素养)和新兴领域素养(信息素养、环境素养、财商素养);另外9个超越特定领域的素养被称为"通用素养",它们分别指向高阶认知(批判性思维、创造性与问题解决、学会学习与终身学习)、个人成长(自我认识与自我调控、人生规划与幸福生活)与社会性发展(沟通与合作、领导力、跨文化与国际理解、公民责任与社会参与)。报告也对各素养在不同国际组织和经济体中的分布状况进行了分析,据此发现:沟通与合作、创造性与问题解决、信息素养、自我认识与自我调控、批判性思维、学会学习与终身学习以及公民责任与社会参与7个素养为各国际组织和经济体高度重视。

由此可见,全球范围内对于核心素养的关注,不局限指向特定目标或特定领域,核心素养的框架及其内涵呈现广谱、多元、全面的特点。同时,高阶认知、个人成长与社会性发展等通用素养得到越来越多的重视。这些特点说明,培养"健全发展的人"正在成为全球教育发展的重要趋势。报告还发现,财商素养、人生规划与幸福生活以及领导力等素养仅仅被高收入经济体重视,高收入经济体的素养框架的覆盖面比中等收入及以下的经济体更广,这也许反映了教育变革的内在趋势。

(资料来源 21世纪核心素养教育的全球经验[N].中国教育报,2016-06-10(5).)

现代小学生具有自身的特点,具有广阔的发展潜力。21世纪对人才的需求,从另一个角度讲,也是对当代学校教育的要求,因为学校担负着培养未来人才的责任,将来社会的建设者所展现的能力和创造性,在很大程度上取决于当前学校对学生的培育。因此,小学教育在现代社会中占有重要的地位。

(一)不同的教育模式培养不同的人

教育作为一种有组织的教育活动,总是在一定的教育理念和教育目的的指导之下进行的。教育的规划者和具体实施者的这种观念形态,必然蕴含了对教育的价值认识:教育究竟对未来社会的发展有没有作用?能起什么作用?通过教育活动应该培养什么样的人?等等,这是构建教育宏观体系和从事教育微观活动的依据。

不同的教育价值观决定了不同的教育模式。纵观历史,可以很清楚地发现,无论古今,还是中外,存在着多种多样的教育观念和思想,同样,也存在着多种多样的教育实践模式,这些不同的教育思想和教育实践模式,反映了不同的教育价值观,有的甚至截然相反。归纳一下,可以得出下面几种主要的教育模式。

1. 群性教育模式和个性教育模式

对教育目标价值观的不同认识形成了群性教育模式和个性教育模式。群性教育模式的教育目标价值观认为：决定教育价值的因素是社会群体，而非单个人，教育仅仅是促进人的社会化，它的结果只能以其社会功能来衡量。以西方为例，十七、十八世纪以前的教育，主要就是这种以社会为本位的模式。教育始终是王权或神权的工具，将统治阶层认可的东西，或乔装，或强制纳入国家、民族的整体的东西，灌输给国民，目的是为了维护国家、社会的稳定。法国社会学家孔德（Auguste Comte）、涂尔干（Emile Durkheim）所认为的则是另一种意义上的社会教育模式，他们把学校作为社会的受包容系统，以社会学为基础来论述学校的社会性本质和功能。而个性教育模式则把社会看成是个人自由发展的束缚，认为人才是教育的出发点和全部，教育目标在于促进儿童本能的发展，法国思想家卢梭（Jean Rousseau）就表示教育就是人的天赋本能的一种自然生长过程。以"儿童中心论"为理论基础，发端于19世纪末的新教育运动就是一种典型的个性教育模式。

很显然，在这两种不同的教育目标价值观主导之下的教育，其结果在学生身上的体现是不一样的。群性教育模式培养出来的学生习惯于把自己作为群体中的一员，具有较强的群体归属感，顺从群体意志，善于从他人角度考虑问题，有大局观和忍耐、自制精神，但常常自甘平庸，缺乏独立意识和求异思维。个性教育模式培养出来的学生容易形成鲜明的个性特点，自主意识、独立欲望强烈，不甘受群体束缚，敢于挑战传统和常识，具有进取精神，但较为忽视群体的整体利益，难以与他人沟通和合作。

2. 伦理教育模式和科学教育模式

对教育内容价值观的不同认识形成了伦理教育模式和科学教育模式。以孔子的儒家思想为基础的中国古代教育，就是一种伦理教育模式。作为教育的核心内容，不论是孔子的"仁""礼"，还是朱熹的"理"，都是儒家教育的显著特征。与之相对立的是科学教育模式。自英国教育家斯宾塞（Herbert Spencer）在其《教育论》中将"科学"作为最有价值的知识之后，"科学教育"日渐兴盛，欧洲大陆传统的古典和人文教育课程逐渐被以传授科学知识为主的课程所取代。在20世纪60年代，美国和苏联争夺航天技术优势的时候，也是科学教育模式在美国的鼎盛时期。

伦理教育模式培养出来的学生，关怀人自身的情感和品格，具有人文精神，但对科学理念和方法缺乏足够的重视。科学教育模式培养出来的学生具有较为扎实、丰富的多学科知识（尤其是自然科学知识），容易形成严谨、逻辑性较强的思维方式，对客观世界抱有探究精神，但较为忽视对人自身精神方面的关心和提升。

3. 注入式教育模式和自主式教育模式

对教育主体价值观的不同认识而形成了注入式教育模式和自主式教育模式。在教育过程中，如果认为"教"是矛盾的主要方面，教师是教育的主体，那么，就倾向于采取注入式的教育模式。德国教育家赫尔巴特（Johanna Friedrich Herbart）即是倡导注入式教育的代表，他的"明了—联想—系统—方法"四阶段的教学程序，以及为防范儿童"盲目冲动"而进行的强制性管理和训练，使教师成为教育过程的主宰。赫尔巴特学派的教育模式曾在世界范围内风行一时，中华人民共和国成立之后的基础教育，也基本沿袭了赫尔巴特式的教育方式。注入式教育模式的特点是教育活动以教师为中心，由教师呈现教育内容，并通过讲授、问答、训练、强化等手段将知识灌输给学生，整个教育过程由教师掌握，问题的答案由教师设定。自主式教育模式则把学生的自主学习和活动作为教育过程中的主要矛盾，认为学生是教育的主体，把教师看作是影响学生自主发展的"外因"，由于信奉学生的直接经验和内部的心理结构是促使其身心发展的要因，因而教育的目的在于帮助学生自主发现、自主探索、自主推理、自主解决问题，教师所采用的教育方式多是启发、暗示、辅助、合作，学生完全享有自主的氛围，自己从事学习活动。

注入式教育模式在提高知识传授的效率上具有较大作用，有时利用教师的权威能有效解决一些教育问题，但在培养学生探究、创造精神，自主解决问题能力上具有明显的不足。自主式教育模式能激发学生的学习与活动的兴趣，有利于发展学生的思维和自我意识，培养各种能力，但有时在基本知识的掌握上存在片面和低效的问题。

对接受教育的学生来说，不同的教育理念和价值观下产生的不同的教育模式，其影响是深远的。中国两千多年来的以伦理为中心的教育，使中华民族积淀了深厚的文化传统，以及培养了国民温良恭俭让的品格，但是在构筑德行国家的同时，却付出了科学技术落后的代价。而中华人民共和国成立以后的一段时期，学校教育（包括基础教育）仍实行以教师为中心的教育方式，因而使得学生处于一种完全被动的接受状态，致使学生的思维和实践能力受到限制，缺乏个性和创造力。可见，某种教育模式，在培养某种类型的学生上起到了重要的，甚至是决定性的作用。

（二）现代小学教育模式的选定原则

现代的小学教育应该选取、运用怎样的教育模式，这需要辩证地思考。教育是一个受多种因素影响的系统，从目标管理的角度看，学校作为一个运作的系统，其教学活动应该是围绕培养合格的小学生而展开的，作为能够面向现代化、面向世界、面向未来的现代小学生，应得到生动、活泼、健康、主动的发展。而教育模式，是根据小学生的培养目标而制定的。从历史的经验看，有各种各样的教育模式，每种教育模式都有可取的地方，也有不足之处，并不能认为依靠某种特定的教育模式就能全面完成培养小学生的任务。一种教育模式要取得良好的教育效果，是由多种教育条件综合决定的。一般认为，教育目标和内容（包括具体的单元目标和内容）、学生既有的认知结构和心理特征与倾向是决定教育模式的主要因素。此外，学校的管理机制、教师的知识水平和业务能力，甚至学校的文化氛围、教学设备、教室环境等都会对教育模式的确立产生影响。在选定教育模式的时候，应该遵循以下两个原则。

1. 统合性原则

现代的小学生,应该既能储备知识,又能发展能力;既有科学创新精神,又有人文审美情趣;既会竞争,又会合作;既为自己,又为他人;是具有未来发展价值的新人。在这种全面培育小学生基本素质的小学教育中,对不同教育模式的统合,就显得相当重要。例如,就教育内容而言,科学文化知识和伦理道德品性是培育一个人格完整的小学生所不可或缺的,因此,伦理教育模式和科学教育模式的统合就非常必要。但这样的统合并非机械地相加,而是以德育为核心,找出不同教育模式的结合点,相互渗透,彼此融合,达到互为补充、相互促进的作用。

2. 情境性原则

每一次课堂教学,或者班队活动,都构成了一个具体的教育情境。不同的教学、活动目标,相异的教学、活动内容,使得每一个教育情境各有特点,这就使得教育方式、师生交往性质有了随情景而异的必要。杜威的"暗示—问题—假设—推理—验证"五段教学法在一些新颖的探索性问题情境中(例如,对算术中加减法定律的学习),能很好地激发学生思维,促使其主动探究,提高其解决问题的能力。然而对于不少基本知识的学习和理解(例如,语文教学中对课文背景知识的介绍),传统意义上的传授讲解能使学生群体在短时间内获得大量的信息,但是如果这样的知识,也像杜威式教学那样,都让学生通过自己的经验来习得,那学习过程必然是缓慢而又低效的。所以,是运用教师讲授式教学,还是学生自主式教学,也应根据不同的情况而定。同样,在德育情境中,有时在需要明辨是非时,教师作为指导者表现出明确的价值倾向,对于学生澄清该价值内涵,反而会更有帮助。

不同的教育模式培养不同的人。小学教育应该辩证理解各种教育模式,灵活运用并善于创造新的教育模式,培育出能在未来大显身手的小学生。如此,才能做到不负社会的重托。

思考与探究

1. 如何理解小学教育的全面性和综合性?
2. 举例说明小学教育的艺术性这一特点。
3. 现代小学生的时代特征主要表现在哪些方面?
4. 如何理解"不同的教育模式培养不同的人"?
5. 案例分析。

　　一位有着40年教龄、20多年班主任经验的特级教师,曾多次被评为"优秀教师",所带班级连续数年荣获各类先进集体称号。这位教师在今年下半年新接了一个班级,但开学一个月后,他便向校长提出了辞职:"现在的学生已经不再像过去那样听话懂事,我用了30多年的教育方法对他们根本行不通。就拿我这学期带的班级来说,学生的学习成绩参差不齐,行为习惯也各不相同。各科老师常向我告状,说和这班学生根本无法交流,他们的想法你无法理解,你说的话他们也听不懂。跟他们讲讲道理,他们笑称'老土';批评几句,他们又受不了。上课人手一个电子游戏机,写作文用网络语言;下课男生女生疯玩成一团,肆无忌惮地欺负弱小;做值日生,他们请来家里的保姆……我教了一辈子书,从来没有碰到过这些事情,想来想去,真是'老革命'碰上了'新问题',实在不行了……"

你是如何看待这位"优秀班主任"所碰到的新问题的?怎样才能解决这些新问题?

参考文献

1. 胡金平. 中外教育史纲(第三版)[M]. 南京:南京师范大学出版社,2019.
2. 黄济,劳凯声,檀传宝. 小学教育学(第三版)[M]. 北京:人民教育出版社,2019.
3. 陈威. 小学儿童心理学(第二版)[M]. 北京:中国人民大学出版社,2016.
4. 桑标. 儿童发展[M]. 上海:华东师范大学出版社,2014.
5. [美]克斯特尔尼克,等. 儿童社会性发展指南:理论到实践[M]. 邹晓燕,等,译. 北京:人民教育出版社,2009.
6. [美]内尔·诺丁斯. 学会关心:教育的另一种模式(第二版)[M]. 于天龙,译. 北京:教育科学出版社,2015.

拓展阅读

终身教育的四大支柱

终身教育建立在四个支柱的基础上:学会认知,学会做事,学会共同生活,学会生存。

◆ 学会认知,途径是将掌握足够广泛的普通知识与深入研究少数学科结合起来。这也就是说,学会学习,以便从终身教育提供的种种机会中受益。

◆ 学会做事,以便不仅获得专业资格,而且从更广泛的意义上说,获得能够应对许多情况和集体工作的能力。这还意味着要在青少年的各种社会经历或工作经历范围内学会做事;这类经历可能因地方或国家的具体情况而属于自发性的,也可能由于学习和工作交替进行的教育的发展而属于正式的。

◆ 学会共同生活,其途径是本着尊重多元性、相互了解及平等价值观的精神,在开展共同项目和学习管理冲突的过程中,增进对他人的了解和对相互依存问题的认识。

◆ 学会生存,以便更充分地发展自己的人格,并能以不断增强的自主性、判断力和个人责任感来行动。为此,教育不应忽视人的任何一种潜力:记忆力、推理能力、美感、体力和交往能力。

正规教育系统不顾其他学习形式,越来越强调获取知识,而现在十分重要的是应把教育作为一个整体来加以设计。这种看法应该在制定教学计划和确定新的教育政策方面给未来的教育改革以启示和指导。

(资料来源 联合国教科文组织总部.教育:财富蕴藏其中[M].联合国教科文组织总部中文科,译.北京:教育科学出版社,1996:87—88.)

培养适应新时代要求的优秀人才

时代呼唤具有责任担当和家国情怀的有志青年。习近平总书记在全国高校思想政治工作会议上强调,高校肩负着培养中国特色社会主义事业建设者和接班人的重大任务,这就要求我们培养的人才必须具有国家至上、民族至上、人民至上,胸怀大局、心有大我的家国情怀,具有优秀的道德品质和强烈的社会责任感。

时代呼唤能够应对变化和解决复杂问题的跨学科复合型人才。这是一个科技日新月异、社会加剧变革的时代,大数据、人工智能、量子科技、生命科学等正迅速崛起并改变着我们的生活,多学科、跨学科以及交叉学科成为科学发展的主流形式,人类迈入大科学时代。因此,我们要培养的不仅仅是专业人才,更是具有思维整合能力、能够应对变化和解决复杂问题的跨学科复合型人才。

时代呼唤具有国际视野、通晓国际规则、能够参与国际事务和国际竞争的国际化人才。随着全球化进程的推进,各国间的联系更加紧密,正日益结成人类命运共同体。中国也随着综合国力的不断提升,日益走近世界舞台的中央。未来我们的舞台是国际舞台、坐标是国际坐标、标准是世界标准,这就要求我们培养更多具有国际视野、通晓国际规则、能够参与国际事务和国际竞争的国际化人才。

时代呼唤富有创新精神、具备创业素质、勇于创新实践的高素质创新创业人才。创新是社会进步的灵魂,创业是推动经济社会发展、改善民生的重要途径。

建设创新型国家,走自主创新的发展道路,要求我们培养更多具有创新、创业素养和实践能力,可以在不同领域为人类发展和社会进步做出开创性贡献的优秀人才。

(资料来源　熊思东.培养适应新时代要求的优秀人才[J].群众(思想理论版),2017(21):48—49.本文有删节。)

当代世界教育教学改革六大新动向

动向一:从"全民教育"到"全民学习"。

世界银行在"2020年教育战略"中提出,面对全球教育面临的挑战,未来教育的目标应从促进"全民教育"转变为促进"全民学习"。"全民学习"目标的提出是在获得入学机会的基础上更强调受教育的结果,有利于在促进教育机会公平的基础上进一步促进教育结果的公平。20世纪后半期,世界各国关注全民教育,努力扩大教育规模,增加入学机会,取得了重大进展。从21世纪初开始,关注点已从规模扩展向质量提升转变。联合国教科文组织在关于制定质量监测与评估体系的概念性文件中曾指出:增加入学机会方面所取得的巨大成功并未带来教育质量和教育针对性的提高,对于发展中国家尤其如此。

动向二:从以课程为中心到以学生为中心。

以学生为中心正在成为很多国家提升教育质量的核心导向。以学生为中心,一是全员化发展,即每个学生都是重要的;二是个性化发展,即每个学生都是不同的。与此相适应的是学校的多元化发展。美国联邦教育部部长邓肯(Arne Duncan)说:"如果我们不倾听学生的声音,我们的教育将难以进步。"而不少美国学生提出,他们应该有更多发言权来评价教师,考试应该更符合社会生活的需要,等等。法国2010年秋季进入高一的学生已经在按改革后的"新高中"的学业组织模式接受法国的高中教育。用新的"探索课程"取代"定向课程",对所有学生进行"个性化陪护",为困难学生开办"学业水平补习班",学生可以更换"学业道路",所有学生都可以享受个别辅导,提高学校的自主性。

动向三:从以能力为导向到以价值观为导向。

世界各国教育出现的另一个引人瞩目的新动向是:从能力导向朝着价值观导向转变。价值观导向,归根结底就是教育学生如何对待自己、对待他人以及对待社会、国家和世界。2011年9月22日,新加坡教育部部长提出让教育系统变得更加以学生为中心,更加关注全面教育,更加强调价值观和品格发展,并将之概括为"学生中心、价值观导向的教育"。法国政府则公布了《共和国学校重建导向规划法》,目的就是建立公正、严格、富有包容精神的学校,使教师在新的德育和公平教育的框架下,在各级各类教育中贯彻共和国的价值观。新西兰从2007年开始实施新课程标准,特别强调价值观教育的重要性,提出必须将基础价值观教育融入学校各门课程的教学当中,并明确指出,新西兰的学校应教育学生具有追求卓越、创新与好奇、多样化、尊重他人等八种价值观。尽管各国倡导的价值观的取向并不一定相同,但将价值观教育作为教育的首要功能则越来越趋于一致。

动向四:从知识授受到创新精神。

培养学习型组织倡导者彼得·圣吉(Peter Senge)说:"婴儿学走路,是在跌倒,爬起,再跌倒,再爬起的过程中学会的。"学生思维能力的发展就像婴儿学走路一样,要经过一个"想—错—再想—再错—再想"的过程。学生的每一个错误都意味着成长,教师要有"祝贺失败"的修养。各国教学模式的改变几乎都朝着通过探究式学习、实践式学习和合作式学习来培养学生的创新精神和创新能力的方向发展。联合国教科文组织在《塑造明天的教育——联合国可持续发展教育十年计划2012年报告》中指出:"学习"是指学习以批判的方式提出问题;学习阐述本人的价值观;学习设想更加光明和可持续的未来;学习有条理地思考问题;学习如何通过实践知识来做出应对;学习如何探索传统和创新之间的辩证关系。

动向五:从信息工具的使用到教学模式的改变。

信息技术在教育领域的应用可分为三个阶段:工具与技术的改变;教学模式的改变;最终可能产生学校形态的改变。2013年《新媒体联盟地平线报告》认为,在近期发展阶段,"云计算"和"移动学习"技术将成为基础教育的主流应用;在中期发展阶段,"学习分析"和"开放内容"预期将会在20%以上的教育机构中得到应用;在远期发展阶段,"3D打印"和"虚拟远程实验室"将应用于基础教育。

动向六:从单一测评到综合评价。

经济合作与发展组织(OECD)发布的报告《为促进更好学习:评价与评估的国际视角》中称,全球教育系统正将对教师和学校绩效的评估作为帮助学生更好学习以及提高成绩的重要推动力。教育质量评估关注评估标准、评估体系和评估政策的建设。报告建议,评估要采取全面综合的方法,使其与教育目标保持一致。评估的重点应放在改进课堂实践,确保所有利益相关者尽早参与以及将学生置于核心。

(资料来源　陶西平:《当代世界教育教学改革六大新动向》。本文有删节。)

▶ **视频资源**

视频内容：　我们的班名我们做主:"四季逗"诞生记
执教教师：　冯志兰
视频提供：　上海市闵行区莘庄镇小学冯志兰

　　现代小学生活泼开朗,自主意识强,富有个性。作为教师,应因势利导,培养他们的良好品性。冯志兰老师通过设计班名的活动,让小学生主动参与,讨论班级事务,合作共建班集体,从而培养和激发他们的主人翁意识。

第二章

班队工作的意义与理念

- 明确班队工作在学校管理和学生成长中的意义
- 掌握班级工作的特点和工作要点
- 掌握少先队工作的特点和工作要点
- 树立正确的班队工作理念

案例 2-1

张丽的成绩一直都不是很理想,她的父母都是外来务工者,没有什么文化,在学习上帮不了她。而且,当我们老师把她留下来补课时,张丽的父母对我们的这种做法还很排斥。记得有一次,张丽的英语背不出来,我把她留下来。留到五点半,她的爸爸就打电话来了,态度很不客气地说:"曹老师,你把孩子留下来有用吗?搞得那么晚?饭也没有吃?我看她英语也没有提高嘛,你自己要好好找原因啊……"我当时听了就觉得大脑"轰"的一下,做老师这么多年了,我第一次听到这样的话。说实话,当时我很生气,但转念一想,她爸爸也是心疼女儿啊!五点半都还没吃晚饭,怕她饿着。我当时也没多说什么,就叫小张同学回家了。

过了几天,我又把张丽同学留下来,让她背诵英语。时间不知不觉已经到了五点十五分了,看了看时间,我也觉得不早了,心想又要被她爸爸说了。哎!算了,让她回家吧。但是,我怕她饿着,正好我办公桌上有一块甜瓜,是早餐的时候学校发的。于是,我和张丽说:"肚子饿了吧?这块甜瓜你拿走吧?曹老师送给你的。""不好,我不能要的。"张丽说。"没关系啊,你拿着吧!"我微笑着递给她。"一会儿谁来接你啊?""不知道!""那曹老师顺路送你回家,好吗?""好"……学校后面的一条路,来往的车辆一直很多,我怕她路上有危险,于是把她一直送到了小区门口。"你家有人吗?""我去看看!"张丽往小区里走了几步,在远处和我大声说:"有人的。家里灯亮着呢!谢谢曹老师!"

第二天,张丽的爸爸居然打电话给我:"喂!是曹老师吗?我是张丽的爸爸,谢谢你昨天给我女儿吃甜瓜,还有送我女儿回家。你们老师太好了,我们老家很少有这样的老师……"那天,他爸爸在电话里说了很多,语气也变得温和了!

自从那次吃甜瓜的事情发生了以后,张丽变得懂事了许多,学习上也比以前更努力了。

(资料来源 曹蕾赪.一块甜瓜的"效应"[M]//张文潮.立德树人——上海市中小学班主任德育案例.上海:华东师范大学出版社,2019:79.本文有删改。)

每一位教师在班级教学中都可能遇到上述曹老师面临的问题,但如何解决却有多种途径和方法。曹老师事先没有想到一块甜瓜居然有这么大的效应。但如果仔细分析,我们就会发现,班队工作的意义和理念恰恰都是通过每一个小细节表现出来的。

班队工作,是学校工作的基本内容,是直面学生并能够对少年儿童施以有力影响的主要教育形式。班队工作的成败,直接影响到育人效果,影响到学生现在和未来的发展。因此,全面了解班队工作的基本原理及实践方式,有助于提高班队工作的合理性与科学性,有利于提高学校教育的整体效能。本章主要阐述班队工作的基本原理。

第一节
班队的含义、历史由来及性质与特点

一、班级的含义、历史由来及性质与特点

(一) 班级的含义及其历史由来

"班"即班级,是学校进行教育、教学活动的基本单位。它是由年龄相近、知识程度大体相同、有共同学习任务的几十名学生组成的群体。

在以班级为单位的教学组织形式出现以前,主要采用个别教学的形式。近代以来,随着资本主义社会化生产的发展,科学技术不断进步,教学内容大量增加,受教育者的人数也日益增多,个别教学已经不能满足教育的要求,需要有新的教学组织形式取而代之。因此,16世纪欧洲一些国家,如德国、法国的古典中学里开始尝试集体教学的组织形式,即班级教学。

到了17世纪,捷克教育家夸美纽斯(Johann Amos Comenius)在他所著的《大教学论》里对班级教学作了系统的阐述,从理论上确立了班级授课制。他提出,把学生组成班级,由一位教师面对一个班级学生同时授课。此后,班级教学逐渐被广泛应用和认可。班级授课制的产生意味着班级的形成,它使教学活动的方式由个别指导转为面向群体的课堂讲授。教师的教育对象已不再是个别学生,而是固定的学生群体,教师的任务也就有了新的变化和要求。

(二) 班级的性质与特点

班级是按照班级授课制的培养目标和教育规范组织起来的,以共同学习活动和直接性人际交往为特征的社会心理共同体。由于它是依照班级授课制的要求组织起来的,因此具有以下特征。

第一,班级是按照学生年龄划分的,同一年龄阶段学生的文化程度和身心发展水平大致相同。这为教学活动的统一开展提供了可能。

第二,班级作为儿童所属的正式群体,是由学校根据学籍管理规定编排、组建的,学生不能自由选择,班级成员的构成具有偶然性、随机性。这为班级管理带来了一定的难度。

第三,班级的主要任务是课程的学习和训练,学生的学业成绩是决定其群体地位的主要因素,课程学习中接连受挫的儿童常常会有失败感,从而产生各类心理和行为方面的问题。

第四,班级集体的发展水平与教师的领导方式和教育教学风格密切相关。教师是社会委派的承担教育工作的专职人员,其客观地位决定了他具有一定的权威性和教育影响力。

二、少先队的含义、历史由来及性质与特点

(一) 少先队的含义及其历史由来

"队"是指少先队,它的全称是"中国少年先锋队"。中国少年先锋队是中国少年儿童学习中国特色社会主义和共产主义的学校,是中国共产党以共产主义精神团结、教育全体少年儿童的群众组织。党以"先锋"命名这一组织,是为了教育少年儿童以革命先锋为榜样,继承他们的事业。少先队的创立者和领导者是中国共产党,党委托中国共产主义青年团直接领导少先队。凡是6周岁到14周岁的少年儿童,愿意参加少先队,愿意遵守队章,向所在学校少先队组织提出申请,经批准,就可成为队员。队员佩戴的红领巾是它的标志。少先队组织在学校建立大队或中队,中队下设小队。

我国的少先队是由革命战争年代的儿童团组织发展而来的。少先队最早源于1922年建立的"安源儿童团",由安源矿区的小矿工及工人子弟组成,是在第一次国内革命战争时期中国共产党组建和领导的第一个少年儿童革命组织。1924年,在此基础上发展成"劳动童子团",并迅速在上海、武汉、广州、天津等地扩展开来。第三次国内革命战争时期,中国共产党在革命根据地为少年儿童建立了共产儿童团(8—14岁参加)和少年先锋队(15—23岁参加),当时少年先锋队队员有30万人,其口号是"一切为了前线"。抗日战争时期,许多根据地成立了抗日儿童团,为抗日报国作出了很大贡献。在解放战争时期,解放区的儿童团参加了土地改革和支援前线的运动。

中华人民共和国成立以后,1949年10月,中国新民主主义青年团中央常委会举行了扩大会议,通过了《关于建立中国少年儿童队的决议》和《中国少年儿童队章程草案》,从此少年儿童有了全国性的统一组织。1953年6月23日,中国新民主主义青年团第二次全国代表大会召开,决定将队的组织名称改为"中国少年先锋队"。文革期间,少先队名称被"四人帮"反革命集团取消,代之以"红小兵"组织。粉碎"四人帮"后,经党中央批准,1978年共青团十届一中全会通过决议,才恢复了"中国少年先锋队"的名称。

(二) 少先队的性质与特点

中国少年先锋队是中国少年儿童的群众组织,是少年儿童学习中国特色社会主义和共产主义的学校,是建设社会主义和共产主义的预备队。具体而言,主要有以下五个特点。

1. 儿童性

《中国少年先锋队章程》[①]第十一条明确规定:"凡是6周岁到14周岁的少年儿童,愿意参加少先队,愿意遵守队章,向所在学校少先队组织提出申请,达到入队要求后,经批准,就成为队员。"这个规定使少先队组织具有儿童性特点,同时也指出了少先队组织不是少数少

[①] 关于《中国少年先锋队章程》的具体内容,可扫描本书附录中的二维码进行阅读。

年儿童的组织,而是由全体符合队龄的少年儿童组织起来的群众性组织。少先队开展的各项活动应当符合这一阶段少年儿童的年龄特点。

2. 群众性

少先队面向所有适龄儿童,凡愿意参加少先队,愿意遵守队章,向学校少先队组织提出申请的,达到入队要求后,都应被批准成为少先队员。少先队开展的各项活动面向全体少先队员。少先队的群众性(或全童性)是由党建立儿童组织的根本目的所决定的,即"为了组织和教育全国少年儿童"。1965年4月共青团中央全会曾明确指出:"必须坚持团结教育全体少年儿童的原则。建立少年儿童组织的目的,就在于通过它团结教育整个少年儿童一代,不能把少年儿童组织当作少数先进少年儿童的组织,而把许多少年儿童排除在组织之外。"

"全童入队"是少先队建设的重要原则,它适应少年儿童的年龄特点,符合他们的心理要求,有利于全体少年儿童的健康成长。集体组织有强大的教育力量和吸引力量,少年儿童爱好集体,喜欢合群,热爱和向往少先队,渴望戴上红领巾,把他们吸收到少先队组织中,是少先队进行教育的前提。少先队组织越壮大,团结的少年儿童越多,它的作用也就越大。少先队的群众性,不仅表现在队的发展上,更重要的是表现在队的教育活动上,要求做到"团结全体,面向全体"。

3. 教育性

党以"先锋"命名少先队,就是要求少先队时刻以"先锋"的名称、以"先锋"为榜样来激励教育广大少先队员从小学"先锋",长大争做"先锋"。少先队有明确的奋斗目标,它要求少先队员从小树立共产主义的伟大理想,学习革命道理和知识,锻炼身体。

习近平在会见中国少年先锋队第七次全国代表大会代表时曾寄语全国各族少年儿童:

要从小学习做人。世界上最难的事情,就是怎样做人、怎样做一个好人。要做一个好人,就要有品德、有知识、有责任,要坚持品德为先。你们现在都是小树苗,品德的养成需要丰富的营养、肥沃的土壤,这样才能茁壮成长。现在把自己的品德培育得越好,将来人就能做得越好。要学会做人的准则,就要学习和传承中华民族传统美德,学习和弘扬社会主义新风尚,热爱生活,懂得感恩,与人为善,明礼诚信,争当学习和实践社会主义核心价值观的小模范。

要从小学习立志。志向是人生的航标。一个人要做出一番成就,就要有自己的志向。一个人可以有很多志向,但人生最重要的志向应该同祖国和人民联系在一起,这是人们各种具体志向的底盘,也是人生的脊梁。你们要注意培养追求真理、报效祖国的志向,爱祖国、爱人民、爱劳动、爱科学、爱社会主义,时刻把祖国和人民放在心中,从小听党的话、跟着党走,努力做祖国和人民需要的好孩子,做祖国和人民事业发展的接班人。

要从小学习创造。幸福不是毛毛雨,幸福不是免费午餐,幸福不会从天而降。人世间的一切成就、一切幸福都源于劳动和创造。时代总是不断发展的,等你们长大了,生活将发生巨大变化,科技也会取得巨大进步,需要你们用新理念、新知识、新本领去适应和创造新生活,这样一个民族、人类进步才能生生不息。从现在起,你们就要争当勤奋学习、自觉劳动、勇于创造的小标兵。①

对于年幼的儿童来说,虽然他们不能完全理解其深刻含义,但随着年龄的增长,随着少先队活动的不断参与,他们会逐步懂得,现在努力学习、生活、实践,是为了将来实现这个目标。作为建设社会主义和共产主义的预备队,其任务是光荣而艰巨的,光荣在于它是为明天的事业而进行准备的后备力量;要完成明天的任务会遇到很多困难,少先队员们必须从今天开始扎实努力。要实现这个伟大的目标,少先队员就应该从小事做起,从身边事做起,培养自己的集体主义精神和责任感,把伟大的目标同当前的行动联系起来。

所以,在这个集体中,一切活动和工作都是有一定的目的的,都和少先队的奋斗目标有着内在的联系。少先队所开展的各种丰富多彩的活动,是为了培养少年儿童的主人翁精神和工作责任感,使少年儿童逐渐懂得关心集体的利益,培养他们爱集体的思想感情。因此,把少年儿童组织起来进行教育,是少先队建立的宗旨。

4. 政治性

少先队是由中国共产党创立和领导的,是"少年儿童学习中国特色社会主义和共产主义的学校",是建设中国特色社会主义和共产主义的预备队,具有鲜明的政治属性。《中国少年先锋队章程(修正案)》第三条明确指出:"我们队以马克思列宁主义、毛泽东思想、邓小平理论、'三个代表'重要思想、科学发展观、习近平新时代中国特色社会主义思想为根本遵循"。

作为一个组织,少先队具有自己的队旗、队礼、呼号和队员标志等。

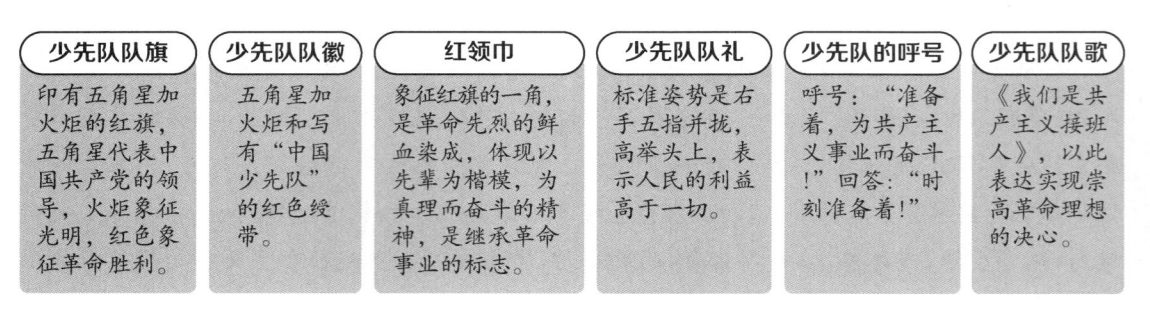

少先队队旗	少先队队徽	红领巾	少先队队礼	少先队的呼号	少先队队歌
印有五角星加火炬的红旗,五角星代表中国共产党的领导,火炬象征光明,红色象征革命胜利。	五角星加火炬和写有"中国少先队"的红色绶带。	象征红旗的一角,是革命先烈的鲜血染成,体现以先辈为楷模,为真理而奋斗的精神,是继承革命事业的标志。	标准姿势是右手五指并拢,高举头上,表示人民的利益高于一切。	呼号:"准备着,为共产主义事业而奋斗!"回答:"时刻准备着!"	《我们是共产主义接班人》,以此表达实现崇高革命理想的决心。

图 2-1 中国少年先锋队标志

5. 自主性

少先队是儿童的自愿联合体,是在共产党领导下和共青团带领下,准备参加社会主义现代化建设事业的预备队,是和谐社会最广泛、最基础的社会组织。它不是团组织的一个附属

---

① 习近平六一寄语全国各族少年儿童[EB/OL]. (2015-06-01)[2020-08-30]. http://politics.people.com.cn/n/2015/0601/c1024-27087859.html.

图 2-2 中国少年先锋队标志

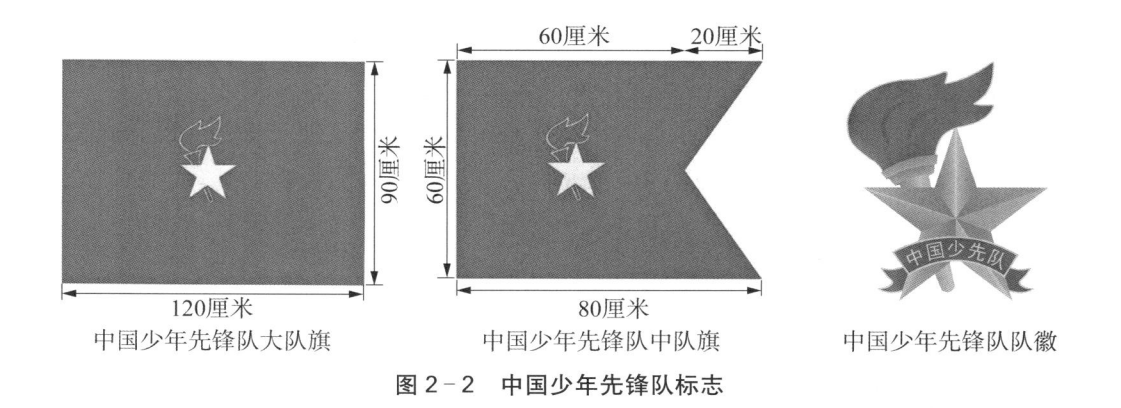

机构,而是少年儿童自己的群众组织。儿童们在少先队组织中,是唯一的、完全的主人。作为少年儿童自己的组织,少先队历来重视少先队员的自我教育、自我管理,发挥队员自身的积极性、主动性,引导少年儿童在实践中学本领、长才干。因此,在"队的目的"中,"参与实践,培养能力"就是要求少先队通过丰富多彩的少先队活动,能够"自学、自理、自护、自强、自律"。队的全部活动都由队员自己决定,队的全部工作都由队员自己来当家作主。队员通过行使权利和履行自己的义务,逐渐意识到自己是队组织的主人,从而培养主人翁意识,自觉主动地关心队的活动和工作,更好地发挥主动性、积极性和创造性,自己教育自己,自己管理自己,自己发展自己。

第二节
班队工作的意义及相互关系

一、班队工作的意义

班级是学校教育结构系统中最基本的单位,学校对教育方针政策的贯彻执行,对教育教学工作的开展,通常是以班级为基点进行的,并通过班级工作落实到每个学生身上。因此,班级工作关系到整个学校教育质量的高低和校风学风的优劣。

少年儿童是祖国的未来,中国近代思想家梁启超在自己的著作《少年中国说》中充分论述了"少年强"与"国强"的关系。重视少年儿童工作,一方面是中国共产党历来的优秀传统;另一方面是出于中国可持续发展,实现中华民族伟大复兴中国梦的长远考虑。

少先队工作是学校实施德育的重要途径。少先队通过各种创造性活动对少年儿童进行生动形象的教育,把理想的种子播在少年儿童的心里,使他们从小就开始树立远大的理想,并逐渐懂得现在努力学习、工作和生活对未来实现这一理想的意义。

总之,班队是学生进行学习和交往的微观环境,是学生全面发展、健康成长的摇篮,做好班队工作,意义巨大,影响深远。可以说,它对国民素质的提高和社会主义建设的长治久安起着奠基作用。

二、班级工作与少先队工作的关系

(一)班级工作与少先队工作的区别

少先队组织与班级存在于同一学生群体中,为什么有了班级还要有少先队组织呢?这是由二者在工作目标、工作内容、工作方法方面的不同而造成的。

1. 工作目标不同

少先队与班级有着同样的教育目的,都是为了培养德智体美劳全面发展的一代新人。但是就其具体目标来说,两者具有不同的侧重点。班级就其形成来讲,是按照班级授课制的培养目标和教育规范组织起来的;就其教学组织的功能来说,主要是以完成课堂教学任务为目标;而从教育管理的功能来说,主要是实现建班育人。班级是学校中开展各类活动的最基本且稳定的基层组织。它既是学校教育教学工作的基本单位,也是学生学习、活动的基层集体,学生成长离不开班级组织。只有把一个班的学生很好地组织起来进行教育,才能较好地发挥学校教育的优势,使学生在德、智、体、美、劳等方面得到和谐发展。

少先队组织是少年儿童学习社会主义和共产主义的学校,是建设中国特色社会主义和共产主义的预备队,就其教育目标来讲,它主要是通过各种教育活动,团结教育少年儿童,听党的话、跟党走,爱祖国、爱人民、爱劳动、爱科学、爱社会主义,激励少年儿童从小以革命先锋为榜样,立下继承革命事业的志向。所以,少先队组织更侧重于理想教育和集体主义人生观的教育。

2. 工作内容不同

班级的建立是以共同的教学活动为出发点的。为了教学活动的正常进行,班级制定了一系列的规章制度,如课堂规则、学习纪律、学生守则、考试规则等,以此加强班级日常管理工作;为了形成良好学风,提高教育质量,形成富有凝聚力的集体,班级展开一系列的工作,如班集体的建设、家长工作等;为了实现教学目标,班级又组织开展各种有意义的活动,如兴趣小组活动、校外活动,以促使儿童德智体美劳全面发展。

党建立少先队是为了组织和教育全体少年儿童:"准备着,为共产主义事业而奋斗!"这是为少年儿童提出的共同目标。少先队以共产主义精神教育少年儿童,通过对少先队史、少先队章程的学习,通过各种形式的队活动,培养儿童的组织观念,完成队组织发布的任务,提高儿童自我要求、自我监督、自我批评、自我调节和自我教育的能力。

因此,班级和少先队虽然属于同一学生群体,但它们是两个不同的组织,两者的工作内容和工作重点是有差异的。班级工作是以日常管理和教学活动为主要内容,而少先队组织主要是对少年儿童进行组织观念教育,学习革命先锋、热爱组织、学当主人、培养能力是少先队工作的重点。

3. 工作方法不同

在学校中,班级是教育少年儿童的主要场所。在班级中,班主任是组织者、教育者和指导者,学生是受教育者。班主任作为教育者,在学业上一般都受过专门的训练,"学业在先,术有专攻",而且对儿童的发展有一定的认识,对自己从事的工作有较强的社会责任感。一方面,班主任在思想、知识、能力等各方面能够胜任对学生的指导工作,并能科学而合理地设计、组织和实施教育活动,引导学生积极参与。另一方面,班主任能发挥学生的主体作用,促使学生自觉地接受教育要求,并努力达到这些要求。作为受教育者的小学生,正处在长身体、长知识的时期,知识、经验还很不丰富,智力、体力还很不成熟,他们非常需要教育者的引导和帮助。这犹如行军探险需要向导引路,是曲折还是顺利,是走捷径还是走弯路,都主要取决于向导。在教育过程中,班主任的工作恰如向导一般,起着一种引导路程、把握方向的作用。

在少先队组织里,少先队辅导员主要是辅导和指导帮助中队或大队委员会开展工作、组织活动。体验是少先队教育的基本途径。队员们根据自己的兴趣和要求组织各种生动有意义的活动,他们既是各项活动的积极参加者,又是这些活动的设计者和组织者。少先队辅导员的工作是把开展丰富多彩的实践活动作为主要方式,着重培养、发展少先队员自我教育的意识和能力,引导少年儿童在学校生活、家庭生活、社会生活和大自然的实践中感悟做人做事的道理,逐步养成良好的行为习惯。

可见,班级和少先队组织因教育目标和教育内容的侧重点不同,两者所采用的教育方法也有所不同。班级教育采用的主要是以教师为主导、师生互动的教育方法;而少先队组织则更强调学生的自我教育,立足于自立、自主、自动、自律是少先队工作的基本方法。关于《少先队辅导员工作纲要(试行)》中的详细内容,可扫描本书附录中的二维码进行阅读。

(二) 班级工作与少先队工作的联系

班级工作与少先队工作尽管存在着一定的区别,但它们之间又有着不可分割的联系。

1. 教育对象相同

在小学,少先队组织与班级工作的对象都是小学生。小学阶段是一个人一生中发展最关键的时期,也是在德、智、体、美、劳几方面打基础的时期。在认知、情感、行为方式等方面,少年儿童有其自身的特点,不管是班级工作者,还是少先队工作者,都应根据这些特点开展工作,进行教育,使学生得到全面发展。

2. 教育者相同

班主任往往兼任少先队辅导员。虽然班主任和少先队辅导员所承担的职责、工作侧重点不同，但因他们都担负着教育下一代的任务，所以，社会对他们的素养要求是一致的，都希望他们成为一个有爱心、责任心、宽容心、公平心、耐心、恒心的好教师，成为学生前进路上的引路人和知心朋友。

3. 教育的内容有共同点

班级和少先队都是对小学生进行思想品德教育的基层单位，尽管教育的目标有所差异，但教育的内容具有共同点，主要是引导学生从小立志向、树梦想，向学生进行以爱祖国、爱人民、爱劳动、爱科学、爱社会主义为基本内容的社会公德教育，自觉培育和践行社会主义核心价值观，并进行有关社会常识的教育（包括必要的生活常识、基本的政治常识和有关的法律常识），提高学生的公民主体意识、权利意识、责任意识、参与意识、守法意识和道德意识，努力树立"心中有祖国，心中有集体，心中有人民，心中有他人"的思想意识，树立报效祖国的远大理想，使学生逐步养成良好的道德品质和文明习惯。

4. 教育途径有共同点

活动是沟通客观世界和主观世界的桥梁，开展各种教育活动也是班级和少先队组织对小学生进行教育的基本途径。小学生天性活泼、好动合群、感情丰富、思维具体形象，组织各种有意义的活动不仅满足了儿童参与活动的愿望，而且使他们能更好地掌握知识，提高思想认识，丰富情感，磨炼意志，逐渐形成崇高的信念，并学会践行。

综上所述，班级工作与少先队工作既有区别，又互相联系，两者相辅相成，各有侧重，不可分割。

第三节　班队工作的理念

做任何工作，都要以正确的思想为指导。要做好班队工作，必须确立以下理念。

一、学生主体观

学生主体观就是要视学生为主体，发挥学生的主体性。主体与主体性的含义是不同的，主体是指人，是从事认识和实践活动的人；主体性是指主体所具有的规定性，如自主性、创造性、能动性、独立性等,是主体就拥有主体性,但是这并不意味着其主体性就一定能够得到发挥。有时因为外界条件的限制,人不能够自由自主地行动,只能做出被动的行为,显示出被动性。

以学生为主体就是指在教育上要以人为本,承认人的尊严,承认人有个性发展的自由和潜能发挥的自由。在教育上应该尊重每一个人的创造性和自由选择的权利。学生不是被消极灌输的容器,而是具有积极主动精神的主体。传统教育强调教师的职责是控制和训导学生,学生只能在被动中接受教师的训导,服从教师的权威。教师多采用强迫、压服、灌输,甚至惩罚的方式来教育学生。实践证明,通过这种教育方式培养出来的学生,往往形成依附的人格,缺乏主体性,不能适应现代社会的要求。在当代,人们已逐渐确立了这样一种观点,即学生既是受教育的客体,也是学习的主体。"教是为了不教","学是为了会学",教育的最终目的在于让学生成为学习的主体。现在各国的教育都十分重视弘扬人的主体精神。我国推行的素质教育就是要改变以往的被动式教育,确立学生在教育中的主体地位。

案例 2-2

点亮星光

"他是个傻瓜,什么都不会。"

一个小男孩脱口而出的话语在教室里响起,听起来是那么地刺耳。

……

这是一年级开学第一堂课,小朋友们正在自我介绍,发言的声音都很响亮。轮到小郎了,我走到他面前,轻轻扶起他:"来,小郎,跟我说,我是小郎。"小郎被妈妈拽了起来,低着头,快速又模糊地完成了"鹦鹉学舌"。

"他是个傻瓜,什么都不会。"说这句话的,是小郎幼儿园的同学。教室里顿时炸开了锅,小朋友们回头张望,不停地指指点点,好奇地议论着。

小郎是"星星的孩子"——自闭症患儿,智商为 61,口齿不清,无法自控情绪,不能与同伴正常交往。小郎的妈妈辞去工作,在幼儿园整整陪读了三年。当小郎准备升入小学时,小郎的妈妈想让他能在普通学校与正常的孩子交往,趁早给他提供一个融入正常生活秩序的机会。然而到陌生的地方,遇见陌生的孩子会刺激小郎,让他出现情绪极度失控的现象。这便是小郎妈妈最担心的问题。

此时,小郎显得焦躁不安,尖叫了起来。我快步上前,摸摸他的头,给了他一个大大的拥抱。

我想,这正是让孩子们知晓小郎情况的时候,也是正面引导孩子们学会关心别人的契机。

"孩子们,你们生病的时候觉得怎么样?"

"我上次发烧,觉得浑身难过,一点儿也不开心。""我生病的时候什么都不想做,就要妈妈陪着我。""我也是,生病一点儿也不开心。不能玩,不能跳。"

"小郎呀,就是生病了,只是生的病有点儿不一样,生病的时间有些长,我们都来关心帮助他,他才会不难过,才会快点好起来,你们愿意帮助他吗?"

"愿意!"

孩子们的心灵是多么纯洁呀!我要让这些孩子学会关爱,学会善待别人。于是,"小手牵小手"的活动拉开了帷幕。孩子们虽然年纪小,但是很快学会了怎么去帮助小郎。他们每做一件事,就先跟小郎说一声:"郎郎,我们去散步。""郎郎,要上厕所吗?""郎郎,喝水。""郎郎,不能摘花,知道吗?""郎郎,排队了。"下课时,总有人围在他身边"郎郎长,郎郎短"的,即使得不到小郎半个字的回答,孩子们也毫不在意。

我们的课堂向小郎的家长或陪读的小老师开放,我们的教学也成了每日公开课。渐渐地,语文课上,孩子们不再被小郎的叫声打扰了,乐滋滋地当起了小老师。"请你来教小郎读这个拼音。""请你来领小郎读这个词语。""你来读给小郎听听,这个句子是怎么读的?""大家发言的声音真响亮,给小郎做了好榜样。""在你的帮助下,小郎会读这么难的词语了,大家表扬他们!"

在孩子们心里,小郎就是自己不能分开的小伙伴。家长们看到自己的孩子都这么乐于帮助别人,也主动地和小郎妈妈互动。大家在微信群里经常交流各自的亲子相处经验,帮着小郎妈妈出点子,想办法。

儿童团入团仪式、运动会、社会实践、游园活动,甚至校级公开课,我们领着小郎参加体验所有的活动。

4月2日是世界自闭症日,我们在教室里挂起了蓝丝带,传递着一份关爱。小融画了一幅画,和小郎手拉手看星星;小杰写了一封信,将祝福送给小郎;小文送给小郎一颗幸运豆……

现在的小郎能说"我要上厕所""我不哭了"这样的短句子,能跟老师对视着打招呼,能自己洗手、吃饭、放餐盘,能分清上课铃声下课铃声,基本适应了学校的作息。

"吴老师,小郎每天早晨都是笑着来上学的,他很喜欢上学。放学时,竟然不肯回家,要哭鼻子!"小郎的妈妈欣慰地对我说。

(资料来源　吴丽梅.点亮星光[M]//张文潮.立德树人——上海市中小学班主任德育案例.上海:华东师范大学出版社,2019:21.本文有删改。)

班队工作首先要确立的理念就应是学生主体观。班队工作者在开展班级活动与少先队活动时应大胆放手,让学生学做"小主人"。班队工作是教育者的事,而从学生主体观来看,它也是学生自己的事。因此,应该让学生做班队的主人,而不是被动的受教育者,尊重学生的主体地位,发挥学生的主动性,让学生自己管理自己,自己教育自己。只有这样,才能培养学生的自主性、自律性、创新意识和社会责任感。

确立学生主体观就要在班队工作中杜绝保育主义和代替主义。保育主义总认为学生还小,什么都做不好。教师事事过问,无形中就使学生失去了锻炼、学习的机会,失去了主体性发展的空间。代替主义是教师代替学生作出选择。教师不能因为自己比学生更有经验,更明白怎样做合适而代替学生作出选择。代替的最主要的危害是妨碍了学生主体性的发挥,使其不能自由、健康地发展。笼养的鸟逃出后,常常饿死于食物并不缺乏的笼外世界,究其原因就是长期的喂食使其丧失了捕食能力,离开了笼子也不会自己找食物,因而不能独立生存了。教师管学生的最终目的是要让学生学会自己管自己。传统教育观念往往认为听话、服从的孩子是好学生,但事实证明,只会听话、服从的孩子多数没有大的成就,并且这样的乖孩子往往很难成熟。教师不能主导学生的思想,代替其思考,而是要给学生自由选择的空间,让学生自己决定自己的事情,引导他们自己处理自己的矛盾,并在这之中学会如何与人相处。儿童的游戏规则,让他们自己来确定,比教师为其确定更能促进其道德的发展,因为自己处理就给了自己分辨、判断的机会,也就是给了自己发挥主体性的机会。

案例2-3

终于把班长人选敲定了,我心里暗暗松了一口气。端起水杯正准备喝水,却被一声"报告"打断,只见秦同学大步走进了我的办公室。

"屈老师,我有事要跟您说,实在是憋不住了!"还没有走到我跟前,她就嚷嚷开了,话里明显带着一种愤愤不平的情绪。

"说吧,什么事?还这么激动?"我摸摸她的小脸说道。

"今天选班长,那么多的班干部,您提汪同学提了两次,是吧?"

"是的,有什么问题吗?"

"有。您第二次提到她,我们就觉得您喜欢她,非选她当班长不可。我们只好都举手同意。"

"我确实提了她两次,但没有只想让她当……"

没等我说完,她更加激动了。"老师,凡是我妈妈把一句话说两遍的时候,就意味着非得按她说的办不可!不信,您问他们!"说完,她顺手指了指门外,原来还有几个"支持者"跟来打抱不平。

我望着那几个孩子,示意他们进来:"你们也这样认为?""嗯嗯。"几个小脑袋瓜捣蒜似地拼命点头。

我没想到,多说了一句无心的话,竟然让孩子们对我产生了这么深的误解。怎么办?

看着眼前这几个较真的孩子,怎么去把她们起皱的心抚平?如果去向孩子们承认自己的错误,我这老师还有什么威信?如果随便用几句话搪塞他们,保不定这几个毛孩子又憋出什么气来!再说,这才刚开学,以后,孩子们就会觉得老师的各种评选活动就是走过场,他们还能有参与的积极性吗?

亲其师才能信其道,我不能因小失大。思虑再三,我决定还是要对那些敢于说出自己真实想法的孩子负责,面向全班做出一个解释。

"谢谢你们,我接受你们的批评!"上课铃声响了,我随着她们一起走进教室,笑眯眯地望了望几十个小机灵,面带愧疚对同学们小声说:"嗨,我今天好像犯了一个错误,你们谁能帮我指出来?"一部分同学一头雾水似的互相张望,已回位的秦同学以及她的陪伴者则目视前方,依然板着个小脸。见没人理我,我只好接着解释:"今天不是选班长嘛,我先后两次提名汪同学,你们有什么想法没有?"话音一落,底下便有学生窃窃私语,我点了一个说话声音有点大的:"睿睿,你说说看?""老师,当您第二次提到她时,我就感觉您特别想让她当班长,所以我就举手同意了。"

"同学们都是这样想的吗?"

"是的。"孩子们不约而同地回答,并且连连点头。孩子们怎么会有这个想法?我还是有点不死心,转身对汪同学说:"小汪,你自己说说,当老师再次提你名字的时候,你有什么想法?"没想到,她的脸有些微微发红。她说黑板上有那么多干部的名字,我单单两次点到她,她也就觉得我最喜欢她!

看来,真是出状况了,我必须解开孩子们心头的疙瘩。"老师没想到提两次名会让你们有这种想法,实在对不起!老师向你们承认错误,请你们原谅。"当我表示"在今后的活动中,这样的错误绝不再犯,请同学们相信并监督我"时,全班学生没有什么反应,既没有掌声,也没有"好"的回应声。我接着问道:

"那——同学们原谅老师了吗?"

"原谅,原——谅!"

"谢谢你们!那我们今天的选举还有效吗?需不需要调整一下?"

全班又是沉默。

我赶紧补充:"如果你们觉得不行,我们就真正民主地再选一次,把大家的真实意愿表达出来。"

足足沉默了3分钟,玲希说道:"老师,汪同学确实优秀,但你提了她两次名,有失公道,就让她当副班长吧。班长,可以再选一个!"有一个人开了头,后面表达自己观点的人就多了。大多数同学都表示班长应该再选一个。

"下面就请同学们提名候选人,并说一说提名的理由,再举手投票。"

"我选李同学,她学习很优秀,平时经常帮助大家。"

"我也选李同学,她热心,爱帮助同学,能为同学们说话。"

无一例外,都选李同学。第二次选举就在高支持率下正式生效。

"三把火"真的烧起来了。每天早上,李班长第一个进教室,在黑板上写下早读任务后就在讲台上朗读起来。陆续来到教室的同学,一看到班长在认真地读书,也纷纷放好书包,掏出课本,跟着大声朗读。

中午,也是班长率先进的教室,在黑板上写下任务:看课外书,做摘抄。然后带着自己的书和摘抄本坐在讲桌旁,开始阅读。后面到的同学一看班长就知道自己要干什么了。

选举风波总算平息了,但这个小"事故"却成为留在我记忆深处的一个美丽故事。如今,每每回想起来,眼眶还湿湿的。这个美丽故事成为我的一面镜子,不断地照着我"每日三省吾身"。"洗洗澡""治治病",我要真正把孩子们装在心里,上学生开心的课,做学生喜爱的老师。

(资料来源 屈红.第二次选举[J].江西教育,2019(Z1):58—59.本文有删改。)

让学生自己处理自己的事,效果也许比教师一味地批评教育要好得多。这样既尊重了学生,又体现了"以生为本"的教育理念。"尊重儿童与尊重儿童组织,主要是尊重他们的主体性——主体地位作用、主体意愿需求、主体合法权利。""就是要尽力满足儿童的主体需求,关心他们的切身利益,为儿童的快乐幸福童年服务。"也就是要"重视儿童、信任儿童、依靠儿童、满足儿童、解放儿童与发展儿童,这就是我们少先队工作的基本理念,也是少先队工作中'以童为本'主体化思想的基本要求"。①

二、知行统一观

这是班队工作中的一个重要理念。班队工作者不仅自身要知行统一,对学生的教育也应知行统一。在班队工作中,尤其是对学生进行思想道德教育时,不仅要让学生对道德观念

---

① 段镇.尊重儿童与尊重儿童组织——少先队工作的基本理念[J].辅导员,2009(01):11.

有所知，而且要有所为。道德教育不是单纯的说教，也不是单纯的行为训练，而是知行统一，找到知行最佳的结合点。道德是协调人与人之间关系的行为规范，在具体的行动中，人们不仅要听其言，而且要观其行。言行一致其实是道德责任的要求，人有说和做的权利，就要为自己所说的和所做的负责，言即其行，行即其言。

要确立知行统一观，教师在班队工作中就要杜绝道德知识的灌输与道德行为的机械训练。灌输是教育者强制性地迫使学生无条件地接受某种知识、道德价值观、行为准则，容易导致学生对知识本身的不理解。学生没有思考、选择的余地，对于这些道德规范只能是死记硬背，以应付检查和考试。在传统教育中，常常以儿童记住了多少规范、道德知识作为德育效果的评价标准，这是教育中的误区。有的学生讲起来滔滔不绝，头头是道，道德知识考试得高分，但真正处于道德矛盾的情境中时并不能做出恰当的道德行为来，这正是强制性灌输造成的结果。

道德行为的机械训练则导致了学生对行为本身的不理解。道德行为是外显的，易于统计和观察，因此，也常成为评定德育效果的一个标准。在日常教育中，教师有时为了达到效果而注重道德行为的培养，而道德行为的培养又常流于道德行为的机械训练，这就走向片面了。道德的最终体现是道德行为，作为道德重要组成部分的道德行为，可以训练，但训练不能过多、过滥，流于形式化。机械的训练不仅毫无道德意义，反而会导致学生无法自主抉择。如果一味地追求行为的一致性、行为的精确性，便是曲解了道德行为训练的内涵。首先，机械的行为训练易使榜样教育流于对其道德行为的简单模仿。由于情境背景不同，某些情况下榜样的行为可以说是一次性的，不能精确地重复。因此，在进行榜样教育时应该"师其神"，而不要简单地"师其行"，只践其行会在某种程度上失去其内含的道德意义。机械的行为训练抹杀了个体在道德上的意志自由和自觉自主，只能造就表面的道德而非真正的道德。其次，机械的行为训练易产生习惯化的外显道德，即一个人在道德情境中会相应地做出道德行为，并且好像是自动的，但如果仔细考察，就会发现他在做出这种行为时几乎是习惯性的，或者说是类似于条件反射，是一种机械的行为，而并非出于内心的道德抉择。也就是说，个体没有自主的道德意识，不能理解这样做的道德意义，那只是习惯成自然的结果，只是一种定势。

确立知行统一观，就是要在教育过程中把提高认识与行为实践密切结合，两者辩证统一，缺一不可。无论是思想品德课的教学，还是对学生的评价，都要知行兼顾、知行并重、言行结合。不仅要有知、有行，重要的是知行统一。

三、可持续发展观

可持续发展的观念，就是指要用发展的眼光看问题，要看到学生是在不断成长发展的，要重过程，不能只看结果。同时，对学生的教育要为他们今后的发展考虑，使之有发展的后劲。这里所提的可持续发展观,其含义主要在于以下四方面。

首先,对处于成长发展过程中的儿童,应积极引导。小学教育是教育的初始阶段,小学生身心各方面都不成熟,处于积极的发展过程中。但由于其年龄特点,好的影响与坏的影响都会在其身上留下深刻的烙印。所以,班队工作者既为人师,就要精心培育桃李,而不能误人子弟,不能对学生的身心造成伤害。心理学研究表明,儿童早年的经历对今后一生的发展都有重要影响,早年的发展不良将会导致成人后的发展障碍。

其次,小学生是能够不断发展的,不能以一时一事定"终身"。没有人生来就自暴自弃,每个人的内心深处都是积极向上、追求进步、希望有所作为的。班队工作者必须确立一个明确的观念,即学生能够不断地发展,不要过早地给学生下定论,对任何学生都要怀有信心。"没有不合格的学生,只有不合格的老师",教师手中掌握着每个学生未来的命运,"孺子不可教""朽木不可雕"的观念是不可取的。学生出现错误是正常情况,要正确对待学生犯的错误,不要盯住错误不放。对犯了错误的学生更不能以偏概全,以缺点遮盖优点。班队工作者要能够看到这些学生身上的闪光点,坚信人人皆可造就。我国古代的孟子说过,"人皆可为尧舜"。在当代的教育改革中,人们也提出"人人有才,人尽其才,人人成才"的观点。所以,教师认为不可造就的学生,其才能也许没有充分地展现出来,而一旦有适合其发展的条件,往往会出现惊人之举。

案例 2-4

从事班主任工作以来,对待学生,我总是有好说好,有坏说坏,我一直以为这样挺好的,对学生公平,也有利于他们养成正确的评价观。可是,自从发生了那件"弄拙成巧"的事情后,我的观念就发生了改变。

一天晚上,一位家长打电话来问她女儿小雅的学习情况,不知怎的,我竟把小安当成了小雅,我说:"最近小雅比前段时间有进步啦,上课能专心听讲,有时还能积极发言,字也比以前写得好……"电话那头,小雅妈妈的声音有些哽咽,不断地对我说着"谢谢",说他们工作很忙,没多少时间管小孩,请老师多关心她。挂了电话,我猛然想起刚才我说的其实是小安的情况。

我责怪自己怎么那么糊涂,又想到其实小雅表现不是很好,我有些言过其实了。怎么办?打个电话过去告诉小雅妈妈原委,可我又觉得不妥。最终,我想还是算了吧,以后再说。

第二天,当我看到小雅时,平常腼腆的她竟然大方地叫了一声"老师好"。再观察她上课、作业情况,竟然与我在电话中所说的差不多。课间,我与几个学生随意聊天,小雅却躲在他们背后。我把她叫到面前,对她今天的表现大加赞赏。她很高兴,说道:"老师,昨天我妈妈打电话给你时,我躲在房间里不敢出来,后来,妈妈把我叫出来,高兴地亲了我,说老师表扬我有进步啦,她还答应给我买裙子呢!老师,以后我一定好好听你的话。"

  小雅的一番话深深地打动了我,更刺激了我,使我第一次怀疑起我的"实事求是"是否真的很好。试想,如果我在头天晚上的电话里不是报喜,而是报忧,那结果还会是这样吗?可以想象,电话那头肯定是小雅家长无奈的叹息和小雅委屈的眼泪。为什么我总喜欢盯着学生的一点缺点不放呢?难道这样就能真正促使他们改正缺点吗?我一遍又一遍地反问自己。

(资料来源 李臻.有时不妨"撒个谎"[J].江苏教育,2018(07):76.本文有删改。)

再次,不拔苗助长,超前发展,要按身心发展规律实施教育。《学记》云:"不陵节而施之谓孙。"学生的发展也应是这样,循序渐进,持续发展。如果超越了学生的接受能力,增加过重的负担,让学生变成了学习的奴隶而不是学习的主人,就会阻碍学生今后的发展。因为超前发展只会透支生命与潜能,而智能的透支,会影响智能的正常发展,并妨碍以后智能的正常发挥,只是提前获得低质量的智能成果,这是不可取的。

最后,要为可持续发展奠定基础,必须注重能力的培养。可持续发展在于让学生的发展有后劲,这就要求教育者不仅给学生以知识,还要培养他们的各种能力;不仅要教育学生,还要让他们成为接受教育的主人。

四、全局、全面观

全局、全面观是指班队工作要从社会的要求、学校工作的全局出发,促进学生的全面发展。

教育是一个系统工程,要用一种长远的眼光来综合地看问题。确立全局、全面观就要求班队工作者在思考怎样开展工作时,不仅着眼于时代要求,而且着眼于教育特性;不仅考虑社会需要,而且考虑人的发展;不仅关心学生在学校期间的发展,而且关心学生今后的可持续发展;不仅面向全体,而且面向个别;不仅注重一般水平学生的培养,而且注重拔尖人才的选拔;不仅关注班队的共性,而且关注每个学生的个性;不仅是思想上从全局把握,而且要在实践中积极创造条件;不仅考虑本班和少先队的特点,而且要把班队工作纳入学校全局工作之中,在学校全局的大系统中充分发挥班队这一小系统的作用。

全局、全面观要求班队工作者照顾到每一个学生,既不是盯住有问题行为的学生不放,也不能眼中只有优秀生,而要关心每一个学生。既不是盯着教育的某一方面不放,也不是盯住某生的某一点不放。不能只重智育,只关心成绩,应该全面看待每一个学生,看到每个学生都有他最优秀的一方面。

全局、全面观要求班队工作者创造各种条件促进学生各方面素质的全面发展。素质教育是根据社会和人的发展的实际需要，以全面提高学生素质为目的，按照教育教学规律进行的教育，是德育、智育、体育、美育、劳动技术教育的完整结合。树立全面发展的教育观，具体落实到教育教学实践中，就是要千方百计地实施素质教育，全方位地提高学生的综合素质。

德、智、体、美、劳是人的全面发展的重要组成部分。其中，德是发展方向，智是知识积累，体是生理基础，美是生活情趣，劳是生计必需。班队工作不仅要着眼于学生某一方面的发展，而且要关注学生的综合发展，把德育、智育、体育、美育、劳动技术教育几方面有机地统一在教育活动的各个环节中，使诸方面的教育相互渗透，综合为一体，对学生进行全方位的教育。由单一角度转向多角度对学生进行教育，将多种教育方法有机结合，按其内在逻辑组织起来，形成一个系统和网络，发挥其综合作用，促使学生整体发展。只有这样，才能把学生培养成能文能武、德才兼备的新型人才，使之将来能担负建设国家的重任。

全面发展不等于平均发展，盲目要求每个学生处处优秀实质上是加重了学生的负担。学生的健康发展应是发扬长处、弥补短处。全面发展与个性发展应是统一的。每一个人都是独一无二的，每个人的才能、兴趣和爱好是不同的，每个人都有自己的独特个性。班队工作者不能强求一律，抹杀学生的个性，使本来应当具有丰富个性的人，变成了一个个相似的"标准件"。个体独特而自由地发展，是全人类自由、全面发展的必然条件。全面发展绝不是用一个标准的尺度去要求和培养全体学生，而是为学生的个性自由、全面发展提供无限的可能性。

五、生命教育观

生命教育观是指班队工作要以生命为教育的原点，依据生命的特性，珍惜、尊重、欣赏生命，引导学生正确认识人的价值、理解生活的真正意义，提升人生的境界，实现生命的价值。

教育的核心是人。对人生命的理解既包含生理、身体等物性层面，还包含着精神层面——对人性的理解。对每个个体来说，其生命的发展永远处于变动之中，不会是封闭的，而是永远开放、不断生成的。在这个过程中，个体总是要去不断超越和扬弃已经形成了的种种给定性，赋予自己以新的形象、新的意义和价值。所以，人的生命与其他生命体存在方式的不同在于，其不仅要保持生物意义上的存在，更要追求意义上的存在。除了现实存在的一切以外，人还有对于尚不存在的事物的追求，他不仅生活在现实世界之中，还生存于一种意义世界的建构之中，而教育的作用应该是帮助人在生命意义上实现人的解放、人的发展、人的生成。

但是在经济社会中，在强调教育为生产力、科学技术服务的同时，容易把掌握生产技术变为受教育的全部目的，结果教育往往沦落成为一台制造劳动者的机器。教育只负责教学生掌握生存的本领，却忽视了引导学生对人生意义的思索。这样教育出来的学生虽然有知识、有技能，但却无爱心、无情感，他们虽然在成绩上获得了高分，但却可能对所学知识毫无兴趣,他们之所以学习,只是为了从中获取利益,上一所好的学校或获得一份高薪的工作。虽然导致这种结果的原因是复杂的,有外显的、内隐的,主观的、客观的,社会的、个体的,但不可否认的是,教育也应担负其中一份不可推卸的责任。

有学者曾给教育下过这样一个定义:"教育是直面人的生命,通过人的生命,为了人的生命质量的提高而进行的社会活动。"① 所以,教育在本质上是生命的,教育应以生命为着力点,以尊重学生生命为中心。尊重生命就是要把人当成人而不是物,承认个体生命的独特、丰富和多样,关注生命的差异,努力去成全所有生命各不相同的发展目标。

生命教育观认为,教育承载着唤醒人性、洞悉人生、彻悟人生,使混沌的人生变得清澈,使沉睡的生命得到唤醒的巨大使命。为了实现这一使命,教育中的理解应该首先是人对人的理解。这种理解的过程是人调用其全部的心智以期全面、完整地去把握自我或他人的精神、意义与价值的过程,是人的心灵相遇、相知的过程。只有这种心灵的碰撞,才能帮助人认识自我、肯定自我、悦纳自我,孕育积极的生命情感。

> 🎓 **案例2-5**
>
> 转眼间,我已参加工作三年半了,在前三年中,我担任的都是副班主任,积累了一些班级管理的经验。当领导问到我是否可以承担四年级班主任的工作任务时,我充满信心地接受了挑战。然而,分班后的第一天,一个浑身充满"刺"的小男孩就给了我一个"下马威"。
>
> 分班之前,我就对这个"小刺猬"有所耳闻,"调皮""淘气""以自我为中心"就是我听到的关于他的代名词。课堂上,他不能很好地听课,时常大声顶撞老师,也会因为同学不小心的触碰就瞬间挥起小拳头。我暗下决心:要改变这个"小刺猬",让他不再"扎人"。
>
> 我开始逐渐尝试不同的教育方法。例如,他犯了错误,我不是按照惯例立刻批评指正,而是让他先冷静下来。因为他是一个特别容易冲动的孩子,不能很好地管理情绪,我要让他首先学会管理自己的情绪,然后知道自己哪里不对,而不是仅仅靠我去告诉他哪里做错了,需要怎么改正。
>
> 记得有一次,"小刺猬"和班里的一个同学发生矛盾。以前遇到这样的情况时,我总是会第一个找他询问,然后讲道理,而这次我首先找了那个同学询问情况而没有找他。我故意不按常理出牌,反而让他感到很不安。他在座位上如坐针毡,最后终于忍不住了,在其他同学都去吃午饭的时候找到我,说:"杨老师,你为什么只听他说,而不听我说呢?"这是我第一次见到他犯了错误后,收起自己的小脾

---

① 叶澜."教育的生命基础"之内涵[J].山西教育,2004(06):1.

气,这么冷静地跟我对话。见到这一幕,我心里窃喜,我的处境从原来的被动变得主动起来。原来是我教育批评他,希望他不要再惹事;现在是他惹了麻烦,主动来找我请求原谅。这一刻,我已经在"战略"上略胜一筹,所以我没有像往常一样板着脸,而是微笑着对他说:"你想和我说一遍事情的经过吗?好吧,现在杨老师就坐下来慢慢听你说,但前提是,你要先说自己在这个事情中,做得欠妥的地方。"

这一次,他很认真地说了自己做得不对的地方。虽然几次提到了另一个同学的"不是",但是他能心平气和地同我讲述这件事情,这已经让我看到了他的进步。原来那个张牙舞爪和我辩解的"小刺猬"变得温顺了很多,我无比开心。

就这样,他一天天在改变:从开始对老师大呼大叫,到渐渐能够安静下来听老师讲道理;从最开始时不时就会对同学举起小拳头,到现在可以偶尔冷静处理;"小刺猬"渐渐变得有担当、有责任感了,我发自内心地为他高兴。

在这个过程中,我和他的关系也更融洽了,他的妈妈曾发给我一篇他写的作文,题目是"我最尊敬的人",其中有这样一个片段:"我最尊敬的人是杨老师。她高高的个子,大大的眼睛,很漂亮。每天杨老师都很忙,要给我们上课,还要批改很多作业,每次我犯了错误,她都会很耐心地教导我、帮助我。我很喜欢她。"看到这一段,我是又开心又感动,因为我看到了曾经每天都"扎人"的"小刺猬"内心深处最温暖的一面。

(资料来源 杨晓芳.我和"小刺猬"的故事[J].辽宁教育,2019(22):88.本文有删改。)

教育的使命不仅是要帮助人认识自我,而且还应鼓励个体不断超越自我,使个体意识到自己的潜能和使命,自觉地赋予自己有限的生命以更为充实和丰厚的意蕴。它是自我存在价值的提升与显现,是一种人的觉醒和价值的实现。

思考与探究

1. 如果你是案例2-3中的那位老师,你会怎么做?请评析案例中那位老师的做法。
2. 结合案例2-4谈一谈,如果遇到这类学生,你赞成教师有时不妨"撒个谎"吗?
3. 请从生命教育观的角度分析案例2-5中这位班主任的做法。
4. 谈一谈你看了"拓展阅读《阳光运动会》后的体会。你认为这是怎样的一位班主任?怎样的一个班级?你是从哪里得出这些结论的?它对你有何启发?

参考文献

1. 齐学红.班级管理[M].北京:教育科学出版社,2018.
2. 冯建军.生命教育教师手册[M].太原:山西教育出版社,2018.
3. 教育部基础教育司.中小学德育工作指南实施手册[M].北京:教育科学出版社,2017.
4. 陈桂生.德育引论[M].上海:华东师范大学出版社,2018.

拓展阅读

阳光运动会

这一周是第12周。学校校历上写着"阳光伙伴"运动会。其中一个活动是我们年级组参加的,规则是所有孩子都排成"一"字。相邻的孩子腿上绑上绳子,有点儿像"两人三足"的游戏,只是人数多一些。跑到规定的地点所用时间少者获胜。

我们班分成两队,个子稍矮一点的组成一队,个子稍高一点的组成二队。训练了几个下午,孩子们从开始摔得东倒西歪,到后来慢慢适应,再到渐渐感受到了其中的乐趣所在。

星期三,和其他班的同学进行比赛,县里的电视台还专程来拍摄全过程。孩子们个个斗志昂扬,整队出教室的时候还对我大喊了一声:"高老师,我们要去战斗了!"比赛的时间到了,一队孩子先跑。孩子们跑得很好,反正比我想象中要好得多。关键时刻,他们好像一下子都知道了要为班级争光,甚至,为我,这个班主任争光。我们班在整个年级组里属于小个儿班,他们更是小个儿里的小个儿。虽然尽了力,但还是落后了一点点。孩子们从操场上回来,都不说话,好像个儿小是他们的错似的,不太高兴。一队里的王欣鼓着劲儿用他生平最大的声音说:"我们肯定输了,你们一定要赢回来。"很有点儿英雄断臂、壮志未酬的气概。

二队的孩子们更是感到大任在肩。

可能压力太大,孩子们第一次就因为动作不是很协调,跑到一半儿路程就倒成一片。第二次他们更加努力,跑出了最好成绩。孩子们高兴极了,像得了世界冠军。

"高老师,这一次我们会赢了吧?"杨欣问。

"呸呸,乌鸦嘴,我们肯定赢。"小徐说。

接下来劲敌一班上场了。

一班同学个子比较高大一些,发令枪一响便向前冲去。计时员可能没注意,计时晚了一点点时间。这个小小的失误被班里的观察细致的孩子注意到了。

副班长小徐大喊起来："作弊作弊！"

我连忙堵住小家伙的嘴，说："别说，这多不好。"小家伙不服气地嘟起了嘴。

成绩下来，果然是一班的小朋友领先一点。听到裁判报出成绩，孩子们一下子都不做声了。然后，几个孩子都哭了起来。体育委员恩驰仰天大哭，好像受了天大的委屈；副班长小徐把头埋在胳膊弯里呜咽；还有的孩子捶胸顿足，坐在操场上不起来。电视台的主持人也被感染了，尤其那位女主持人，眼圈也红了，差一点也哭了。

哭了大概一节课，孩子们才一个个垂头丧气地回到教室。

"这么点儿挫折就能把你们折腾成这样，以后受到更大的挫折怎么办呢？"我说。孩子们低着头，没一个人听劝。

"在我们以后的学习和生活中，一定会遇到各种各样，甚至是我们想也想不到的困难和挫折，有的会让我们很受伤，你们的心一定要比现在还要痛，还要疼。有时候还会疼得让你哭都哭不出来。这样的事情，会越来越多地发生在我们身上。希望大家坚强起来，今天你们选择哭，希望明天你们用更好的方式来面对。"

"为什么，为什么一定会有挫折？"

"也许挫折会让我们长大，变得强大一些吧。然后，我们才能做更难的事，做更多的事。"

"那我不长大。"小徐说。

哈哈哈，大家忍不住笑了。

"还有谁选择不长大呢？"我问。

刚开始还有几个举起手的，后来一个一个又放下了，再后来，大家把举起的手都放下去了。

我突然想起了一首歌：

> 我曾以为美丽，
> 就是那春天，
> 也曾以为春天，
> 就是那天堂，
> 我曾以为天堂，
> 就充满着善良，
> 也曾以为善良，
> 就可以得到补偿。

（资料来源　高华芳.第九个班主任[M].宁波：宁波出版社，2017：107—110.本文有删改。）

> **视频资源**
>
> 视频内容："安"乐幸福　"源"起先锋
> 执教教师：上海市浦东新区孙桥小学　曹婷婷
> 指导教师：上海市浦东教育发展研究院　姚瑜洁
> 视频提供：上海市少先队辅导员带头人姚瑜洁工作室，上海市浦东新区孙桥小学
>
> |扫码观看视频|
>
> 　　队史教育的目的是让少年儿童了解少先队的光荣历史，树立"从小学先锋、长大做先锋"的意识。但是，因为时代不同，儿童很难真正理解、体验先人的境遇，由此对教育者提出了挑战，如何激发学生的真情实感是教育的关键。

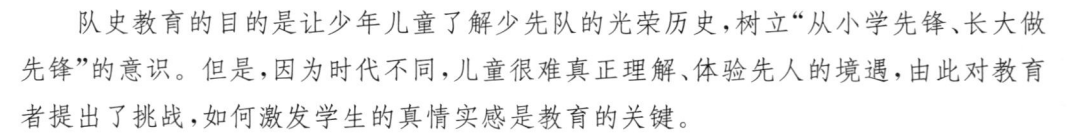

第三章

班队工作的内容与原则

- 明确班队工作者的主要职责和任务
- 掌握班级工作的基本内容及有关实施方法
- 掌握少先队工作的基本内容及有关实施方法
- 学会运用班队工作原则指导工作

> **案例 3-1**
>
> "有王刚在,你班的课我是上不了了!"课刚上了一半儿,教道德与法制的钟老师气汹汹地回到了办公室,把教案在桌子上摔得啪啪响。看来她真是生了很大的气。
>
> "他不爱听课,总说话,我说你不听课没关系,只要不说话就行。然后他开始摆弄手上的电子表。行,摆弄就摆弄吧,别影响我上课就行。可是过了一会儿,他用那块电子表放出了母鸡下蛋的声音,惹得全班同学哄堂大笑。我说他,他还振振有词地说我没说话呀。"钟老师怒发冲冠,满脸通红,声音发颤。
>
> "真是得寸进尺!"这是她给王刚的最后评价。
>
> 不尊敬师长,扰乱课堂秩序,学习态度不端正,思想上严重有问题。对于王刚的诸多"罪行"我是真的咬牙切齿,恨铁不成钢。可是,静心一想,钟老师的个别说法我也不能苟同。是的,人的贪心是没有边界的,给了一寸,他就会奢望一尺。可是这一寸,我们该给吗?"不说话就行",对于一个学生来说这个要求未免太低了。在课堂上不说话就行,那么这堂课四十分钟,他坐在那是为了什么,父母送他来是做什么的。"不听课没关系",那他在没有任务驱动的情况下,怎么可能不做小动作呢?老师降了底线,学生没了底线,这责任在谁呢?
>
> (资料来源 范迎杰.孩子的态度是你允许的[J].班主任之友(小学版),2017(10):53.)

每一位班主任都可能遇到类似上述案例中这位班主任的苦恼:平时工作头绪繁多,不仅要备课、上课,还要像个消防员,时时要去"灭火",解决各类问题,处理协调各种关系。虽然自己一心想把工作做好,但是,常常会面临各种挑战和困惑。所以,要做好班队工作,不能仅凭一腔热情,还要不断探索工作方法。

本章主要围绕班队工作者的职责与任务、班队工作的基本内容与原则进行阐述,是对班队工作原理的进一步展开和深化。这有利于更全面地了解班队工作,更有效地开展班队工作。

第一节
班队工作者的主要职责与任务

一、班队工作者的主要职责

班队工作者主要是指班主任和少先队辅导员,下面分别阐述他们的职责。

(一) 班主任的主要职责

班主任的地位与作用大致可以分为三个方面:从班主任与班级的关系看,他是班集体的组织者、教育者和指导者;从班主任与学校教育的关系看,他是学校领导的助手;从班主任与各方面教育力量的关系看,他是组织者、协调者。班主任在学校中全面负责一个班级学生的思想品德、学习生活、身心健康等方面的工作。班主任工作对学校教育工作至关重要。

教育部 2009 年 8 月 24 日印发的《中小学班主任工作规定》中指出,小学班主任的主要职责如下[①]:

全面了解班级内每一个学生,深入分析学生思想、心理、学习、生活状况。关心爱护全体学生,平等对待每一个学生,尊重学生人格。采取多种方式与学生沟通,有针对性地进行思想道德教育,促进学生德智体美全面发展。

认真做好班级的日常管理工作,维护班级良好秩序,培养学生的规则意识、责任意识和集体荣誉感,营造民主和谐、团结互助、健康向上的集体氛围。指导班委会和团队工作。

组织、指导开展班会、团队会(日)、文体娱乐、社会实践、春(秋)游等形式多样的班级活动,注重调动学生的积极性和主动性,并做好安全防护工作。

组织做好学生的综合素质评价工作,指导学生认真记载成长记录,实事求是地评定学生操行,向学校提出奖惩建议。

经常与任课教师和其他教职员工沟通,主动与学生家长、学生所在社区联系,努力形成教育合力。

(二) 少先队辅导员的主要职责

少先队工作者被称为"少先队辅导员"。少先队辅导员大多由教师担任,但其身份和职责与一般教师又有所不同。少先队辅导员除了要起到教师的作用外,在学校教育中的地位与作用又有其自身的特点。首先,少先队组织是学校教育的重要力量,少先队辅导员是党的

---

① 有关《中小学班主任工作规定》及《教育部关于〈中小学班主任工作规定〉所作的说明(节选)》的具体内容,可扫描本书附录中的二维码进行阅读。

思想政治工作者，是学校校长的助手，是活动的主要组织者和实施者，在学校教育中起着重要作用。其次，少先队辅导员是少年儿童成长道路上的引路人。由于少先队辅导员也是儿童组织中的成员之一，因此他与少年儿童的关系更为密切。少先队辅导员与少年儿童之间是指导者和朋友的关系，他不是要教会少年儿童什么，而是要指导他们去认识社会、认识自我。因此，少先队辅导员与少年儿童之间的关系是平等的、和谐的，因此更容易成为少年儿童的知心朋友，对少年儿童的成长发展起引导作用。

《少先队辅导员工作纲要（试行）》中对少先队辅导员提出的基本要求如下：[①]

少先队辅导员是少年儿童的亲密朋友和指导者。少先队的各项工作和任务都要依靠少先队辅导员具体实施。少先队辅导员要坚持以人为本，尊重少年儿童的成长规律和教育规律，不断提高自身的思想道德素质和业务素质，努力达到以下要求：

1. 做少年儿童人生追求的引领者

用鲜活通俗的语言、生动典型的事例，向少年儿童传播做人做事的道理，引导少年儿童养成高尚的思想品质和良好的道德情操，树立正确的理想信念。

2. 做少年儿童实践体验的组织者

精心设计和组织开展内容鲜活、形式新颖、吸引力强的实践活动，为少年儿童创造体验的条件，搭设体验的舞台，营造体验的氛围，通过真情实感的体验，让少年儿童养成良好的行为习惯。

3. 做少年儿童健康成长的服务者

根据少年儿童身心发展的特点和规律，满腔热情地关注少年儿童遇到的问题，耐心细致地解释少年儿童出现的困惑，为他们提供全面、具体、科学的服务。

4. 做少年儿童合法权益的保护者

维护少年儿童的具体利益，关心他们的学习、生活和成长，及时反映少年儿童的意愿，依法维护他们的合法权益。

5. 做少年儿童良好发展环境的营造者

在少先队基层组织中营造健康向上的氛围，善于调动、整合社会各方面的资源和力量，努力营造有利于少年儿童健康成长的良好社会环境。

在小学，班主任一般都肩负双重任务，既是班主任，又是少先队中队辅导员，直接担负着辅导少先队中队工作的任务。其职责主要包括：

① 指导中队委员会制定好工作计划，组织好中队活动，定期召开会议，组织学习，做好选举等工作。

② 了解少先队员的思想品德和生活学习等方面的情况，积极做好少先队员的教育与培

---

① 全国少工委关于印发《少先队辅导员工作纲要（试行）》的通知[EB/OL].（2005-12-16）[2020-08-30]. http://zgsxd.k618.cn/wjk/wjk_80692/zsf/201701/t20170120_10122411.html.

养工作,促进他们健康成长。

③ 经常向党团组织和少先队大队领导汇报工作情况,协调好任课教师与家长、社区各方面教育力量,使少先队工作健康有效地进行。

班队工作者的上述职责表明,他们是学生成长的重要影响源,在学生健康成长过程中起着导师的作用,在各方面教育力量的联系、协调中起着纽带作用。班队工作者是学校这个大系统中的一个枢纽,是各个子系统的联结点。总之,班队工作关系到学生素质的提高和未来的发展,班队工作的质量在很大程度上影响着学校教育的整体质量。

二、班队工作者的主要任务

班主任是小学日常思想道德教育和学生管理工作的主要实施者,是小学生健康成长的引领者,班主任要努力成为小学生的人生导师。班主任的基本任务是在学校校长的领导下,按照德智体美劳全面发展的要求,开展班级工作:培养良好的班集体,全面关心、教育和管理学生,使他们的身心得到全面健康的发展,长大能够成为有理想、有道德、有文化、有纪律的社会主义公民。

(一)培养学生良好的道德品质,发展初步的道德能力

道德品质是社会道德在个体身上的反映,是人们根据一定的道德规范行动时,表现出来的经常而稳定的倾向和特征。良好的道德品质是正确做人的基础。为此,培养小学生良好的道德品质是班队工作的首要任务。

《新时代公民道德建设实施纲要》中指出:"学校是公民道德建设的重要阵地。要全面贯彻党的教育方针,坚持社会主义办学方向,坚持育人为本、德育为先,把思想品德作为学生核心素养、纳入学业质量标准,构建德智体美劳全面培养的教育体系。"[①]

小学生的道德品质,主要指他们在日常生活中,在与周围人的相处中所表现出来的基本的思想态度和行为习惯。培养小学生良好的道德品质,一方面要使他们懂得人与人之间正确相处的基本道德规范,即具有基本的道德知识;另一方面,要让他们能够践行。让小学生具有一定的道德知识是因为它是形成道德品质的基础,但其本身只是一种知识,并不具有道德性,要真正形成品德,必须要落实到行动上。

培养小学生良好的道德品质就是以"五爱"为主线,培养他们热爱祖国的感情和民族自尊心、自豪感;初步养成为人民服务的意识,孝敬父母,尊敬师长,尊老爱幼,友爱同学,助人为乐;关心集体,乐意为集体服务,在集体中团结、合作,关心他人;热爱劳动,爱护公物,勤俭节约;讲文明,懂礼貌,守纪律;诚实、正直、谦虚、有同情心;等等。

---

① 中共中央,国务院. 中共中央国务院印发《新时代公民道德建设实施纲要》[EB/OL].(2019-10-27)[2020-08-30]. http://www.gov.cn/zhengce/2019-10/27/content_5445556.htm.

由于在现代生产活动中，人与人之间构成了一个有机的整体，一个人的活动必然影响到许多人的活动，人际交往发生了质的变化，过去那种"独善其身"的方式已不复存在。为此，还要引导学生学会正确处理与他人的交往活动，遵循良好的行为准则，培养学生惜时、守信、尊重人、关心人等品质。

培养小学生初步的道德能力也是时代赋予我们的任务。今天的时代是一个开放的时代，随着科学技术的高度发展，信息传播的多媒体化，人际交往的频繁化，各种思潮必然影响着青少年的思想意识和生活方式。当今世界，网络化的信息技术日新月异，影响和改变着人们的工作、学习和生活。网络已成为人们学习、生活中一个必不可少的组成部分。对新事物十分敏感的青少年以巨大的热情置身于网络之中，成为网络的主力军，他们在丰富多彩的网络世界中交友、娱乐和学习，伴随着网络的发展而成长，不论是网络本身所具有的特性，还是它所提供的丰富内容和参与平台，都会对青少年的思维方式、行为习惯、心理发展、价值观念和政治倾向等方面产生不可低估的影响。学校教育不可能对学生现在乃至将来的生活道路上所遇到的问题——给出现成的答案或有针对性的"药方"，要使学生学会正确做人，正确处理所面临的各种新问题和新情况，最根本的方法是要使他们在具有一定的道德认识的基础上形成多方面的能力，由此才能真正达到"学以致用"。事实上，重视学生道德能力的培养，这已经成为当代世界各国德育发展的趋势之一。

道德能力的内涵是多方面的，对小学生的培养主要是在道德认知能力和道德实践能力两方面打下一定的基础，并且对低、中、高年级不同年龄阶段的儿童要有不同的要求。

道德认知能力是个体对外在的道德规范认识、理解、内化的能力。真正的认知能力是一种内在能力，而非外在力量强制下的死记硬背、"生吞活剥"。通过灌输的方式展开教育，儿童只是机械记忆，没有真正将知识内化，因而也谈不上认知能力的发展。道德认知能力对于儿童来说是十分重要的，因为如果没有初步的道德认知能力，就无从理解道德现象，体验道德，认知道德。

对于小学生而言，道德认知能力的培养主要是着重于发展辨别是非的能力，即个体运用一定的道德规范、准则对某种道德情况、道德情境、道德现象作出是非判断的能力。一般而言，人在作出道德判断时，常以自己的价值观、概念系统、认知结构去理解外部的客观现实及现象，而辨别是非是最基本的判断前提，所以必须培养小学生初步的是非辨别能力，这样在遇到问题时他才能自主地抉择，才能正确地做出道德行为，也才能正确地评价自身与他人。

道德实践能力是个体应用道德的能力，是对内在的道德进行外化的能力。"知"最终要落实到行为上，体现在行为上。"知"而"不行"有两种情况：一种是有能力而"不行"，另一种是无能力而"不行"。对于后一种情况，就要培养行为主体的道德实践能力。对小学生的教育，就是要从这一步开始，要让他们懂得一点，就要做到一点，把"知"化为"行"，把道德规范转化为行动。

由于小学生的年龄特点决定了他们知识少、生活经验不丰富，因此这些道德能力的培养都是最基本的、基础性的,而不能要求过高。

(二) 教学生学会学习,使学生成为学习的主人

当今世界已经进入了信息化时代,计算机的发展将人类带入了崭新的世界,小小一个U盘就可以装下一部厚厚的百科全书。科技的发展使人类有更多时间去发明创造而不是熟记前辈的知识以备遗忘。传统的教育方式灌输给学生大量的知识,无异于造就当代的"百科全书",而这样的"百科全书"至多是"两脚书橱",学生最终还是不知道如何去寻找知识和运用知识。所以,让学生做学习的主人而不做学习的奴隶,不仅是学生自身发展的要求,而且是时代的需要。做学习的主人,很重要的一点就是自学能力的培养。这正如人民教育家陶行知先生所说的那样:"我以为好的先生不是教书,不是教学生,乃是教学生学。……对于一个问题,不是要先生拿现成的解决方法来传授学生,乃是要把这个解决方法如何找来的手续程序,安排停当,指导他,使他以最短的时间,经过相类的经验,发生相类的理想,自己将这个方法找出来,并且能够利用这种经验理想来找别的方法,解决别的问题。"[①]陶行知先生的这段话既发人深省,又切中传统教育的要害。因此,教学生学会学习,"做学习的主人",是班队工作的重要任务。

让学生"做学习的主人",就要引导学生学会独立思考,具备勇于创新的精神。创新精神是指要具有能够综合运用已有的知识、信息、技能和方法,提出新方法、新观点的思维能力和进行发明创造、改革、革新的意志、信心、勇气和智慧。它是一个国家和民族发展的不竭动力,也是一个现代人应该具备的素质。教师要为学生创设一个愉悦、和谐、民主、宽松的人际环境,使学生在轻松和谐的学习氛围中产生探究新知的动力、积极主动地去追求人类的知识和技能,从而使学生敢于创造,迸发出思想创造的火花。同时,教师应多为学生创造表现的机会,使学生在自我表现的过程中增强自信,提高创新能力。

案例 3-2

亲爱的同学们,今天让我们来学一学时间管理还有什么好的方法,试着也给自己的时间做一做安排。

1. 时间圆饼

你可以拿出一张大白纸,在上面画一个时间圆饼,表示一天的时间,然后根据你各项活动所占时间比例的大小和多少,将这个圆饼分割。请一定记住,先安排最重要的事情,最后轮到娱乐。

[①] 江苏省陶行知教育思想研究会,南京晓庄师范陶行知研究室.陶行知文集[M].南京:江苏人民出版社,1981:14.

一天时间图

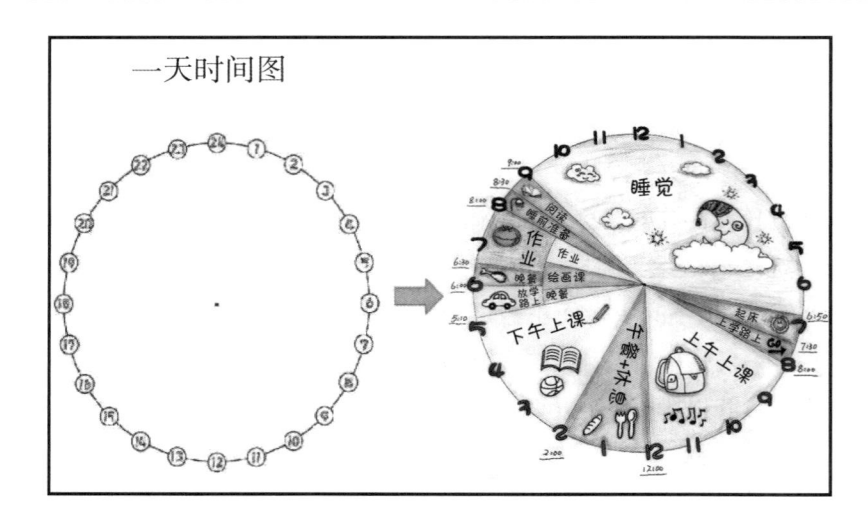

同学们在"分饼"时，不一定要把重要的事一口气完成，它们可以分成几块"饼"，但是，加起来一定是最大的一块。同一类的事情，可以用一种颜色或者图形表示。分割完之后，别忘了把一块一块的时间加起来看看，是不是符合"721 法则"①。

2. 时间方格

除了"分饼"，我们也可以把一天 24 小时变成 24 个小方格，一种颜色代表一种类型的事情，在表格中涂色。相信不同颜色的方格块能更好地让大家看清楚自己有没有遵守"721 法则"。

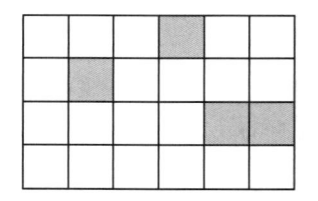

不过我们也可以把一个格子"劈开"使用，例如，半小时娱乐、半小时运动等。同一类事情也可以出现在不同的时间段。甚至，当我们在完成某一件重要事情的时候，也可以做做、歇歇，以提高效率。

3. 番茄工作法

科学研究表明，每个人注意力集中的时间是非常有限的，大约 30 分钟。弗朗西斯科·西里洛（Francesco Cirillo）创立了"番茄工作法"，简单来说，它是一种劳逸结合的时间管理法，把时间划分为多个番茄时间，一个番茄时间包含两个部分：前 25 分钟绝对专注做一件事情，叫作"种了一个番茄"，后 5 分钟做短暂休息。

同学们可以根据这个节奏把学习和生活、娱乐结合起来。例如，25 分钟做作业，5 分钟进行室内体育活动；再学习 25 分钟，5 分钟简单整理房间；等等。

---

① 采用"721 法则"对时间进行管理时，即把大约 70% 的时间留给与学习有关的事，例如上课、写作业、阅读等；把 20% 的时间留给家庭生活，例如和父母聊天、做家务、做自己感兴趣的事情等；把 10% 的时间要留给运动、与朋友交流或者其他休闲活动等。

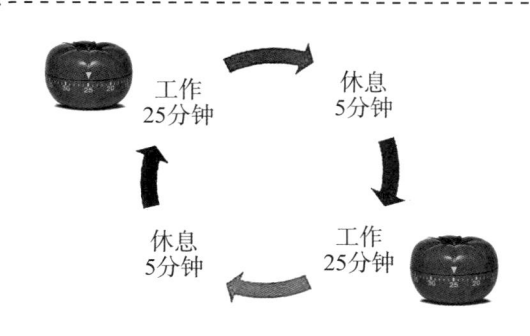

> 工作 25分钟　休息 5分钟
> 休息 5分钟　工作 25分钟
>
> 另外，计划中也要考虑我们在不同时段的精神状态。重要的事尽量在自己状态最好的时候去做，这样效率才最高！
>
> 4. 行动力
>
> 最好的计划不在纸上，而是在我们的行动力上。为了更好地帮助我们实践时间管理，这里有一些小提示和大家分享：告诉其他人你的计划，可以是家人和朋友。公开你的计划会让你更有动力执行它。请身边的人来监督你。有了监督，你就不敢偷懒啦。适时给自己一点小奖励。当我们完成了一个阶段的计划时，例如，完成了一周的计划，可以给自己一点小奖励：一颗美味的糖果，一本想读的书，一个喜欢的文具，等等。有了"甜头"也会帮助你更喜欢自己的计划。
>
> （资料来源　上海市曹光彪小学：《极光少年"心"分享（第四期）：时间管理我能行（下）》。本文有删改。）

让学生"做学习的主人"，还要引导学生学会自我教育。自我教育反映了现代教育的发展趋势，现在人们已不再把自我教育作为教育的一种辅助途径和方式，而是把它作为教育的目标之一。苏联教育家苏霍姆林斯基认为：能促使自我教育的教育，才是真正的教育。在当今瞬息万变的社会中，自主学习是一个人获得充分、自由发展的关键。所以，在小学的班队工作中，培养学生"做学习的主人"，学会自我教育，至关重要。自我教育也包括学生的自主、自治的学习。例如，少先队的自动化，就是自我教育活动。少先队员在自己的组织里当家作主，自主、自动地进行民主管理和自我教育，学习自治，发挥自主和创造精神。

（三）关心学生的身体健康，培养良好的心理素质

健康的含义不仅是生理的，而且还是心理的，不仅是指没有疾病，而且是身心和谐、处于积极的状态。世界卫生组织所下的定义是：健康是生理、心理和社会完全安宁的状态，不只是没有疾病而已。2008年12月，教育部颁布的《中小学健康教育指导纲要》中指出，"中小学健康教育内容包括五个领域：健康行为与生活方式、疾病预防、心理健康、生长发育与青春期保健、安全应急与避险"。[①]

健康是学习的基础，健康可以促进学习。素质教育旨在促使学生各方面素质的和谐发展，其中，身体素质是科学文化素质、思想道德素质、个性心理素质、劳动技术素质、审美素质

---

① 中华人民共和国教育部.教育部关于印发《中小学健康教育指导纲要》的通知[EB/OL].（2008－12－01）[2020－08－30]. http://www.moe.gov.cn/srcsite/A17/moe_943/moe_946/200812/t20081201_80266.html.

发展的基础和保障。"学校健康教育要把培养青少年的健康意识,提高学生的健康素质作为根本的出发点,注重实用性和实效性。""做到突出重点、循序渐进,不断强化和促进健康知识的掌握、健康技能的提高、健康意识的形成、健康行为和生活方式的建立。"[1]

心理健康教育十分重要。在现代社会,人们不仅关注身体健康,同时也对自己的心理健康较为重视。一方面,良好的身心素质是极为可贵的。另一方面,在人们追求身心和谐发展的进程中,身心健康愈来愈重要。因此,班队工作者的重要职责之一就是关心小学生的心理健康,培养他们良好的心理素质,促进其身心和谐发展。针对中小学心理健康教育的实际状况,2012年教育部颁布的《中小学心理健康教育指导纲要(2012年修订)》中规定了中小学心理健康教育的具体目标是:使学生学会学习和生活,正确认识自我,提高自主自助和自我教育能力,增强调控情绪、承受挫折、适应环境的能力,培养学生健全的人格和良好的个性心理品质;对有心理困扰或心理问题的学生,进行科学有效的心理辅导,及时给予必要的危机干预,提高其心理健康水平。《中小学心理健康教育指导纲要(2012年修订)》强调,开展中小学心理健康教育,要以学生发展为本,遵循学生身心发展规律,必须坚持科学性与实效性相结合;发展、预防和危机干预相结合;面向全体学生和关注个别差异相结合;教师的主导性与学生的主体性相结合的原则。[2] 关于《中小学心理健康教育指导纲要(2012年修订)》的具体内容,可扫描本书附录中的二维码进行阅读。

(四)发展学生的个性特长,培养活动与交往的能力

如今,人们普遍认为教育的最终目的是使每个人成为他自己,发展学生的个性特长,而不是将同一模式套在每一个学生身上。教育上的民主、公平,既要求对个人潜在的才能进行详细的调查研究,而不是压抑他的潜力;也意味着一个人有发展他自己的智力和享受他自己未来的权利,而不是被当作知识的容器,任意填塞。"机会平等并不等于把大家拉平。机会平等不是不惜任何代价否定个人的基本自由"。"给每一个人平等的机会,并不是指名义上的平等,即对每一个人一视同仁,如目前许多人所认为的那样。机会平等是要肯定每一个人都能受到适当的教育,而且这种教育的进度和方法是适合个人的特点的"。[3] 全面推进素质教育就是为了发展学生的特长,促进全体学生个性特长的发展。因此,班队工作者的任务之一就是要帮助学生发扬积极因素,克服消极因素,适应个性发展,促进个性发展。

活动和交往是班队工作中发展学生个性特长的重要形式。人不能离群索居,社会越发达,人与人之间的交往越密切,个人的活动与交往的能力越是重要。个性特长的充分发展依赖于社会实践,依赖于一定社会条件下的人的活动。人总是在处理自己与外界关系的过程

---

[1] 中华人民共和国教育部. 教育部关于印发《中小学健康教育指导纲要》的通知[EB/OL]. (2008-12-01)[2020-08-30]. http://www.moe.gov.cn/srcsite/A17/moe_943/moe_946/200812/t20081201_80266.html.
[2] 中华人民共和国教育部. 教育部关于印发《中小学心理健康教育指导纲要(2012年修订)》的通知[EB/OL]. (2012-12-07)[2020-08-30]. http://old.moe.gov.cn/publicfiles/business/htmlfiles/moe/s3325/201212/145679.html.
[3] 联合国教科文组织国际教育发展委员会. 学会生存——教育世界的今天和明天[M]. 北京:教育科学出版社,1996:105.

中获得自身的进步与发展的。基础教育不仅要为人们的学习打下坚实的基础,而且要使人们获得参加社会生活的基本能力。因此,培养学生从小学会活动与交往,对他们今后的发展是至关重要的。

班队工作者对学生这方面能力的培养是在以班队大多数同学水平为基准的集体活动中进行的。学生在集体活动中不仅接受知识,而且学习如何与人相处。团结协作、友好相处不仅是对学生的道德要求,也是学生以后踏上社会与人相处的基本准则。学生总是在处理与他人的相互关系中获得锻炼的机会,自主判断,独立思考,不断成长。班队工作者需要通过班级和少先队集体开展多方面的活动,发展学生的个性特长,培养学生活动与交往的能力。

第二节
班队工作的基本内容

一、班级工作的基本内容

班级是学校开展教育活动,传授科学文化知识的基层组织。班主任通过组织和领导班集体对全体学生进行教育。一般来说,班级工作主要包括以下几方面内容。

(一)班级日常管理

班级日常管理是班级工作中一个重要的有机组成部分,它对于形成集体,对于培养有理想、有道德、有文化、有纪律的社会主义事业接班人有着重要的意义。要建立良好的班级秩序,保证学校教育教学计划的顺利进行,就必须抓好班级日常管理。班级日常管理的内容如图3-1所示。

在小学,班级日常管理中会有大量的琐碎小事,班主任要事先做好准备,把大量的、经常性的班级事务有计划、有步骤地组织起来。为了增强班级日常管理的有效性,班主任应重点抓好以下两个环节的管理工作。

首先,应使学生一天的学习、生活常规化、系列化。小学生一天的学校生活大致有早晨到校早自习、上课、课间操、眼保健操、午休、下午上课、课外活动和清洁卫生等。班主任要根据这些环节的具体要求和内在联系,使一天的活动常规化、系列化。

其次,要做好每学期各阶段的管理工作。开学后的工作主要有报到注册,组织学生打扫教室,组织学生领取教科书、作业本和其他用品,制定出本学期班级建设的目标和工作计划;期中的工作主要是做好半学期的工作总结,分析学习质量,提出后半学期的改进措施;期末

图 3-1 班级日常管理的内容

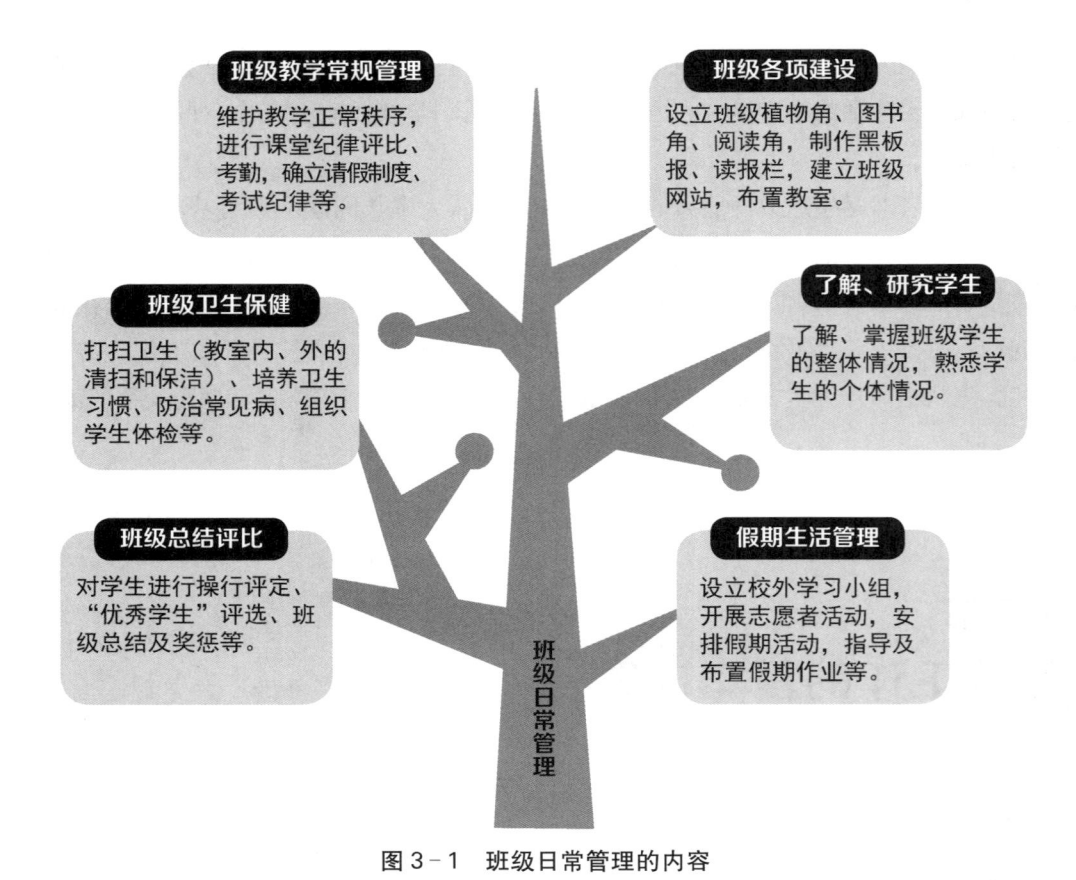

班级教学常规管理：维护教学正常秩序，进行课堂纪律评比、考勤，确立请假制度、考试纪律等。

班级各项建设：设立班级植物角、图书角、阅读角，制作黑板报、读报栏，建立班级网站，布置教室。

班级卫生保健：打扫卫生（教室内、外的清扫和保洁）、培养卫生习惯、防治常见病、组织学生体检等。

了解、研究学生：了解、掌握班级学生的整体情况，熟悉学生的个体情况。

班级总结评比：对学生进行操行评定、"优秀学生"评选、班级总结及奖惩等。

假期生活管理：设立校外学习小组，开展志愿者活动，安排假期活动，指导及布置假期作业等。

的工作主要有组织学生做好期末复习和考试，评选优秀学生和优秀学生干部，写好学生操行评语，填写和发放学生成绩通知单，进行假前教育，等等。

总之，在班级日常管理中，班主任应树立整体观念，把班级日常管理融入对班级管理的总体部署之中，力争实现班集体的整体优化。日常管理应明确具体，科学合理，符合学生的特点和班级实际。在管理过程中，要坚持以思想教育为主，不能用规章制度来代替班主任应做的思想教育工作，要善于利用点点滴滴的班务小事，充分发挥其教育作用。同时，班主任应鼓励小学生积极参与班级日常各项管理活动，如考勤统计、卫生检查、图书报刊管理、黑板报编辑等均可由学生负责，这样既给班级建立了良好的日常规范，又培养了学生自我管理的能力。

（二）班级集体建设

虽然学校把年龄大体相当，身心发展水平接近，来自不同家庭的数十个儿童编成一个教学班级，但这不等于说它自然就是一个班集体，甚至有的班级已形成数年却仍然很松散，实际上还只是个群体。这是因为由班级发展成为班集体，是不能凭行政命令实现的，也不是随着时间的推移而自然形成的，而是需要教育工作者，尤其是班主任付出艰辛的、大量的和创造性的劳动，通过建立和完善班集体机构，从组织上把学生密切地联系起来，不断地结合班级情况，进行各种教育，促使班级中的全体学生在德、智、体、美、劳诸方面都得到发展，只有这样，才能使整个班级逐步发展成为奋发向上、团结友爱、具有凝聚力的班集体。

班集体是教育者组织和教育的结果，它一经形成便是进行德育的重要影响源。

（三）班级活动的组织与开展

班级活动是联系个人与个人、个人与集体之间的桥梁。班级活动不仅为每个学生提供了表现自己、发挥特长的舞台，使每个人都能看到自己的价值，满足其追求成功的需要，同时它也适应了青少年学生爱活动、喜交往的心理需求。在活动中，同学之间建立了良好的人际关系，能够充分感受到集体的力量与温暖。所以，集体活动总是很受学生欢迎的，没有活动就没有教育。活动和交往是培养学生品德、锻炼学生能力的基础，也是加强班级凝聚力的基本方式。

一般来说，班级的活动主要有两大类：经常性的教学活动和各种形式的教育活动。

经常性的教学活动是班级中最基本的群体活动。班级的组成首先是出于教学活动的需要。开展教学活动是学校的中心任务，是实现教育目的和形成班集体的基本方式。在教学活动中，学生不仅学习知识、技能，发展智力与创造力，而且接受思想品德教育。首先，教师在教学过程中，结合教学内容，运用以理导人、以行动人、以情感人、以严律人的方法，对学生不断地进行学习目的的教育，帮助他们深化认识，端正学习态度，激发学习的积极性与创造性。其次，在教学活动中，全班学生形成了共同的目标，建立了班级的各种组织机构，为发展学生的各种才能提供了机会和舞台，加强了师生的交往和联系，建立了和谐的师生关系，并在教学活动中逐渐形成了与学习有关的班风。最后，通过学习活动，学生可以学习如何正确处理人与人之间、个人与集体之间的关系，培养良好的思想道德品质。过去往往忽视教学活动对巩固班集体的作用，这是片面的。虽然教学活动的主要目标不是为了建立班集体，然而班集体的形成却是完成教学任务的最重要的保证。

各种形式的教育活动，主要有班会、参观、文艺演出、节日联欢、郊游、夏令营、劳动、社会活动、体育比赛等。通过各种形式的活动来教育学生，是班队工作的重要特点，也是班级教育工作行之有效的方法。一次有意义、富有成效的班级活动，往往会给儿童留下终生难忘的印象，它对于学生智慧的启迪、世界观的形成、人生道路的选择都能起到很重要的作用。因此，应该充分珍惜班级这一思想教育的重要阵地，充分利用班级活动这一有效的教育形式。

（四）家长工作

家庭是孩子的第一所学校，父母是孩子的第一任教师。家庭是儿童成长的摇篮，家庭教育是一切教育的基础。孩子从小生活在家庭里，父母的言行举止对孩子有着潜移默化的作用。在父母的影响下，孩子逐渐形成各种思想意识、行为习惯，这会对他们以后的发展产生极大的影响。无论是儿童智能的发展、情操的陶冶，还是性格的形成，都能具体显示出家庭教育的作用。而且，家庭教育作为一种非正式的生活教育，与正式的学校教育在环境、方式以及影响力等方面差别很大。由于学校教育只占学生生活的一部分时间，为了得到家长的配合和支持,搞好班级工作,班主任要把家长工作列入工作日程,尽力做好家长工作。

为了提高家长开展家庭教育的素质和能力,班主任在做家长工作时,应帮助家长端正教育子女的指导思想,明确培养目标。例如,帮助家长正确认识德与才的辩证关系,树立正确的成才观,处理好孩子全面发展和个性发展的关系,充分认识培养孩子非智力因素的意义;帮助家长认识家庭教育的特点以及利用家庭教育中的亲子感情来开展教育的方法;帮助家长掌握一些家庭教育艺术,如爱子艺术、奖励与惩罚的艺术和语言艺术等。

班主任在与家长沟通时,要注意方式、方法。与家长的沟通不能采取简单生硬、操之过急的做法,而是要耐心地、有步骤地进行引导和帮助,做到循循善诱。切忌因为学生的错误斥责家长,要维护家长的自尊心。对于家长的错误,要进行个别帮助,不能在大庭广众之下训斥。对于一时糊涂或无理取闹的家长,班主任要注意罗列出事实依据、耐心讲道理,使其端正态度,扭转错误的认知。这里需要注意的是,有时家长也有困惑和苦衷,班主任要留出必要的时间听听家长怎么说,从而了解家长的想法,找出问题的原因,以便有的放矢地对家长进行帮助。

总之,做好家长工作,不仅可以发挥家长们各自的特长和优势,使他们配合班主任,教育好下一代,而且还能充分调动家长们关心和配合学校教育的主动性、自觉性,提高家长的教育水平,积极参与到学校教育的改革和发展中。

二、少先队工作的基本内容

少先队工作的目标是团结教育少年儿童,听党的话、跟党走,爱祖国、爱人民、爱劳动、爱科学、爱社会主义,学习和实践社会主义核心价值观,树立远大理想,培养优良品德,勤奋学习知识,锻炼强健体魄,培养劳动精神,从小学先锋、长大做先锋,立志为建设中国特色社会主义现代化强国贡献力量,努力成长为社会主义现代化建设需要的合格人才,成长为能够担当民族复兴大任的时代新人,做共产主义事业的接班人。为了实现这一目标,少先队要坚持开展组织教育、自主教育、实践活动,更好地为少年儿童树立和践行社会主义核心价值观服务,把广大少年儿童团结好、教育好、带领好。少先队组织主要开展以下几方面工作。

(一)队前教育

小学生在加入少先队之前要对他们进行有关少先队组织基本知识的教育。其内容可概括为"六知""六会"。

① 六知:知道队名、红领巾、队旗、队礼、呼号和入队宣誓的意义。

② 六会:会系戴和保管红领巾、正确敬队礼、响亮回答队的呼号、唱队歌、认真写入队申请书、读入队誓词。

队前教育一般由大队委员会统一组织领导,由一年级班主任具体负责,此外,还可以委派高年级的队干部或优秀队员去帮助开展队前教育活动,例如通过结成"友谊班"、派"小辅导员"等方式,帮助一年级小学生入队并建立中队组织。

(二)少先队组织教育

少先队工作的根本任务是进行组织教育,即通过一系列有目的、有计划的教育活动,培养少先队员的组织观念,发挥少先队的组织作用,提高学生对少先队的认识,增强他们的组织观念、荣誉感和责任感,引导他们做一名优秀的少先队员。"培养少先队员热爱少先队的情感。让少先队员清楚了解并不断加深对少先队章程的理解,熟悉少先队组织生活,在少先队的小干部、小家务岗位上承担工作,深切感受自己是少先队的主人,珍爱红领巾,热爱少先队,愿为少先队增光彩。"①

(三)培养少先队干部

少先队干部是开展少先队工作的骨干力量,是少先队的组织核心。优秀的少先队干部除了应符合优秀学生的各项要求外,还应具备以下素质:胸怀大志,是非明确,严于律己,团结队员,勤奋好学,拥有特长,勇于进取,工作有方。培养具备这些素质的优秀干部,是少先队组织建设的一项重要任务,也是班队工作者的重要职责。

(四)开展少先队活动

精心设计和组织开展内容鲜活、形式新颖、吸引力强的实践活动,为少年儿童在学校生活、家庭生活、社会生活和大自然中创造体验的条件,搭设体验的舞台,"每一次活动都要帮助他们寻找一个岗位,扮演一个角色,获得一种感受,明白一个道理,学习一种本领,培养一种习惯。"②

1. 少先队活动的类型

(1)按活动规模可将少先队活动分为大、中、小队活动

大队活动是以少先队大队为单位开展的活动,是少先队的一种大型活动。例如,大队主题队会、大队检阅式、各种大队集会、参观游览等。少先队大队活动通常是在纪念重大节日或向全大队集中进行某种教育时才举行的,一般一学期举行一至二次。大队活动是全校各年级队员都参加的,所以要根据不同年级队员的特点区别对待,分层次提要求。例如"红领巾学雷锋日"活动,高年级可到社会上开展利民活动,中年级可在校内进行服务活动,而低年级则可以在中队参加一些力所能及的活动。大队活动要落实到中、小队,才能实现教育效果。

中队活动是以中队为单位的活动,是少先队活动的主要形式。中队活动既可以为大队活动作准备,又可以带动小队活动。班队工作者可以根据中队实际,寻找主题,选择材料,独立开展

---

① 全国少工委.关于印发《少先队辅导员工作纲要(试行)》的通知[EB/OL].(2005-12-16)[2020-08-30].http://zgsxd.k618.cn/wjk/wjk_80692/zsf/201701/t20170120_10122411.html.
② 全国少工委.关于印发《少先队辅导员工作纲要(试行)》的通知[EB/OL].(2005-12-16)[2020-08-30].http://zgsxd.k618.cn/wjk/wjk_80692/zsf/201701/t20170120_10122411.html.

活动。中队活动一般每月一次。开展中队活动要调动队员的积极性、创造性,让每个队员都有事做,都得到锻炼,都受到教育。丰富多彩的中队活动,有利于良好的中队集体的形成,也有利于培养队员的自主意识,锻炼各种能力。此外,几个中队联合开展的活动,也属于中队活动。

小队活动是以小队为单位的活动,是少先队活动的基本形式。其特点是:①人数少,便于组织管理,适于锻炼队员的自理、自治和自主能力;②内容具体简单,时间、场地机动灵活,易于按队员的兴趣、特长开展活动;③由于人数少,活动容量相对增大,便于充分发挥每个队员的作用。小队活动要经常化、制度化,一般每周1—2次;每次短则10分钟,长则一小时以上。小队活动可以全小队一起活动,也可以分成几个小组进行,还可以由小队分派任务,队员单独完成。可见,小队活动能培养队员良好的个性。

(2) 按活动形式可将少先队活动分为队务活动、主题活动和阵地活动

队务活动是少先队进行组织教育、处理少先队日常事务的活动。这类活动是经常性的,随时都可以进行。一般内容有:队章教育,开办"队长学校",列队训练,学习各种活动的仪式,制定工作计划和对工作提出建议,处理偶发事件,开展批评和自我批评,等等。队务活动对于健全队的组织,培养队员的组织观念和集体荣誉感,加强少先队的组织建设和思想建设都有重要作用。

主题活动是有明确主题的活动,是少先队活动的重要类型。一般应事前拟定好教育主题,再围绕主题分工合作,展开筹备,然后举行主题活动。其特点是教育内容集中,主题鲜明,准备过程是教育过程。开展主题性活动应注意:①针对实际,即针对队员的年龄特点、思想状况、学习生活实际以及教育背景来确定活动主题。对高年级学生可以让他们接触一些现代科学技术、现代工业管理、城市管理等方面的知识;中低年级学生可根据他们的理解程度开展诸如"市场信息调查""四季物价变化情况"等活动。②围绕主题,选择内容。主题要鲜明,内容要集中,如"夸夸我们中队的'小发明家'",主题是一个"夸"字,夸的对象是本中队那些有创造精神的"小发明家"。③形式多样。根据内容的需要,采用少先队员喜闻乐见、能发挥他们特长的教育形式。④一个主题,多种教育。主题活动内容要集中,要善于发挥主题活动的内涵和多种教育因素。如针对"在平凡的岗位上"这一主题活动,既要扣住"平凡工作不平凡"的道理,又要让队员在活动过程中了解先进人物的事迹,学习他们锐意进取的精神。⑤重视准备工作。一方面,准备过程是培养、建设团结友爱的集体观念的过程;另一方面,活动所需用品也应尽早筹备、购置、制作。⑥辅导员应加强指导,提出建议,进行帮助。

阵地活动是围绕少先队组织的一些基本阵地和活动场所开展的活动。开展少先队的各种阵地活动,一定要从实际出发,因陋就简,就地取材。要考虑队员的特长、爱好,从教育的需要出发。少先队常见的活动阵地如图3-2所示。

2. 少先队活动的内容与基本要求

少先队活动是少先队组织领导的、以队员为主体开展的群众性活动,是少先队组织团

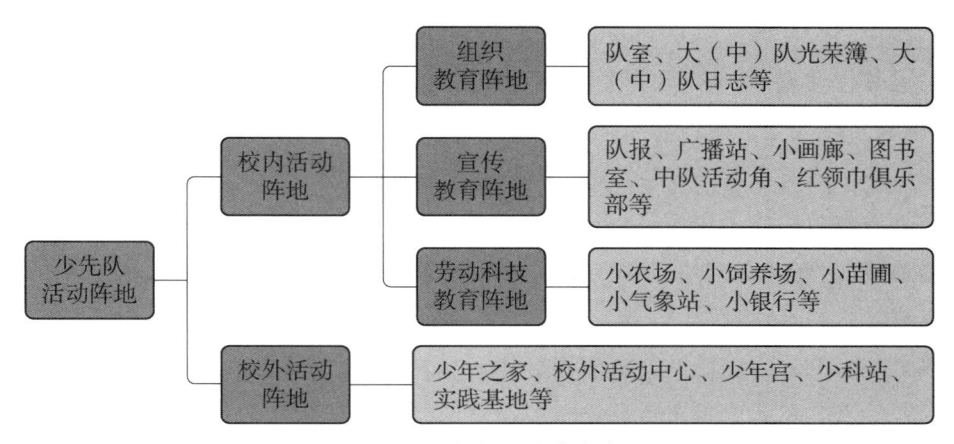

```
少先队活动阵地
├── 校内活动阵地
│   ├── 组织教育阵地 —— 队室、大（中）队光荣簿、大（中）队日志等
│   ├── 宣传教育阵地 —— 队报、广播站、小画廊、图书室、中队活动角、红领巾俱乐部等
│   └── 劳动科技教育阵地 —— 小农场、小饲养场、小苗圃、小气象站、小银行等
└── 校外活动阵地 —— 少年之家、校外活动中心、少年宫、少科站、实践基地等
```

图3-2　少先队活动阵地

结、教育少年儿童，向少先队员进行教育的基本形式，是少先队员在组织中学习，获得全面发展的基本途径。少先队活动是少先队集体建设的基础，集体的奋斗目标是通过少先队活动来实现的，集体精神、集体观念也是在少先队活动中逐渐形成和发展的。少先队员在少先队活动中参与实践、接受教育，进而扩大知识、丰富情感、锻炼意志、增长才干。因此，没有少先队活动就没有少先队教育。寓教育于活动之中，是少先队工作的特色。

少先队活动的内容，包括德育、智育、体育、美育、劳动技术教育等方面，每次活动应有一个主要教育内容，同时渗透其他各方面的教育。选择什么活动形式，一方面要依据本班学生的年龄特点和活动内容的需要，另一方面要根据班队工作者自身的特长、优势以及学校的条件，综合做出决定。在组织少先队活动时应做到以下五点基本要求。

第一，注意少先队活动的广泛参与性。通过组织少先队活动，让每一名少年儿童都融入少先队组织中，充分享有自己的权利、履行自己的义务。

第二，注意少先队活动的实践体验性。少先队活动要以实践活动为主要形式，把开展丰富多彩的实践活动作为主要方式，以学生的生活经验、生活背景，以及在生活中感受到的问题与需要为中心为其创造体验的条件，搭设体验的舞台，营造体验的氛围，通过真情实感的体验，引导少年儿童在学校生活、家庭生活、社会生活和大自然的实践中感悟做人做事的道理，在经验的基础上有所知、有所得、有所悟，逐步养成良好的行为习惯。

案例3-3

在模拟法庭中学习宪法

2019年12月4日是我国第六个国家宪法日。为了进一步推动师生深入开展宪法学习宣传活动，在控江路街道、杨浦区法宣办的大力支持下，二联小学将模拟法庭搬入了学校，以一种别开生面的方式拉开了"二联小学法制教育宣传周"系列活动的序幕。

> 在模拟法庭中,孩子们分别穿上法袍、西装,扮演审判长、公诉人、辩护人等角色,选取了现实生活中的典型案例——"小区故意划车案"进行"审判"。台上的人严肃、有序,庭审规范;台下的人聚精会神,全情投入。
>
> 通过模拟法庭的演绎,师生们不仅体验到"真实"法庭审理的程序,更是对"寻衅滋事罪"的相关条例有了初步的了解。在激烈的庭审之后,杨浦区检察院的陶检察官走上讲台,为师生们开设了一场主题为"远离性侵伤害,呵护无忧童年"的讲座。
>
> 陶检察官从儿童视角出发,分"私密部位""四种警报""三种方式"等板块介绍了预防性侵的知识;借助"坏人来了,怎么应对?""老师和家长做什么?"等板块传授了防范与应对性侵的技巧。
>
> 作为"二联小学法制教育宣传周"的主要项目之一,本次活动获得了杨浦区司法局法宣科、杨浦区检察院、控江路街道司法所、尚佳法律服务中心的大力支持。特别是控江路街道司法所和尚佳法律服务中心的工作人员,更是对本次模拟法庭的脚本进行了反复修改,并与学校戏剧社张老师一同对学生的排练进行了多次指导,在普及法律知识的同时,也让遵法守法的理念真正通过实践内化于师生的心中。
>
> (资料来源 上海市杨浦区二联小学:《在模拟法庭中学习宪法》。)

第三,注意少先队活动的针对性。针对少先队员在思想、生活、学习、劳动等方面的突出问题,创造性地开展各种德育活动,通过活动帮助多数队员解决思想问题,提高认识,使每一个队员都能在活动中受到教育。注意教育性与趣味性的有机统一,寓教育于有趣的活动之中,在趣味性活动之中融合教育。

第四,注意发挥队员的独立自主精神。少先队活动应充分发挥少年儿童的积极性和主动性,让少年儿童在少先队的生活中自我教育、自我管理、自我发展,做少先队组织的主人。让队员自己确定活动形式,让队干部具体组织、指挥开展活动,充分发挥队组织的自我教育功能。

第五,注意创造热情向上的活动氛围。讲究少先队活动特殊的程序规范,发挥队旗、队鼓、队号渲染气氛的作用,同时调动社会舆论,努力为少先队活动创造健康向上、激动人心的热烈氛围,为学生留下难忘的印象,强化教育效果。

(五)开发和利用社会资源

在开展少先队活动时,班队工作者要从少先队员的现实生活出发,精选与他们学习、生活密切相关的地方教育内容,有效整合、开发、利用本地区的资源,优化活动过程。既要利用校内教育阵地,又要利用社会教育阵地;既要依靠校内辅导员,又要依靠由社会各界人士组成的志愿辅导员,积极争取社会各方面对少先队工作的支持。

第三节
班队工作的基本原则

一、正面教育原则

正面教育原则是指班队工作者要以正面的事实、道理、榜样对学生进行启发诱导,让学生学会分辨是非善恶,自觉接受教育。

坚持正面教育,首先是由教育的性质决定的。因为思想道德问题属于人的精神领域的问题,而精神领域的问题是不可能用强制灌输的办法解决的,只能通过说服引导,使之明白事理,从内心深处产生认同,才能达到教育的目的。其次,正面教育原则也是根据小学生的年龄特点而制定的。小学生是正在成长的儿童,他们积极向上、模仿能力强、可塑性大,但由于年龄尚小,知识经验不足,对一些是非善恶问题往往分辨不清,需要给予正面引导,帮助他们提高认识、分辨是非。因此,利用一些典型的人和事,树立良好的榜样,这样他们容易接受并且会积极效仿。

贯彻这条原则,班队工作者必须把握住以下要点:第一,在教育学生懂得是与非,好与坏的过程中,着眼点应放在什么是对的、好的,为什么对、为什么好,以及怎样做才是对与好。第二,在引导学生学习正确的思想道德行为时,要坚持摆事实、讲道理,主要是进行说服教育、正面示范,而不能强制压服、简单说教。第三,在日常教育中,要坚持表扬为主、批评为辅,要发现学生的优点,鼓励学生积极向上、努力进步。

二、尊重学生与严格要求相结合原则

尊重学生与严格要求相结合原则是指班队工作者在教育过程中,既要真诚地关心、尊重和信任学生,又要对学生提出严格要求。

尊重人是教育人的基本前提,对小学生也不例外,只有尊重与信赖学生,才能激发学生内在的积极因素,发挥他的主观能动性。尊重信任与严格要求是相辅相成的,没有要求,也就没有教育。严格要求本身就包含了对学生的尊重,体现了对学生未来发展的信任。传统教育过分强调学生的服从，强调教师的绝对权威，因此，有时会忽视学生作为一个独立的个体所具有的尊严。我国明朝思想家王阳明曾批评当时教师对学生"鞭挞绳缚，若待拘囚"式的"非人"待遇。时代发展到今天，这种情况理应彻底改变。

许多教育家一直强调教师要尊重学生。如苏联教育家马卡连柯曾说："在我们的辩证法里，这两者是一个东西：对我们所不尊重的人，不可能提出更多的要求。当我们对一个人提出很多要求的时候，在这种要求里也就包含着我们对这个人的尊重。"①

社会主义国家致力于真正实现人与人之间的平等。我国的教育改革也始终着力谋求民主平等的师生关系，如中共中央、国务院《关于深化教育改革全面推进素质教育的决定》就号召教师要与学生平等相处，尊重学生的人格。国家还用法律的形式规定了学生应有受尊重的权利，如《中华人民共和国未成年人保护法》的第21条、第39条规定："学校、幼儿园、托儿所的教职员工应当尊重未成年人的人格尊严，不得对未成年人实施体罚、变相体罚或者其他侮辱人格尊严的行为；任何组织或者个人不得披露未成年人的个人隐私。"

贯彻这条原则，班队工作者应该注意以下几点：第一，要热爱学生。没有对学生真挚的爱，尊重也是虚假的。少年儿童是祖国的未来，是民族的希望，有自己独立的人格和精神境界。师爱是人类最美好、最圣洁的情感之一，也是教师热爱教育事业的具体表现。古往今来，在教育中，热爱学生的班队工作者取得成功的范例数不胜数。现代心理学的研究也一再表明，师爱是教育成功的关键因素。没有爱，就没有教育。第二，严格要求要适度、合理。严格要求要从高度尊重学生的个人能力开始。所谓"严格要求"就是要真正了解学生，明确什么是学生力所能及的，什么是他力所不及的，帮助学生努力去达到他能够达到的那个高度。第三，热爱、尊重、信任与严格要求要密切结合，并且落实在每一个学生身上。

《三字经》云："养不教，父之过。教不严，师之惰。"爱并非放纵、偏爱和溺爱，爱与严是不可分离的。爱之度是爱中有严，严中有尊重。严也并非苛刻，"老师吼一吼，学生抖三抖"，既不是爱学生的表现，也不是尊重学生的表现。爱、尊重和严格要求是现代教育、民主教育的基本要求，是实施素质教育的必要条件。有人说爱自己孩子的是人，爱别人孩子的是神。这句话既说明了爱学生的重要性，也说明真正爱每一个学生是不容易的。因此，班队工作者应该在充分了解学生、尊重学生的基础上，平等对待每一个学生，爱每一个学生，不能歧视任何一个学生，要让每个学生都感受到来自老师的博大的爱，真正发挥师爱的教育效应。

三、适应年龄特征与因材施教相统一原则

适应年龄特征与因材施教相统一的原则是指班队工作者在工作中要充分了解和熟悉教育对象，从实际出发，根据学生的年龄特征和个性特点有针对性地进行教育。

---

① ［苏］马卡连柯.论共产主义教育[M].刘长松，等，译.北京：人民教育出版社，1962：401.

这条原则是根据青少年思想品德形成和发展的规律制定出来的。心理学研究表明，儿童身心发展有一定的规律性，有其自身的发展阶段，具有年龄特征。同时，每个儿童由于所处的客观环境、遗传素质不同，又有个别差异。因此，教育要从学生的心理发展特点出发，班队工作就是要适应学生的年龄特征，因材施教。

作为教师的班队工作者，与学生会有年龄的差距、时代的差距。教师起初所面对的是一群来自不同家庭的陌生儿童，对他们要有一个熟悉和了解的过程。只有对儿童的气质、性格、能力、兴趣、愿望、理想等进行了解，才能确定教育的最佳方式。俄国教育家乌申斯基说过："如果教育学希望从一切方面教育人，那么他就必须从一切方面去了解人。"[①]苏霍姆林斯基也说过："不了解孩子——不了解他的智力发展，他的思维、兴趣、爱好、才能、禀赋、倾向——就谈不上教育。"[②]这就要求班队工作者要设身处地地从学生的角度看问题。儿童是班队活动的主体，开展班队活动要从儿童的角度出发，不能把儿童成人化。儿童有其独特的年龄特点，若把儿童当小大人看待，或者从成人的角度提出种种要求，实际是在某种程度上违背了儿童的年龄特征。

> **案例 3-4**
>
> 杜威告诉我们，成人永远不该自以为是，在某些方面，成人反而应该向儿童学习。也就是说，教师要把儿童作为一个具有独立人格的个体去尊重和对待，要抱着学习的态度去观察。一个孩子可以把包装盒或废弃的物品甚至是一颗石子当成挚爱的玩具，爱不释手，这种纯净的心灵正是我们应该倍加珍视和守护的。所以，教师要带着一颗去伪存真的童心去爱孩子，发现孩子。
>
> 刚入学的时候，不管怎样提醒，总有孩子上课玩铅笔、橡皮甚至是桌布。于是，我拿来一个整理箱，摆在前面，对大家说："你玩什么，就把什么放到前面的箱子里，过一段时间我们一起看看，谁因为自己的坏习惯，到最后变成了穷光蛋？"孩子们大笑，但笑后若有所思，开始有意识地控制自己的小手了。孩子是用来引导的，不是用来批评的。
>
> 一年级上学期的时候，有一天下雪，学校通知我们从那天开始跑操，我还没来得及跟孩子讲要求，他们就到操场上排队了。开始跑操了，孩子们看到地上的积雪异常兴奋，有跳着跑的，有打滑跑的，还有的偷偷弯腰抓一把雪，打在别人身上。看到这样的场面，我起初很想批评他们。可是转念一想，孩子们喜欢雪，在雪中忘形，这不正是孩子的天性吗？想到这里，我的气也就消了。于是在跑操结束后，我没有带孩子进教室，而是在操场上对他们说："你们是不是特别喜欢下雪呢？"孩子

---

① [俄]乌申斯基.人是教育的对象[M].李子卓，等，译.北京：科学出版社，1959：11.
② [苏]苏霍姆林斯基.把整个心灵献给孩子[M].唐其慈，等，译.天津：天津人民出版社，1981：7.

们异口同声地说:"是!"他们还沉浸在刚才的喜悦中。我接着说:"那老师就让你们再玩五分钟,但是有一条,要注意安全。"孩子开心极了。操场顿时热闹起来。快上课了,我把孩子们领进教室,说:"你们今天开心吗?老师今天可是有点担心和生气呢,谁知道为什么?"孩子们面面相觑。我提醒道:"你们今天是怎样跑操的?哪些地方做得不对?"孩子们一下子明白了。我顺势说道:"看来大家已经意识到了自己的错误。我们有个约定,以后遇到下雪天跑操,一定要注意安全,还要遵守跑操的纪律。如果你们做到了,老师就会奖励你们玩一会儿雪。"孩子们高兴地答应了。第二天的跑操果然井然有序,我也兑现了我的承诺。

(资料来源 刘丽新.尊重童心 发展天性[J].辽宁教育,2018(02):72—73.本文有删改。)

在对学生年龄特征熟悉和了解的基础上,班队工作者还要注意因材施教。人民教育家陶行知曾作了一个比喻,松树和牡丹所需的肥料不同,若互换使用,则对双方都不好,由此可见因材施教的重要性。班队工作者只有依据学生的实际情况、个性差异进行教育,才能有的放矢。朱熹说过:"孔子教人,各因其材。"孔子在因材施教方面给我们做了一个榜样。

一天,子路问孔子:"某件事很好,我听到了就可以去做吗?"孔子说:"你的父亲和兄弟都在,为什么不先和他们商量一下呢?"子路走了。过了一会儿,冉有来了,问孔子:"某件事很好,我听到了就可以去做吗?"孔子说:"你认为好就可以去做。"这时孔子的一个弟子很奇怪,就问孔子为什么对同样的一个问题回答不一样。孔子说:"子路鲁莽,所以要劝他谨慎;冉有怯懦,所以要劝他大胆。"

贯彻这条原则,班队工作者必须深入了解小学生的年龄特征,掌握其身心发展的一般特点,这是教育的基础和前提。同时,要注意小学生的个别差异,根据不同学生的个性特点,有针对性地进行教育。除这两个方面以外,还要注意本地区、本校、本班级和中队的特点以及社会与时代的要求。

四、集体教育与个别指导相结合原则

集体教育与个别指导相结合的原则是指班队工作者在工作中既要注意建设学生集体,并在此过程中教育每个学生,又要通过每个学生的成长进步,促进集体的巩固和发展,把建设学生集体与有针对性地对学生进行个别教育有机地结合起来。

这条原则的主要依据是集体在培养学生思想品德中的特殊地位和作用。学生集体是学生社会关系的重要组成部分,他们的活动与交往基本上是在集体中进行的,集体对学生具有重要的教育作用。班队工作者要通过集体教育培养学生的集体主义精神。班队集体是学生成长的主要环境,集体无时无刻不在通过舆论的约束和氛围的熏陶,影响着每一个学生。集体自身既是教育的对象,也是教育的手段。同时,这条原则也符合学生思想品德形成和发展的规律。儿童认识自己首先是从认识别人开始的。在集体生活中,他对照别人的言行,对照集体的要求,对自己就有了新的认识。最后,集体也为学生个人的个性发展提供了广阔的空间。只有在集体中,个人才能获得发展其才能的空间和舞台。

班队工作者贯彻这条原则首先要注意建设和形成良好的班集体。同时,要注意个别教育。集体教育是以班队集体中多数学生为基点进行的,但学生之间总是存在着差异,对于个别的同学还要进行个别指导。个别指导就要求教师要熟悉学生的差异。具体来说,班队工作者在进行个别指导时不仅要注意学生的个性特点,还要注意方式、方法。一方面,对待成绩好、表现好的学生与成绩不好、表现不好的学生应该抱有同样的关怀、爱心和尊重;另一方面,对能力强的学生与能力不强的学生的要求,应有所不同。再有,集体教育与个别教育应该结合起来,不能割裂。教育个人的同时也是教育集体,教育集体的同时也是教育个人。不以集体抹杀个体,也不以个体抹杀集体。尊重个体并非自由主义,教育集体也并非盲目从众。班队工作只有把个别指导与集体教育相结合,才能切实取得成效。

五、教育一致性和连贯性相统一原则

教育一致性和连贯性相统一的原则是指教育活动的各个阶段之间要相互连接,统一连贯,形成系统,有计划地进行,同时学校内部及学校内外各方面的教育力量要在认识上协调一致、互相配合、互相促进。

制定这条原则的依据是社会存在决定社会意识,同时也是考虑到青少年思想品德的形成与发展具有长期性、反复性的特点。教育是一个系统工程。加强和改进教育工作,不只是学校和教育部门的事,家庭、社会各个方面都有责任。只有加强综合管理,多管齐下,形成一种有利于青少年学生身心健康发展的社会环境,年轻一代才能茁壮成长起来。对教育事业,全社会都要来关心和支持。不仅思想宣传部门、政法部门以及其他部门要做,甚至全党、全社会也都要来做。的确,教育并非学校自己的事情,也是家庭、社区、社会团体、大众传媒的事情,全社会都以积极的态度来关心和支持教育,教育事业才能够常青。一些教师常常抱怨,学生在学校所受的五天品德教育,其效果在校外过了两天周末就荡然无存了。家庭、社会的影响与学校不一致、相冲突,不仅会降低教育的效果、抵消教育的作用,还会增加学生接受教育的难度。同时,教育系统哪一方面运转不灵都会影响到教育功能的发挥。在学校教育内部,也要求各个教职工对学生的教育具有一致性,并且要一以贯之,坚持到底。

由此可见,建立一个完整的教育体系,形成良好的教育机制,调动各方面的教育力量,科学而有序地进行教育工作,是班队工作取得成功的重要因素。所以,班队工作者要积极贯彻教育一致性和连贯性相统一的原则。从学校内部而言,班队工作者要与各方面教师达成共识,团结协作,形成合力,保证教育的统一性。从学校外部而言,要加强班队与家庭、社会之间的联系,保证教育的一致性。

六、言行一致原则

言行一致原则要求班队工作者在教育过程中应表里如一,说的与做的要保持一致,身体力行,不要说一套而另做一套。教师是学生学习的榜样,小学教师给孩子的影响是长久且深远的,他们是以形象、具体的一言一行自然地作用于学生的,使学生在不知不觉中受到潜移默化的影响。教师为人处世的方式也会渐渐塑造孩子相似的行为模式。

教师在教育管理中只有说到做到、信守承诺、言出必行,才能取得学生的信任,在孩子心中树立威信,学生也才会遵守学校的规则。同样,在道德教育中,教师只有言行一致、以身作则,学生才可能真正信服教师所讲的道理。

有些教师平时在教育学生时总在给学生讲一些为人处世的大道理,但在日常的教育管理中,自己的行为却又常常违背这些道理,成了言行不一的不良榜样。这既降低了教育的可信度,也混淆了学生的是非观,最终只会导致学生的混乱和麻木,不再相信所谓的"道理"。如果教师言行不一,不能以身作则,那么再动听的言辞也会变得空洞无力。"其身正,不令而行;其身不正,虽令不从"便说明了教师以身作则的重要性。因此,在教育过程中,教师不仅仅需要"说到",更重要的是"做到"。

💡 思考与探究

1. 小学班队工作者的基本职责与共同任务是什么?
2. 小学班队工作的基本内容有哪些?请列出班主任在学期不同时间段的主要工作。

时间段	主 要 工 作
开学前	
开学初	
学期中	
学期末	

3. 举例说明班队管理中为什么要遵循"集体教育与个别指导相结合原则"?
4. 看了"拓展阅读"《爱心银行》后,你觉得这位老师的做法体现了哪些班队工作的原则?请评析这位老师的教育方法。

参考文献

1. 骆小华,等.班级管理实务[M].北京:中国人民大学出版社,2019.
2. 许丹红.打造小学卓越班级的38个策略[M].北京:中国轻工业出版社,2014.
3. 郑学志.班级管理60问[M].上海:华东师范大学出版社,2012.
4. 梁明月.班级的秘密——德育视角下的小学班级管理实务[M].北京:人民出版社,2017.

拓展阅读

爱心银行

广东省深圳市南山区南海小学　覃玲萍

刚接手新班时,我和学生之间总有许多不适应,师生关系一直不够融洽。他们像没了妈的孩子,而我总觉得他们不如我原来的学生好。时不时就有学生过来跟我抱怨:"小军两周前借了我的书,到现在还没有还,我跟他要,他竟然说我是小气鬼!""我上个月帮涵涵做了两次值日,后来值日时她就总指望我多干活!""语文老师故意刁难我,作文让我修改了一遍又一遍!"我很诧异:怎么大家就感受不到人与人之间的友好呢?难怪学生们整天吵吵嚷嚷,个别学生的情绪还非常不稳定。怎样才能让学生懂得感恩并且包容他人呢?我想知道学生们能不能感受到爱。

周一上午的第一节课,正好是我的课,于是我就对学生们说:"今天我要感谢一位同学,昨天她帮忙把同学们的课桌都擦了一遍。她就是小怡!"学生们先是一惊,继而一喜,不约而同地鼓起掌来,这惊喜的感恩瞬间是那么地美妙。看来学生们能感受到爱,只是这种感受需要唤醒。我决定开展一项计划,于是第二天一早我就走进了教室。

"老师,这是什么?"看着我在讲台上拿了一堆卡纸裁了又折,身边早聚集了一颗颗好奇的小脑袋。"你们说呢?"我故意先卖个关子。

"是做贺卡吗?""是做手工吗?"我笑着摇了摇头。

"老师,你到底准备干什么啊?我们都急死了。"看见这群学生着急的模样,我慢条斯理地说:"明天你们就知道了,每人都有的!"我的神秘微笑让他们的眼睛瞪得更大。

第二天,我发给每人一张卡纸,笑着说:"今天是个特别的日子,因为我们班的爱心银行要开张了!""老师,什么是爱心银行?"学生们好奇地问。"谁有兴趣来猜一猜?"在我的鼓励下,同学们的小手慢慢地举起来了。

"是让我们每天都付出爱心吗？"

"是要让我们每天都记得别人对我们的帮助吗？"

学生们叽叽喳喳，各抒己见。我郑重其事地告诉大家："没错，就是写一句感谢的话，感谢帮助过你的人，希望大家积极往别人的储蓄袋里存放爱心感言。现在我们先来设计自己的爱心储蓄袋吧！"

疑云散尽，大家马上动起手来。20分钟后，一个个五颜六色的爱心袋以组为单位被贴在了墙上，成为班级一道亮丽的风景线。

"爱心银行开张了！"在学生们的欢呼声里，我的内心也充满了期待……

第二天一大早，我就发现有些爱心袋里已经有"内容"了。细细一看，一张小巧的心形卡上写着："江彦：昨天我肚子疼，是你送我去的医务室，路上你一直扶着我，我要谢谢你！"打开另一个袋子一看，一片绿色树叶形的卡纸上写着："邓玲：昨天我心情不太好，你过来和我谈心，后来我的心情好多了，谢谢你！"一张花朵形的卡纸上写着："亲爱的小领，你总会在我遇到困难时帮我。当我伤心时，你轻轻拍了拍我的肩，虽然这动作很轻，但我心里无比温暖。你永远是我最好的朋友！"袋子里的只言片语似细流涓涓，我眼前浮现出许多温暖的画面。

自从班级爱心银行开张后，可谓"生意兴隆"——学生们喜欢写，也喜欢看。而每周的爱心银行排行榜，也成了班级的热点。爱心银行"经营"得红红火火，班上的争吵少了，宽容多了，笑声也多了，大家的心中涌动着快乐和幸福。

《诗经》中有云："投我以木桃，报之以琼瑶。"其实，人与人之间的关系就像两人踩跷跷板一样，你给我力量，我就给你力量；你给予我帮助，我一定回馈你温暖。我想，通过班级这个爱心银行，学生们慢慢地感受到了给予和感恩的快乐。这对我的德育工作来说是一剂良方，我何不也加入到这一行动中去呢？突然我想起了那个黝黑的"捣蛋专家"小威，那个让我头疼又每天坚持给我打午饭的学生，于是我提笔写道："孩子，你不止一次帮我打饭，还特意为我捞了大骨头，谢谢你，让我感受到了温暖……"我又想起了那个贴心的语文课代表小欣，提笔写道："你总是在我批改作业时，默默为我递上一杯热水，这让我感动不已。谢谢你，好孩子！"我抬头看看眼前的每一个学生，突然发现：每一双明亮眼睛的背后，都有值得感谢的瞬间。就这样，我在每个学生的爱心储蓄袋里都留下了我的感激之情。

课间，学生们一如既往地翻阅着自己的储蓄袋，当看到我为他们留下的感恩话语时，他们脸上的笑容更加灿烂了。

"老师，我也给你做一个爱心储蓄袋吧！"说完，几个学生已经兴致勃勃地开始动手了。不一会儿,一个画满笑脸的爱心袋已贴在爱心银行中间了。

当天下午,我的袋子里就存了不少爱心留言了。一张红色的爱心卡纸上写着:"老师,每次我请假,您都会打电话来询问,生怕我出了什么事情。当听到我没事的时候,您就会开心地笑。老师,谢谢您对我的关心!"一张方形的红色卡纸上,一行整齐的字映入眼帘:"亲爱的老师,您总是鼓励我,所以我进步很大!我们犯了错误,您也不责骂我们,而是通过讲故事来让我们明白人生哲理,谢谢!"……真没想到,我不经意间做的一切都已经被学生们珍藏在心底,我的心头不禁涌上一阵阵感动。我想,这也许会成为我和孩子们新生活的开始。

为别人点一盏灯,照亮别人,也照亮自己。只要常怀一颗感恩的心,随之而来的,就会是温暖、自信、坚定、善良等美好的品格。我愿意和我的学生一起走在寻找这些美好品格的路上……

(资料来源　覃玲萍.爱心银行[J].江苏教育,2018(87):78—79.)

▶ 视频资源

视频内容: 扔还是不扔?——一堂"劳动教育"主题班会
执教教师: 张艳
视频提供: 上海市徐汇区东二小学张艳

|扫码观看视频|

利用班会对小学生进行品德教育,是班主任的一项基本职责。张艳老师遵循小学生年龄特征,按照正面教育原则,围绕培养学生正确的劳动态度开展班级活动,成效显著。

第四章

班队工作者的素养

- 领会对班队工作者基本素养的具体要求
- 掌握班主任专业发展的内涵
- 辩证认识班队工作者对于自身角色的定位
- 运用适当的方法提高班队工作者的实践能力

> **案例 4-1**
>
> 雪是一个聪明懂事的孩子,她总爱围在老师身边问这问那,从不害羞、胆怯,对于这样的孩子,我也有一种无以名状的喜爱。
>
> 可是,渐渐地我发现她不再整天围着老师转悠了,而且总是躲避着我。当我每一次和她交谈时,她都欲言又止。终于,那天放学后,她怯怯地对我说:"老师,我能问您一个问题吗?"
>
> 看着她那胆怯的模样,我笑了:"什么事?你说吧!"
>
> "老师,你以前很爱笑的?为什么现在你不笑了?"
>
> "对呀,老师,我们都爱看你笑的样子,你不笑是不是因为不喜欢我们了?"不知何时,我和雪的交谈吸引了很多学生,我的身边已围了很多的孩子,他们你一言我一语地说着。
>
> 我愕然了,是呀,我是一个爱笑的人,可我现在真的不笑了吗?难道我真的不爱学生了吗?这当然不是,或许是因为工作太忙的缘故,或许是因为太累了,或许是……我无言以对。
>
> "老师,我们以后一定听话,你多笑笑好吗?"学生的话语惊醒了我。望着他们那一双双期盼的眼睛,望着他们那一张张可爱的脸,我爽朗地笑了:"老师现在的笑好看吗?"
>
> "好看!"
>
> "那我以后天天笑,好吗?"
>
> "好!"
>
> 看着他们兴高采烈的样子,我也笑得更高兴了!
>
> 是的,笑是美丽的,它能温暖人的心灵,它也能增进人与人之间的友谊。笑是爱的表现,它能鼓励孩子树立起生活的勇气和成功的信心。老师们,让我们笑起来,用自己的微笑,用我们的真情去感染每一个学生,用笑给孩子以信心,用笑给孩子以快乐。让我们每天问一问自己:今天,你笑了吗?
>
> (资料来源 选自佚名:《老师,你笑了吗?》。)

我们总期盼学生能快乐地成长,而不是把学校当作不得不去的"炼狱"。学生个体的很多素质是在感染和体验中培养起来的。教师,尤其是执着于学生"精神成人"的班队工作者,他们的学识、品德乃至人格,会在教室、校园的场景里深深影响着学生,而这些,就是我们所说的"素养"。小学班队工作者的素养,指的是作为班队工作者的教师,在思想政治、道德、学识以及心理等方面所必须具备的基本素养,以及教育教学的基本技能和能力。

小学教育是基础教育的启蒙阶段,它对小学生的成长与发展起着奠基作用。小学班队工作者作为小学生的"亲密朋友"和"指导者",既要指导小学生学习科学文化知识,又要帮助他们在德智体美劳等方面健康发展。因此,小学班队工作者的思想道德水平、业务素养,对小学生的未来发展有着深刻的影响。

对小学班队工作者素养的要求,既包括作为一般任课教师应该具备的基本素养,同时又有针对小学班队工作者的特殊要求。

第一节 思想政治素养

《中共中央关于加强和改进思想政治工作的若干意见》中指出:"高度重视思想政治工作,是我们党的优良传统和政治优势……思想政治工作,是经济工作和其他一切工作的生命线。在改革开放和发展社会主义市场经济的进程中,紧密结合新的历史条件,充分发挥党的这一政治优势,具有重要的现实意义和长远意义。"进入 21 世纪以后,在全球化、信息化浪潮席卷下,我国社会文化的差异性、变化性、多样性日益凸显,人的价值观念出现了前所未有的大活跃、大碰撞。为此,2006 年 10 月党的十六届六中全会第一次提出"建设社会主义核心价值体系"的命题。在此基础上,党的十八大报告和十九大报告明确提出并倡导践行"社会主义核心价值观";2022 年 10 月,党的二十大报告又进一步指出:"社会主义核心价值观是凝聚人心、汇聚民力的强大力量",要求"用社会主义核心价值观铸魂育人"。而要发挥社会主义核心价值观的凝聚功能,最大限度地形成社会思想共识、奋发向上的精神力量和团结和谐的精神纽带,思想政治工作是有力的保障。

一、政治素养

对于人的政治素养,有研究者指出:"思想政治素质(在素质结构中)处于内核地位,对人的素质的形成和发展起导向作用、支柱作用、动力作用和'催化力作用'。"[①]西方不少学者也承认,不论一个国家的社会道德或政治、经济的情况如何,政治社会化始终是一切教育制度的一个主要职能。因此,为培养学生良好的思想政治品质,教师,尤其是班主任和少先队辅导员首先应提升自身的政治素养。

---

① 刘桂生.试论思想政治素质是最重要的素质[D].重庆:西南师范大学,2000:3.

小学班队工作者需要具备的素养是多方面的。在诸多素养之中，政治素养起着导向作用。政治素养主要指一个人在政治方面的基本知识和观念，对政治方面大是大非问题的评价和判断能力，以及在政治方面的信仰态度，对特定的政府、政党、阶级的政治情感等。前已述及，《中国少年先锋队章程》明确提出：中国少年先锋队是中国共产党委托中国共产主义青年团直接领导的少年儿童的群众组织，是少年儿童学习中国特色社会主义共产主义的学校，是建设社会主义和共产主义的预备队。少先队辅导员是少先队员亲密的朋友和指导者，帮助中队或大队委员会进行工作，组织活动。由此可见，少先队是一个政治性组织。少先队辅导员的职责就是通过对少年儿童的教育，促进其实现政治社会化，为社会主义建设事业培养革命接班人。2006年6月4日颁发的《教育部关于进一步加强中小学班主任工作的意见》中也明确指出："中小学班主任是中小学教师队伍的重要组成部分，是班级工作的组织者、班集体建设的指导者、中小学生健康成长的引领者，是中小学思想道德教育的骨干，是沟通家长和社区的桥梁，是实施素质教育的重要力量……加强中小学班主任工作，对于贯彻党的教育方针，全面推进素质教育，把加强和改进未成年人思想道德建设的各项任务落在实处，具有十分重要的意义。"[1]知道这些道理，就会明白提升小学班队工作者的政治素养是做好班队工作的首要条件。

小学班队工作者的政治素养，主要是政治信仰态度问题，其中最主要的方面是：政治立场坚定，拥护四项基本原则。四项基本原则是邓小平于1979年提出的，他认为，要在中国实现现代化，必须在思想政治上坚持四项基本原则，这是实现现代化的根本前提。四项基本原则是：必须坚持社会主义道路，必须坚持人民民主专政，必须坚持中国共产党的领导，必须坚持马克思列宁主义、毛泽东思想。四项基本原则提出后，成为党在一个相当长的时期内坚定不移的政治目标。

四项基本原则被正式写入党章和我国宪法，是立国之本，是党"一个中心，两个基本点"基本路线中的一个基本点。作为基本指导原则，我们过去要坚持，现在要坚持，今后还要坚持。小学班队工作者在日常的班队活动中，要牢记四项基本原则，坚持以四项基本原则为指导，开展各式各样的班队活动。

党的十九大号召，全党全国各族人民要紧密团结在党中央周围，高举中国特色社会主义伟大旗帜，为决胜全面建成小康社会、夺取新时代中国特色社会主义伟大胜利、实现中华民族伟大复兴的中国梦、实现人民对美好生活的向往继续奋斗。这是时代的要求和全国人民的共同愿望。小学班队工作者在政治上一定要提高对自己的要求，认真贯彻党的十九大精神，坚持正确的政治方向，忠诚于社会主义教育事业。只有班队工作者自己具有良好的政治修养，才会对学生产生深刻的影响。

---

[1] 中华人民共和国教育部.教育部关于进一步加强中小学班主任工作的意见[EB/OL].(2006-06-04)[2020-08-31]. http://www.moe.gov.cn/srcsite/A06/s3325/200606/t20060604_81917.html.

二、思想素养

思想素养主要是指人的思想观念,是人们认识世界和改造世界时的立场、观点和方法的标准和原则。小学班队工作者的思想素养主要是指自身应树立科学的世界观、人生观和价值观,反映在教育学生的过程中,要有民主意识、平等观念和辩证的思维方式。

(一) 科学的世界观、人生观和价值观

世界观是人生观的基础,人生观是世界观的具体体现,有什么样的世界观就会有什么样的人生观,一个人用什么样的观点、方法观察世界,也就会用什么样的观点、方法观察人生。价值观是人们对多种人生目的,对实践中各种事物和现象进行评价和取舍的基本观点,它是人生观的核心,有什么样的价值观,也就可能用什么样的态度对利益关系进行取舍。

世界观是对世界的总的看法,它是社会生活各个方面态度形成的基础。对小学班队工作者来说,这个问题非常重要,因为它是人的行为的出发点和立足点。当前班队工作者要形成科学的世界观,就一定要加强学习,学习马克思列宁主义、毛泽东思想、邓小平理论、"三个代表"重要思想、科学发展观,以及习近平新时代中国特色社会主义思想,用辩证唯物主义的立场、观点(如全面的观点、发展的观点、实践的观点、一分为二的观点等)分析事物,认识世界。同时,要加强对科学知识的学习,掌握先进的科学文化,这样才能辨别落后、迷信的现象,用科学的方法观察世界。

人生观是对人生的根本看法,是对人生的目的和意义的看法,它在处理人与人、个人与集体、工作与生活、奉献与索取等关系中,起着决定性的作用。

著名哲学家冯友兰先生曾经根据人对自己行为的觉解(即领悟、明白)程度,区分出四种人生境界,即自然境界、功利境界、道德境界和天地境界。自然境界,对人生毫无觉解、浑浑噩噩,对外界不知不识、糊里糊涂,一切顺其"自然"。处在这种境界中的人,比较被动,"行乎其所不得不行,止乎其所不得不止",或者只顺着自己的习惯,照例行事,却并没有搞清楚自己所做的事情,这是最低等的境界。功利境界,对人生有所觉解,但都是为自己,一切行动都以功利为目的。处在个人功利境界的人,"对于所谓贵贱,有清楚的觉解。他好贵而轻贱。贵则喜欢,贱则悲伤","他行道德底事,不是以其为道德而行之,而是以其为求名求利的工具而行之"。道德境界,对人生的义务和意义有清晰的觉解,能正确处理人与人之间的关系。处在这一境界中的人,以尽伦尽职为目的,想到的是给予而不是索取。天地境界,对社会人生、宇宙万物有彻底的和最高的觉解,不仅能知天事天,而且能乐天同天。在天地境界中的人,自同于大全。就所谓"我"的"有私"之义说,他是无"我"的,而且是大无我,正如《论语》所言:"毋意,毋必,毋固,毋我。"①

冯友兰先生的人生境界论对我们今天思考人生观问题很有启发。当然,天地境界太过

---

① 陈来.冯友兰语萃[M].北京:华夏出版社,1993:147—190.

于玄妙,太过于追求理想和完美,对一般人而言,"陈义过高"。对小学班队工作者来说,达到道德境界,对人生的目的和价值有清楚的认识,并且能够正确地处理各方面的关系,是一种基本的素养要求。"自然境界""功利境界"则是要不得的。

价值观是对人生价值的根本看法,它和人生观问题是交织在一起的。什么样的人生是有价值的?或者说怎样生活才有价值?这是价值观的基本问题。价值观问题由对价值关系(或者说实质上是利益关系)认识上的冲突而产生。马克思主义认为,价值属于关系范畴,它是以人为主体,用以表示事物具有满足主体需要的属性、作用和意义的概念,并指出,价值这个普遍的概念是从人们对待满足他们需要的外界物的关系中产生的。可见,价值按其本性,它所表示的就是物对人的作用和价值,也就是物在满足人的需要的过程中所产生的一些属性。对小学班队工作者来说,这方面要解决的主要问题是:到底是个人利益至上,还是集体利益至上?很明显,要以民族、国家乃至人类的共同利益为最高价值取向,杜绝以自我价值来判断一切事物和行为的价值观。当前,我国全社会都在大力提倡、弘扬社会主义核心价值观,它是所有中国人共同的思想基础,党的十八大报告指出:"社会主义核心价值体系是兴国之魂,决定着中国特色社会主义发展方向。"[①]首次明确提出社会主义核心价值观念包括:富强、民主、文明、和谐;自由、平等、公正、法治;爱国、敬业、诚信、友善,并要求积极培育和践行这些价值观念。小学班队工作者应以此作为自身工作的价值指针,将这些价值内涵融汇于工作的点点滴滴中。

资料链接 4-1

党的十八大提出,倡导富强、民主、文明、和谐,倡导自由、平等、公正、法治,倡导爱国、敬业、诚信、友善,积极培育和践行社会主义核心价值观。这 24 个字,是社会主义核心价值观的基本内容,正面回答了在中国现代化进程中,我们要建设什么样的国家、建设什么样的社会、培养什么样的公民的问题。

"富强、民主、文明、和谐",是我国社会主义现代化国家的建设目标,也是从价值目标层面对社会主义核心价值观基本理念的凝练,在社会主义核心价值观中居于最高层次,对其他层次的价值理念具有统领作用。富强即国富民强,是社会主义现代化国家经济建设的应然状态,是中华民族梦寐以求的美好夙愿,也是国家繁荣昌盛、人民幸福安康的物质基础。民主是人类社会的美好诉求,它是社会主义的生命,也是创造人民美好幸福生活的政治保障。文明是社会进步的重要

---

① 胡锦涛.坚定不移沿着中国特色社会主义道路前进为全面建成小康社会而奋斗[N].人民日报,2012-11-18.

标志,是社会主义现代化国家文化建设的应有状态。和谐是中国传统文化的基本理念,集中体现了学有所教、劳有所得、病有所医、老有所养、住有所居的生动局面。它是社会主义现代化国家在社会建设领域的价值诉求,是经济社会和谐稳定、持续健康发展的重要保证。

"自由、平等、公正、法治",是对美好社会的生动表述,也是从社会层面对社会主义核心价值观基本理念的凝练。自由是指人的意志自由、存在和发展的自由,是人类社会的美好向往,也是马克思主义追求的社会价值目标。平等指的是公民在法律面前的一律平等,其价值取向是不断实现实质平等。它要求尊重和保障人权,人人依法享有平等参与、平等发展的权利。公正即社会公平和正义,它以人的解放、人的自由平等权利的获得为前提,是国家、社会应然的根本价值理念。法治是治国理政的基本方式,依法治国是社会主义民主政治的基本要求。它通过法制建设来维护和保障公民的根本利益,是实现自由平等、公平正义的制度保证。

"爱国、敬业、诚信、友善",是公民基本道德规范,是从个人行为层面对社会主义核心价值观基本理念的凝练。它覆盖社会道德生活的各个领域,是公民必须恪守的基本道德准则,也是评价公民道德行为选择的基本价值标准。爱国是基于个人对自己祖国依赖关系的深厚情感,也是调节个人与祖国关系的行为准则。敬业是对公民职业行为准则的价值评价,要求公民忠于职守,克己奉公,服务人民,服务社会,充分体现了社会主义职业精神。诚信即诚实守信,是人类社会千百年传承下来的道德传统,也是社会主义道德建设的重点内容,它强调诚实劳动、信守承诺、诚恳待人。友善强调公民之间应互相尊重、互相关心、互相帮助,和睦友好,努力形成社会主义的新型人际关系。

(资料来源 《上海培育和践行社会主义核心价值观宣讲提纲》。本文有删节。)

(二) 民主意识和平等观念

民主的基本含义是"以民为主"。在教育领域,可以理解为:确立学生的主体地位,以学生为主。小学班队工作者要具备民主的意识、平等的思想观念,指的是要真正从思想上确立小学生的主体地位,尊重学生,对学生平等相待,使学生不论其性别、出身、外貌、学习成绩如何,都有平等地参与教育活动的机会,都有平等地发表自己意见的机会,都能够获得学业成就提高的机会。

但是在实际工作中,并不是所有的班队工作者都能够做到这一点。在开展班队活动时,教师有时自觉或不自觉地让一些学习成绩好,或者文静听话的同学出场亮相,这实际上就挫伤了一部分同学的自尊心，从长远看，会对班队工作产生不良的影响。

（三）辩证的思维方式

在社会迅速发展的新时代，新的问题层出不穷。科技革命的迅猛发展使得我们过去思考问题、解决问题的许多原则相形见绌；市场经济的竞争与效益决定了人们必须更加独立自主、大胆创新。这就注定青少年学生的主体意识将进一步觉醒。他们肯定不希望一个观念陈旧、思想僵化、缺乏应变能力的人来教育自己，而是希望一个既具有时代精神，同时又具有很强的应变能力的班队工作者引导自己健康地成长。这说明小学班队工作是一种时代感非常强的工作，它要求小学班队工作者在认识问题和分析问题时，要有辩证的思维方式，要具有很强的应变能力。

一个具有应变能力的班队工作者必然要具备辩证的思维方式，也就是掌握事物的辩证法，能够运用发展的观点、整体的观点和系统的观点正确认识和把握事物发展的客观规律，能够认识到任何事物都是发展变化的，从而树立变革的观点，培养革新的精神，不囿于固定的教条，不把任何一种知识视为永恒不变的绝对真理，这样，他的教育理念才能不断更新，教育思想才能不断领先。

不仅如此，作为小学班队工作者，还应该用复杂思维的方式来看待现象、解决工作中出现的问题。班队工作的对象、职责、任务、过程、方法等都具有复杂性，从而组合成一种"复杂范式"。埃德加·莫兰（Edgar Morin）认为，科学研究分为两种范式：一种是建立在普遍性的原则、还原的原则和分离的原则基础上的，被称为"简单范式"；另一种是建立在彼此联系的物理、生物及人类社会的世界的复杂总体基础上的，被称为"复杂范式"。[①] 班队工作者的重要使命是引导学生接受社会主义核心价值观，使其在复杂的价值取向面前作出正确的抉择。在生产力迅速发展的今天，教育已不再单纯作为未来生活的准备，因此，学生的任务也不单纯是掌握知识，还应包括学会做人，即学会学习、学会生存、学会创造、学会过道德生活。作为班队工作者，就必须适应这个变化，要使学生有更多的时间和精力去从事创造性的活动，开发潜能，从而实现其自我价值。

一个具备辩证和复杂思维方式的班队工作者会抓住教育的先机，不断学习，不断思考，了解科技的急剧变化对我们原先思想方法和处事原则的冲击，了解市场经济对学生所带来的"泥沙俱下"式的影响，事先洞察教育形势的变化趋势，采取相应的措施，做好应变的准备。处于急剧变化的当今社会，输家只有一种人：泥古不化而缺乏应变能力的人。

[①] ［法］埃德加·莫兰.复杂思想：自觉的科学［M］.陈一壮，译.北京：北京大学出版社，2001：267.

第二节
学识素养

做好小学班队工作是一件非常不容易的事情,它需要班队工作者具备相当深厚的学识素养。教师除了精通所教学科的专业知识之外,还必须具备以下学识素养。

一、扎实的教育学、心理学知识

小学班队工作者要全面贯彻党的教育方针,把小学生培养成为德智体美劳全面发展的人,就必须根据少年儿童的心理、生理特点,有针对性地开展丰富多彩的活动。这就要求他们学好教育理论,扎实掌握教育学、心理学知识,以便正确运用教育原则和教育方法。同时,掌握一定的心理辅导知识,也有助于教师及时发现学生的心理问题,在自己力所能及的范围内提供一定的帮助。教育学和心理学的这些教育理论知识,是对古往今来的教育实践经验的总结,是各种教育思想的升华,小学班队工作者只有很好地掌握这些知识,才能深入了解、研究小学生,用科学的态度和方法来研究小学班队工作,从中找出带有普遍性的规律,把自己的工作做好。

有的班队工作者,往往从自己的直观经验出发,开展各种各样的班队活动,他们以为开展班队活动是不需要多少教育理论知识就能够做好的,这些知识的学习、研究是一些专业理论工作者的事情,这种想法是要不得的。2018年发布的《中共中央国务院关于全面深化新时代教师队伍建设改革的意见》中指出:百年大计,教育为本;教育大计,教师为本……造就党和人民满意的高素质专业化创新型教师队伍。每一个班队工作者都应该向这方面努力。

二、精深的专业知识

小学班队工作是一项严肃的、科学的工作。它以全体小学生为教育对象,有特定的工作性质、任务和工作特点,有专门性的领导机构和培训机构,有专门人员从事这方面的理论研究,有自己的专门性的刊物,如《班主任之友》和《辅导员》等杂志。可以说,它是一种专业性很强的工作。经过中华人民共和国成立以来70余年的实践探索和理论研究,小学班队工作已经形成了自身的系统知识和理论体系。小学班队工作者必须掌握这些专门知识。它具体分为班主任工作的专业知识和少先队工作的专业知识。

小学班主任工作的专业知识包括班主任工作理念、班主任工作内容、班主任工作途径和方法等。

小学少先队工作的专门知识包括了解少先队工作的历史,理解少先队工作的性质和任务,理解少先队的宗旨,以及队旗、队徽、队礼、队的仪式和红领巾等的意义,理解少先队经常性工作的价值所在,等等。

同时,小学班队工作的专门知识,还会随着社会形势的变化而变化,它们具有很强的时代特征,所以,掌握这些专门知识不是"毕其功于一役"的。要注意研究社会发展趋势,不断吸纳消化新思想、新事物,推陈出新,只有这样,才会使自己成为一个出色的小学班队工作者。

这里必须指出的是,就"班队工作"而言,班主任和少先队辅导员的专门知识有不同之处。但是,他们也有一个很大的共同之处:班主任和少先队辅导员往往面对同样的学生,而且担当任课教师、从事教育教学,这项工作对教师的要求是相同的。例如,要求教师既有扎实的本体性知识——特定的学科知识;还要有文化知识——除了特定的学科知识之外的广博的文化知识;更要有实践知识和技能——为实现有目的的行为所必须具有的课堂情景知识以及与之相关的技能;以及条件性知识,包括:学生身心发展的知识、教与学的知识和教学评价知识。[①] 再如,要求他们有良好的语言修养,要求他们能够在教学过程中实施德育,贯彻"教育性教学"原则;等等。

当前,"班主任专业化"这一术语已被广为接受。2003年1月全国第十二届班集体建设理论研讨会在广西柳州举行,会议主题被定为"现代班集体建设与班主任专业化发展的研究",自此以后,"班主任专业化"逐渐受到人们的关注,特别是2004年6月时任教育部部长在一次记者会上回答一个有关《班主任工作条例》的问题时提出要将班主任工作从"副业"变为"主业"之后,更是被上升到了一个新的高度。事实上,一种专门的社会职业或活动要被认定为专业,需具备一定的条件。

> **资料链接 4-2**
>
> 英国学者何伊尔(Hoyle)归纳了作为一个"专业"需要具备的条件是:(1)专业必须是承担着关键性社会职能的行业;(2)履行这一专业需要有相当程度的专门知识和技能;(3)这些知识、技能不是在完全常规化的情境中实施的,而是不断针对新问题、新情况实施的;(4)从事专业的人员必须接受高等教育,掌握系统的知识和形成专业的价值观念;(5)这些价值观念以保护顾客的利益为中心,并为此扩展为本行业的道德规范;(6)由于以知识为基础的技能必须在非常规的情境中实施,针对具体案例自主地作出专业判断就成为至关重要的准则;(7)有专业组织且对有关的公共事务拥有专业发言权,对社会有高度的专业约束自治权;(8)长期的训练、高度的职责等。
>
> (资料来源 程倩.教师职业发展的迫切需要:班主任专业化[J].现代教育科学,2007(12):48—49.)

---

① 林崇德.教育的智慧[M].北京:开明出版社,1999:38—41.

显然，在当今社会对人才综合素质的要求不断提高的背景下，班主任所肩负的责任、面临的挑战愈发艰巨，以往在不少学生眼中或"辛苦型的保姆"，或"专制型的警察"的班主任形象已不能适应教育的发展要求。重塑班主任角色，给予其专业地位，促使其专业发展，是班主任工作的大势所趋。为此，2006年6月下发的《教育部关于进一步加强中小学班主任工作的意见》中明确指出，"班主任岗位是具有较高素质和人格要求的重要专业性岗位"；"中小学班主任是中小学教师队伍的重要组成部分……是中小学思想道德教育的骨干……是实施素质教育的重要力量"。因此，专业化是做好班主任工作的必由之路。"班主任专业化是一个发展的概念。从群体层面看，它指班主任工作达到专业标准，获得专业地位、专业权利与专业资格的过程；从个体层面看，它指班主任个体获得专业发展，走向专业成熟的过程。"① 对班队工作者而言，主要指的是后面一种含义。从目前的研究与实践看，针对班主任的专业发展尚未形成一个统一的模式，这里借用有关学者对于教师专业发展途径的理解和概括："在反思中提高，在研究中成长，在锤炼中升华，在探索中进步，在'积识'中'成智'。"② 下面以"全国十佳班主任"王立华老师的专业成长经历为例，加以说明。

案例 4-2

王立华：班主任专业化成长的典型个案

专业素养：专业化成长的起点和内涵

从走上讲台的那一天开始，王立华就思考着如何提升自己作为一名班主任的专业素养以教育和管理好学生。从他的专业成长经历可知，在班主任的专业化成长中，个人应该主动塑造自身的专业形象：在专业道德上，完成从教育事业的奉献者到教师生命的提升者的转型；在专业知识上，完成从知识体系的完善者到知识体系的拓宽者的转型；在专业能力上，完成从教育研究的跟随者到教育研究的先行者的转型；在专业文化上，完成从教育理论的消费者到教育理论的创生者的转型；在专业智慧上，完成从教育智慧的守望者到教育智慧的生发者的转型。而在具体的实践中，班主任应该从自己的教育理念的形成与丰富、教育原则的确定与坚守、教育内容的开发、教育策略的选取、良好的工作习惯的养成与坚持五个维度来全面提升自己的专业水准，赋予自己专业化的形象。

行为习惯：专业化成长的打造手段

在几年的实践中，王立华慢慢养成了阅读、思考、写作、研究四种习惯。这四

---

① 王桃英.中小学班主任专业化的实证研究[J].教育探索，2008(08)：100—101.
② 张万祥，万玮.教师专业成长的途径：30位优秀教师的案例[M].上海：华东师范大学出版社，2005：1(序).

种习惯是他教育理念、生活、表达和提升的个性化体现。在这些良好的习惯中,王立华改变了自己的教育行为方式,不断地提高着自己的专业素养。

学生监督:专业化成长的有效保障

王立华通过和班级学生签订合同的方式,来促使学生监督他的班主任工作。这些合同包括《关于课前两分钟作好上课准备的合同》《关于说普通话的合同》《关于每周熟读一篇美文的合同》等。合同订立之后不折不扣地予以履行,师生在合同的督促下共同受益,他自身的专业素养也得到了提高。

遵循原则:专业化成长的长效历练

王立华给自己一共确定了民主化、科学化、艺术化、发展性、生命性、权变化六个工作原则。原则确定之后,他又在工作中用一个个成功的个案不断对其进行注解。例如,在与新学生的见面会上,他艺术化地设计了"点名"这一环节:他让学生逐一走上讲台,自作介绍;然后将名字写到黑板上,编上学号。64位学生全部介绍完毕,王立华也像学生们一样,走上讲台,工工整整地写上自己的名字,认认真真地作自我介绍,然后把自己编成第65号。最后,他郑重地向大家宣布:"我是咱们班的第65名成员!"学生们先是一愣,随即便欢呼起来。

学生发展:专业化成长的最佳体现

王立华通过研究学生当前的实际情况,帮助每个学生制定个人发展计划;帮助学生明确富有特色的发展方向、发展领域;通过开设个性化的班级课程,支持每个学生在自己喜欢的领域获得更快更好的发展。在王立华的办公室里,整齐地摆放着一个个档案盒,里面都是他为学生确立的科研课题。王立华结合每个学生的个性特点、学习水平、思维品质等具体情况,在征得学生的同意后,为每个学生确立一个符合实际的科研课题。而且,他把学生也纳入研究体系,让学生和老师一起见证自己的成长。

王立华是一个虚心的学习者,更是一个辩证的实践者。几年来,他有着自己的思考、自己的感悟、自己的实践。他的探索于今来说并非尽善尽美,但他勇敢地走出了一条属于自己的专业化发展路子,一条令人耳目一新的成长路径,为我们成功树立了一个班主任专业化成长的典型。

(资料来源　田恒平.王立华:班主任专业化成长的典型个案[J].班主任之友,2007(02):46—48.本文有删节。)

从王立华老师班主任专业发展的经验中,我们发现:首先,班主任应对自己的专业化发展路径有一个详尽的设计,而且要用先进的、前沿的、发展的理念进行设计;其次,应在行动中反思,在反思中行动,做到两者互相倚助并互相促进;再次,要善于学习和研究,并与学生形成学习与成长共同体。应该说,这些经验是带有一定的共通性的。

通过以上的分析,可以很清楚地发现,小学班队工作的专门知识有其自身的特点,不能与一般的小学教师所教学科的专门知识混淆在一起。但是,由于小学班队工作者往往是由任课教师担任的,因此,这些教师在教学方面的表现,也将直接影响到他们从事班队工作的效果。正如马卡连柯所言:"不论你是多么亲切,你的话说得多么动听,态度多么和蔼,不论你在日常生活中和休息的时候是多么可爱,但是假如你的工作总是一事无成,总是失败,假如处处都可以看出你不通业务,假如你所做出来的成绩都是废品和'一场空'——那么除了蔑视之外,你永远不配得到什么。"①所以,虽然"亲其师而信其道"有一定的道理,但在实际生活中,"信其道而亲其师"更为普遍。由此可见,一个出色的班队工作者,不仅要精通班队工作业务,同时还要熟稔教学业务,这两者是相辅相成的。

三、广博的知识视野

广博的知识视野,即要广泛地涉猎自然科学、社会科学和思维科学的知识。这主要是由以下两方面决定的。

一方面,社会发展需要班队工作者拓展知识面。当代社会的发展变化越来越快,用"瞬息万变"来形容也毫不为过。在此背景下,知识的更新速度也越来越快。社会的快速发展使得小学生受到的影响更加多元化,同时势必会增加小学班队工作的复杂性。因此,作为一个有责任心的班队工作者,在现在这个特定的时代,需要努力学习各方面的知识,不断地提升自己,使自己有能力处理好各种复杂的情况。

另一方面,学生主体的素质发展要求班队工作者有广博的知识视野。现在,我国正在全面推进素质教育,并且把素质教育纳入终身教育体系。各个教育阶段都要领会素质教育的理念、思想和要求,扎扎实实地搞好素质教育。对全面推进素质教育来说,各个教育阶段都是重要的,但是相对来说,小学由于处于启蒙教育阶段,对小学生打下良好的发展基础更加重要。要促使小学生在德、智、体、美、劳各方面都得到充分发展,班队工作者自身必须具有广博的知识视野。

同时,做好小学班队工作,一个非常重要的方面就是从小学生的主体需求出发,开展各项工作,这集中表现为尊重小学生的多方面兴趣。鲁迅先生曾经说过:"孩子是可以敬服的,他常常想到星月以上的境界,想到地面下的情形,想到花卉的用处,想到昆虫的语言;他想飞上天空,他想潜入蚁穴……"②这就要求小学班队工作者拓展自己的知识面、扩展自己的兴趣,这样才能适应小学生的多方面需要,也才能与他们有共同的语言和情感上的交流,进而

---

① [苏]马卡连柯.马卡连柯全集(第一卷)[M].许磊然,译.北京:人民教育出版社,1958:231.
② 中央教育科学研究所.鲁迅论教育[M].北京:教育科学出版社,1986:128.

增强教育的吸引力和感染力。上海少先队工作的老前辈、新中国第一批少先队大队辅导员刘元璋同志结合自己几十年从事小学班队工作的经验,曾不无感触地说:"我还要求年轻同行们要尽可能地多学点各种有关知识,诸如自然科学、社会常识、营养卫生、体育保健、环境保护、交通安全、时事形势等各方面的知识。"① 实际情况也是这样,假如一个班的小学生普遍对足球感兴趣,而班队工作者对此却一窍不通,则很难想象他们能够与学生产生良好的沟通,也难以组织好班队活动。

如果班队工作者能够一切从小学生出发,就会对他们所提出的正当活动要求采取支持的态度,同时,也会采取有效措施,创造条件,培养他们对正当活动的兴趣。而要做好这一切,就要求班队工作者必须拓宽知识面,具有广博的知识视野和广泛的兴趣。

第三节
道德素养

我国历来十分重视师德问题,因为"教师是人类灵魂的工程师,是青少年学生成长的引路人。教师的思想政治素质和职业道德水平直接关系到大中小学德育工作状况和亿万青少年的健康成长,关系到国家的前途命运和民族的未来"。② 古今中外众多思想家和教育家对此也早有论述。英国哲学家约翰·洛克(John Locke)认为教师"应该是个具有高超的德行、持重、明达、和善的人,同时又要具有能够经常庄重、安适、和蔼地和学生交谈的本领"。③ 法国作家罗曼·罗兰(Romain Rolland)曾这样写道:"要播撒阳光到别人心里,先得自己心里有阳光。"④ 我国近代教育家蔡元培则说:"教员之教授,职员之任务,皆以图诸君求学便利,诸君能无动于衷乎? 自应以诚相待,敬礼有加。至于同学共处一室,尤应互相亲爱,庶可收切磋之效。"⑤

教育活动是一种影响人的活动,这种活动强调"使人向善",因而它其实也是一种道德活动。在某种程度上,可以把教育活动理解成一个人或者一群人以道德上可以接受的方式对另外一个人或者一群人施加的有价值的影响。因此,教育工作者具有较高的道德素养不仅

---

① 刘元璋.集体的组织和培养[M].上海:上海教育出版社,1998:192.
② 中华人民共和国教育部.教育部关于进一步加强和改进师德建设的意见[EB/OL](2005-01-13)[2020-08-30]. http://www.moe.gov.cn/srcsite/A10/s7002/200501/t20050113_145826.html.
③ [美]约翰·洛克.教育漫话[M].傅任敢,译.北京:人民教育出版社,1985:179.
④ [法]罗曼·罗兰.约翰·克利斯朵夫[M].傅雷,译.北京:人民文学出版社,1997:1334.
⑤ 高平书.蔡元培教育论集[M].长沙:湖南教育出版社,1987:152.

是非常有必要的,而且本身就属于"题中应有之义"。对小学班队工作者来说也是如此。

不少调查表明,在教学工作中,造成教学质量低下的主要原因不是教师的学科知识不够,而是教师对待教学工作态度的马虎,教学技能不高,对学生缺乏感情,这说明教师的学术水平与他的教育水平并不完全成正比,教师的非学术性因素,尤其是师德因素,已成为决定教育教学成败的重要因素。而且,由于师德问题,还有可能导致大量的教育投入得不到回报,造成极大的教育浪费。因此,提高小学班队工作者的道德素养就显得尤为重要。我国在新时代尤其重视教师的师德建设:党的二十大报告提出要"加强师德师风建设,培养高素质教师队伍";《中共中央国务院关于全面深化新时代教师队伍建设改革的意见》明确要求:"健全师德建设长效机制,推动师德建设常态化长效化,创新师德教育,完善师德规范,引导广大教师以德立身、以德立学、以德施教、以德育德。"①

加强小学班队工作者的伦理道德建设,提高他们的道德素养是一项系统工程,它涉及许多方面。

一、加强对自身的道德要求

教师是"为人师表"的人类灵魂工程师。小学教育阶段的班队工作者,可以说是"师表中的师表"。这就是说,小学班队工作者在行为、气质、素养,甚至仪表上都应有较高的文明程度,对自身应有较高的道德要求。

道德在社会生活中起着调整社会成员的关系,维持社会正常秩序的作用。教育活动作为一种社会活动,通过对学生提出道德要求,借以维持社会秩序,培养合格的接班人,这是所有社会的共有现象。但是由于道德属于调整人与人之间以及个人和社会之间关系的行为规范范畴,因此它有双向性:对学生提出道德要求,教师自身就必须有较高的道德素养。

加强对自身的要求,是搞好班队工作的一个极其重要的保证。也就是说,班队工作者要求学生做到的自己首先要做到。例如,要培育学生的社会主义核心价值观念,自己就首先要践行这些价值观;要求学生注意仪表,自己的仪表就要整洁端庄、大方得体。

加强对自身的道德要求,班队工作者不但要以言立教,而且要以身立教。

以言立教,即要求班队工作者不仅要提高自己的课堂语言修养,注意课堂语言的教育意义,还要注意自己的日常教育语言,规范自己的教育语言,杜绝使用一切不文明的语言。例如:

恶言——傻瓜、笨蛋、没有用的东西。

侮蔑——你简直是废物、饭桶。

责备——你又做错事,真是坏透了。

压制——闭嘴! 不准说话!

---

① 中华人民共和国教育部.中共中央国务院关于全面深化新时代教师队伍建设改革的意见[EB/OL].(2018-01-20)[2020-08-30]. http://www.moe.gov.cn/jyb_xwfb/moe_1946/fj_2018/201801/t20180131_326148.html.

强迫——我说不行就不行！

威胁——把你赶出去，随你干什么。

哀求——求求你，别再做了好不好？

抱怨——真烦人，每天要教你们这种学生。

讽刺——你可真行呀！竟做出这种蠢事，以前的书白读了。

……

这些不规范的教育语言会使学生丧失自尊心，使学生的信心遭受打击，并且会使师生关系恶化，造成教育资源极大的潜在浪费。

以身立教，即要求班队工作者提高自己的人格修养水平，以自己高尚的人格行为影响和感召学生，激发学生奋发向上的意志。如果教师只说不做，则学生也会仿效，教师在学生中也就无威信可言，所谓"其身正，不令而行；其身不正，虽令不从"，就是这个道理。

案例4-3

2014年的夏天，我毕业了，中途接班，教三年级。一个空降的没有任何教学经验的毕业生，家长的质疑和不放心让我一直铆着一股劲，一定要凭借自己的努力做出成绩。我努力教学，希望学生期末能够考出好成绩；经常待在教室看着学生，生怕他们出安全事故；学校的大小评比，我总是很"努力"地争取……就这样，在我的"努力"之下，班级在各项评比中名列前茅，顺理成章，我们班获得了区"美丽班级"的称号。原以为，这将是一份满意的答卷。但两年过去，我竟面临"众叛亲离"的下场。家长并不"买账"，竟然还有家长要求换班。压死骆驼的最后一根稻草是：四年级结束后的夏天，全校教职工体检时，德育主任问我："怎么会满意率这么低？"我抵触地说："这分数肯定是家长打的，对不对？"没想到，他说："不是的，这是学生打的分数……"我满腹委屈，怎么也想不明白，为什么"努力"换来的是这样的结局。

那个暑假，我在悲伤和愤怒中度过。直至开学后的第二周，在去食堂的路上，我看到一位老教师蹲在地上为他们班的一个小孩系鞋带，一边系一边在教那个小孩绑鞋带的方法。她的动作是那样温柔，眼光是那样亲切，我立在原地，仔细回想：接班两年来，这样温情的画面何曾有过，我何曾弯腰给小朋友系过鞋带。我似乎有点明白，学生为何不喜欢我了……

上天是善意的，总是在你失意的时候给予你惊喜。十月份，我发现自己怀孕了，因为妊娠反应剧烈，我请假了。可能是对生命的律动的真切感知，也可能是那天那个温情的系鞋带画面，抑或是那个要求转班但失败的孩子躲闪的眼神，我一下子明白了,为什么我的"努力"非但得不到认可,反而落到"众叛亲离"的下场。那是因为,我所追求的成绩只是为了证明自己的能力,我所追求的荣誉只是为了消除家长的疑虑,我在追求成绩和荣誉的同时,忽视和伤害了孩子们。例如:班级里有一个小陈同学,他是一个喜欢讲话,不守规则的孩子。每一次食堂排队,他都要和同学讲话,每一次班级都会因为他而扣分。因此,我竟然让他以后打饭的时候不要排在班级的队伍里。再如:班级里有男生课间总是打打闹闹,在走廊追跑,为了不让检查的人扣分,我竟一气之下说出:以后男生除了上厕所,不许出去玩……这些现在回忆起来荒唐无比的事情,当时的我,却打着"争取优秀"的旗号时常为之,还美其名曰:"自己是为了孩子。"但是,这何尝不是利用孩子,达到自己的目的呢?在这样的班级里,学生怎么会快乐,怎么会喜欢老师呢?

怀着愧疚之心,我决定回到小课堂继续教书,我想,我该向学生道歉。回校时,由于身体原因,我已不再担任这个班的班主任,但是仍旧任教语文。开学第一天,第一节语文课,我郑重向学生道歉:是我的自私让你们失去了许多快乐,让这个班级变得冰冷。遗憾的是,因为产假,我没能带这批孩子到六年级毕业。临近毕业,他们邀请我去拍集体照,一年多未见,孩子们都已长大,那个曾经要求换班的孩子,热情地与我打招呼,走的时候,在一声声道别中,我仿佛看到了2014年的那个夏天,我第一次走进三年级(10)班,他们给予我的热烈的掌声。

我明白了,真正的美丽,不是考核的分数有多高,而是这个班集体是不是足够温暖,在这个温暖的班集体里,老师有着一颗慈悲之心,关爱着每一个学生;而学生呢,将老师看作自己的重要他人,喜欢你、敬重你。不排挤任何一个人,让每一个人在校时能感受到家的温暖,在温暖的环境中成长,在快乐的氛围中学习,这才是真正的美丽!

(资料来源 彭喜盈.班级,缘何美丽?[J].班主任之友(小学版),2019(06):10—12.本文有删改。)

二、热爱班队工作,有专业奉献精神

忠诚教育事业,热爱少年儿童,志愿从事小学班队工作;甘于奉献、兢兢业业、勇于探索、锐意进取,这是对小学班队工作者的基本要求。在《中小学班主任工作规定》和《中国少年先锋队章程》中都有专门阐述,成为班队工作者的一个必要的条件就是热爱班队工作,对工作有奉献精神。

不少优秀的少先队辅导员在谈到怎样当好辅导员、辅导员应当具备什么样的修养时，首先提到的就是"要培养热爱儿童、热爱少先队的感情"，他们认为只有爱队员，"才会千方百计地去做好教育、引导工作，才会想队员所想，才有可能与队员和队组织打成一片，才有可能取得广大队员的信任，使教育收到实效"。① 他们以朴素的话语道出了深刻的道理。

古人云"一日为师，终身为父"，这当然主要是说学生要尊重老师，但也包含了教师要像父母一样关心照顾甚至疼爱学生的意思。只有这样，老师才能和学生沟通，才能使教育工作取得成效。小学班队工作何尝不是如此呢？

师爱，是教育工作的基础。苏霍姆林斯基说过："当我思考教师工作时，得出一个结论：孩子们所喜欢的是那种本人就喜欢孩子、离开孩子就不行，而且感到跟孩子们交往是一种幸福和快乐的人。"这里其实说明了两层意思：第一，师爱是一个基本的教育要求；第二，不应当把师爱作为外来的压力和要求，而应把它作为内在的需要和教育工作的出发点。苏霍姆林斯基还认为："热爱孩子，是不可能在任何学府中或任何书本中学到的。这种能力是在一个人参加公共生活的过程中，在与他人的相互关系中发展起来的。"②这表明，献身教育的志向是在学校里、在教育工作的过程中不断得到发展的。从事小学班队工作也一样，它首先要求班队工作者热爱这项工作，然后上升到专业自主，产生一股由衷的专业奉献精神。

三、运用"道德"的教育手段和教育方法

小学班队工作者的道德素养，除了体现在对自身修养的严格要求，以及热爱班队工作和班队成员之外，还应包括所采取的教育方法是否遵循教育原则，是否符合少年儿童的成长和发展规律。这也就是说，教师的道德素养应该体现在具体的教育过程之中，只有运用"道德"的教育方法，才是真正具有道德素养的教师。这就要求班队工作者在教育过程中，在师生交往时，都要考虑这些教育活动、交往活动是否符合道德教育的本来含义。在这里，运用"道德"的教育手段和教育方法其实是最为关键的。

这就是说，教师不应该不切实际地过分要求学生，致使学生受到无法忍受的精神压力。教师也不应该禁止学生提出不同看法，或"戴有色眼镜"看待学生，致使一些学生受到歧视。这些都是不"道德"的方法和行为。只有在强调民主、平等的基础上鼓励学生独立思考，采取适合学生身心发展状况的教育方法，才是"道德"的教育方法。只有运用"道德"的教育方法，才能培养出真正有道德的学生。

---

① 刘元璋.集体的组织和培养[M].上海：上海教育出版社，1998：191.
② [苏]苏霍姆林斯基.帕夫雷什中学[M].赵玮，等，译.北京：教育科学出版社，1999：2—3.

案例 4-4

永远的 14 岁

安妮是从外地转学到班上的。她身材瘦弱,脸色苍白,说话细声细气,学习成绩较差还常请病假。但是,给人留下最深印象的是她爱迟到。我曾把安妮的母亲请来,问是不是有什么特殊困难。她母亲说,没什么,就是安妮动作太慢。因此,我曾多次找安妮谈心,要她养成雷厉风行的好习惯,但并没有什么成效。

那天早晨安妮又迟到了,我让她站在外面。大约 5 分钟后我怕校长看见,便让她进教室。进来后她走到自己的座位想坐下。我说:"谁让你坐下?再站一会儿!"

她流泪了,但顺从地站在自己的座位前,并拿出书和大家一起读。

直到早读结束,她总共站了 15 分钟。

两节课后,安妮来向我请假,说头昏,想回家休息。我很吃惊,问她是不是因为早晨站得久了。她说不是,平时就头昏,是老毛病了。我同意她回家休息。

第二天安妮的母亲来学校请假,说安妮病了,需要一段时间的治疗和休息。这时,我开始感到自己做得有些过分:可能安妮当时已经病了,可我竟罚她站了那么久。

过了两个星期,安妮的母亲来学校,说安妮的病情比较重,得休学治疗。我在吃惊的同时,内心深处暗暗庆幸自己总算甩掉了一个"包袱"!

半年之后,安妮返校复学,降到下一个年级学习。在校园遇到我时,她总是羞怯而有礼貌地和我打招呼:"李老师好!"

几个月后开始期中考试,那天刚考完最后一科,有学生来告诉我:"李老师,安妮今天早晨……去世了……"

我心里一颤,手中刚收上来的一叠试卷跌落在地上。20 分钟以后,我和十几个学生赶到殡仪馆。安妮的母亲迎上来,用哭哑了的声音对我说:"您这么忙还赶来,感谢您和同学们了!"

我心情沉重地说:"事情发生得太突然了,我根本没想到。"

安妮的母亲说:"安妮 6 岁就患上了白血病,当时医生说她最多能活 3 年。为了让她有个宁静美好的生活,我一直没有告诉她,也没有告诉任何人。在许多人的关心下,她奇迹般地活了 8 年。谢谢您啊,李老师! 安妮在最后几天,还在说她想念李老师,想同学们。她复学后一直不喜欢新的班级,多次说她想回到原来的班级。可是,她就这么……"

这些话让我心如刀绞。在安妮纯真的心灵中,尚不知道她所想念的"李老师"

曾为她降到另外一个班而暗暗高兴!

我忍不住哭起来。这是我参加教育工作至今,第一次也是唯一的一次因愧对学生而流泪。

当天晚上,我含泪写下一篇近五千字的文章《你永远 14 岁——写给安妮》。第二天,我含泪在班上为学生朗读,表达悲痛的哀思和沉重的负罪感。

从那以后,我发誓:绝不再对迟到的学生罚站!

很多年过去了,每当听到周围的人称赞我"特别爱学生""从不伤学生的自尊心"时,我总是在心里感谢永远 14 岁的安妮,因为她那一双怯怯的眼睛时时刻刻都在注视着我……

剥夺了学生的尊严,就谈不上任何教育。

(资料来源　李镇西.爱心与教育[M].成都:四川少年儿童出版社,1999:241—244.)

道德是善良、纯真与美好的守护者,如果离开世界的安妮,能唤起教师对于道德的敬畏,也许,她能得到一丝的安慰。和其他教师相比,班队工作者同学生交往更频繁、更广泛,其在教育过程中体现的德性,对学生的影响就更深刻、更持久,因此,只有用合乎道德的原则和方法教育学生,才能使学生切身体验真正的"真、善、美"。

班队工作者的专业道德素养还包括对于教师集体方面的一些要求,如热爱集体、团结协作、相互尊重和支持以及顾全大局等,在此不做详细展开。

第四节
心理素养

教师的心理素养不仅标志着教师队伍的水准,同时其心理健康水平还直接影响到学生的心理健康水平。美国教育联合会在一份《各级学校的健康问题报告》中指出:由于情绪不稳定的教师对于儿童所造成的决定性的影响,就不应该让他们留在学校里面,一个不能自制脾气、严重忧郁、极度偏见、凶恶不能容人、讽刺刻毒或习惯性谩骂的教师,其对儿童心理健康的威胁,犹如肺结核或其他危险传染病对儿童身体健康的威胁一样严重。

因此,具有良好的心理素养是做好小学班队工作的必要条件。对于小学班队工作者来说,良好的心理素养主要包括以下几个方面的内容。

一、良好的个性品质

个性,亦称"人格",它是个人稳定的心理特征,由气质、性格、兴趣和能力组成。我们可以把它看作是一个复杂的动力系统,受遗传、智力、教养、世界观和人际关系等多方面的影响,是在各种社会生活与实践中形成、发展的稳定结构。小学班队工作者必须具备良好的个性,并且在教育实践中完善和发展这些个性,进而通过它影响小学生,使之向好的方面发展。

小学班队工作者的良好个性具体表现为开朗、正直、自信、谦虚等心理品质。其中,开朗包括坦荡、乐观、幽默、风趣等;正直包括以诚待人、表里如一;自信包括果敢、不怕困难、永远向前;谦虚包括虚怀若谷、乐于学习等。

二、对学生有同情心

小学班队工作者要把学生作为学习活动的主体,尊重和理解学生,对学生有同情心,这是形成良好的师生关系的前提。

尊重和理解学生,对学生有同情心,是需要教师在实际教育教学过程中从点点滴滴做起的,并且具体体现在对学生情绪和行为的识别、移情和适度反应的能力上。这就要求小学班队工作者真诚地理解学生的感受,察觉学生的需要,真诚地去了解学生、帮助学生,有的放矢地做好学生的思想工作。当一个学生因为考试成绩、同学关系、家长批评、心理障碍等因素而情绪低落时,班队工作者要及时地给予关心,适时地出现在他的旁边,循循善诱。在关键时刻,教师的寥寥数语,会对学生的心理产生很大的触动,甚至很可能使学生受益终身。当班队工作者的思想脉搏能与学生一起跳动时,班队工作者在学生中就能享有崇高的威信。

三、正确地认识自我、评价自我

认识自己并不是一件简单的事情。古希腊著名哲学家苏格拉底(Socrates)曾经穷其一生探究"认识你自己"这一问题,尽管他在这方面做出了很大的贡献,但是他至死对自己的工作还不是很满意,由此可见"认识自己"的不容易。

对班队工作者来说,认识自我、评价自我是心理素养的重要部分。正所谓"知己知彼,百战不殆",要顺利地开展班队活动,不但要了解学生和教育环境,还要了解自己。班队工作者对自己的认识要准确,既要认清自己的优点和缺点,准确地评价自我,还要在此基础上有效地调整自己的工作态度和工作方式,发扬自己的优点,克服缺点,弥补短处,最终实现自我的发展。

班队工作者在认识自我、评价自我的过程中,首先要做到悦纳自我。悦纳自我既是心理健康的表现,也是形成良好的心理素养的关键。通俗地说,悦纳自我就是要愉快地接纳自己,把自己看成是有价值的人,对自己有信心,喜欢自己现在的这个样子,喜欢自己正在从事的工作。悦纳自我是个体内心对自己的认可，它并不要求说服别人，是个体良好心理素质的表现。悦纳自我不同于自我夸耀的个人主义思想和行为，自我夸耀是由于心理不健康而希望引起别人的注意，它是一种不正常的行为。班队工作者若能做到悦纳自我，对其开展各种活动非常有益。

四、具有自我控制能力

对自己的情绪和行为有良好的控制能力，是教师有效地影响学生的重要心理因素。班队工作者要学会了解、控制自己的情绪，随时觉察自己的不良情绪，能安抚自己，善于克服自己情绪的冲动、沮丧和消沉，摆脱强烈的焦虑、忧郁，控制刺激情绪的根源；尤其重要的是要能够调整情绪，让自己朝一定的目标努力，激励自己越受挫折越勇敢，对未来永远满怀希望。

具有自我控制能力是心理成熟和健康的标志。对班队工作者来说，它是不可缺少的心理品质。马卡连柯说过："坚强的意志——这不但是想什么就获得什么的那种本事，也是迫使自己在必要的时候放弃什么的那种本事……没有制动器就不可能有汽车，而没有克制也不可能有任何的意志。"[1]赞科夫也说："教师的这门职业要求于一个人的东西很多，其中一条就要求自制。"[2]

班队工作者在批评和处罚学生的时候，尤其是要注意自我控制。小学生年幼，常常会做出格的事，也就是人们常说的"犯错误"，因此，批评甚至于处罚他们是十分自然的事。然而，批评、处罚也常常容易导致学生与教师间的对立甚至冲突，同时也会造成感情上的问题。班队工作者在批评和处罚学生的时候，要注意下列几条原则。

第一个原则要尊重学生的人格。教师站在成人的立场上，或许会认为学生年龄小，不成熟，但是如果站在学生的立场上看，会发现学生有他们自己的情感。如果不尊重学生的人格，批评和处罚都不会有好的效果。因此，尊重学生的人格是前提。

第二个原则是时刻不要忘记自己是一个班队工作者。多想想班队工作者的教育责任，多想想班队工作者的专业要求，这样就有可能控制自己的火气，平和地处理问题。班队工作者要对学生说明错误所在，要摆事实，讲道理，这样才能使孩子充分地反省，然后提高认识。如果只是一味地责备甚至打骂、惩罚，只会伤害学生，效果也适得其反。

第三个原则是要让学生明白：怎样做才不会犯同样的错误。批评、处罚本身不是目的，在根本上是为了使学生改正错误，并且不重犯。因此，在批评、处罚学生时，教师要循循善诱地剖析问题所在，而非蛮干。

第四个原则是对学生要宽容。小学生尚处于身心发展的过程当中，不能用理智和道德成熟者的高度来衡量他们。他们的不足、问题甚至错误，都是成长的一部分。用宽容代替苛

---

[1] [苏]马卡连柯.马卡连柯教育文集(下卷)[M].北京:人民教育出版社,2005:585.
[2] [苏]赞科夫.和教师的谈话[M].杜殿坤,译.北京:教育科学出版社,1980:246.

刻,用激励取代训斥,就会欣喜地看到,不足、问题或者错误都将成为学生获得成功的"阶梯"。

第五节 能力素养

一、信息技术应用能力

  信息化,是当代社会的一个重要标志。即便足不出户,人们利用电脑或手机,通过互联网,即可置身于信息的"洪流"之中。如同社会中的其他专业活动,信息化背景下的学校教育也面临着巨大而深刻的变革。作为能够影响学生身心发展的教育信息,其品质、形式、传播方式等特质,已成为决定教育成效的重要因素。正是在此背景下,2014年教育部在《中小学教师信息技术应用能力标准(试行)》中指出信息技术应用能力是教师的必备专业能力。在2019年又进一步明确它是"新时代高素质教师的核心素养"。[①] 有研究表明:"教师教育信息技术的使用量越多,学生参与发言、朗读、小组讨论、角色扮演等课堂活动就越积极。"[②]但调查也发现,我国教师信息技术应用状况并不令人乐观,"使用频率总体偏低,经常使用信息技术的教师只占11.4%,44.4%的教师很少使用或从未使用过信息技术"。[③] 即使在上海,教师在信息技术应用方面也低于经济合作与发展组织(OECD)的平均水平,而且存在信息技术理论与实践能力相脱节的问题。[④] 对班队工作者来说,应一方面拓展信息技术在教育活动和管理事务中的应用面,另一方面提高信息技术的应用能力和水平,加强信息技术与班队工作的深度融合,注重应用的创新性。

  具体而言,班队工作者的信息技术应用能力主要包括以下几个方面。

  一是具备基本的信息技术素养,包括具有主动将现代信息技术应用于班队工作的意识;掌握互联网、移动设备、社交平台及其他新技术的操作技能;通过多种途径获取教育资源的能力,并且掌握搜集、筛选、加工、制作和管理数字资源的工具与方法;具备信息道德和信息

---

① 中华人民共和国教育部.教育部关于实施全国中小学教师信息技术应用能力提升工程2.0的意见[EB/OL].(2019-03-21)[2020-08-31]. http://www.moe.gov.cn/srcsite/A10/s7034/201904/t20190402_376493.html.
② 杨福义.我国中小学教师教育信息技术的应用状况及其影响因素——基于全国数据库的实证分析[J].华东师范大学学报(教育科学版),2017,35(06):116—125,157.
③ 杨福义.我国中小学教师教育信息技术的应用状况及其影响因素——基于全国数据库的实证分析[J].华东师范大学学报(教育科学版),2017,35(06):116—125,157.
④ 梁茜.教师信息技术应用能力国际比较及提升策略——基于TALIS2018上海教师数据[J].开放教育研究,2020,26(01):50—59.

安全意识。

二是将信息技术应用于班队工作的实践能力,包括根据活动目标、实施条件及学生特点,确定合适的信息媒介和技术手段;设计能有效实现工作目标的信息化活动方案;能够合理选择和使用数字资源;能将信息技术融入活动开展的方法和过程中,顺利高效地实现班队活动目标;能运用信息技术手段对班队工作展开总结和评价等。

三是将信息技术应用于班队管理的能力,包括能够建立班级学生和少先队员的电子档案系统,记录并管理学生的背景信息和成长记录信息;能够建立基于班级或少先队组织的网络平台,发布信息、处理班队事务;能够通过即时通信工具与学生沟通交流,更好地开展个别化教育工作。

四是应用信息技术建构家校合作网络的能力,包括能够建立家校合作的网络平台,强化与家长的联系,更好地形成家校教育合力;引导家长参与班队工作,例如,组织开展班队活动、共同制定班队规章等。

案例4-5

借助网络功能的新特点,可以因势利导、趋利避害,让小学生的个性在网络化班级管理中得到张扬,自信心得到提升。

一、班级博客主页让小学生的自我得到了展示

"开心2班"是酒泉师范学校附属小学五年级(2)班教育管理的专题网站,是实现班级管理网络化的阵地之一,是班级管理的核心基地,是每一位学生展示自我的平台。"开心2班"网站自创建以来,这个虚拟化的班级新舞台,提供了一个虚拟而又真实的班级管理的网络环境,提供了一个让学生们展示自我的平台。学生和教师在共同构思、共同设计班级网页、发挥集体协作的精神、集中集体的智慧中增强了集体意识,充分地展示了自我。在网页设计中,学生们根据班级实际情况,灵活设置栏目,如班级公告、学生成长、教育反思、学校法规、教师成长、家教天地、班级成长、家校桥梁、特色中队、金点子、今日光荣榜、科幻世界、心理医生、快乐自信、奇思妙想等。每个栏目都能吸引学生的眼球,他们积极参与,发挥主人翁精神,班级博客主页为他们提供了展示自我的机会。

网络为小学生参与班级管理拓宽了渠道,它使学生表现出极大的参与管理的热情。班级论坛、留言簿以开放的形式征集班级管理建议,收集班级管理的反馈信息。由于是以网络为媒介的交流,消除了面对面的压力,即使胆小、内向或不善表达的学生也乐于参与,他们将自己对班级管理的建议表达出来,教师及时回复,学生看到自己的意见受到了关注,参与班级管理的积极性高涨。网络充分发挥了

学生的能动性,提升了学生参与班级管理的积极性。

二、个人网页让小学生的个性得到了张扬

学生在教师的指导下创建自己的个人博客,让他们的个性得到了张扬。他们依据自己的兴趣爱好,创建了具有独特风格的个人网页,记载成长历程,展示自我。他们在个人网页上布置喜欢的动态画面,转载喜欢的文章,撰写成长博文,记录成长历程;将拍摄的照片发布在个人主页上,设计个人小档案,展示风采,结交朋友。学生通过展示自己的才华,既提高了自己的知识水平,又提高了自己的辨别能力、分析能力和解决问题的能力。在每学期开学初和每一次家长会上,我们都要进行学生个人网页设计评比活动,通过生动、活泼、有趣的形式,提高学生的网页制作水平。他们讲述自己和博客之间的故事、攻克难关后的喜悦、存在的困惑。学生们通过管理个人博客培养了自信心,增强了审美能力。

三、网络游戏让小学生逐步走向成功

网络游戏是小学生的最爱。我们充分利用学生对网络的热情和网络跨越时空的特点,创设"欢天喜地"游戏板块,开发教学游戏软件,在学科训练中通过"天下第一峰""青蛙过河""蜜蜂采蜜""争上游""红旗飘飘""萤火虫回家"等智力游戏,让学生在学中玩、在玩中学,充分体验学习的乐趣,享受成功的乐趣。我们鼓励学生科学健康地接触网络,利用网络学习,利用网络预习、查找资料、筛选资料。我们充分利用校园网站和班级博客主页丰富的信息资源,极大地满足了小学生的好奇心和求知欲,网络游戏成为了他们走向成功的加油站。

网络班级管理这一渠道,改变了过去教师评价的权威模式,开创了一种新型的评价体系。学生的才能得到了展示,提高了交往的品质、活动的能力,培养了积极进取、团结协作、顽强拼搏的精神。学生喜欢班级,热爱班级,班级成了他们健康成长的乐园,成了他们增强自信的重要渠道。网络为学生插上了想象的翅膀,为学生搭建了交流的平台,为学生创造了展示自我的机会,学生变得更加自信,更加成熟了。

(资料来源 梁玉玲.利用网络 开展班级管理[J].中小学心理健康教育,2013(03):42.)

二、谈话沟通能力

从师生关系角度来看,沟通是指在教育过程中教师和学生在思想、语言等方面的"相通"。

(一)沟通的类型

据有关专家的研究,人们沟通的时候,会有五种不同的类型,尤其是在对威胁或压力产生反应时,常常为保护自尊而采取四种方式,即讨好型、责备型、电脑型、打岔型,此外,还有一种最直接而真诚的沟通方式——一致型。①

1. 讨好型

讨好型的人总是用一种讨好或者逢迎的方式,试着取悦别人或向人道歉,而没有所谓的"不同意"。"不管你要什么,都没有问题,我答应使你快乐。"讨好者一般自己不动脑筋。

2. 责备型

责备型的人是一个吹毛求疵的人或独裁者,他处处表现得很优越。"如果不是你,事情就好办了。""你不曾做任何事,你到底怎么了?"对他人说的话都表示不同意,处处责备别人,甚至身体姿态也表现出一副责备别人的样子。责备型的人往往是比较专制的。

3. 电脑型

电脑型的人所说的话都是道理和解释分析,思考问题和表达观点就像电脑一样"方正",显示"我是稳定的、冰冷的而且镇定的",表现出来的特征是认为自己非常"对",非常有"道理",对事情来龙去脉的说明就像字典一样详细。这种类型的人就像"机器人"一样,只会一味地选择所谓"对"的字眼和语句,没有什么表情。对别人不说"是",也不说"不是",毫无反应。

4. 打岔型

打岔型的人说话都不切题,没有意义,就像不规则的多角形一样没有重心。打岔型的人在沟通时对别人所说的和所做的,都抓不住重点。扮演这种角色者,就像是一边高一边低的陀螺,不停地快速旋转,但是不知道要转到哪里,即便是转到了某一个地方,也不知道自己在哪里。

以上四种类型都是不可取的,它无助于人与人之间的坦诚相处和思想沟通。

5. 一致型

一致型是一种自尊而坦诚的沟通类型。一致型的人发出的每一个信息都朝同一方向走,所说的话和脸上的表情、身体的姿态及声调都协调一致,令对方感觉舒服,自由且诚实,极少威胁彼此的自尊。在一致型的沟通中,当他说"我喜欢你"的时候,声音是温暖的,而且看着你说话,他的意识、想法和感觉也都作同样的信息反应,不是只有一部分作反应。

(二)沟通的方法

小学班队工作者要达到沟通的目的,必须进行有效的、健康的一致型沟通。这种沟通类型要求班队工作者艺术地运用好谈话方法,针对小学班队工作的特点,可以考虑运用以下一些方法。

1. 开门见山法

开门见山法是根据谈话的需要,开宗明义,直截了当地进行谈话的方式。这是谈话中常

---

① [美]维琴尼亚·萨提尔.新家庭如何塑造人[M].吴就君,译.台北:张老师文化事业股份有限公司,1994:56—58.

见的一种方式,如果结合实际,处理巧妙,便能给学生以很强的艺术感染力。

2. 迂回婉转法

采用迂回婉转的方式,或引远话题,徐徐逼近;或借助他人、他事或他物,由此及彼,层层破题。这会使谈话合情合理,易于接受,从而产生良好的效果。尤其是当学生犯错误,老师指责和训斥他们的时候,如果能够采用这种方法,效果肯定比"直面交锋"要好。

3. 命题讨论法

命题讨论法是根据需要,事先明确讨论主题,再由班队工作者与学生一起进行专题讨论的谈话方法。对于小学班队工作者来说,重要的是要做好确定主题、组织讨论、归纳总结三个方面的工作。

4. 侧面辐射法

侧面辐射法是一种言在此而意在彼,借助语言的双关、寓意等多种表达功能来取得教育效果的谈话方法。这种方法主要是通过语言含义的辐射而引起谈话对象的反思。

5. 倾听法

谈话要达到好的效果,不一定要讲得很多,通过倾听,也可以取得意想不到的效果。倾听是师生沟通,以及建立和维系良好师生关系的重要谈话技巧。一个好的倾听者,能了解他人想法,能掌握他人所渴望、畏惧或恼怒的事情是什么,因而受人欢迎。如果学生感到孤单、寂寞,而你是一个体贴的倾听者,是一个倾听高手,学生与你相处就会觉得很轻松自在。任何人在你的面前都会很自然地把心事说给你听,你就会成为一个让人信赖的教师。如果小学班队工作者能够做到这一点,班队工作就会卓有成效。

案例 4-6

与学生交朋友

记得刚接这个班的时候,有好几位老师对我说:"魏老师,你班的小调皮有好几个,你得留心啊!""魏老师,某某是一个吵客,你得对他严格些。"我听了心里半信半疑,但发生的一件事马上证实了其他老师的话。第一天的第一节语文课上,铃声一响,我就走进了教室,可看到的是一幅怎样的情景呢?有几个男同学还在一起你推我拉,看到我走了进来才慢吞吞地走到自己的座位上,可嘴里还在嘟嘟囔囔地不知在说些什么,而且坐也没有坐相,脚搭到了凳子上,人靠在了墙上,书也没有拿出来。我朝他们看了好久,他们才慢慢地拿出了书。开始上课了,开头十分钟学生都全神贯注地听着,认真地思考,积极地举手发言。可过了一会儿,我发现有几位学生坐不住了,开始开小差了,还随便插嘴。我朝他们瞪了一眼,他们才坐好,可一会儿老毛病又犯了。我感觉一节课上下来很累很疲惫!但我想一定先抓好班级的纪律,纪律是保证,这个抓不好,怎么管好这个班级呢。

一下课,我回到了办公室,马上跟其他老师说了这事,还向他们讨教应该怎么办。有的说,你以后要对他们凶一点,让他们怕你。有的说他们还小,你多吓吓他们,可千万别给他们笑脸,不然,他们可要爬到你头上来的。我想也对,这也是我以前做班主任一贯的做法,就照他说的办。

嘿,效果还不错,学生们看到了我绷得紧紧的脸,上课也守纪律了,随便插嘴的人也少了。但是时间一长就不行了,你的脸稍微松弛一下也不行。看起来,其他老师教给我的并非良策,我得自己找解决的办法。哪里跌倒就从哪里爬起来,我应该从学生那头找原因。

于是我课间经常有意识地在教室里多待一会儿,问问他们平常喜欢做什么,最喜欢上什么课,对魏老师的印象如何;中午我天天和他们一起吃饭,问他们喜欢吃什么菜,家里谁烧的菜最好吃;班队课上我让他们作自我介绍,把自己的优点说给大家听;活动课上,我又和他们一起做"老鹰抓小鸡"的游戏。在与学生们共同生活的几天里,我发现孩子们是那么朴实、纯洁,同时也感到他们非常愿意和我这个老师谈心、说话,当然我也愿意和他们在一起,倾听他们的心里话,做他们的知心人,在这个过程中,我感觉自己好像年轻了许多。于是开始了我们朋友式的相处。

随着时间的推移,我与学生之间的感情加深了。我想解决问题的火候到了。这时候,一位姓钱的同学引起了我的注意,他上课回答问题特别积极,但是纪律却很松散,坐在椅子上想说就说,还不时地与周围同学发生争执,严重影响了课堂秩序。下课我找他谈话,抓住他积极发言的闪光点,告诉他动脑想问题是对的,但要举手,不能想说就说,必须经过老师同意才能说,如果大家都这样,你一言我一语,那老师谁的话也听不清。他点了点头,答应以后上课按要求做,保证不再违反纪律。可是没过两天他就开始反复了。我想这是正常现象,形成习惯不是一朝一夕就行了的。放学后我又一次与他谈心,我把他叫到跟前,拍着他的肩膀问他想不想当生活委员,原来他早就盼望着能做一名班干部。我抓住这一契机与他来了一个君子口头协定:"只要你纪律上不出问题,老师就让你当班级的生活委员。"当时他可高兴了,还不停地问:"老师是真的吗?""只要你在纪律上得到同学们的认可就行!"正因为抓住了他的心理,与他展开了朋友式的谈心,帮其找到了努力的方向,使他在纪律上有了明显进步,而且生活委员当得非常称职,学期末还被评为了班中的优秀班干部。

> 钱同学有了明显的进步,受到了老师和同学们的一致好评,同时也为其他同学作出了榜样,班级的纪律有了明显的好转。通过对钱同学的教育,我体会到每个学生都有一定的封闭性和开放性,他们的心扉总是对大多数人关闭,只对少数挚友开放。他们都渴求有真诚的友谊,这就要求班主任在与学生交往的过程中,用真诚与理解去温暖学生的心,要努力去做学生信赖的挚友,这样学生才会对你敞开心扉。老师和学生只有成为了朋友,才会共同努力去建设好班级。
>
> (资料来源 佚名:《与学生交朋友》。)

凭威严,能一时压服学生,却难以使他们由衷地信服,案例中的班主任及时领悟到了这一点,于是另辟蹊径,弯下腰,现出笑,在与学生有效的沟通中培育起亲近的朋友感,通过这种方式,教育中的难题也就很快迎刃而解了。可见,学会沟通、善于沟通,对班队工作者来说,是教育中的一件利器。

三、活动能力

小学班队工作者要想出色地组织班队活动,取得良好的效果,就不仅要有一股热情和一颗爱心,以及丰富的业务知识,还必须有较为全面的做好班队工作所需要的技能。在谈到小学辅导员的素养时,不少教育工作者都认为必须具备少先队工作专业特长。这里所讲的"专业特长",就是指小学班队工作者的活动才能,具体表现为活动设计能力强、兴趣广泛、多才多艺等。

丰富多彩、富有成效的实践活动是小学班队组织的生命力所在。小学班队是靠组织活动对孩子们实施启蒙教育的。不同的时期,活动的主题和内容都不尽相同。例如,近年来不少少先队活动的大事记里都有"我为垃圾分类做贡献""童心向党""劳动小能手竞赛""红领巾文明行动""在烈士墓前"等系列主题教育活动,在这些系列主题活动的背后,跃动着时代的脉搏,显示了时代的鲜明特征。这些都需要班队工作者有较强的活动设计能力。

优秀少先队工作者刘元璋在从事少先队工作中创造出"团队月会""红领巾月""主题活动""假想旅行""值日中队""野外行军""十分钟劳动""在队旗下照相""爱科学周""少年工场""红领巾实验园地"等新颖的活动方式。这除了与他的业务知识过硬有关外,还与他出色的活动设计能力密不可分。

同时,小学班队工作者还应该多才多艺,对"孩子们喜欢的,如故事、图书、电影、歌曲、舞蹈、图画、小制作、球类活动等,也都应当懂得一点,掌握一点,积累一点;至少对孩子们所喜爱的正当活动要持支持态度,要培养对这些活动的兴趣",而且"一定要挤出时间培养自己的兴趣"。①

如果小学班队工作者有与学生相同或者接近的兴趣，并且多才多艺，就很容易与学生打成一片，把班队活动做好。因此，多才多艺对小学班队工作者来说也是非常重要的。

四、创新能力

近一二十年来，许多国家提出，21 世纪的教师必须具有较强的信息获取能力和知识更新能力，也就是说，要具有创新能力。所谓"创新能力"，是指非常灵活地适应科学技术和时代迅速变化的综合性能力，主要指信息处理能力、知识更新能力和知识创造能力。

当今的社会发展迅速，新观点、新思想、新问题层出不穷。小学教育亦是如此，有经验的教师经常有"今非昔比"的感叹，这就对小学教育提出了更高的要求。小学班队工作看似简单，但要想在实质上取得比较好的效果，就必须吸引学生的兴趣，还要"变化多端"，具有一定的创造性。因此，作为一个班队工作者，创新能力是必不可少的。这就要求班队工作者在学习别人的先进经验时，首先要有虚心的态度，但绝不是简单的模仿和照搬，而是在学习的过程中，结合自己学校的情况，因地制宜，因人制宜，因事制宜，因时制宜，推陈出新，产生种种创意。同时，在工作中面对新情况，要勇于开拓，善于发现新问题，提出新问题，探讨和解决新问题。

一般而言，小学班队工作的创新包括方法、内容、载体方面的创新。

（一）方法创新

方法创新是指要有强烈的创新动机和创新意识，在思考问题、解决问题时运用创新思维，不因循守旧，从多种角度考虑问题，用多种方法解决问题。而当代社会信息技术的迅猛发展，例如，人工智能、大数据、云计算等，为班队工作者激发创新思维、运用创新方法开展班队活动，提供了很好的条件。以人工智能为例，作为一种模拟、延伸和扩展人的智能的新技术，近年来"逐渐围绕课堂教学、个性化学习、考试评价、教育管理与决策等教育场景展开应用"。② 它一般通过"建构教育场景、重组教育中的要素或者重构教育过程"③应用于不同的教育领域，其中主要以语音识别、视觉计算、大数据挖掘、虚拟现实应用等作为技术支撑。班队工作者如果能够运用人工智能技术，在班队活动中实现方法层面的创新，将在很大程度上提高班队工作的成效。

---

① 刘元璋.集体的组织和培养[M].上海：上海教育出版社，1998：192.
② 高婷婷，郭炯.人工智能教育应用研究综述[J].现代教育技术，2019，29(01)：11—17.
③ 张坤颖，张家年.人工智能教育应用与研究中的新区、误区、盲区与禁区[J].远程教育杂志，2017，35(05)：54—63.

> **案例 4-7**
>
> **改变，从布置作业开始——基于大数据的 AI 班级管理模式应用**
>
> 　　今天早晨九点多，手机发出的叮叮声把我从美梦中唤醒。拿起手机一看，原来是某 App 给我推送了一条消息：郑老师，你该布置作业了。我的内心充满了感慨：这个软件还是非常贴心的，这么早提醒我布置作业。我又看了看注意事项：穿校服、增减衣物、不准戴电子手表……这些要求是我准备要发送给家长的呀，它竟然帮我提前编辑好了，我感到非常疑惑。它是怎么知道我要发这些内容的呢？我认真回忆起来：本周二天气转凉，我在一次发给家长的通知里提到过要给孩子多穿衣服；周四有小朋友在上课时玩电子手表，被我批评过；至于周一穿校服，我是每周五发作业时要提醒家长们的。
>
> 　　接下来收到的这条消息让我恍然大悟：郑老师，你好！这是我根据你近两个月以来发布的作业和通知内容以及课堂评价语言自动生成的部分通知，请查收。原来如此啊，这个软件还真有点意思！
>
> 　　AI，是人工智能（artificial intelligence）的英文缩写。它可以用计算机来模拟人类的某些思维过程和智能行为。上文提到的某 App 就是利用人工智能分析教师发布的作业、通知、课堂点评语言等数据，预测教师将要发布的内容。
>
> 　　人工智能在教育领域有着非常广阔的应用场景，它在一定程度上改变了我们的班级管理方式。除了上文提到的预测作业内容外，它的 AI 评语解放了教师和学生，使整个评价过程个性化、可视化、智能化。传统的评价方式通过统计星星的数量计算出"一周之星""进步之星"等比较模糊的概念，但是具体哪个方面进步了，家长也说不出来。AI 评语可以将整个评价过程可视化，家长每天可以实时收到老师对学生的具体评价内容，最后统计的结果也是有数据作为支撑的。
>
> 　　与传统评价加星、统计星星数量以及评选"一周之星"等烦琐的评价过程相比，AI 评语显得更加智能化，只要将这些工作交给软件做就可以了，解放了教师和学生。更为重要的是，它会根据老师发布的点评内容，一周生成一次智能评语，对学生一周的表现做一个总结。伴随着 5G 通信技术的成熟以及物联网的大规模应用，人工智能会给教育带来无限可能。
>
> 　　（资料来源　佚名：《基于大数据的 AI 班级管理模式应用》。本文有删改。）

（二）内容创新

小学班队教育，主要是靠组织活动对学生施教的。不同的时期，活动的主题和内容都不尽相同，需要设计灵活多样的方案，开展丰富多彩的活动。班队工作者可以从以下两个方面入手，实现活动内容的创新：一是根据新时代党和国家对青少年学生思想品德方面提出的新要求，及时更新活动主题，做到在内容上与时俱进，例如，设计、编制体现社会主义核心价值观、中国梦以及人类命运共同体理念的活动内容；二是善于捕捉当今社会发展变化中出现的"闪光点"，将其作为素材纳入活动内容中，例如，当地震或暴发疫情时，都会出现一批"最美逆行者"——医护人员，他们不顾个人安危救护病患的事迹便可以作为创新性内容安排到班队活动中。

（三）载体创新

活动不局限于一种形式，不限定一种载体，而是可以采用灵活多变的方式，选择最为合适的载体。例如，开展学"四史"活动，既可以通过读书、读报、听广播、看电视、运用多媒体网络技术等方式，也可以通过走访革命老人、逛旧城看变化等活动；支持残疾人运动会，既可以捐钱捐物，也可以让孩子们报名参加志愿活动。

总之，小学班队工作者应具备的技能是多方面的，人们从实践中概括出"13会"，即会玩、会写、会建阵地、会辅导、会游戏、会美术、会音乐、会舞蹈、会制作、会电教、会创造、会公关、会建档，这给予我们很好的启示。

除上述基本素养外，小学班队工作者还要具备一定的科研意识。当前，随着教育改革的深入，教育中有很多新问题需要研究，这不仅要有专业研究人员的参与，更需要广大一线教师的投入。这也对小学班队工作者提出了新的要求，即要有科研意识，对自身所从事的工作不断进行新的研究，从中揭示规律，提高工作的科学性，取得最大实效。

> 💡 **思考与探究**
>
> 1. 为什么说小学班队工作者的政治素养在其应当具备的素养之中居于灵魂的地位，起着导向的作用？
> 2. 什么是班主任专业化？你认为应如何提高班队工作者的专业水平？
> 3. 小学班队工作者良好的心理素养包括哪些方面？
> 4. 小学班队工作者在与学生沟通时应当注意哪些方面？
> 5. 案例分析。
>
>   四川省成都市有位小学教师，在与学生交往中常常说出一些堪称"麻辣"的语言，以下就是她的经典语录：
>   - （学生上课时睡眼惺忪）请你不要用那样迷离的眼神可怜巴巴地看着我。
>   - （学生上课做小动作）哇，你们两个上课小动作真是配合得天衣无缝啊，以

后叫你们 Twins 吧,不过是胖嘟嘟版的。

● (学生上课交头接耳)你们言谈甚欢,忽略了饿肚子讲课的我,我的心,如此碎落一地。

● (学生上课开小差)你不要想逃离我的注视,因为我的眼里只有你。我说我的眼里只有你 You still in my eyes。

● (学生上课偷吃零食)你无论怎么隐藏,我也能看到你特别的大牙在晃悠。你的大牙镶了钻的吧?

(资料来源　彭薇."麻辣教师"语录引热议[N].解放日报,2009-10-19.)

这些"麻辣"语言引起了较大热议,有人认为颠覆了教师知书达理、温文尔雅的形象,容易伤及学生自尊,不该提倡;也有人认为这样的教师热情灵活,不循规蹈矩,能活跃师生关系。那么你是如何看待说"麻辣"语言的教师的?

参考文献

1. 林崇德.教育的智慧——写给中小学教师[M].杭州:浙江教育出版社,2019.
2. 檀传宝,张宁娟,吕卫华.教师专业伦理基础与实践[M].上海:华东师范大学出版社,2016.
3. 洪雨露.优秀辅导员成长之路[M].上海:上海教育出版社,2019.
4. 李镇西.做最好的班主任[M].桂林:漓江出版社,2019.
5. 张万祥.给年轻班主任的建议(第2版)[M].上海:华东师范大学出版社,2017.

拓展阅读

全美教育协会《教育专业伦理规范》

(1975年全美教育协会代表大会通过,2010年修订)

序言

全美教育协会认为,教育行业由服务所有学生需求的教育工作者构成,"教育工作者"应包含支持教育事业的专业人士。

教育工作者相信每一个人的价值和尊严,从而认识到追求真理、力争卓越和培养民主信念,具有至高无上的重要性。这些目标的根本,在于保障学和教的自由,并且确保所有的人享有平等的教育机会。教育工作者接受这种职责,以恪守最高的伦理标准。

原则一：对学生的义务

教育工作者力争帮助每个学生实现其潜能，使之成为有价值而又有效率的社会成员。所以，教育工作者为探究精神的激发、知识和理解力的获得以及对有价值的目标深思熟虑的构想而工作。

在履行对学生的义务时，教育工作者——

1. 不得无故压制学生求学中的独立行动。
2. 不得无故阻止学生接触各种不同的观点。
3. 不得故意隐瞒或歪曲与学生进步有关的教材。
4. 必须作出合理的努力保护学生，使其免受有害于学习或者健康和安全之环境的影响。
5. 不得有意为难或者贬低学生。
6. 不得因种族、肤色、教义、性别、国籍、婚姻状况、政治或宗教信仰、家庭、社会或文化背景、性取向差异而不公平地对待学生：
   a. 不得排斥任何学生参与到教学活动中；
   b. 不得剥夺任何学生参与到教学活动中的权利；
   c. 不得给予任何学生以特权。
7. 不得利用与学生的专业关系谋取私利。
8. 除非出于令人信服的专业目的或者出于法律的要求，不得泄露专业服务过程中获得的关于学生的信息。

原则二：对本专业的义务

公众赋予教育专业以信赖和责任，这就要求教育工作者拥有和追求专业服务的最高理想。教育专业的服务质量直接影响国家和国民，基于这种信念，教育工作者必须竭尽全力提高专业标准，推动形成鼓励专业判断的风气，争取条件以吸引贤能加入教育事业，并且协助阻止不合格者从事教育事业。

在履行对本专业的义务时，教育工作者——

1. 在申请某一专业职位时，不得故意作虚假的陈述或者隐瞒与能力和资格有关的重要事实。
2. 不得出具不符合事实的专业资格证明。
3. 不得协助任何在品德、教育程度或者其他相关品质方面不合格者进入本专业。
4. 不得有意地给专业职位申请人的资格作虚假陈述。
5. 不得帮助非教育工作者从事未经授权的教学活动。
6. 如非出于令人信服的专业目的或者法律的要求，不得泄露专业服务过程中获得的关于同事的信息。

7. 不得故意发表有关同事的虚假或恶意的陈述。

8. 不得接受任何可能损害或影响专业决定或行动的赠馈、礼品或恩惠。

(资料来源 檀传宝,等.教师专业伦理基础与实践[M].上海:华东师范大学出版社,2016:217—219.本文有删节。)

班主任专业标准体系

建立班主任专业标准的基本框架,不仅可以为中小学班主任的专业发展提供参照准则,而且能够成为中小学班主任工作的评价依据,具有重要的理论和实践意义。研究者在政策文本分析形成的班主任专业标准的实践形态的基础上,采用德尔菲法,通过咨询不同领域专家对班主任专业标准的认识,形成集体判断的共识,构建出班主任专业标准体系。

	指标	基本要求
基础标准	学生为本	尊重学生,维护学生合法权益,平等对待每一位学生,不讽刺、挖苦、歧视学生,不体罚或变相体罚学生;包容学生,耐心对待学生;理解学生,重视学生的思想道德状况、身心发展状况,促进学生全面而有个性地发展
	师德为先	热爱教育事业,拥有教育理想,具备以教育为己任的使命感和责任感;以身作则,遵守教师职业道德规范,为人师表,关心爱护学生
	能力为重	掌握教育知识,掌握教育的基本原理和方法,了解学生个体发展和群体文化的特点;掌握教学知识,理解所教学科的体系、思想和知识;掌握学科教学知识,理解学生学习具体学科的心理过程,掌握相应的教学方法;具备学科教学实践能力、教育教学评价能力
	终身学习	具有终身学习与持续专业发展的意识和能力,具有教育教学反思、研究和创新的能力

	指标	内容	基本要求
核心标准	班级建设	日常管理	1. 维护班级良好的教学和生活秩序 2. 开展日常行为习惯养成教育 3. 妥善应对突发事件
		集体建设	1. 建立班级规章制度 2. 指导班委会、少先队、共青团工作 3. 规划班级发展愿景,制定并实施班级工作计划 4. 营造民主和谐、团结互助、健康向上的集体氛围

（续表）

指标	内容	基本要求
	班级活动	1. 根据学生世界观、人生观、价值观形成的特点，有针对性地组织开展班会、团队会等德育活动 2. 针对学生青春期生理和心理发展特点，有针对性地组织开展有益身心健康发展的主题教育活动和文体活动，形成有特色的充满活力的班级文化
学生指导	价值观教育	1. 根据学生世界观、人生观、价值观形成的特点，有针对性地组织开展德育活动 2. 注重结合学科教学进行育人活动
	学习生活指导	1. 关心学生学习状况 2. 指导学生形成良好的生活习惯 3. 重视学生的全面发展 4. 尊重学生个性差异，开展个性化教育 5. 掌握处理突发事件的特殊技能
	心理健康指导	1. 了解学生个性心理特点 2. 掌握与学生谈话的方法
	升学和就业指导	1. 了解学生不同需求 2. 指导学生进行升学选择 3. 对学生的未来就业方向提出建议
	学生评价	1. 利用评价工具和评价方法评价学生发展状况 2. 掌握对学生的奖惩方法 3. 引导学生进行自我评价
沟通协调	教师合作	1. 经常主动与科任教师沟通 2. 主动获取年级主任、校医、心理教师等其他教职员工的支持
	家校合作	1. 了解家庭教育的基本知识和技能 2. 掌握与家长沟通的基本知识和技能 3. 掌握家长委员会建立及运作的基本知识和技能 4. 掌握家长志愿者组织的基本知识和技能
	校社合作	1. 开展班级与社会（社区）的双向互动 2. 调动和利用社会资源

	指标	基本要求
理想标准	师德高尚	1. 热爱每位学生 2. 忠诚国家教育事业
	业务精湛	1. 掌握班主任工作规律 2. 具有班主任工作艺术 3. 具备德育课程开发能力
	专业引领	1. 系统总结并反思自己的班主任工作经验 2. 对其他班主任的专业发展发挥引领和示范作用 3. 指导初任班主任工作

（续表）

指标	基本要求
教育创新	1. 理解道德教育的原理，根据学生身心发展特点创新道德教育的方式方法 2. 把握班级建设的规律，在班级制度建设、组织建设、文化建设和日常管理中创新 3. 具备教育协作的能力，创新工作方法，协调学校、家庭和社会的各方力量，提高班主任工作实效

（资料来源　江涛.班主任核心素养及专业标准体系建构——基于德尔菲法的研究[J].教育科学研究,2018(12):78—87.本文有删节。）

▶ 视频资源

视频内容：引领学生从"我"走向"我们"——记2020年上海市"十佳"班主任吴婷

视频提供：上海市徐汇区光启小学吴婷

|扫码观看视频|

如母亲般慈爱，如父亲般严格，如朋友般知心，引领学生从"我"走向"我们"。吴婷老师为班级工作者树立了榜样。

第五章

班队建设

- 明确一个理想集体的内在标准
- 掌握班队建设的整体框架
- 了解班队的组织结构、班队干部产生及培养方式
- 学会构建班级制度、班级环境、班级文化

案例 5-1

要想让班内每个学生都进步,其先决条件就是要让他们树立信心,让班级每一个学生都能积极向上。

1. 找寻优点,让学生重拾自信

"生活中不是缺少美,而是缺少发现美的眼睛。"为了让每个学生切实找到自身优点,重拾自信,近年来,每次接手一个新班,我都会立刻在班级内开展这样的活动——你发现自己(他人)的优点了吗?

为了能让班级中每个学生都找到自己或他人的优点,我对"找优点"做了一些必要的规定和说明:所谓的"优点"不一定是指学习好,安全、文明、纪律、文体、卫生等方面的长处也可以;优点也不一定是特殊的、独一无二的,生活中的平常小事也可以,但必须对我们成长是有益的。例如,不乱扔垃圾、见垃圾主动捡,上课不喧哗,上、下楼梯靠右行,见老师主动行礼问好,同学间互相谦让……这样,班级里的每个孩子都能找到自己的一些优点,在他们的内心就会对自己重新形成一种认识:我乐于助人,我有发展空间,同时能学习其他同学的优点,进而激发其"从头来""好好干"的想法,在班内形成良性竞争氛围。长期坚持,学生的自信心便建立起来了。

2. 风采展示,让优点深入学生心灵

让每个孩子找到优点不是难事,难的是怎样才能将优点转化为持久的动力,让优点持续激励班级每个孩子奋勇向前。为了破解这一难题,我在开展"找优点"活动的基础上,又在班级内开展了"我的风采我展示"活动。

我在教室的后墙上单独开辟出一块地方,名字就叫作"风采展示栏"。"风采展示栏"的作用是"放大学生的优点",让优点深入学生的心灵。所以在平时的班级管理中,我班每周都会有这样一个保留节目——发动全班学生和任课教师收集学生的优点,挖掘学生的闪光点,最后汇总起来交给我。然后由我对班级每个学生的优点进行再次整理,选出一些值得表扬的优点和做法,填写在班级统一印制的学生优点卡上,然后在下个周一的班会课上统一张贴在"风采展示栏"中("风采展示栏"每周更新一次,我尽量让班级每个学生在一个月内都有登台展示的机会)。对于当选的同学,我会为其精心设计一段"登台祝贺词",并送上亲手制作的小红花以示祝贺。班会课结束后,我还会通过班级喜报的方式,将同学的优异表现告知家长。这样,学生在得到老师的肯定和赞许后,就会大大激发自身的内在潜力。

(资料来源 孙娜.竞争:让学生学会自主教育[J].辽宁教育,2018(22):83—85.本文有删节。)

有了班级,并不意味着就有了集体。要使一个班级发展成为一个集体,需要开展许多工作。其中,班队工作者采用何种策略,如何抓住时机开展教育,则是考验教师是否具备管理能力和领导智慧的关键。本章主要从集体建设的角度梳理了班队工作者在思想建设、组织建设、制度建设和环境建设等方面分别应该开展哪些工作,帮助大家对班队建设有一个较为整体的了解。

第一节
班队建设的意义

班队建设主要是指班队集体的建设,它是班队工作的基本内容。班级是由一个个小学生组成的,少先队是由一个个少先队员组成的。然而,当他们从简单的集合体发展为集体的时候,班队集体的特性已不再是个体特征的简单相加,而完全是以一种整体的面貌出现,显示出巨大的教育性。所以,加强班队集体建设,是学校教育的一项十分重要的工作。

一、班队建设的必要性

尽管在小学教育的实际活动过程中,班级和少先队工作往往是合二为一的,然而,就组织特性而言,两者又有所不同。当新生入学,被编入一个班级时,他就是这个班级的一员。虽然这是一种事实,但这只是一种很表面的现象,因为在这些学生的意识中并不一定具有对这个班级的归属感。几十个学生简单地聚合在一起,这只是一个学生群体。也就是说,班级最初只是一个学生群体,只有当这个群体具有了共同的活动目的、共同的价值观念以及共同的社会心理特性的时候,才开始发展成为班级集体。集体是群体发展的高级阶段。苏联教育家马卡连柯对集体作过深入的研究,他认为"集体是具有一定目的的个人集合体,参加这一集体的每一个人是被组织起来的,同时拥有集体的机构","集体是活生生的社会有机体,它之所以是一个有机体,就因为那里有机构、有职能、有责任、有各部门之间的相互关系和相互依赖,如果这样的因素一点也没有的话,也就没有集体了,所有的只是随随便便的一群人罢了"。① 所以说,班集体是需要通过培养逐渐形成的。

同样,少先队作为少年儿童的先锋组织,也存在培养与建设的问题。当一个少年儿童没有加入少先队组织时,存在如何培养、引导他加入少先队的问题;而当这个儿童加入少先队

---

① [苏]马卡连柯.马卡连柯教育文集[M].吴式颖,等,译.北京:人民教育出版社,1985:106.

组织后,依然存在继续培养的问题,此时的培养问题如果放到整个少先队组织中去看的话,实质上就是少先队组织的建设问题。一个组织成立了,如何维护、壮大,如何提高、发展,使之保持活力,并发挥出最大的效能,都是班队工作者需要解决的建设层面的问题。

同时,我们应该看到,任何集体都不是一成不变的。一个结构松散的群体可以发展成为一个组织严密、目标明确和高效率的集体。同样,如果不加强建设,一个集体也可能蜕变为一个普通的群体,甚至乌合之众。为此,一个良好的既存集体也需要不断发展,也需要加强建设。从这个意义上讲,无论是班级还是少先队组织都要加强自身建设。

再者,学生公民素养的培养需要有健全的班队生活。当今时代对国民公共性的呼吁以及社会转型期对公民素质的要求,都提醒我们要着力培养具有公共精神的现代公民,公共精神的养成是当今学校的基本使命之一,而班队生活因其特有的资源与条件在培养儿童的公共精神方面具有独特的价值。班级作为一个集体是以学生为主体的一个小社会。学生们在班级生活中形成的各种关系,是宏观成人社会中某种关系的折射,也是他们未来成人关系的一种预设。作为学生走出校门之后参与公共生活的预备形式,班级首先应该成为一种良好有序的公共生活的场所,使公共生活所必需的要素尽可能地在班级生活中体现,从而培养学生的公民意识,养成公共精神。

二、班队集体建设的意义

马卡连柯曾经说过,教育了集体,团结了集体,加强了集体,以后,集体自身就成了很大的教育力量了。在这里,马卡连柯揭示了集体与教育的关系,即集体既是教育的对象,其自身又具有教育力量。一方面,集体是教育的对象,就是说要加强集体建设。因为教育应当是集体的教育,即使是对个体的教育也应该通过集体来进行,这样的教育才会是最有效的。另一方面,集体又具有教育的力量,就是说一个具有明确的方向、共同的奋斗目标、强有力的组织核心、正确的舆论和优良风尚的班队一旦形成,其本身就具有一种强大的教育力量,发挥着重要的教育作用。

具体来讲,可将班队建设的意义归纳如下。

(一)加强班队集体建设,促进学生社会化发展

所谓"社会化"就是指作为个体的生物人成长为社会人,并逐步适应社会生活的过程。这里的"社会人"可以认为就是掌握了社会的群体行为方式,并将社会文化的主要内容内在化了的人。社会化的内容也就是个人学习和掌握社会文化。

社会文化十分纷繁复杂。狭义的社会文化,是指一定的物质资料生产方式基础上精神财富的总和;广义的社会文化,可以指人类在社会历史实践过程中所创造的物质财富和精神财富的总和。作为个人社会化过程中所内化的社会文化,一般而言,主要包括能够代表特定文化的最核心、最基本的内容,即价值体系和社会规范。其中,价值体系指社会、民族或群体

中存在的比较一致的共同理想、共同信仰以及较为持久的信念。社会规范则属于维持社会秩序的工具，包括道德规范、法律规范以及各式各样的生活准则。

学校是少年儿童社会化重要的外部社会环境。对于进入学校的少年儿童来说，在社会化方面，学校的作用会逐渐超过家庭和家长的作用，成为最重要的社会环境因素。而实际上，学校对少年儿童社会化的作用，绝大部分是通过班队集体体现出来的。少年儿童在班队集体中学习和掌握各种知识、技能、行为方式、道德准则和价值规范，在这一同龄人的集体中，通过彼此交往，相互理解、相互模仿、相互感染，从而促进共同发展。

在班集体活动中，我们应让少年儿童认识到，个人与集体是相互依存的。良好的班集体能为大家的学习与生活创造条件，个人的进步离不开集体的发展，个人的一言一行也都会影响到整个集体的利益和发展。因此，我们应该为集体的环境、风气负责，为呵护集体的荣誉尽义务。集体是个人生存的依靠，是个人成长的园地，个人的生活、学习和工作都离不开集体。集体环境差了，也就意味着我们的生活学习环境变恶劣了。所以，每个人都有责任保护集体的利益。同一集体中的成员应在行动上相互支持，心理上相互依存，情感上荣辱与共。

学校对儿童的社会化发展乃至对公民意识的影响都是在班队公共活动中潜移默化地进行的。班队集体建设的目的之一就是为学生提供一个公共空间，鼓励他们积极参与班级公共生活，养成"公共价值意识"，培养"公共的伦理责任信念"以及"公共人格"等现代社会所需要的"公共精神"。班队公共生活对学生参与意识和规范理念的养成有着奠基性的影响。在班队生活中，学生通过参与班队活动，获得了参与公共生活的技能，提升了实践能力。通过有序地参与班队规范的制定和班队干部的竞选与轮换等公共活动，积累了公共生活经验，内化、整合了参与公共生活的知识、技能和素养，他们在班队这个公共空间里接受民主知识、体验民主生活、捍卫民主权利，并通过良好的班队公共生活练就了未来融入公民社会所应具备的综合素质，培养了公共精神。

因此，班队工作者在班集体建设中要加强对学生的公民道德教育。要把社会公德、家庭美德、个人品德建设作为着力点，更好地推动儿童在集体生活中践行以文明礼貌、助人为乐、爱护公物、保护环境、遵纪守法为主要内容的社会公德，培养他们乐于奉献、明礼遵规、诚实守信、勤劳善良、宽厚正直、自强自律的个人品德。

（二）加强班队集体建设，促进学生个性化发展

强调加强集体建设并不是要抹杀学生个性的发展。所谓"个性"是指在个人自然素质的基础上，由于社会的影响，通过个人的活动而形成的稳固的心理特征的总和。

自然素质是个性形成和发展的必要物质前提，但是自然素质并不能决定个人的个性，也就是说，个性不可能由先天决定，而是在社会的影响下形成的。离开了社会，个性便失去了存在的基础。马克思认为："人的本质并不是单个人所固有的抽象物。在其现实性上，它是

一切社会关系的总和。"①根据马克思的这一观点,可以认为个性的本质也是社会的。

既然个性是社会的,它的形成也就离不开一定的社会条件。一个人在学习知识、技能,掌握社会规范和形成价值体系的同时,又要确立自我形象,完成个性化。从这个意义上可以说,人的社会化和个性化是对立统一的。

班队集体是促进人的社会化的重要社会环境,也是促进人的个性化的重要社会环境。人的个性发展,是人进入新的社会环境,并与之融为一体的过程。这里所说的"社会环境",从广义的角度而言,包括家庭和学校。例如,在学前期,影响个性形成的最主要的社会环境是家庭。但在进入小学以后,学校,主要是班级,就成了影响学生个性形成和发展的最主要的社会环境了。这是因为班队集体是人们按一定的社会目标和民主集中制严密组织起来的团结而有纪律的凝聚体,这种凝聚体是充分发展个性的最优化环境。同时,班队集体又给学生的个性形成和发展提供了良好的社会心理氛围,在这种心理氛围的笼罩下,集体成员的感觉良好、心情舒畅,各种潜能都得到了发挥,即使出现了矛盾也能很快化解。此外,班队集体中还存在着多种丰富的精神活动,这些丰富多彩的精神活动也是良好个性形成的必不可少的条件。

(三)加强班队集体建设,促进学生知识的学习与智能的发展

自有班级授课制以来,以班级为单位的集体教学成了最主要的教学形式。尽管这种班级教学形式存在着种种弊端,如教师面对几十位学生进行整齐划一的教学,无法顾及学生的个别差异,不利于因材施教。然而,班级授课制在影响学生学习上有着巨大的作用。正如夸美纽斯所分析的那样,"在学生方面,大群的伴侣不仅可以产生效用,而且也可以产生愉快……因为他们可以互相激励,互相帮助……一个人的心理可以激励另一个人的心理"。②

对归属感的需要和对集体生活的向往,往往可以激发正确的学习动机。虽然个别学生可能会由于学习上的失败,产生回避集体的行为,但大部分学习状况正常的学生,他们从班级集体中获得的肯定评价,会进一步强化他们的学习动机和兴趣。共同的学习给予他们归属感的满足,并使他们获得认知需要的满足。

集体学习还会形成学生间、师生间的相互影响力,即通常所说的"氛围"。良好的学习氛围,也会极大地影响学生的学习效能。

少先队虽然不是一种教学集体,不直接参与教学活动的组织与协调。但是,它通过影响学生的非智力因素,如纪律性、意志力、兴趣等,同样会促进学生学习知识。并且,少先队丰富多彩的活动,能极大地促进学生智力的发展。因此,少先队活动也是素质教育的重要组成部分。

---

① 苏联教育科学院.马克思恩格斯论教育(上卷)[M].华东师范大学《马克思恩格斯论教育》编译小组,译.北京:人民教育出版社,1985:96.
② 张焕庭.西方资产阶级教育论著选[M].北京:人民教育出版社,1964:27—28.

第二节
班队建设的基本构架

班队建设涉及面较广，其基本构架应参照理想集体的内在标准来进行。理想集体的内在标准主要如图5-1所示。

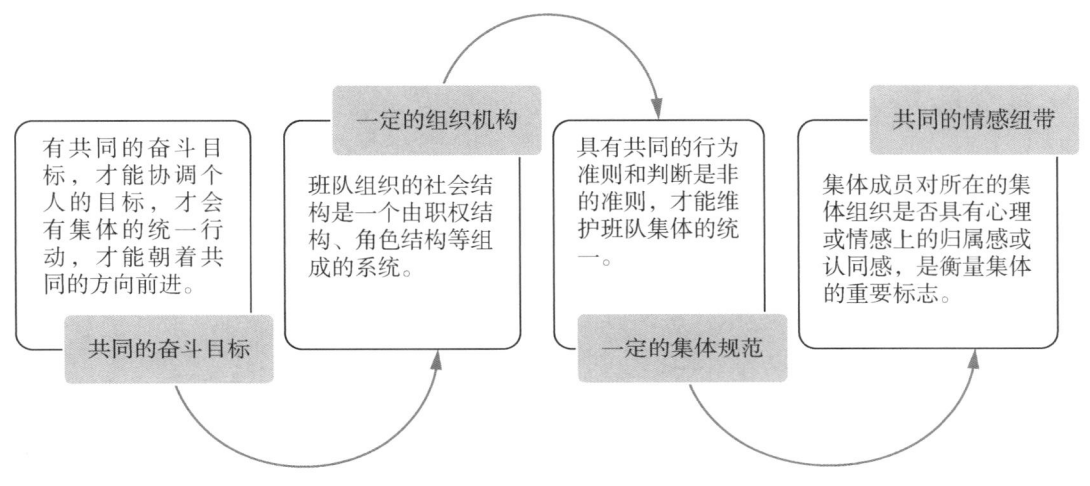

```
┌─────────────┐   ┌─────────────┐   ┌─────────────┐   ┌─────────────┐
│             │   │ 一定的组织机构│   │             │   │ 共同的情感纽带│
│ 有共同的奋斗目│   │             │   │ 具有共同的行为│   │             │
│ 标，才能协调个│   │ 班队组织的社会│   │ 准则和判断是非│   │ 集体成员对所在的集│
│ 人的目标，才会│   │ 结构是一个由职│   │ 的准则，才能维│   │ 体组织是否具有心理│
│ 有集体的统一行│   │ 权结构、角色结│   │ 护班队集体的统│   │ 或情感上的归属感或│
│ 动，才能朝着共│   │ 构等组成的系统│   │ 一。         │   │ 认同感，是衡量集体│
│ 同的方向前进。│   │ 。          │   │             │   │ 的重要标志。 │
│             │   │             │   │             │   │             │
│ 共同的奋斗目标│   │             │   │ 一定的集体规范│   │             │
└─────────────┘   └─────────────┘   └─────────────┘   └─────────────┘
```

图5-1 理想集体的内在标准

第一，具有共同的奋斗目标。班队集体是为了特定的目标组织起来的教育集体。实施素质教育，培养创新精神与实践能力，使每一个少年儿童都能得到全面的发展，是小学班队集体的共同奋斗目标。

第二，具有一定的组织机构。班队集体作为社会组织，一定的组织机构是其运行的基本要素之一。其中，职权结构指班队组织中各种正式职责在各层级上的分配关系。例如，班集体的正式组织是班委会，由班长和各个职能委员组成。少先队组织有队委会，由中队长和各个职能委员组成。角色结构指的是在班队集体组织中，每个成员都扮演一定的角色，担负一定的责任。

第三，具有一定的集体规范。班队集体是一种规范性的社会组织，其规范主要有两类：一类是形式规范，由成人社会移植而来，如明文规定的学生行为准则；另一类是非形式规范，如约定俗成的舆论、风气、传统等。

第四，具有共同的心理情感纽带。如果一个人仅仅从名义上隶属于某个群体组织，被迫地、被动地生活在某个群体组织中，或者带着某种功利目的加入到某个群体组织中，那么不管其他个体怎么样，至少对这个人来说，该群体组织就不是一个真正的集体，因为他对该群体组织没有什么心理情感上的归属感和认同感。

依据上述四个标准，可将班队建设的基本构架分为四个方面，即班队思想建设、班队组织建设、班队制度建设、班队环境建设。其中，班队思想建设主要与形成共同的奋斗目标有关,班队环境建设(主要是教室的物理环境和班队心理环境建设)主要与形成共同的心理情感纽带有关,而中间两类则主要与集体组织机构的建立、集体规范的形成有关。

一、班队思想建设

班队思想是班级和少先队中全体成员的群体意识、舆论风气、价值取向、审美观念和精神风貌的反映,是班级文化的核心与灵魂。因此,班队的思想建设在班队建设中处于主导地位,决定着班队集体建设的方向,直接影响班队集体的形成和发展。班队集体的思想建设包括许多方面,但根据小学生的身心发展特点以及思想品德教育的规律,在小学班队思想建设中,应该把社会主义道德品质教育和正确的班队舆论的形成作为班队思想建设工作的重点。

(一) 社会主义道德品质教育

社会主义道德品质教育主要以"五爱"(爱祖国、爱人民、爱劳动、爱科学、爱社会主义)为基本内容,并结合《小学生日常行为规范》,向小学生进行社会主义国家公民应有的道德品质和行为规范的教育,着重培养小学生的爱国主义、集体主义和主人翁精神。具体内容包括:热爱人民,热爱祖国,热爱中国共产党,热爱劳动,热爱科学,热爱社会主义,勤奋学习,热爱集体,爱护公共财物,遵守纪律,文明礼貌,诚实谦虚,勇敢活泼,艰苦朴素。

1. 爱祖国

爱祖国就是让学生从小树立祖国的利益和荣誉高于一切的意识,将个人的前途、命运同祖国的前途、命运紧密联系在一起。人无精神则不立,国无精神则不强。精神是一个民族赖以长久生存的灵魂,唯有精神上达到一定的高度,这个民族才能在历史的洪流中屹立不倒、奋勇向前。作为文明古国,我们拥有着悠久的历史和灿烂的文化。中国传统文化包含了中国人民在几千年的历史长河中积累的丰富的人生智慧,是我们宝贵的精神财富和精神家园。班队工作者作为少年儿童的引路人,在教育中要大力宣传和弘扬中国传统文化,加深学生对本民族文化的理解与认同,增强学生的文化自信和民族自豪感,培养学生的爱国主义情感。引导其树立"天下兴亡,匹夫有责"的意识,从身边事做起,从小事做起,努力学习,砥砺前行,为成为一名合格的社会主义接班人而努力奋斗。

2. 爱人民

爱人民表达了一种忠于人民的真挚的道德情感,也是集体主义道德原则在处理个人与人民群众之间关系方面的集中体现。班队工作者应引导小学生凡是对人民群众有利的事,就积极去干;凡是对人民群众不利的事,就坚决不干。在教育中,要"深入阐发中华优秀传统文化蕴含的讲仁爱、重民本、守诚信、崇正义、尚和合、求大同等思想理念,深入挖掘自强不息、敬业乐群、扶正扬善、扶危济困、见义勇为、孝老爱亲等传统美德"[①],鼓励他们要关心、热

---

① 中共中央、国务院. 中共中央 国务院印发《新时代公民道德建设实施纲要》[EB/OL]. (2019-10-27)[2020-09-01]. http://www.gov.cn/zhengce/2019-10/27/content_5445556.htm.

爱、帮助身边的人，弘扬古圣先贤、民族英雄、志士仁人的嘉言懿行。

3. 爱劳动

爱劳动是指班队工作者应引导小学生树立正确的劳动观，懂得幸福生活建基于辛勤劳动之上，增强学生的劳动意识，激发学生的劳动热情。班队工作者应"开展社会实践活动，强化劳动精神、劳动观念教育，引导学生热爱劳动、尊重劳动，懂得劳动最光荣、劳动最崇高、劳动最伟大、劳动最美丽的道理"。[1] 提升学生的劳动技能，培养学生的劳动习惯，培养辛勤劳动、诚实劳动、创造性劳动的精神。倡导"幸福源自奋斗""成功在于奉献""平凡孕育伟大"的理念，弘扬劳动精神、劳模精神、工匠精神。

4. 爱科学

科学是人类社会长期的生产实践和科学实验的结晶，也是人类进一步认识和改造自然的武器。现代科学技术的发展，与人们生产、生活有着密切关系。建设社会主义现代化，必须依靠科学。对于小学生，要教育他们爱科学、学科学、用科学，培养热爱科学、追求真理的精神，敢于尝试、创新，勇于实践、探索，刻苦学习科学文化知识，并努力联系实际，提高实践能力。

5. 爱社会主义

对于我国公民来说，爱国主义与爱社会主义在本质上是统一的，爱祖国必然爱社会主义。习近平在2018年全国教育大会上指出："培养什么人，是教育的首要问题。我国是中国共产党领导的社会主义国家，这就决定了我们的教育必须把培养社会主义建设者和接班人作为根本任务，培养一代又一代拥护中国共产党领导和我国社会主义制度、立志为中国特色社会主义奋斗终身的有用人才。这是教育工作的根本任务，也是教育现代化的方向目标。"[2]

学校教育要在坚定学生的理想信念上下功夫，教育引导学生从小树立远大理想，自觉培育和践行社会主义核心价值观，加强学生的中国特色社会主义道路自信、理论自信、制度自信、文化自信，引导其肩负起民族复兴的时代重任，热爱和拥护中国共产党，立志听党话、跟党走，立志扎根于人民、奉献国家。

（二）培养正确的班队舆论

所谓"舆论"，是人们在进行信息和思想沟通之后的一种共鸣，是众人对某些人、事、思想观点等的看法、意见和态度，是对人们言行的是非善恶等的认识和评价。正确的班队舆论，就是指在班队中占主导地位，能扶持正气，遏制错误，阻止不道德现象的意见和言论。它体现了一个班集体共同的积极的价值取向。正确的班队舆论一旦形成，它对于学生的教育比

---

[1] 中共中央、国务院. 中共中央　国务院印发《新时代公民道德建设实施纲要》[EB/OL]. (2019-10-27)[2020-09-01]. http://www.gov.cn/zhengce/2019-10/27/content_5445556.htm.
[2] 中华人民共和国教育部. 习近平在2018年全国教育大会上的讲话[EB/OL]. (2018-09-10)[2020-09-01]. http://www.moe.gov.cn/jyb_xwfb/s6052/moe_838/201809/t20180910_348145.html.

班队工作者个人的力量更强、更有效,其教育作用主要有以下几点。

① 评论作用:对个体的思想和行为作出肯定或否定、鼓励或批评的评论。

② 约束作用:是一种无形的力量,对班队集体的每个成员的言行产生影响。

③ 同化作用:促使学生认同正确舆论所反映的思想观点、行为规范等。

④ 驱动作用:正确舆论会在学生内心转化成一种驱动力,激励他们积极向上。

正确的班队舆论不会自然而然地形成,需要班队工作者和全体学生共同努力。作为班队工作者,应该在工作中注意以下几点。

① 要把重点放在提高全体学生的思想道德素养和判断能力上。由于舆论的作用是依靠多数人的意见和看法来对人或事加以评论的,所以只有提高全体学生的道德素养和判断能力,才能形成正确的舆论。

② 凭借班队中的宣传阵地形成良好的班队风气。如通过班会、队会、墙报、黑板报等,宣传和维护正气,批评和抵制不良风气,以促进正确舆论的形成。

③ 抓好学生骨干的思想教育。学生骨干虽然在班队集体中是少数,但是影响力比较大,所以要形成正确的舆论,首先应得到学生骨干的支持和响应,通过他们扩大影响,从而形成大多数学生认可的正确舆论。

二、班队组织建设

(一)班级组织建设

1. 班级组织结构

班级作为正式的社会组织,它的正常运行是建立在一定的组织机构基础之上的。班级中的正式组织机构主要是班委会,有时班委会下还设有小组。

班委会是班级的核心,其成员由全班学生选举产生。班委会一般由5—7人组成,包括班长、学习委员、宣传委员、文艺委员、体育委员、生活委员和劳动委员。班委会在班主任的指导下,由班长领导,独立开展班级的各项工作,其组织结构如图5-2所示。

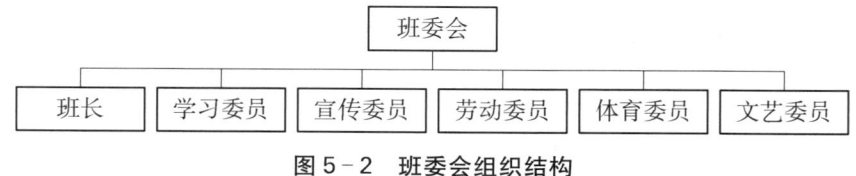

图5-2 班委会组织结构

班干部的主要职责如下。

(1)班长

①制定班委会学期工作计划;②定期召开班委会,检查各委员工作情况;③及时处理班

级中的某些偶发事件；④一学期组织若干次主题班会以及班级活动；⑤负责日常有关工作，如喊起立、坐下口令，检查上课和活动的出勤等。

（2）学习委员

①帮助、监督课代表进行工作；②注意班级同学学习中存在的问题，与有关课代表一起及时向任课老师反映；③及时指出并纠正学习中的不良现象；④对于学习成绩退步、学习困难的同学及时予以帮助；⑤用各种形式（黑板报、墙报等）交流学习经验。

（3）宣传委员

①设计布置课堂环境；②定期或不定期出黑板报和墙报；③搞好节庆日宣传。

（4）劳动委员

①安排劳动、值日生；②定期组织大扫除；③保管好劳动用具；④制定班级清洁卫生制度；⑤组织班级同学参加各种劳动。

（5）体育委员

①帮助和督促班级同学认真做好广播体操；②组织班级同学积极参与区、校运动会以及冬季锻炼；③组织各类班级体育比赛。

（6）文艺委员

①排练节目，参加区、校各类文娱演出；②组织全班性的文娱晚会；③组织和建立各种文娱小组，定期活动，丰富班级同学的课余生活。

班委会的成员应该团结协作，优势互补，努力工作，要谦虚、谨慎，严格规范自己的言行，努力成为同学的榜样。班长应发扬民主精神，虚心听取各委员的意见和建议。凡班集体制定的计划、决议，都应努力落实。

班委会应定期选举换届，有的小学试行轮换制，这对于培养班干部的民主意识，让学生学会在班干部和普通学生这两种角色上面能上能下是一种有益的尝试。

2. 班干部的作用

班干部是班集体的核心。一个班级是否有一支健全的、具有良好素质和较强能力的班干部队伍，既是衡量班集体水准的重要标准，也是开展班级工作、建设一个良好班集体的重要条件。班干部在班级中的主要作用有以下几点。

（1）桥梁作用

由于班干部来自学生群体，他们最了解班级成员的想法和要求。班干部把这些情况及时、准确地反映给班主任，有利于班主任了解情况和开展工作。

（2）带头作用

班干部是班级中较为优秀的一部分学生，通过班干部的先锋和模范作用，可带动中间和后进的学生，从而有利于班级工作的开展。

（3）助手作用

由于小学班干部身心发展水平的特殊性以及班级组织的特点，班干部要积极承担班主任助手的角色，协助班主任搞好班级工作。班干部不是特权群体，没有凌驾于其他学生之上的权力。作为班干部更多的应该是树立服务他人的意识和责任意识，做好自己分内的工作，争取让其他人满意。

3. 班干部的产生方式及培养

（1）任命制

即由班主任推荐和任命。这种形式在班级刚刚组建时比较多见。任命班干部能在一定程度上体现班主任的意图，但由于学生干部的威望是外加的，所以往往缺乏同学们的信赖，威信较低。

（2）民主选举制

即通过学生提名和投票选举产生。由这种方式产生的班干部是众望所归，往往具有较高的威信，与大多数学生的关系比较融洽。

（3）自由竞争制

即在自由平等的气氛中，每一个学生都可参与班干部的竞争。这样能充分调动学生"参政议政"的积极性，有助于优秀人才的脱颖而出，也有助于学生竞争意识、民主意识和主人翁精神的培养。这种形式往往和民主选举等形式相结合，即首先自由竞争候选人，然后再通过民主选举，在若干名候选人中选出班干部。

图 5-3 班干部的产生方式

（4）轮换制

即根据一定的规则，让学生轮流担任班干部。一般与民主选举或自由竞争等形式结合起来选出班干部，以后定期改选，但原班干部必须全部或大部分更换。这种形式的优点在于每个学生都有得到锻炼、提高的机会，能够在自己的任期中发挥出各自的聪明才智。

对于班干部的培养，首先要严格要求。班干部应该是学生的榜样，其自身的表率或模范作用是他们开展工作、影响别人的前提条件。因此，即使班干部不可能在各方面都是最好的，但应该在各方面是最努力的，平时对自己提出严格要求。其次，要尊重和信任班干部，树立他们的威信。严格要求与尊重信任是相辅相成的。班级工作者在严格要求的同时，应放手让班干部独立开展工作，发挥各自的创造才能；即使失败了，也应该积极鼓励他们，对他们所作出的努力予以表扬，帮助他们在全体学生中树立威信。第三，积极予以指导，注意传授工作方法。由于小学班干部年龄较小，还不够成熟，非常需要班主任在工作上扶他们一把，即在实践中向他们传授一些工作方法，这是为了使班干部们更快地增长才干，独立工作，而不是包办代替。

（二）少先队组织建设

1. 少先队组织结构

共青团受党的委托，在初中、小学少年儿童集中的地方建立少先队组织。少先队以学校为单位建立大队或中队。大队下设中队，中队下设小队。大队领导中队，中队领导小队，如图5-4所示。

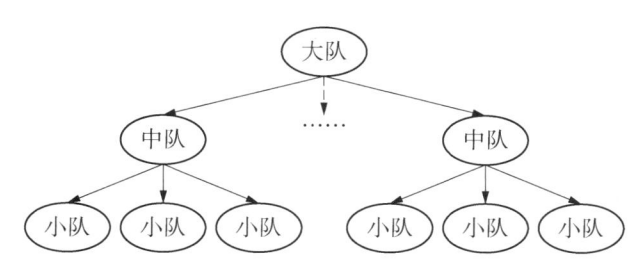

```
              大队
         ／    ┆    ＼
       中队  ……   中队
      ／｜＼      ／｜＼
    小队 小队 小队  小队 小队 小队
```

图5-4 少先队组织结构

大队由两个以上的中队组成。如果一个学校的队员人数不足以组成两个中队，可以单独成立中队，独立开展工作和活动。大队工作由大队委员会领导。大队委员会由7—13人组成，由全大队队员民主选举产生。大队委员会的主要职能是：制定大队工作计划，组织大队活动，讨论研究有关全大队的事务，领导各中队工作。大队委员会可根据工作需要设大队长、副大队长、旗手、学习委员、劳动委员、文娱委员、体育委员、组织委员、宣传委员等，分工合作，各司其职，齐心协力做好大队的工作。大队委员会可设大队辅导员一职，大队辅导员应由共青团组织选派或聘请，由上级团委（或与教育行政部门联合）聘任。大队建设要做到有组织、有辅导员、有活动、有阵地、有制度。大队集会每学期不少于两次。

中队由两个以上的小队组成。在学校大队中，可按教学班建立中队。在放假期间，也可以按居住地区编成临时中队，如护绿中队等。中队工作由中队委员会领导。中队设中队辅导员、中队长及中队委员。在小学，中队辅导员一般由班主任兼任，并由学校大队部（或与学校行政部门联合）聘任。中队委员会的职责是：制定中队计划，组织中队活动，讨论队员的学习和品行问题，关心和帮助困难队员，执行并完成大队部的决议。中队委员会一般由3—7人组成，包括中队长1名，中队委员4—6名，中队干部由中队会议民主选举产生。选举的基本程序是：先由上届委员会简单地总结中队工作，表扬和批评中队中的优秀行为和不良现象。队员也可以对委员会的工作提出批评和建议。然后对经过酝酿产生的中队委员候选人进行选举。选举要充分发扬民主，调动队员的积极性、主动性。候选人不能由辅导员任意指定，评选标准也不能只着眼于学习成绩的优良。最后对选出的中队长和中队委员授予级别标志。这种选举一般一年或半年进行一次，通常在新学期开始时进行。中队建设要做到组织好、活动好、阵地好。中队集会每月不少于一次。

小队是少先队的最基层组织，一般由5—13人组成，设正副小队长各一职。小队长由全体队员选举产生，领导小队工作。队员较多的小队，为了便于领导，可以分成若干个小组，由小队长指定或由队员推选小组长,协助小队长工作。小队建设要做到自愿组合、合理编队、自取队名、自定目标、经常活动、建立阵地、辅导员自聘,每周开展一次活动。

2. 少先队入队程序

"把全体少年儿童组织起来"是少先队组织发展的工作方针,这是由少先队的性质和任务所决定的。但是儿童入队的要求不是完全自发产生的,必须要对他们进行队章教育,启发他们要求入队的愿望。大队辅导员和低年级中队辅导员要坚持"全童入队"组织发展原则,按照教育充分、程序规范、执行细化的总要求开展少先队入队工作。依据入队标准进行科学评价,达标一批、吸收一批。

此外,少年儿童在入队时还必须履行一定的程序,步骤如下。

(1) 入队工作基本程序

① 开展队前教育;

② 适龄儿童向所在学校少先队组织正式提交《入队申请书》;

③ 开展过程性评价,并根据评价结果,公示确定达到入队要求的儿童名单;

④ 学校少工委审核批准新队员名单;

⑤ 新队员填写《队员登记表》,少先队大队组织进行队籍档案管理;

⑥ 分批次举行或集中统一举行入队仪式,仪式要庄重、规范、形式丰富,鼓励家长参加;

⑦ 成立中队、小队,民主选举中队委员会和正副小队长;

⑧ 对暂未入队的少年儿童继续根据学校入队评价指标开展队前教育,按照标准和流程分批次吸收入队,在二年级第二学期结束前完成全童入队。

(2) 入队仪式基本程序

队员入队要举行入队仪式,一般由共青团组织代表或少先队大、中队长主持。基本程序如下。

① 全体立正,仪式开始;

② 出旗(奏出旗曲,全体队员敬礼);

③ 唱队歌;

④ 大队委员会宣读组建一年级少先队组织的决定;

⑤ 大队委员会宣布新队员名单;

⑥ 为新队员授红领巾;

⑦ 新队员宣誓(由大队辅导员或大队长领誓);

⑧ 为新建中队授中队旗;

⑨ 为新建中队聘请中队辅导员;

⑩ 党组织、团组织代表或大队辅导员讲话;

⑪ 呼号;

⑫ 退旗(奏退旗曲,全体队员敬礼);

⑬ 仪式结束。

入队仪式要求安排紧凑，气氛热烈。在时间的选择方面，入队仪式可以在"六一"庆祝活动上举行，这样更加活泼一些；也可于清明节在烈士墓前举行，这样庄严一些。总之，应使少先队员的入队仪式成为队员终身难忘的时刻。

3. 少先队组织教育

少先队组织教育主要包括以下几方面内容。

（1）队章教育

进行队的创立者和领导者、光荣历史、性质、任务的教育，使少先队员较好地了解少先队的基本知识，逐步树立作为一名队员的光荣感、责任感和义务感。

（2）组织生活教育

建立大、中、小队的领导系统。定期召开代表会议，引导队员学会过组织生活，使他们切实感受到自己是队组织的成员，是队组织的主人。布置具有浓厚少先队气氛的队室，经常让队员到队室里活动。

（3）队容教育

进行少先队名称、队旗、红领巾、队礼、呼号、作风、礼仪教育，要求少先队员经常佩戴红领巾，爱护红领巾，正确地敬队礼；认真举行队的仪式，讲究仪式程序，整齐排列队的行列，敲队鼓、吹队号、唱队歌，使仪式气氛热烈、活泼、隆重、庄严。

（4）纪律教育

建立多种形式的组织奖励制度，例如戴红花、在队报上表扬、记光荣册、在队旗下照相上榜、评优秀队员等。对犯错误的队员及时进行组织内的批评教育。由队员自主讨论、研究、决定队的事务，由小队长、中队长、大队长主持小队、中队、大队的会议、仪式和各项活动。

（5）宣传工作教育

办好队报、红领巾广播站等。

总之，少先队的组织教育及建设应贯穿在少先队的全部工作之中。

4. 少先队干部的培养

作为一个少先队的干部，应该学习和掌握开展少先队工作的基础知识、基本技能，如：怎样组织中队会，怎样办好队报，怎样当好队长，怎样组织少先队活动，怎样制定少先队工作计划，怎样汇报和总结少先队的工作，等等。

辅导员在进行队干部的培养中应注意做到：

① 要从思想上严格要求，教育他们要以身作则、戒骄戒躁，做队员的榜样；积极主动地工作，做少先队的主人；团结队员，全心全意为队员服务。

② 要从工作上给予必要的指导和帮助。如尽可能按照他们的意愿和特长分配工作；帮

助他们明确自己的职责和任务;辅导他们制定工作计划;支持并指导他们完成工作任务,加强干部之间的团结协作;引导他们正确处理干部与干部、干部与队员之间的矛盾;激励他们在实践中不断提高分析问题、解决问题和组织管理的能力。

总之,班队工作者在培养少先队干部的时候,既要始终尊重少先队干部的主体地位,又要善于发挥教育者的主导作用,不能放任自流。

培养少先队干部的具体方法很多,例如:设立"队长学校",定期进行培训;帮助、指导队长做好第一件工作;结合日常工作,进行耐心细致的培养;以优秀队长为榜样,交流队长工作经验;组织现场观摩活动,促进干部间的互相学习;建立、健全必要的制度,强化干部的管理教育工作;对队干部进行定期的评论和表彰,激励他们更严格地要求自己,积极主动地开展工作。培训形式可以多种多样,但应活泼生动,使队干部在活动中学知识、学技巧、学方法。

三、班队制度建设

班队制度是保证班队有序运行、有效开展活动的前提条件,是班队建设与管理的重要内容。由于少先队有关制度主要在队章中予以规定,故在此着重探讨班级的制度建设问题。

规章制度,其实就是规范,是一定社会价值准则的反映。在小学,它是学校价值准则的反映。一定的校规、班规对于维持学校正常的教育教学秩序,对于少年儿童的社会化发展,对于整个学校,包括班队的建设与发展都是必不可少的。

(一)班级制度的主要类别

班级制度主要分为以下两类:①教育行政部门、学校等明文规定的各种守则或行为规范,如《小学生守则》《小学生行为规范》等。②学校或班级结合实际情况而制定的各种具体的规章制度,如班规、学习常规、生活常规等。

上述两类都属于正式的明文规定的规章制度,如果学生违背了这些规章制度,视严重程度,会受到批评或处分。此外,还有一种自发的、非正式的规章制度,也都是大家所共同认定的。尽管它既无明文规定,又非外力所强制,但它同样能调节和规范学生的行为。这部分的内容主要包括班队舆论、风气和习俗等。

班级制度集中体现在课堂规则上,良好的课堂规则可通过规范学生的课堂行为,进而维持课堂秩序,促进学生的学习。课堂规则一旦被学生所接受,就会逐渐内化为学生的自觉行为,就能激发和唤起学生自主管理的欲望与动机,从而为学生形成良好的规范意识、自律习惯奠定基础。当然,这一点并不是无条件的,它既取决于课堂规则是如何制定的,也取决于课堂规则的性质。

(二)制定班级制度的依据及原则

制定班级制度(包括课堂规则)的依据,主要来自以下四个方面。

1. 正确的教育理念

制定良好的班级制度或课堂规则，首先必须从指导思想方面梳理清楚：为什么要制定班级制度或课堂规则？班级制度或课堂规则是用来干什么的？依据什么来判明某种班级制度或课堂规则是恰当的还是不恰当的？之所以要制定班级制度或课堂规则，就在于班级是公共学习与活动的场所，存在公共利益的维护问题，这就势必要限制班级成员的某些行为。这与社会生活中道德规范、法律规范的存在在性质上是相似的。也就是说，班级成员只有在共同的规范制度下从事学习和活动，才会使每个个体的利益得到最大限度的维护。

不过，并不是任何一种班级制度或课堂规则都是恰当的或适合学生的成长与发展的。良好的班级制度或课堂规则，其本意不在于限制人、束缚人，而在于维护班级生活中每个个体享有平等的、自由的学习权利，在于促进班级中全体学生公共福利的最大化，在于促进学生个体的社会化。所谓"良好的规章制度"就其性质而言，主要表现在以下几个方面。

① 它是以尊重学生的独立人格、尊重学生的理智独立性为基础和前提的。
② 它主要涉及班级生活或课堂生活中公共利益的维护问题。
③ 它是运用民主程序的产物，而不是个别人或少数人独断的产物。
④ 它是可变的，允许讨论、质疑和修订。

2. 有关的教育法规与政策

班级制度或课堂规则相对于国家所制定的教育法规，如法令、条例、守则等来说，是具体的微观规则。显然，这种微型规则在精神实质上不能与国家立法部门或教育行政部门出台的法规政策相抵触或相矛盾。不过也应看到，国家立法部门或教育行政部门制定的法规政策并不能代替具体的班级制度或课堂规则，因为后者更多地要考虑特殊条件下的学生群体的特殊情况。

案例 5-2

班规也温情

每接手一个新班，我都会制定详尽的班规，以此引导学生养成良好的行为习惯，规范班级常规管理。

班规制定之后，我把它张贴在教室最醒目的地方，带领学生逐条认真学习，每天晨会根据班规提要求，夕会总结执行情况。但推行一段时间后，我发现学生有点提不起兴趣，觉得是老生常谈，甚至出现了抵触情绪。例如，在我们的班规中有一条：凡是一周中作业每天都能及时过关的可获得一封表扬信。制定这条班规的目的是刺激学生提高作业效率。但几个星期后我发现，这样的奖励措施对于那几个习惯性拖拉作业的学生来说效果不明显。经过与那几个学生交流，才知道原来他们觉得这样的奖励对自己来说遥不可及,于是干脆就放弃了努力。

我决定将这条班规改一下。我在班上说出了我的这个想法,学生们都很支持。最终经过商议,该条班规在原有基础上作了如下改进:平时作业效率低的同学只要连续三天及时过关就能获得表扬信,如果能够连续五天及时过关,那么除了获得表扬信,还能免写一项语文作业。这条新班规如同催化剂,让那几个一贯拖拉作业的学生燃起了学习的热情,完成作业的效率大大提高。很快,他们就凭借自己的努力获得了表扬信。

经过这件事,我开始审视之前制定的班规,这些班规都是我站在学校、班级、教师的角度制定的,并没有想过学生是否愿意接受。于是,我决定发挥全班学生的主人翁意识,重新制定班规。学生们一人想一条,在班会课上逐条讨论通过,一旦被采用,将在这条班规后署上名字,该生拥有所有权,有权协助老师处理违反本条班规的同学。同时,为了改变班规给人留下的生硬、模式化印象,我提议学生们在拟写班规时注意措辞,语言要生动有趣。为避免重复,我给学生分了组,要求从课堂纪律、活动秩序、卫生习惯、就餐情况、社会服务等方面设想具体的班规。

此规定一宣布,学生们积极响应,很快每人都按要求写了一条班规。班会课上,大家对每一条班规逐字逐句进行修改、完善,对部分内容相似的进行了整合,最终形成了10条生动形象且极富针对性的班规:

当你沐浴着晨曦走进教室时,别忘了给正在批改作业的老师送上一声"早上好";当你披着晚霞踏上回家的路时,别忘了与辛苦工作一天的老师道一声"再见"。

希望你能养成保护环境的好习惯,用行动美化教室,使窗户更明亮、地面更洁净、桌椅更整齐。

谁知盘中餐,粒粒皆辛苦。"光盘行动"不是一句简单的口号。

尊师乐学从上好每一堂课开始。专心听讲、踊跃发言的你最可爱!

……

尤为特别的是,对于违反班规需要接受的惩罚,学生们也设计得别出心裁:

如果你想带零食到校并悄悄享用,别忘了给全班每人带一份。

如果你乱扔垃圾影响班级卫生评比,将被聘请担任一个星期的卫生监督员。

……

在我们班上,班规不是一成不变的,只要有利于学生成长,经过全班表决后,可以随时补充、完善。于是,陆续又出现了这样一些充满温情的班规:当身体不适时,午餐可以不光盘;下大雨的早晨,因为路上拥堵迟到可以原谅;在某方面进步特别大的同学可以获得老师给家长打报喜电话的机会……

在充满温情的班规引领下,我们的班级就像浩瀚大海中的一艘船,开始全速向前航行。期待未来的日子里,这些独具特色的班规能继续温暖学生的心田,促进班集体的和谐发展。

(资料来源 顾利华.班规也温情[J].江苏教育,2018,1234(95):77—78.此处有删改。)

3. 学校及班级的具体情况

每个学校、每个班级都具有一些不同于其他学校、其他班级的特殊情况,在制定班级制度或课堂规则时,不能不考虑到这些特殊情况。一个新建立的学校与一个具有深厚传统的老学校,农村学校与城市学校,公立学校与民办学校等,它们的办学体制与条件不一,培养目标不一,生源对象不一,相应地班级制度及课堂规则也应有所区别,而不大可能是大一统的。

4. 学生及家长的期望

学生是班级或课堂活动的主体,他们的兴趣、需要与期望自然应该受到重视。但是由于学生心智尚未成熟,而且来自不同的社会阶层、有着不同的文化背景,各自的期望与要求也不尽相同,甚至可能发生冲突。同样,家长对其子女往往有着特定的期望与要求,自然这些期望与要求学校也不能不予以考虑。班队工作者要针对他们的期望与要求进行分析、统合、引导与评估,最终转化为制定班级制度或课堂规则的动力基础。

班级制度的制定与执行实际上是一种教育的过程。它的功能不仅在于维持班级的正常秩序,使班级各项活动能顺利进行,更重要的是它能够培养小学生的自制能力、民主意识等。因此,班队工作者在制定班级制度时应遵循以下原则(如表5-1所示)。

表 5-1 班级制度制定的原则

制定班级制度的原则	需要思考的问题
1. 规范的合理性与必要性	该年级水平的学生适合什么规范? 该条规范是否一定要设置?
2. 规范的清晰度与理解度	该条规范是不是对学生来说太抽象难于理解? 该条规范是否明确、具体、可行?
3. 规范的民主性与参与性	规范是教师与全班学生共同讨论、协商的产物吗? 学生自愿接受它,并乐于承担责任吗?
4. 规范的一致性与特殊性	学校的规范是什么? 班级规范与学校规范一致吗? 班级需要哪些特殊的规范?

上述这些原则要求教师在制定班级制度或课堂规则时应与全班学生共同讨论、协商，不可仅凭个人好恶独断设立。因为只有通过讨论、协商制定的规则，学生才会从心底里认同它的合理性，从而自觉自愿地接受它，并乐于承担责任。对那些不合理的规范（如"上课期间禁止上厕所"）和笼统、模糊的规则（如"尊敬老师""注意礼貌""关心同学"）等，应尽量加以避免。班级制度的各项条文中，应突出精神风貌、价值观念、作风态度，给制度以灵魂，共同发挥规章制度的约束作用和激励作用。

在制定班级制度的时间方面，良好的开端是成功的一半，教师应在学期开始时便着手制定规则，经过充分的民主评议，使其更具合理性和可行性。在以后的实践中，要不断检查规则的执行情况，并根据情况的变化，加以补充和修订。

（三）班级制度的实施与监督

在班级管理中，大多数班主任都会建立班级规范，但规范实施的效果却有很大差距。其中一个重要原因是，有些班主任只把规范当作一种文字上的"摆设"，没有在实践中对学生进行相关教育。要使班级制度真正对学生的行为产生约束，进而培养他们的自制能力，教师必须有步骤地进行常规教育（如图5-5所示）。

解释、界定规范	讨论规范合理性	规范具体化	实践	反馈	再实践
使学生理解每一条规范的含义。	使学生知道为什么要实施这些规范，在态度上给予认可。	提供样例，使学生知道在行为上应该如何执行这些规范。	让学生在实际的校园生活中实施这些规范。	对学生规范实施中的情况给予及时的评价。	让学生反复操练规范。

图5-5　常规教育的步骤

教师应看到，面对规范，不是所有学生都会自觉加以遵守的，他们会在日常的行为中去测试规范对行为约束的限定范围，或违反规范是否会有不良后果。因此，在建立规范时，明确违规的后果，以及在实施过程中进行及时反馈是十分重要的。此外，建立规范的同时应随即建立督促机制，有效的班级规范应该是告诉学生：班级可接受哪些行为；遵守规范与违规各自会有何奖励和惩罚。

教师在建立班级规范督促机制时应注意以下方面：注重正面鼓励，提升学生积极向上、自我管理的意识；奖励要注重精神层面，不要过多运用物质奖励或活动奖励；尽量避免出现学生为了防止惩罚而不得不做的局面，这样学生容易形成他律型人格；选择惩罚项目应注意内容的性质，防止产生负面影响，例如，罚劳动、罚做作业，这些都会降低劳动和学习在学生心目中的地位；实施督促机制应该是公正的；实施督促机制时应尽量避免干扰正常的教学活动。

四、班队环境建设

班队环境建设是班队集体建设的重要方面。无论是对班队集体的形成,还是对班队集体的巩固和发展;无论是对班队集体的思想建设,还是对班队集体的组织与制度建设,都有着重要的意义与深远的影响。

具体来讲,班队环境建设首先是具有导向作用。良好的班队环境可以通过各种环境因素集中一致的优势,引导学生接受一定的价值观和行为准则,使他们向着社会所期望的方向发展。其次是具有凝聚作用。良好的班队环境可以通过特有的影响力,将来自不同地理区域、社会阶层和家庭背景的小学生聚合在一起,使他们对班级集体产生归属感和认同感。再次是具有陶冶作用。良好的班队环境可以陶冶学生的情操,净化学生的心灵,促进他们养成高尚的道德品质和行为习惯。另外,具有激励作用。良好的班队环境可以有效地激励学生发挥积极性、创造性,创建和培育振奋、团结向上的精神力量。最后还有健康保障作用。一方面,在卫生整洁、空气清新、远离噪音的教育环境下,学生的身体健康就有了保障;另一方面,有着和谐宽松气氛和友好互助人际关系的环境,对学生的心理健康也是有益的。

班队环境可分为"硬环境"和"软环境"。所谓"硬环境",主要是指教室的物理环境,而"软环境",则指班队的社会心理环境。

(一) 班队物理环境建设

教室是班队集体活动的主要场所。作为一种实体环境,它对于生活于其中的个体和集体都会产生一定的影响,因此,注重教室环境建设是加强班队集体建设不可忽视的一个重要方面。

教室环境建设可以着重从以下几个方面考虑。

1. 教室物理环境

教室内的光线、温度、空气、声音、色彩等因素构成了教室内部的物理环境,这些物理环境能深刻影响学生的生理和心理。香港学者郑燕祥曾对教学环境中的几个主要物理环境因素的影响及其理想的设计要求作出简要、系统的总结(如表5-2所示)。[①]

表5-2 教室物理环境的理想条件

物理特性	影响	理想条件
照明	人的生理及注意力	避免刺眼的光源设计 避免光源来自注意焦点的后面 目标物(黑板)与周围环境的光度对比要大于3∶1

---

① 田慧生.教学环境论[M].南昌:江西教育出版社,1996:138.

（续表）

物理特性	影响	理想条件
温度	在闷热的教室中，人较易产生攻击性的反应，或无精打采，难以集中精神	室温适中(20℃—24℃)，而湿度较小
噪音	干扰听课或讨论，分散注意力	应有适宜的时间和地点安排，减少各种活动的噪音干扰 安装隔音设备，防止校内外的噪音
颜色	灰暗色彩易令人沮丧 墙色灰暗或鲜明都会造成阅读困难 家具的强烈色彩易造成环境的过度刺激与混乱，要谨慎使用	墙色宜柔和而不单调 家具及其他背景的色彩应用舒适的颜色

2. 课堂座位编排方式

课堂座位编排方式对学生的课堂行为、学习态度、学习成绩、社会交往、人际关系以及整个教育活动都有着直接或间接的影响。比较常见的编排方式有以下几种。

（1）秧田式排列法

秧田式排列法（如图5-6所示）是小学最普遍、最常见的一种传统的座位编排方法。有关研究表明，在这种座位模式下，所有的学生都面向教师，教师容易控制学生，因而传授知识的效果比较理想。但这种座位排列模式不利于学生之间的交流互动。

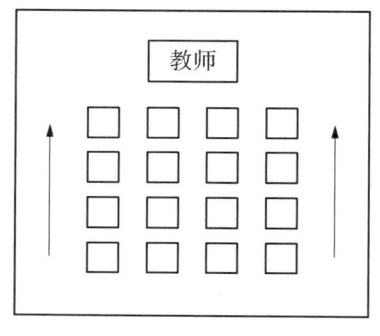

图5-6 秧田式排列法　　图5-7 圆形排列法

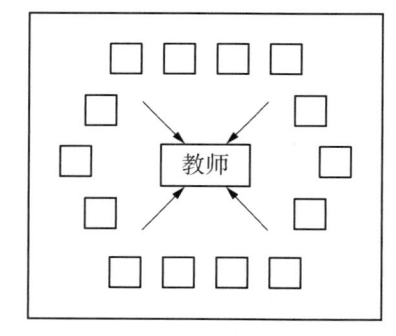

（2）圆形排列法

圆形排列法（如图5-7所示）可以大大增加学生之间、师生之间的交流，最大限度地促进课堂中的社会交往活动。

（3）会议室排列法

会议室排列法（如图5-8所示）类似一般会议室的布置，将课桌椅面对面，排成两列或四列。这种座位模式的优点与圆形排列法相似，有利于课堂中的社会交往活动，强化学生之间的相互影响。

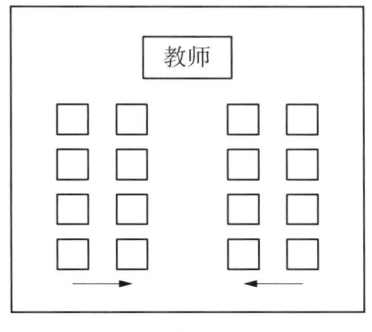

图 5-8　会议室排列法

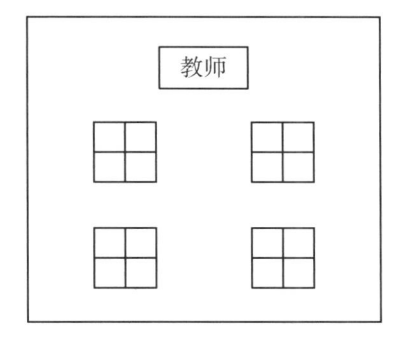

图 5-9　小组式排列法

（4）小组式排列法

小组式排列法（如图 5-9 所示）是将课桌椅分成若干组，每组由 4—6 张桌椅构成。它能最大限度地促进学生之间的相互交往和相互影响，加强学生之间的关系，促进小组活动。

（5）U 形排列法

U 形排列法（如图 5-10 所示）也称"马蹄形排列法"，即将课桌椅排列成 U 形。这种排列法兼有秧田式排列法和圆形排列法的某些特点，不足之处是所需空间大，不太适合人数多的班级开展活动。

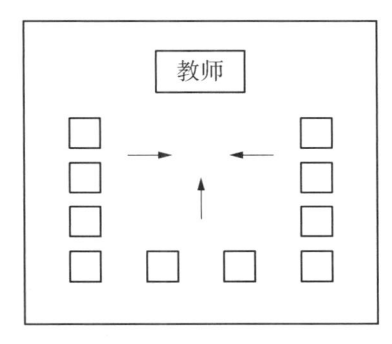

图 5-10　U 形排列法

3. 教室的布置

布置教室是指通过装饰的手段对教室四周墙面等进行美化，以使教室拥有优美、温馨的文化环境，从而发挥它的教育功能。美化教室环境，既能显示良好的班级形象，也可以用优美的环境陶冶人。它不仅可以使生活于其中的小学生得到美的享受，而且可以提高他们的审美能力，培养他们热爱美、追求美、创造美的热情，有助于激发小学生热爱班级、热爱学校的情感，促进其奋发向上，同时也能增强班级的凝聚力。

教室布置既要强调优美，如结构布局合理，形式丰富多彩；同时更要注意教室是一个教育场所，在教室布置时也要突出教育功能，如悬挂国旗、张贴名人名言等。

在教室的布置过程中，班队工作者要善于发挥学生的主动性，把布置教室变成培养学生自主能力、发展各项才能的教育环节。例如，在出墙报或黑板报时，班主任可以安排班队委员专门负责相关栏目，由他们组织小组或有关同学包干制作、定期更换。题材选择、文字编辑、版面设计等可全由学生自己动手完成，让每个学生参与其中、乐于其中。

（二）班队社会心理环境建设

社会心理环境尽管是一种看不见、摸不着的无形环境，但它是促进小学生身心健康发展，保证活动正常开展的十分重要的因素。首先，良好的社会心理环境能够保证班队各项工作顺利进行。例如，良好的群体气氛和人际关系能形成强大的集体合力，推动班队各项工作的开展。其次，良好的社会心理环境是学生学习和成长的必要条件。例如，团结合作、相互帮助的班风对于激发学生的学习热情、克服学习困难以及培育良好的思想品德是一个很好的外部条件。

班队的社会心理环境主要包括班队人际交往、班队人际关系和班队风气等几个方面。

1. 班队人际交往

交往是从事共同社会活动的人们为了交流信息而相互作用的社会过程，由交往主体、交往内容和交往双方积极参与的活动三个基本要素所构成。一方面，班队集体中的交往，除了师生交往以外，主要表现为学生之间的交往，这种交往的性质、内容与一般社会交往是一致的。但另一方面，班队集体中的学生交往还具有教育的功能，是一种教育学生的手段。其主要表现为：①学生在交往中能获取大量的信息，有些是书本上所没有的。通过信息交流，可以拓展学生的社会知识，并提高学生的社会判断能力；②学生在交往过程中须遵循一定的社会规则，这样就能促进学生对社会规范的认同；③交往还能满足学生对交友与情谊等的需要，从而促进学生社会情感的发展。

由于班队集体中的学生交往表现各异，情况比较复杂，所以班主任或少先队工作者应十分重视对学生的交往指导。

① 引导学生积极参与交往，激发学生交往兴趣。

② 积极组织学生在集体中进行交往，培养他们的交往能力。

③ 积极指导，充实学生的交往内容，校正交往中的问题。例如，交往不能局限在"好朋友"之间，要扩大交往范围和对象等。

2. 班队人际关系

班队人际关系就是作为班队主体的学生通过交往，在相互影响中形成的各种内在联系。这种人际关系的结构特点主要有：①班级作为一个微观社会，其人际关系是宏观社会关系体系的一个缩影，是一定社会文化的积淀和折射。学生间的人际关系与成人间的人际关系相比较是稚嫩的，它既有落后于成人社会的人际关系的一面，同时由于学生渴望建立理想中的人际关系，所以有时又表现出一定程度的超社会倾向。②班级中的人际关系是社会人际关系的一种，与社会人际关系一样，包含着认知因素、情感因素和行为因素三个方面。③班级中的学生间的人际关系是一种具有可控性的人际关系。由于学生处在身心发展时期，具有鲜明的可塑性，班主任可通过一定的措施，促进良好的人际关系的建立。

学生的人际关系受到其生理与心理条件的制约，表现出一定的年龄特征。由于小学生处于儿童期，道德认知水平及评价能力、分析判断能力都比较低，易受成人的影响，所以小学生人际关系的特征主要表现为以下几点。

① 易变性。小学生易受情绪和趣味的影响，他们的人际关系缺乏稳固的思想情感基础，在处理同伴关系时容易变化。

② 接近性。小学生的交往受地域位置的影响比较大，交往的对象往往是邻居、同桌，这一特征在低年级学生中表现得尤为明显。

③ 相似性。随着年龄的增长，小学生人际关系的建立逐渐发展成以兴趣、爱好等的相似性为基础。

由于小学生的人际关系比较稚嫩，加上社会背景、个别差异等原因，小学生在建立人际关系时往往会出现一些问题。主要表现为：①自我评价的偏差。学生在自我评价时往往会出现过高或过低评价这两种偏差。②对他人判断的偏误。学生在感知他人对自己的态度和行为时常常会产生误解，以至不能采取恰当的人际交往方式。③竞争与合作的失调。如果片面强调学生之间的竞争而忽视学生之间的合作，就会造成学生人际关系的紧张。④从众现象。缺乏主见，常常由于群体压力或受同伴的影响而轻易改变自己的主张。

资料链接 5-1

笔者在带班实践中，针对小学生人际关系不和谐的现象，总结提炼出 LEARN 人际关系培养五部曲，促进小学生人际关系的改善。LEARN 五部曲包括：Listen（倾听）、Empathize（理解）、Apologize（道歉）、Response（回应）、Notify（告知）。

一、LEARN 五部曲的内涵

1. Listen（倾听）。倾听，是实现有效沟通的重要前提。在小学生尚未内化正确的社会道德规范时，他们并不是很清楚什么样的行为会给他人带去干扰和影响，因而，静心、耐心地聆听被冒犯者的诉说有助于帮助冒犯他人的小学生尽快修正自己的行为。

2. Empathize（理解）。理解，是在倾听他人诉说之后产生的共鸣。只有先认识到自己行为的不当，学生才会明白他人被冒犯时的处境和心理感受。在马斯洛的需要层次理论当中，第三层次和第四层次分别是"归属和爱的需要"和"尊重需要"，因而，人的内心需要决定了每个人既需要理解他人，也需要被他人理解。

3. Apologize（道歉）。道歉，是对自己造成的后果承担责任并给予对方相应补偿的行为。道歉的方式主要以口头道歉为主，以书面道歉和肢体道歉为辅。小学生间产生的摩擦一般都是因为一些小事件，因而，一般采用恰当的语言表达即可使被冒犯的一方得到宽慰。

4. Response(回应)。回应,是指造成不和谐人际关系的一方以自己的实际行动修正自己之前的不恰当行为和习惯,表明自己对之前不当言行真心悔改的态度。好的行为习惯的形成是一个长期的过程,需要慢慢进行自我修正,修正是提升自我道德修养与人际交往能力的最重要的一步。

5. Notify(告知)。告知,是通过语言、书面等方式表达自己的改变与结果。这是道歉五部曲的最后一步,也是使被冒犯者能够真切地感受到冒犯者的诚意与改变的一步,从而为本次人际交往画上较为圆满的句号。

二、LEARN 五部曲的价值

1. 懂得尊重他人。LEARN 五部曲从倾听、理解、道歉,到最后的回应、告知,每一个步骤都在以"润物细无声"的方式教导小学生产生同理心,即将心比心、设身处地觉察并感知他人的想法、情绪与感受,从有意无意的冒犯中学会如何与人相处,理解"己所不欲,勿施于人"的道理,真正学会尊重他人。我们要告诉学生如何避免在无意中冒犯、羞辱他人,这点很重要。

2. 学会承担责任。小学生由于年龄和认知的限制,时常认为一句"对不起"就是道歉的全部,更有一些学生会漠视自己的错误,进行无谓的辩解等,这样的道歉其实都是不合格的,也不能改善人际关系。LEARN 五部曲将告诉学生:合格有效的道歉必须付出代价,实践它需要诚实、宽容、谦卑、担当和勇气。

3. 主动修正不良行为。在改善人际关系的道歉行为中,我们看见羞愧、内疚、耻辱感的相互交织,看见什么是和解的原动力。LEARN 五部曲正是在此基础上帮助小学生学会与自己、他人和谐共处,积极正面地改正错误,面对人生。

(资料来源 于明月. LEARN:小学生人际关系改善五部曲[J]. 江苏教育,2018(95):50—52.)

3. 班队风气

班队风气是学生思想认识、情感意志以及舆论等方面精神面貌的综合反映。班队风气既是班队集体不断发展的结果,也是班队集体形成的集中表现。同时,班队风气又是一种强大的教育力量。每个班队都有风气。班队风气受到社会风尚的影响,同时又反映了这个班队成员整体的精神面貌和学习、工作、生活方式等方面的特征。例如,有的班队具有良好的团结友爱、互帮互助的风气;而有的班队则具有勤奋好学、勇于创新的风气。一旦形成了积极、健康、向上的班队风气,就可通过舆论来对班队成员的言行进行调节,成为一种巨大的教育力量。

良好的班队风气首先表现在班队有良好的思想道德风尚和良好的行为习惯。例如,关心国家大事、热爱集体、热爱劳动、爱护公共财产、团结友爱、诚实正直、勇敢刚毅、善恶分明、讲文明、讲礼貌、守纪律等。其次,良好的学风也是良好班风的一个重要表现。良好学风主要表现为学习目的明确、学习态度端正、学习习惯良好、刻苦勤奋、严谨踏实、善于思考和创新等。同时,良好的班队风气还表现在班队工作作风和生活方式方面。例如,对班队工作认真负责、互相支持和配合;班队生活中整洁卫生、勤俭朴素、乐观开朗等。

> **案例 5-3**
>
> 每学期,我都要根据班级实际情况举行一次"帮助同学"主题班会。例如:在一次帮助同学班会上,我首先给学生创设了这样一个情境:有一天,一个学生忘记了带笔,这时作为同班同学的你会怎样做呢?学生的回答出奇地一致,那就是借他一支笔用。这时,我又接着说道:"可是第二天、第三天连续几天他都忘记带笔了,这时你又该怎么做呢?"这时,学生的答案有了分歧。我让学生们展开激烈的辩论,之后,引导学生交流:你能找到一种更好的办法来真正地帮助这位同学吗?刚开始,教室里静极了,过了一会儿,开始有学生说了,有的说:"我还是借给他,不过我告诉他这是最后一次了。"还有的说:"我每天放学都会提醒他记得带铅笔。"……通过开展主题活动,化教育于无形,提高了孩子们与同伴相处的能力,也培育了良好班风。
>
> (资料来源 袁昌和.抓"行规"教育,塑良好班风[J].教书育人,2016(14):34—35.)

良好的班队风气不会自然地形成,而是需要班队工作者和每一个学生共同努力:①班队工作者加强自身修养,树立良好的榜样以影响学生,要学生做到的首先自己要做到。只有班队工作者在各方面都严格要求自己,做出榜样,才能形成良好的班队风气。②加强班队学生干部的培养,使他们成为班队集体中有威信的带头人,通过学生干部这一坚强的核心,把全体学生团结起来,统一到班队共同目标中来。③培养和形成健康的舆论。健康的舆论是一种能推动班队沿着正确方向发展的强大的精神力量。健康的舆论如果能在班队中占主导地位,就能够引导和伸张正气,抑制和批评错误的言行。

要让孩子们健康快乐地成长,需要营造相应的环境和氛围。在这方面,上海提出的"温馨教室"建设,是一个很好的尝试。

"温馨教室"是一个形象的说法,是指以班级为基础的、师生共同营造的、能满足师生合理需求的、有利于健康人格发展的教育环境。在这里,"教室"已不只是指物理意义上的空间了,而是指以班级形式承载的教育环境。这种环境是在教室物质环境的基础上,衍生出来的人际环境、课堂教学环境、自身心理环境。"温馨教室"也是一种理念。它的精彩之处就在于真正地以人为本,关注人的幸福体验。在这种和谐的教育环境中,班主任、任课教师、学生集中展示着各自的人格魅力和才华，共同营造着集体生活的精神氛围和风尚。关于"温馨教室"的详细内容，可在本章拓展阅读部分进行了解。

> **思考与探究**
>
> 1. 试结合实际谈谈小学班队建设的意义。
> 2. 如何培养班集体？请评析案例5-1中班主任的做法。
> 3. 请举例分析如何营造良好的班队风气。
> 4. 如果你即将担任一年级班主任，根据班级制度建立的依据与原则，你准备制定哪些班级制度？

参考文献

1. 袁文娟，等. 小学班级建设创新实践[M]. 上海：上海交通大学出版社，2019.
2. 谢云. 好班是怎样炼成的——小学班主任班级建设之道[M]. 北京：中国轻工业出版社，2016.
3. 张万祥. 给年轻班主任的建议（第2版）[M]. 上海：华东师范大学出版社，2017.
4. 杨江丁，等. 少先队活动教育学（修订版）[M]. 上海：上海人民出版社，2018.

拓展阅读

温馨教室

为营造有利于学生身心发展的安全文明的校园环境，促进学生健康成长，《上海市学校德育"十一五"发展规划》明确提出，把推进中小学"温馨教室"建设列为"人生指导工程"中的重点实施项目之一。

"温馨教室"

"温馨教室"是指以班级为基础的、师生共同营造的、能满足师生合理需求的、有利于健康人格发展的教育环境。

关键元素

① 班级人际环境——平等、公正，真诚、互助。力求达到的最佳状态是：沟通协调讲诚信，人际交往中见真情。

② 课堂教学环境——勤勉、笃学，活跃、宽松。力求达到的最佳状态是：教风学风严谨，求索创新入佳境。

③ 自身心理环境——自信、自尊、平和、达观。力求达到的最佳状态是：自我意识稳定，顺境逆境好心境。

④ 教室物质环境——安全、舒心、美观、宜人。力求达到的最佳状态是：硬件设计讲人性，环境布置显温馨。

"温馨教室"，关注的就是"人"：关注人的合理需求、关注人的幸福体验、关注人的心理健康、关注人的人生价值，归根结底就是激发学生的主体能动性和教师的主动积极性。

"温馨教室"不仅是指教室安全的硬环境建设，更强调突出其软环境建设。它注重和谐以及互动的师生、生生关系，它坚持以人为本，体现师生、生生之间相互尊重、理解和支持，通过师生共同参与推动和谐校园建设；"温馨教室"注重良好氛围的营造，在潜移默化中实现师生共同的价值追求；"温馨教室"注重育人载体的拓展，以班级建设为基础，面向班级的所有学生和教师，了解、尊重、服务学生，提升教师师德与育德能力，促进素质教育的深入实施。可以说这是从教室入手开始的校园文化、学校文明及和谐校园建设的综合工程，它的视角是宽阔的，内涵是深邃的，影响是深远的。

（资料来源　上海市教委德育处.提升"温馨教室"建设内涵[N].文汇报，2008-11-03.本文有删改。）

一位美国小学教师的55条班规

一位风趣幽默的"麻辣教师"不仅"征服"了一群又一群调皮捣蛋的"问题学生"，而且还在短时间内把他们"调教"成了品学兼优的好学生。他用了什么绝招？美国年度教师奖获得者罗恩·克拉克围绕他"管"学生的55条教学心得娓娓道来。他抓住教育过程中容易被人们忽视的细节，既对孩子严格施教，又用爱心和热忱赢得了他们的爱戴和尊敬。克拉克老师不仅仅将注意力放在提高孩子的学习成绩上，而且更加注重培养孩子的良好习惯和教养。

1. 与大人交流，要有礼貌，有分寸。
2. 与人互动，眼睛要看着对方的眼睛。
3. 别人有好表现，要替他高兴。
4. 尊重别人的发言与想法。
5. 自己有什么好表现，不要炫耀，输给别人也不要生气。
6. 如果别人问你问题，你也要回问他问题。

7. 打喷嚏、咳嗽都要说对不起。
8. 不可以有不礼貌的小动作。
9. 别人送你任何东西,都要说谢谢。
10. 接到奖品和礼物,不可以嫌弃。
11. 用小小的贴心,为别人制造惊喜。
12. 批改同学考卷时要谨慎。
13. 全班一起念课文时,要看着正在念的一字一句。
14. 以完整的句子回答所有的问题。
15. 不要主动讨奖品。
16. 每天都要做完作业。
17. 换科目的时候,动作要快,要安静、守秩序。
18. 做什么事都要有条理。
19. 老师在指定作业的时候,不要叫苦。
20. 别的老师来代课,也要守班规。
21. 课堂上发言或起身,应该讲规矩。
22. 不可以上课上一半,起身去倒水。
23. 见到每个老师,都要说某某老师好。
24. 注意洗手间的卫生,把身边的病源减到最少。
25. 让客人有宾至如归的感觉。
26. 不要帮同学占位子。
27. 同学受罚的时候,不要看着他。
28. 对作业有问题,可以打电话来我家,我没接的话,你可以留言,但只要留一次就够了。
29. 遵守用餐的基本礼仪。
30. 吃完饭,自己的垃圾自己处理。
31. 接受别人的服务要惜福、感恩。
32. 坐校车或公交车,都要坐好,别打扰到司机,并记得说谢谢。
33. 认识新朋友,要记住对方的名字,道别时记得称呼对方。
34. 吃自助餐或有人请客时,取菜不可以贪多。
35. 别人掉东西,请弯身去帮他捡。
36. 进门时,如果后面还有人,请帮他扶住门。
37. 当你碰撞到别人时,不管你有没有错,都要说对不起。

38. 进行校外学习时，无论是到哪一个公共场所，都要安安静静。
39. 去参观别人的地方，要不吝于赞美。
40. 全校师生开会的时候，不要讲话，要自爱自重。
41. 接电话时的应答要得体。
42. 一趟校外学习结束，要感恩及谢谢所有随行的老师和家长。
43. 搭乘电扶梯时，要站右边，让赶时间的人可由左边先行。
44. 列队行进时不要说话。
45. 不可以插队；但看到别人插队不要大呼小叫，让老师知道就好。
46. 看电影时不可以说话或干扰到别人。
47. 不可以带零食来学校，制定属于自己的班规。
48. 有谁找你麻烦，让老师知道，不要私自处理。
49. 捍卫自己的理想，不因别人的否定而退缩。
50. 要乐观、积极地去享受人生。
51. 别让将来有遗憾，想做什么就竭尽所能去实现。
52. 从错误中学习，并继续向前迈进。
53. 不管什么情况，一定要诚实，做错事就坦白承认。
54. 把握今天，不要浪费它。
55. 在你的能力范围内，做最好、最棒的人。

视频资源

视频内容：我们的班规我们订
执教教师：吴屹
视频提供：上海市浦东新区福山外国语小学吴屹

|扫码观看视频|

班规是保证班级有序运行、有效活动的前提条件。全体同学对班规的认知和认可是班规有效实施的关键。吴屹老师通过组织全班讨论、修订，实现了班级管理的民主性和学生的自主性。

第六章

班队中的人际互动与教育

- 理解人际互动对学生成长的意义
- 了解师生互动的类型及原则
- 了解小学生常见的问题、其产生原因及处理策略
- 了解班级中非正式群体的特点、类型及引导方式

案例6-1

星期一早晨,我正在备课,办公室的门开了,刘红红推门走进来,径直走到我的跟前,说:"老师,我不想上学了。"

刘红红在班里的成绩不好,听说她和父母的关系也不好,所以刘红红常常表现得很郁闷。但直接开口向我说不想上学了,还是让我很意外。

我连忙放下手头的事,找个椅子让她坐在对面,关心地问她:"为什么不想上学了?"刘红红说:"我学习成绩这么差,坐在教室里什么也听不懂,感觉在学校里是浪费青春。"

我细心地问:"如果退学了,想好要做些什么吗?"

她摇摇头。

我耐心地劝说她……

刘红红低了头,不说话。

我接着说:"安心上课吧,不要再有退学的念头了,好吗?"

刘红红又不说话了。

我再问:"刘红红,还要退学吗?"

刘红红摇摇头。

我说:"这就对了嘛,安心上课,别再胡思乱想了。"

刘红红起身去教室上课了,并且一直坚持到中学毕业。

数年后,我收到刘红红的一封来信,得知她已经在读大学二年级了。在信中她向我提起了当年要退学的事:"老师,当年我要退学,你知道我最终为什么留下来了吗?并不是因为你对我说'退学是糟蹋青春''你还不到闯的年龄'这些话,而是因为你在说这些话时所表现出来的对一个差生的关爱态度打动了我,你的关心和爱护让我留下来。其他班的差生如果向班主任提出退学,有的班主任会欣喜万分,会一鼓作气引导差生离校,因为差生退学了就不会再拖累班级成绩了。但是你没有这样做,当一个差生向你提出退学的要求时,你的态度是挽留,而且是真心实意地挽留,我从你的眼睛里读到了你对一个差生的真情与关爱,我永远都无法忘怀。老师,你的这种态度不但感动了我,而且感动了我们班所有的差生。老师,我们班里没有一个差生退学,全是因为你的关爱,凭这一点,你是最有功德的班主任。现在,我们这些差生都已经长大了,都很想念你,我们想一起来看望你,再去重温你对我们的那种关切的眼神……"

读着刘红红的来信,我的思绪立即又回到了那个星期一的早晨,当时我的确一直用关爱的眼神看着刘红红——老师的话语不能完全打动学生,完全打动学生的是话语背后的温暖。

常听有老师抱怨:现在的孩子特别难教,说什么他们也听不进去。老师们请想一想,你在说教学生时,是不是怀有关爱学生的那种温暖呢?如果我们缺少这种真正关爱学生的态度,那么所有的言语都将失去教育作用,这也是教育无法达到预期目的的根本原因吧!

(资料来源 史峰.关爱的态度[J].思想理论教育.2008(06):71—72.本文有删改。)

教育是在人与人的互动中进行的,师生交往是其中最为基本的互动。在师生互动的过程中,不仅进行着知识信息的传递,而且负荷着交往主体丰富的情绪。犹如上述案例,教师在举手投足间所呈现的一切,时刻都处在学生的感知之中,并对他们的情绪、情感产生影响,进而影响到他们今后人际活动的发展。因此,教师要与学生建立起良好的师生关系,首先必须理解学校人际互动在学生社会化发展过程中的意义,掌握各类人际活动的特点,学会如何处理各类人际活动中出现的问题。

本章将从班队中师生互动的角度入手,分析师生互动的不同类型,并探索如何针对不同类型的学生展开有效教育的策略。

第一节
班队中的师生互动

从班级的社会关系分析,学生、教师、班集体、教师集体、学校组织、家长、社会力量之间均可发生联系,产生互动。其中,师生互动是教育的主线,同时,在师生互动过程中也存在着其他人际互动。

一、师生互动的实质

师生互动是师生关系的动态反映。师生关系是社会关系的一个重要组成部分,它是在教育过程中为完成共同任务进行交往而产生的关系。师生互动就是这一教育活动中师生之间相互影响、不断作用的一种状态。

班队工作中的师生互动是一个社会学习过程。从其教育目的看,是教师对学生的道德、精神生活和价值的倾向性进行有目的的干预,使学生实现社会化,成为合格公民。从其内容看,是传递社会基本价值观、道德规范及行为方式。从其参与角色看,教师代表社会,学生为受教育者,师生关系是非对称的、不平衡的。从其影响方式看,学生是在不断交往中了解社会,学会处理人际关系。其中,既有制度化的显性影响,也有非制度化的潜在影响。从其影响深度看,潜移默化的熏陶可能更有影响力。

师生互动的实质是一个矛盾逐渐走向统一与协调的过程。在德育过程中,师生之间存在着天然的矛盾。教师作为社会的代表者,他对学生的影响是一种专业行为,处于矛盾的主要方面,起主导作用。互动的发生,主要取决于教师自身的道德水平及其选择的互动方式是否能够调动学生的主观能动性。教师道德水平高,就能以自己的道德人格的力量影响学生、感染学生;教育方法科学,符合学生年龄特征和个性特点,就易于激发学生积极向上的态度。反之,则无效,甚至负效。就这一点看,教师的角色表现有其即时性的特征,互动过程中的教育决策取决于教师的智慧、技巧和对教育机会的准确把握。学生作为受教育者,虽然是接受教育的客体,但同时也是自我教育的主体。也就是说,学生是具有主观能动性的人,对于外在的影响,他总是按照自己的方式,根据自己的需要有选择地吸纳、接受。在教与学这对矛盾的运动过程中,学生的反应必然不断地反馈给教师,促使教师对其教育内容、方式以及自身的品格进行反思,并相应调整教育策略,使矛盾走向统一和协调,达到互动的最佳效果。

> **案例6-2**
>
> **被学生"报复"以后**
>
> 为了提高班级公约的权威性,增强班级的凝聚力,开学时,我把自己的姓名也打印在班级学生的花名册中。由于全班有35名学生,理所当然,我的学号是36号。我还在教室的最后面安排了一套桌椅,作为我的办公专座,这样我也算是集体中的一员,真正地与学生们生活在一起了。
>
> 周一到周五我们班分别安排5个值日班长对学生从路队、两操、学习、纪律等方面进行考核,当然他们也会考核我。每个星期五下午,值日班长会将5天的考核记录单交给我,由我在班级宣读学生们的扣分情况,被扣分的学生按规定要写300字的说明书(36号"学生"要写600字);没被扣分的学生,将获得学习用品或者棒棒糖类的物质奖励。
>
> 原以为自己会做得很好,能起到表率作用。可在最近一周的考核中,我发现自己连续被扣分,这让我尴尬不已。仔细翻阅了考核单,我发现考核单上赫然写着:"周三椅子没塞进桌底,周四椅子下面有截粉笔头。"怎么可能呢?我清楚地记得自己每天都是把椅子塞进课桌底下才离开教室的啊!至于粉笔头,我也是搜寻

了几遍,并没有发现。真的很冤枉,这到底是谁干的呢?莫非是哪个学生在搞恶作剧?于是我便在大脑中努力搜索,突然想到周二发生的事情,于是,小秦被列为怀疑对象。

周二下午单元测验结束后,我要求全体学生迅速停笔并上交试卷。正当学生拿着试卷陆续走向讲台时,我发现小秦又偷偷地写了几笔。我气急败坏地冲到他跟前,抢了试卷并撂了一句:"你这是作弊!""老师,我在写名字!"小秦尴尬地说。"谁知道你是在写名字还是抄答案!"我不屑一顾地说。"你冤枉我!"小秦竟瞪大眼睛,双手握拳,然后任由眼泪流下双颊。看着他近乎歇斯底里的样子,我顿时生出恻隐之心,觉得自己太过分了,可能真的冤枉了他。但我的话已经说了出去,也不好意思当场收回。再看看周围那些受到惊吓而保持安静的学生,我干脆选择了沉默。原以为这件事就这样结束了,可接下来的一节课,小秦愣是没正眼看过我,一脸冰霜。

此时此刻,看着眼前的这份考核单,我不禁淡然一笑——很明显小秦在"报复"我。我很想当众戳穿小秦的所作所为,但我没有充分的证据。转而又想,即便有了证据,我也不能那样做。周二那天,他已经承受了委屈,今天如果再被扣上一顶"报复老师"的帽子,那么他的尊严将彻底丧失,在同学面前也抬不起头了。再说,我是教师,是成年人,怎么能与小孩子计较太多呢?何况那天我的态度确实不好。想着想着,我心里便不再郁闷。我当众承认自己那两天确实忘记塞椅子了,自己必须罚写600字的说明书。学生们面面相觑,投向我的都是些同情的眼神,唯独小秦没有正视我,竟捂着嘴偷笑起来。学生们可能已经知道谁是幕后黑手了,只是没有捅破这层纸而已。

放学后,我邀请小秦到办公室坐一坐,可他坚决不同意,还说了一句"没必要",一副毫不在乎、事不关己的样子。"老师想请你帮一个忙也不行吗?"我近乎乞求。见我这副模样,他才勉为其难地跟我来到办公室。

"这周考核被罚的事情让我很郁闷,我终于体会到被他人冤枉的滋味。我不愿意找别人帮忙,只有你才能帮我走出这个阴影,因为前几天你也有过这方面的体会,我们同病相怜,对吧?"我小心地试探着。

忽然间,小秦的脸红了,连忙说:"老师,我错了!陷害你的事情是我干的。""'陷害'这个词不妥。其实老师知道是你干的,因为你被我冤枉了,而且在同学面前丢了脸面。我这是咎由自取、罪有应得。"我不停地自责道。

"老师,请你不要再说了!我干了这件不阳光的事情,连晚上睡觉都做噩梦。我挺后悔的,您能原谅我吗?"小秦的声音里开始带着哭腔。

"老师早就原谅你了,要不然刚才在教室里我就把你揪出来狠狠地批评一顿了。做错了事,能改正就好。"我真心地劝慰他。

"老师,对不起啊,我太恶毒了,600字的说明书我来写吧!"小秦提出请求。"也不至于'恶毒'吧,你坑我,我就坑你,一般小孩子都会这么干。说明书你就不必写了,还是我来写,就算是对那天考试我误解你的惩罚,这样我心里也会好受些。"我轻松地说道。

"不,老师!你那天也没有错啊,你要求大家停笔而我跟没听见似的,继续补写名字,就是我错了,罚我写说明书算是给我长长记性,下次考试一定要先把名字写上。"小秦一把抓住了我的手,近乎哀求地说道。看着他一副真诚的模样,我笑着说:"600字的说明书,我们一人写一半吧!"

"一言为定!"小秦连忙点头,笑了起来。看着他开心地离开办公室,我也彻底释然,挥笔写起了说明书……

（资料来源　冯凯.被学生"报复"之后[J].江苏教育,2018,1226(87):78—79.本文有删改。）

在这一矛盾走向统一与协调的过程中,并不是所有的互动都是积极、主动、充分有效的。师生互动的性质、程度与效果和教师的"教师观"与"学生观"是密切相关的。师生关系存在多种状态,根据不同的分类,可划分多种层次。但不论哪种状态,从"教师观"与"学生观"的视角看,一般而言,有明显对比性的是两种类型:一种是权威主义的,一种是民主性的。

权威主义的教师,往往把自己看作绝对权威,学生犹如被看管的羔羊,其既无视学生的独立人格,也看不到学生的内在需要,强调的是师道尊严。由于其角色地位的确定,以及学校各种规章制度等的约束,教师对学生的影响实质上是一种权力的影响。学生对教师常常有一种防备心理,甚至有一种恐惧感,师生关系疏远,甚至对立。因此,这种互动常常是被动、刻板的,学生的反应是消极的,甚至是抗拒的。

具有民主性的教师则不同,他们既明确自身的教育职责和所扮演的社会角色,又不凌驾于学生之上,以"救世主"自居。教师不仅把学生看作受教育者,更把学生看作与自己具有平等地位的人。在教育过程中,教师作为指导者、顾问和朋友与学生共同讨论问题,帮助学生发现矛盾,引导学生思考,自己作出正确判断,把教师的目标转化为学生自己的需要,把施加的影响植根于师生的情感交流之中。这是一种非权力的影响,尽管也有学校制度等的约束,但这是在双方共同的需要和兴趣的基础上发生的互动。因此,这种互动一般都是积极、主动的,并且是充分有效的。

由上述可见,班队工作中的师生互动实质上是师生双方的矛盾斗争、协调、统一,最终达到师生共同合作的过程。在教与学的矛盾运动过程中,教师通过启发、诱导,激发学生思想上的矛盾斗争,学生经过思考、判断、选择,接纳教师的影响,逐渐与教育目标相一致,最后达到矛盾的统一,提高了认识水平,并愿意践行。在这一过程中,教师不断调整教育策略,有针对性地加以引导,形成一个周而复始的螺旋式上升的互动过程(如图 6-1 所示)。

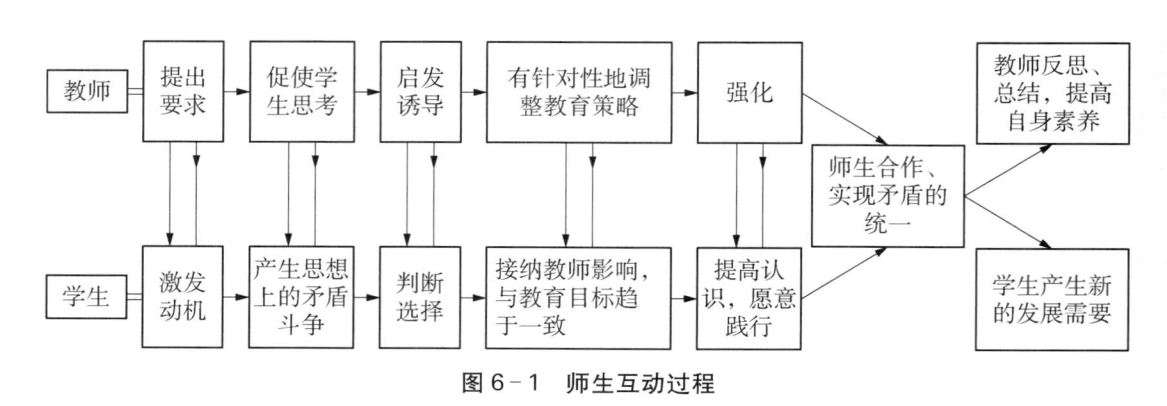

图 6-1 师生互动过程

二、师生互动的类型

师生互动包括多种不同的性质与类型,主要有"兵营"强制式、"工厂"连续控制式、"社区"合作式、操纵式、交换或交易式、情感主义式、竞争式和冲突式互动。[①] 由于不同性质的师生互动的目的、方式不同,互动中各方的地位、关系不同,因而互动的结果——尤其是对学生产生的影响——也就可能有极大的差异。

(一)"兵营"强制式的互动

"兵营"强制式的互动是强权主义的,互动中的双方是支配与被支配的关系,长期处在这种互动中的学生,很可能感到自己软弱无能,易产生失败感,养成奴性态度,或形成强权主义的价值观和相应的行为方式。

(二)"工厂"连续控制式的互动

"工厂"连续控制式的互动的目的是出成果、得高分,学生作为教育"生产线"上的一员,极少有机会表达他们的情感、兴趣,个性发展从根本上受到压抑,学生之间的相互作用经常被抑制,从而容易造成病态人格——严重的依赖性和缺乏自信心。

(三)"社区"合作式的互动

在"社区"合作式的互动中,各方地位平等、互相尊重、友善相处,有广泛、深入的交流,并有着共同的目的——合作创新。在这种互动模式中成长的学生,往往能形成多元、民主的价值观念,具有宽容、乐学、勇于承担责任和善于向他人学习等品性,有较强的解决问题、处理

---

① 李应武,徐平利.建构幼儿课堂中的"社会道德氛围"[J].外国教育资料,1999(05):3—5.

冲突的能力,有各种机会发挥创造性,而且相互信任、相互支持。

(四) 操纵式的互动

在操纵式的互动中,一方通过操纵对方企图达到自己的目的。操纵者把自己的意图作为目的,把互动中的他人作为达到自己目的的工具。经常在这种互动模式中体验生活的学生,容易养成唯我主义、利己主义以及唯利是图的性格。

(五) 交换或交易式的互动

交换或交易式的互动的目的在于互动中的双方经过条件交换,各自争取自己的利益。如果经常遵循公平原则进行这种互动,那么学生容易树立公正、平等的理念。但是,如果把交易式的互动无限制地推广到人类生活的一切领域,那么在如此互动环境的熏陶中长大的人,很可能成为善于交易但没有爱心,也不会创造的"经济动物"。

(六) 情感主义式的互动

在情感主义式的互动中,各方以有意无意的感情宣泄作为目的,以"我的意志"作为评判是非、善恶的标准。这种互动,往往暗中否定"存在一致意见"的可能,由于缺乏理性的指导,因而极容易引发冲突或对抗。

(七) 竞争式的互动

竞争式的互动的目的在于筛选、分等级和维持等级制度。互动中各方的关系是"别人赢,我就必定输",即针对"成功"这个目的,各方无法共存。这种互动模式虽有利于培养成就动机和进取心,但同时存在较多的消极作用,如各方之间很少有积极的相互作用,没有意见交流,或仅有欺骗性、威胁性的交流,全力争取权力、分数、地位等外在利益,而忽略、放弃学习和生活方面的内在利益,求异思维水平低,冒险精神不足,同伴间信任水平低,很少得到同伴的承认和支持,无法利用他人的聪明才智,容易形成自卑或自傲等心理。

(八) 冲突式的互动

在冲突式的互动中,即每一方都无法达到预期的目的,极容易发展成为敌意的对抗,或者在未解决问题的情况下,各方自动放弃接触和互动。这种互动模式本身对儿童的成长无益,但也有转化、补救的办法。通过合作,学生能够提高处理冲突的能力,从而有可能较好地解决问题,消除原先的冲突。

三、师生互动的主要影响因素

在互动过程中,教师与学生之间如何相互影响,既应考虑直接对行为产生影响的情况,也要考虑个人承担的角色,以及其他诸多因素。就实际观察资料分析,教育中影响师生互动的因素主要有以下几个方面。

（一）良好的教育情境

良好的教育情境是一种精神的、文化的、心理的和谐氛围，它是影响、净化心灵的一种现实力量。和谐是处理好人际关系的基本要素，不和谐就会产生关系紧张、情绪对立的情况。良好的教育情境意味着互动双方处于矛盾的统一状态。双方关系融洽就会产生信任感，愿意倾听对方的意见，师生双方就易于与对方产生共鸣。

（二）目标的一致性

目标一致是形成师生合作的基础。师生双方目标不一致，教师的教育对学生会形成无形的压力，使学生产生被迫感，导致矛盾双方处于对立状态，并容易发生冲突。而当师生双方目标一致时，为完成共同目标就会同心同德形成合力，相互产生依赖性，彼此主动协调，采取相应步骤，努力实现目标，从而发生双向影响作用。共同目标越明确，对目标理解得越深刻，合作性越强，对对方的影响力就越大，互动就越充分。

（三）明确的自我意识

自我意识是对自己的全面了解和认识，这是师生双方对自己准确定位的依据。定位准确才有互动的条件。对自身有明确的认识，才能确定自己需要什么，要成为什么样的人，应该怎样做。教师要有明确的自我意识，把自己定位在既是教育者又是受教育者的位置上。教育者应常常反省自己，对自己作全面审视，并向周围的人，包括向他的教育对象——学生学习，从他们身上汲取营养，滋润自己。学生有明确的自我意识，一方面把自己定位在受教育者的位置上，认识到自己正处在成长的过程中，需要有教师的帮助和指导；另一方面还要意识到自己是具有独立人格的人，应主动接受教育，不断自我完善。正确的定位，促使师生双方目标趋于一致。自我意识越清晰，越能积极主动地接受对方的影响，并在诸多影响中做出自己的抉择。

（四）相互的了解

相互的了解是指对对方的全面了解和理解，它关系到一个人接受对方影响和影响对方的程度。教师要最大限度地影响学生，其前提是要有针对性，这就要全面了解和研究学生，包括其家庭背景、个性特点、周围环境等，这样才能具备在互动中成为学生诸多人际关系中"重要他人"的条件。学生要主动接受教育，也必须了解教师对他的关心和期望，并对教师传递的社会价值观念、道德规范、行为方式以及教师自身的为人处世方式、道德品格给予认同。实践证明，一个人是否接受对方的影响，以及多大程度上接受影响，不在于对方实际的力量，而在于对对方的知觉程度。如果学生对教师不了解、不认可，哪怕教师的出发点再好、自身的道德水平再高、对他人的影响再大，也不可能成为学生的"重要他人"。

（五）积极的期待

期待是一种刺激。人们的期待影响着对方的行动方式，而对方行动的结果又改变着人们的期待。教师对学生寄予厚望,就会给予鼓励和肯定。如果这种期待是恰当、适切的,是经过努力可以达到的,学生为了实现教师对他的期待,必然加倍努力,以达到教师期待的目标。同样,学生的成就又会进一步影响教师,使教师看到自身的价值,并给予学生更多的关心与更高的期待。由此可见,师生双方的期待影响着对方的行动和接受对方影响的程度。

四、师生互动的基本准则

师生互动是一种双边活动,其影响是双向的,从这个角度讲,师生互动准则是一种双向要求。但是教师是矛盾的主要方面,这一点是必须明确的。下列准则并不是与上述影响因素一一对应,而是基于这些因素对师生互动的综合影响提出的基本要求。

图6-2 师生互动的准则

(一)相互尊重

相互尊重是指师生之间平等相待,尊重对方的人格与自由,并愿意倾听对方的话语,这是建立和谐的师生关系的前提条件。

> **案例6-3**
>
> 班干部小陆在上自修课时与另一个同学扔粉笔头。黄老师得知后在全班同学面前批评了小陆,小陆接受了批评,并表示今后一定改正。可是有些同学不服气。小施同学在周记中对老师提出了意见,认为小陆扔粉笔头不全是他的错,另一个同学也有错。不能因为一个人当了班干部,与别人发生矛盾,就什么错都是他的。
>
> 小施的意见促使黄老师进一步详细了解了事情的经过,原来另一个同学在这件事情中应负主要责任,是他挑起事端的。事后,黄老师作了反思。她在日记中写道:"我对这件事的处理太主观了,以致产生了偏颇,影响了同学的情绪。我原以为,我批评的只是小陆一个人,只要他能接受批评就行了。但事实上,我一站到讲台上,面对的就不是单个的学生,而是一个班的学生整体,自己的思想、态度、好恶会对全体学生带来影响……记住,粗枝大叶、随心所欲,都将带来始料不及的后果,即使是进行一次简单的表扬或批评也不例外。"
>
> (资料来源 谈幼康.心泉入海:黄静华教育思想扫描[M].上海:上海教育出版社,1999:42—43.)

在案例中,黄老师尊重学生,是真正地在平等的基础上对待学生,她不仅帮助学生改正缺点和错误,也能接受学生的意见和批评,并不断对自己的教育进行反思。

相互尊重是师生互动的基础。尊重他人,才能得到他人的尊重。学生尊重教师,不仅把教师看作生活的先行者、引路人,而且把教师看作与自己一样具有个性的、可以交流思想的人,因而能主动提出自己的看法和意见。教师尊重学生并要赢得学生的尊重,必须把学生看成与自己地位真正平等的人,处事公正,对学生一视同仁,不以学生个人情况的不同而区别对待,这样的教师,学生才乐于与之交往。此外,教师尊重学生,还要懂得发现学生身上的闪光点,鼓励学生进步,用发展的眼光看待学生,保护学生的自尊心,增强学生的自信心,这也是对学生的最大尊重。

(二)情感交融

相互尊重是在理智层面上认识师生互动,而情感交融则是从情感角度深入师生的内心世界,是建立师生亲密无间关系的强有力的纽带,对学生的自主发展起着促进作用。师生情感交融,既需要教师对学生的宽容与理解,也需要学生敞开心扉与接纳,这些都取决于师生之间是否有心灵的对话和情感的沟通。这需要教师对学生有真诚的爱、信任和鼓励,对学生有一颗真心,正所谓"以诚感人者,人亦诚以应"。

> **案例6-4**
>
> 留级生小宋来到黄老师的班上后,心中忐忑不安,不知老师和同学将会怎样对待他。黄老师利用写品德评语的机会与他交流。黄老师写道:"自从你来到我班后,似乎变了一个人,老师真为你高兴。你能按时交作业了,你懂得关心集体了,你想当好学生了。老师忘不了你当上值日小队长时那认真负责的态度。有一次,一位同学不小心摔倒了,你背起他就奔向卫生室。目送你高大的背影,我感到莫大的欣慰。孩子,有一点我还要提醒你,有时你表现散漫,尤其是当老师不在时。要知道,老师和同学们期盼着你取得更大的进步啊!"小宋读了评语十分感动。
>
> (资料来源 谈幼康.心泉入海:黄静华教育思想扫描[M].上海:上海教育出版社,1999:41.)

案例中的黄老师总是针对每个学生的特点来写评语,所以学生们看了都十分兴奋与感动。一个孩子在给黄老师的春节贺信中写道:"老师,读着您为我写的评语,就像孩子听妈妈讲话一样感到亲切。"另一个学生在春节贺信中说:"老师,您夸奖我口头表达能力强,我很高兴。您说我将来能不能成为公关人员呢?"

黄老师与学生的这种情感交流,对学生的发展会产生一种积极的刺激作用,引导学生由

"要我做"转为"我要做"。前者是对学生的鞭策,让学生意识到自己的社会责任,后者则是学生自己内在的需要和积极的愿望。互动使得师生构成思想情感的共同体,而有了情感的共同性才能在更高层次上发生互动。情感交融的准则要求师生之间既悦纳自己,又接纳对方,并在相互认同的基础上进一步相互了解,促使师生更自觉地合作。

(三)自由选择

自由选择体现了对对方主体性的尊重,这是师生互动在精神层面上的更高准则。每个人都有自己的理想、信念和做人的准则。在社会共同的基本价值观的大前提下,应该为每个人留有余地,给予对方自由选择的权利。同时,任何自我决定的活动,开始总有一个考察的阶段,因为环境的刺激与个人的行为反应之间有一个选择、判断、解释人们行为的心理过程。并且由于各人的性格特点、家庭背景等方面的诸多差异,同样的刺激,对于不同的人,所引起的反应也不一样。也就是说,每个人总是按照自己主观上对"情景"的定义作出各自的反应的。教师尊重学生自由选择的权利,就包含着对学生的信任和热切的期待,学生就会向着这种期待去努力。同时,就教师而言,每个人也都有自己的性格特点、教育特长,在师生互动过程中,教师自身也应有自由选择行为方式的余地,不应按一个模式去套用。因为教师的劳动本来就是具有创造性的,而且他们面对的是活生生的人。

> **案例 6-5**
>
> 出于对学生饮食安全的考虑,学校发布了学生在校不准吃零食、喝饮料等规定。为了便于管理,水果也被我划入禁止之列。当我将这项"封杀令"告诉全班学生之后,班里一片哗然。
>
> 于是,我利用班会课,围绕"是否可以带水果到学校来吃"开了一次小型的听证会。班长主持会议,学生纷纷发表意见。有的说:"学校规定在校不准吃零食、喝饮料,可没规定说不准带水果,所以带水果来吃并没有违反学校的有关规定。"有的说:"我妈妈说每天吃水果好处多,可以补充人体所需要的各种维生素,我觉得不应该禁止。"有的说:"同学们年龄还小,自制力还不够强,万一课堂上忍不住偷吃水果,或吃完乱扔果皮,既影响了课堂纪律,又破坏了环境卫生。"但也有人说:"我们平时会互相提醒,会自觉维护班级纪律和教室卫生的。""老师每天午餐配有一个水果,肯定是因为吃水果有益健康。那么我们学生也可以在饭后吃点水果。"……大家你一言我一语,师生之间的交流、沟通、争论十分直率而激烈。一场小小的班级听证会结束了,学生的呼声让我突然意识到:如果能把班级管理中的"禁"改为"导",不是两全其美吗?
>
> 第二天,我就在班里宣布了"解封令",同时要求学生们自行讨论在校吃水果

的适宜时间和地点,自行制定吃水果的文明条约。为了制定这个条约,班长再次召开了听证会。同学们最终确定在饭后半小时吃水果。地点选择在教室里,因为便于将果皮及时清理,保持校园环境卫生。听了学生们的讨论,我也提出了自己的建议,如挑选水果时应该从营养、口味、价格和卫生四方面考虑,不浪费、不攀比。学生们欣然接受,就这样"吃水果的文明公约"顺利"诞生"了。文明条约制定好之后,每天中午同学们都能自觉遵守规定,愉快地享用着自己的"水果餐"。

(资料来源 张怡.水果之约[M]//奚晓晶.校园,让学生快乐成长.上海:上海三联书店,2011:212.本文有删节。)

师生间的互动不能强制进行,能否接受对方的影响出自内心的需要,有需要才有感受,并在诸多影响中作出选择。案例中的张老师没有自己处理这一事件,而是让学生讨论决定,尊重学生的自由选择。通过讨论,学生有了更明确的自我意识,由他们自己决定应该怎样做,而不是被迫接受什么。但是这并不意味着教师放弃教育的责任,而是给予引导,提供思考的材料,帮助他们寻求如何作出决定。学生的选择过程,也引发教师更多地思考怎样更充分地发挥学生的主体作用,培养学生的独立人格。

(四) 参与体验

只有参与才有体验。参与体验包含两层含义:一是师生互动要以活动为载体,要让学生主动参与活动;二是教师必须参与学生活动。因此,参与体验主要是指师生共同参与活动,在活动中交往,达成共同目标,增强自我意识,加强相互理解。一方面,教师主动参与,将自己置于学生之中,移情换位,体验学生的所思所想,缩短了与学生的心理距离,师生互动就有了基础。另一方面,学生在参与活动的过程中,增强了主体意识,在活动中发挥了创造性,进一步认识了自身的价值。为了使活动取得成功,学生必然从集体出发,把个人与他人的态度联系在一起,遵守共同的行为规则。师生在同一方向上发挥各自的主动性,就会产生和谐共存的体验,并更加自律,从而使互动更充分有效。

案例6-6

黄老师有两句名言:"假如我是孩子……""假如是我的孩子……"。她总是设身处地从学生角度考虑问题。有人说现在的孩子自私,缺乏爱心,不会去关心人。黄老师指出,相当一部分孩子的自私心理是不恰当的教育和环境造成的,学校如果能为他们创造一些条件,相信孩子一定是会变的。

为此，她组织班上同学成立"忘年交"志愿服务队，每周六到敬老院去服务，献上一片爱心。只要是力所能及的活儿，同学们都抢着干，削土豆、切冬瓜、给老人喂饭、擦窗、拖地板……他们陪老人去公园散步，饱览上海美景，送去自己精心编织的一条条围巾、一顶顶帽子……在师生共同参与的"忘年交"活动中，孩子们感受到关爱他人的道德体验，获得精神上的满足，看到了个人在社会中的价值，得到了自我肯定。有的学生在作文中写道："付出爱心比获得爱幸福百倍。"

（资料来源　谈幼康.心泉入海：黄静华教育思想扫描[M].上海：上海教育出版社，1999：29，88.本文有删改。）

不论是教师还是学生，参与体验，能使每个人的内心都获得一种深刻的感受和被净化了的自我超越感。这种参与体验使人感受到的是回到自我生命的觉悟，回到具有鲜明个性的生活之中，被崇高的信念所感召，从而使精神得到提升。

师生互动是结果，更是过程。在这一过程中能否充分有效地互动，主导方是教师。这种互动的效果与教师的敬业精神、道德素质、业务水平及各种能力是密切相关的。

第二节
班队中的个别教育

集体教育与个别教育是相互渗透、相互影响、相互促进和相辅相成的。集体教育是班级工作的基本组织形式，个别教育则是集体教育的补充和深化。班队工作者要实现特定的教育目标，使其落实到每一个学生的身上，成为学生的自觉行动，就必须充分认识个体与集体的这种关系，将集体教育和个别教育结合起来，充分发挥各自的优势，使二者互相补充，相得益彰，从而形成集体与个体相互影响的良性循环。所谓"个别教育"，是指针对个别学生的特点和问题，通过个别接触的方式进行的教育活动。一般来说，班队工作者可以根据学生学业与品德发展水平的不同特点实施个别教育。

一、学业与品德发展良好学生的教育

学业与品德发展良好的学生是指品学兼优，德、智、体、美、劳各方面发展都比较好的学生。他们富有进取精神，处处不甘落后，严格要求自己；具有较鲜明的是非观念和较强的判断力,不轻信和盲从,遇事有自己的见解;具有较强的荣誉感,热爱集体,团结同学,竭尽所能为集体争取荣誉;他们有相当强的自学、自理、自教、自强能力;具有不畏困难的意志和较好的自我控制能力,行动有较明确的目的性,做事能不畏艰难,坚持到底。这样的学生在班级中较有影响,有威信,是学生中的骨干,也是班队工作者的助手。

这类学生虽有许多优点,但也常会有不足之处:一是优越感。他们在家中是家长赞,邻居夸;在班上是老师爱,同学敬。久而久之,容易产生优越感,认为自己了不起,好指挥别人、教训别人,骄傲自满、目空一切,骄气也随之上升。二是傲慢。由于品学兼优的学生受表扬多,有时就看不到自己的缺点和不足,长期发展下去可能滋长唯我独尊的思想。受到赞扬时就沾沾自喜,挨批评就难以承受,总想在集体中保持自己的优势。如果有谁超过自己,容易产生嫉妒心理。三是虚荣。品学兼优的学生在学习上有不服输、不认输的好胜心理,但若失去节制,发展下去就会变成虚荣心,总想事事光耀于人前,出人头地。如果有人强于自己,就会有意贬低别人,甚至弄虚作假,维护自己的"强者"地位。

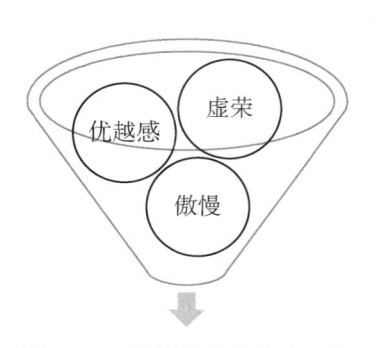

图6-3 品学兼优的学生可能会出现的不足之处

以上情况虽不存在于每个品学兼优的学生身上,且表现程度也不尽相同,但必须予以足够重视。对待他们,班队工作者应做到:

① 要高标准、严要求。教育者既要看到品学兼优学生积极的一面,更要及时发现他们身上潜在的不良因素,给予正确的引导和教育。

② 掌握好表扬与批评的分寸。既不可一味地表扬,把他们捧上天,也不要在大庭广众面前揭短,使其难堪。

③ 教育他们谦虚谨慎,戒骄戒躁。使他们懂得"虚心使人进步,骄傲使人落后"的道理。

④ 根据品学兼优学生的特长,鼓励他们承担一定的班级工作。使他们既充分发挥智慧才干,又能在工作实践中学会处理个人与集体,学习与工作,责任与荣誉的关系。

人是发展的,少年儿童的可塑性很强。但是,认为品学兼优的学生可以"一百个放心"的这种盲目乐观在教育上是极其有害的。"教不严,师之惰。"对于品学兼优的学生,班主任同样需要加强引导和个别教育,要针对各个学生的不同情况和特点,提出严格的要求。

二、学业与品德发展中间状态学生的教育

学业与品德发展处于中间状态的学生在一个班级中数量最多。但是在日常的班级管理过程中,班队工作者往往集中于"抓两头",反而会忽视对中间状态学生的教育工作,这是一种错误的做法,必须引起重视。因为学业与品德状态一般的学生正处在变化和发展中,他既

可往品学兼优的方向上升发展，又可能滑向下坡。正因为如此，班队工作者更要重视对这部分学生的指导和教育。

一般来说，学业与品德发展一般的学生有以下三种类型：其一，智力因素较好，非智力因素较差。这类学生一般比较聪明，能较快地掌握知识，但缺乏毅力，学习不刻苦，因而知识掌握不牢固。对这部分学生，重点是加强非智力因素的培养，教育他们树立远大理想，明确学习目的，端正学习态度。其二，智力因素一般，非智力因素较好。这类学生一般对问题的反应较慢，但学习踏实努力。对于他们，仍应重视进行非智力因素的培养，以促进其智力的发展。因为智力因素虽与天赋有关，但更重要的是通过后天的自身努力而促使其得到发展。就先天条件而言，人存在着差异，但起决定作用的乃是后天实践活动中的开发、培养和发展。因此，要有意识地努力培养这部分学生的观察力、注意力、记忆力，活跃他们的思维力、想象力，帮助他们掌握学习的方法技巧，促使其智力的不断发展。其三，智力因素和非智力因素都一般的学生。这类学生一般理解能力不足，学习又不够努力、不够深入。对于他们，应着重从兴趣入手，寓教于趣，使其在愉快的气氛中去理解和掌握书本上的知识。班队工作者平时也应经常督促，培养其良好的学习习惯，帮助他们明辨是非，并实施成功教育，多鼓励，多表扬，不断提高他们学习的信心。同时，应注重学习方法的介绍，以达到发展智力、培养能力的目的。

在实际工作中，班队工作者要针对这类学生的发展趋势，有的放矢地开展工作。学业与品德发展一般的学生的思想情绪一般不稳定，在他们身上，积极因素和消极因素经常呈现矛盾斗争状态。当积极因素占主导地位时，他们表现就较好；反之，表现就较差。因此，他们的状态经常变化起伏、忽高忽低、不稳定。班主任要密切注视他们的发展趋势，当他们情绪高涨，呈现积极状态时，要及时鼓励他们上进，并促使其向高层次发展；当他们情绪低落，呈消极状态时，就应及时帮助他们克服和解决各种困难和问题，使他们振奋精神，奋勇前进。此外，在各种班队活动中，要创造条件让他们在班队集体中有展示自己才能的机会。这部分学生有的思想基础较好，但工作能力较差；有的则是性格内向，胆量较小，怕在人群中露面丢丑等。对于这些情况，班主任和辅导员要有意识地开展工作，帮助他们鼓起勇气，树立自信心，学习先进，力争上游，突破安于中游的思想障碍。

三、学业与品德发展存在问题行为的学生的教育

对班队工作者来说，那些给他们工作带来挑战的主要是一些在学业与品德发展方面存在问题的学生，由于他们的某些"特殊问题"阻碍了自身的发展，并影响班级各项活动的顺利进行，因此他们常常成为班队工作者个别教育的对象。如何解决这些问题，是对这类学生实施个别教育的要点。

图 6-4　小学生的问题行为

表 6-1　小学生常见的问题行为

序号	问题行为	具 体 表 现
1	不做作业	不完成老师布置的任务,包括不做作业、缺交或迟交作业
2	注意力不集中	学习时心不在焉,非常容易分心,上课喜欢做小动作
3	活动过度	活动过度,不能安静就座,烦躁,惹是生非,情绪易冲动
4	不守秩序	唱反调、顶嘴,未经许可说话、弄出各种声响,故意招惹他人、惹人讨厌,乱丢纸屑垃圾,上课姿势不良,擅自离开座位等
5	欺侮、攻击他人	使用暴力冲撞、殴打他人,或口出秽言侮辱、辱骂他人,以各种方式故意刁难、欺负他人
6	孤僻退缩	不合群,不愿与他人接触,独来独往,沉默寡言;胆小、退缩、懦弱
7	说谎	有意或无意讲假话
8	……	……

（一）不做作业

不做作业的学生经常不完成教师布置的任务，包括不做作业、缺交或迟交作业。起初他们只是偶尔逃避作业，随即这类行为频繁发生以致发展成为一种习惯。作业是巩固知识的一个重要环节，长期不做作业将会引起学生学习困难，最终导致学业失败。

学生出现这类行为的原因主要有以下几方面：一是作业难度大，学生学习能力有限，难以完成作业，缺乏信心和勇气，学习方面的自我效能感比较低；二是学生缺乏基本的学习毅力和自制力；三是学习动力不足，对学习失去兴趣。

教师解决这类问题越早越好，且最好在学生学业失败之前。教师可尝试以下几种做法。

① 最初教师应频繁检查学生的作业，当学生出现不做作业的行为时，教师首先要了解学生不做作业的原因。

② 如果学生只是简单不会做，教师应该提供帮助或降低作业要求。

③ 如果学生是因作业压力太重而产生情绪上的厌烦不愿完成，教师可以把作业分成几个部分，要求学生在某规定时间内（如10分钟或15分钟）分步完成。

④ 如果在规定时间内较好地完成作业，教师可以给予学生一定的自由活动时间。有时，教师也可以提供一份任务菜单，让学生自我监督。

⑤ 教师应与家长加强沟通，共同商讨解决方法。让家长在家中对孩子做作业给予帮助和监督。

⑥ 要求没有完成作业的同学放学后留下来做作业，待有效完成后回家。注意时间不宜过长。

（二）注意力不集中

注意力是心理活动对一定对象的指向和集中，对人的行为活动具有选择、保持、调节和监督的作用。因此，注意力在针对儿童和青少年的专门性活动，尤其是听课和做作业等学习活动中具有重要的作用。教学实践证明，学生的学业成绩与学生学习时注意力的集中性和稳定性呈正相关。注意力不集中常常会引发学生学习问题，导致学生学习困难。所以许多教师非常关注儿童的注意力问题。

注意力不集中主要表现为：学习时心不在焉，非常容易分心；上课喜欢做小动作；坐立不安、烦躁；不能按时完成学习任务。

小学生注意力不集中的原因主要为以下三方面。

一是与儿童的注意力特点有关。研究表明，在一般情况下，7—10岁儿童可以连续集中注意力20分钟左右，10—12岁儿童在25分钟左右，12岁以上儿童在30分钟左右。如果老师和班主任的教学或"训话"超过这个时间，他们就坐不住了，就会出现分心现象。如果教师的语言枯燥无味，没有感染力，这种分心现象还可能出现得更早。当然，如果教材新颖、教法得当，高年级学生保持40分钟的注意是完全可以做到的。

二是受各种新异刺激的影响。具体包括：①不安静的学习环境。例如，正在上课时，教室外面突然发出的嘈杂声等，学生马上会被吸引。②教室布置过于新异。学生会对这些布置论长道短，把注意力集中在这些布置上，从而出现分心现象。③教具的不当使用。包括教具制作得过分刺眼，教具出现的时间不合适，响度不适宜（即声音不适宜），等等。

三是与小学生身体不适有关。儿童健康状况不良，例如，生病或某部位疼痛也是引起他们分心的重要原因。

鉴于小学生分心原因的多样性，班队工作者应查清原因，从而采取针对性的措施来加以防范，具体包括：

① 教学方法多样、直观、生动、形象，符合儿童的心理特点，引导学生主动参与教学活动。
② 教学安排和节奏把握做到"低、小、多、快"，即低起点、小步子、多活动、快节奏。
③ 练习时间宜短而频繁，适当运用直观教具和视听教具，使教学具有吸引力，有时可以采用游戏的方式进行。
④ 及时赞扬和奖励儿童的注意力集中行为。
⑤ 使用"接近控制法"，及时提醒学生，也可以通过在桌上轻敲、请学生回答问题或参与某些活动来恢复其注意力。
⑥ 与学生建立"契约"，商定作业完成的时间，减少儿童注意力分散的行为。

（三）活动过度

存在活动过度问题的学生主要表现为：注意力不集中，注意时间短暂，活动过度，不能安静就坐，烦躁，来回奔跑或小动作不断，常在座位上扭动，或站起，严重时离开座位走动，或擅自离开教室；话多、喧闹、插嘴，惹是生非，影响课堂纪律，情绪易冲动，容易激动、大惊小怪，时刻要求受到关注，回答问题或发表意见时不动脑筋，脱口而出，学习成绩普遍较差，在家庭及学校均难与人相处，日常生活中常常使家长和教师感到没有办法。

造成儿童活动过度的原因比较复杂，主要涉及生理和心理两方面因素。

从生理方面来看，有些儿童是因轻微脑组织损害，脑神经递质数量不足，而引起神经递质传递信息失调。例如，妊娠时病毒感染服药、预产期缺氧、母孕期的影响、新生儿窒息、产伤、脑缺氧、脑损伤、剖腹产、早产、过期产、钳产、产后感染以及外伤等。脑部额叶和基底神经节的机能障碍可使其抑制机能降低，从而可导致多动。维生素缺乏、食物过敏、糖代谢障碍、食物变态反应（尤其是食物中所含添加剂、人造色素、调味品、防腐剂）等也是引起多动的重要因素。

从心理方面来看，儿童期教养方式不当是导致多动的原因之一。因为儿童期心理发育不成熟，在此期间，如家庭父母关系不和睦或家长教育方式粗暴，动辄打骂等都将使儿童受到重大精神创伤，造成长期过分心理紧张、情感压抑，从而出现行为紊乱；同样，如果家长管教不当，过度溺爱、百依百顺，也会促使孩子养成任性、骄横的品性，不愿或不能自控，导致行为失控。

为了增强这类学生的行为控制能力,在教育中应注意以下几点。

① 多安排一些较安静的活动,如下棋、画图、手工制作、看书等,不要提供兴奋性较高的活动,如打电子游戏机,看武打片等。

② 家长安排时间,每天与孩子一起静坐2—3次。静坐的时间可从5分钟—15分钟,根据年龄及具体情况不同而作不同安排,还可根据情况在原有基础上增加时间。静坐的方法是家长与孩子面对面而坐,不言不语、不东张西望,双手放在膝上,相对而坐,如果孩子坚持得好应予表扬。

③ 当儿童出现一些良好的行为或比以前有进步的行为时,例如,做作业时注意力比以前集中、小动作比以前减少、作业中错误率降低、能遵守课堂纪律时,可根据情况分别给予表扬、鼓励或奖励。

(四) 不守秩序

常见的不守秩序的行为主要有:学生故意与教师唱反调、顶嘴、未经许可说话、弄出各种声响、故意招惹他人、惹人讨厌、乱丢纸屑垃圾、上课姿势不良、擅自离开座位等。

班队工作者在面对学生不守秩序这类问题行为时,常常会指责学生不懂事、不遵守学校班级规范,却很少深究学生问题行为产生的原因。

小学生之所以发生各种问题行为,其中一个重要因素是希望引起教师的注意。在小学生的成长过程中,教师对他来说是一个"重要他人",教师的评价会影响他对自己的看法。他希望得到这个"重要他人"的关怀、注意。当他不能以正当的表现来唤起教师对自己的注意时,便会以其他不合时宜的方式来"获得注意",甚至为此情愿忍受教师的处罚或轻视。对于这类学生,如果教师对他们不停地提醒、责骂或给予其他特别的关照,那么这正好满足了他们的需要,在这种情况下,教师的行为无形中会强化这类学生的错误行为。因此,有意漠视轻微的违规行为是弱化这类行为的最好方法。

在教育过程中,如果教师没有理解学生问题行为的内在原因,而只是以权威来压制学生的行为,虽然小学生当时可能无力反抗,表面上顺从教师的要求,但他们内心却愤愤不平,感觉到被人伤害了,很沮丧懊恼。而且,他们认为在同学面前轻易服从会显得无能,于是他们会寻求机会"反叛",公开违抗或挑衅教师的要求。也就是说,教师的强制权威不仅破坏了师生彼此的关系和感情,而且学生的问题行为也不会有所改善。

因此,教师在处理这类问题行为时,应做到以下几点。

① 控制好自己的情绪,作为班主任你会发现,班级中的"调皮鬼"每天都会闯些祸出来,要么破坏公物、要么打架骂人、要么出现安全事故……当你生气地责备他们时,他们反而不以为然,一副满不在乎的样子。久而久之,班主任的威信根本无法建立。因此,要告诉自己:急躁是没有用的,冷静才是制胜的法宝。每当学生出现问题行为时,教师应该首先控制好自

己的情绪,让自己先平静下来。

② 不要为了维护自己的权威地位,而采用高压手段,伤害学生情感,使师生关系变得对立而僵持。

③ 仔细了解学生心理和所处环境,分析行为产生的原因,根据问题根源选择适当的方法。

④ 对于"寻求注意"的学生,教师在他们表现出合乎要求的行为时应给予关注、赞扬,以强化正确行为。

⑤ 当学生以错误的方式"寻求注意"时,教师要予以忽视,或者以隔离的方法,让学生离开公众关注的情境,使他们的"预谋"难以实现,并在个别教育时指出学生的这种错误行为的危害,告诉他们正确的做法。

⑥ 对于公开对抗行为,教师可以采用"冷处理"的方式,暂时不理会学生的反叛,或以隔离的方法,等学生的情绪平静下来后再做处理。教师也可利用这一段时间稳定一下自己的情绪,思考对策。

(五) 欺侮、攻击他人

具有欺侮、攻击他人这一类问题行为的学生表现为:有意地伤害他人身体与心理,例如,使用暴力直接冲撞、殴打他人,或口出秽言侮辱、谩骂他人,或以各种方式故意刁难、欺负他人。这类欺凌行为不仅会损伤"受害者"的自尊心,而且会导致"欺凌者"与"旁观者"出现长期的情绪问题。"欺凌者"由于长期欺负别人,内心得到极大满足,以自我为中心,对同学缺少同情心,而"旁观者"会因为帮不到受害者而感到内疚、不安,甚至惶恐。

综合有关研究发现,男生倾向于直接的身体攻击,女生更倾向于语言攻击;攻击行为多的儿童,其父母在管教上常用威吓、打骂的方式,家庭管教多暴力,儿童易受虐待。

从具体的儿童个体来说,欺凌行为的产生主要有以下几点原因:模仿成人的不良或好斗行为;受人唆使、参加不良帮派;长期积压下来的委屈借某一诱因爆发出来,借故发泄情绪;被父母或教师等成人压制过度,产生报复心理;为了引起他人的注意;等等。

如果一个孩子从小就喜欢侵犯别人,习惯了以欺凌他人来获得快感,这反映出他本性上倾向于冷酷、暴力、自私、冲动、对外界有敌意、对行为后果缺乏认知。如果这些特质得不到及时纠正,放任他这么发展下去,长大后很可能就会走向犯罪的深渊。我们应该重视孩子的欺凌行为,不能为了息事宁人,拿"孩子小开玩笑"来说事。如果今天不重视校园欺凌的危害,明天就有可能发生一连串的暴力犯罪。

由于欺凌行为容易对他人和自己造成伤害,影响到学校的整体纪律和风气,严重的可能导致非常棘手的法律问题,因此,学校须正视并加以制止和预防欺凌事件的发生。防范小学生欺凌行为的措施主要有以下几种:

① 召开相关的主题班会,让儿童明白欺凌行为的性质、危害及应对方法。

② 避免让儿童观看暴力电视、电影、书刊,以免模仿欺凌行为。

③ 帮助儿童学会用建设性的方式来应对挫折,合理地疏导情绪。
④ 鼓励儿童参加体育运动和各类活动,以免精力过剩而引发攻击行为。
⑤ 建立良好教养关系、避免给儿童严厉的惩罚,使儿童产生更大的反感和愤怒。

对于已经发生的欺凌行为,班队工作者要及时地处理,防止造成更大的伤害。对于那些"欺凌者",教师应予以严肃批评甚至惩罚,开展相关的道德与法律教育,让其了解自身行为对己和他人的危害性,采取相应措施,防止这种行为再次发生。

(六) 孤僻退缩

存在孤僻退缩问题的儿童平时表现为:孤独、退缩、胆小、怕事。他们不合群,不愿与他人接触,独来独往,沉默寡言。在对一些事情的处理上显得胆小、退缩、懦弱。教师、家长除了发现他们性格比较安静、不大愿意与小伙伴玩耍外,常常不易发现其退缩行为。而且,由于这类儿童在班级中对他人和班级活动不会产生明显的不良影响,因此,教师常常忽略这类学生存在的问题。但是,由于这类儿童缺乏与同学、朋友之间相处的欢乐与友谊,他们的交往需要得不到满足,内心很苦闷、压抑、沮丧,同时,由于他们猜疑心较重,容易神经过敏,整天提心吊胆地过日子,忧心忡忡,易出现焦虑心理。长期遭受这种消极情绪困扰不仅会损伤身体,而且对他们今后一生的发展都会产生不良的影响。如果不注意干预,还有可能持久地影响到他们成年后的社交能力、职业选择及教育子女的方式等。

造成儿童孤僻退缩的原因既包括本人气质因素(如遗传因素、先天适应能力差等),也有家庭环境、教育的因素。

研究表明,父母离婚是威胁当代儿童精神健康的重要因素之一。这种遭遇使孩子享受不到家庭的温暖,过早接受了人世间的苦恼、郁闷、焦虑等不良情绪体验,幼小的心灵上留下一道很深的伤痕。他们只好通过封闭自己,给自己创造一个较为安宁的空间。此外,在某些特殊的环境里,例如,在陌生的环境里,亲人突然离去,或父母吵架、不和睦,或经常受到训斥,或父母外出打工不在身边、远离亲人,也会使孩子变得不愿与人接触,出现退缩、孤僻等问题行为。

许多儿童不能与他人正常交往是因为他们在生命的早期没有学会基本的社会交往技能,从而也不能以正常的方式和别人交往。有的家长对孩子过于保护,孩子小时候整天把他们关在家中让其独自玩耍,不让他们与其他孩子交往;或对孩子过于溺爱,过多照顾与迁就,结果使孩子难以适应新的环境,进而使得他们在人际交往中遭到拒绝或打击,如耻笑、埋怨、训斥,使他们的自主性受到伤害。伙伴欺负、嘲讽等不良刺激,也使儿童过早地接受了苦恼、忧虑、焦虑不安等不良情绪体验,从而产生消极的心境甚至诱发心理疾病。随着这种失败次数的增多,他们对交往逐渐变得惧怕,失去信心,与别人产生隔膜,在团体中找不到归属感,便把自己封闭起来。但是,越不与人接触,社会交往能力就越得不到锻炼,结果就越孤僻。最后他们经常处于压抑、孤独和冷漠之中。此外,父母的粗暴对待,缺乏母爱或过于严厉、粗暴的教育方式，也容易导致儿童畏畏缩缩、自卑冷漠、过分敏感、不相信任何人。

教师、家长在帮助儿童克服孤僻退缩行为时，可以采用下列方式。

① 创造机会让儿童多参加班队活动，鼓励他们与同学交往。对孩子在社交中表现出的合群行为给予及时的奖励和强化。

② 多带儿童外出，逐步适应各种环境，培养孩子独立自主的能力，让孩子学会自己管理自己、自己的事情自己做。

③ 引导儿童正确认识、评价自己和他人，努力寻找自己的长处，纠正其认识上的偏差，帮助其正确看待挫折。

④ 帮助儿童学习交往技巧，增强交往的身心愉悦感。

（七）说谎

说谎是指儿童有意或无意讲假话。说谎往往被人们视为一种恶劣的品质问题。但对儿童来说，说谎的原因是多方面的，性质各不相同，不能一概而论。

从说谎的动机来看，有些儿童说谎是出于一定的动机的，也就是"有意说谎"，即为达到某种目的有意说谎。这类说谎与品行有关，虽然不能说明品行坏，但多少反映了儿童在品德发展中存在的问题，应该引起重视，因为这类说谎背后往往有其真正的原因，需要班队工作者予以把握。

1. 为了开脱责任、逃避惩罚

这种说谎是为了逃避家长与老师的批评或责罚的一种自我保护行为，例如，弄坏了东西、学习成绩不好、偷拿了小朋友的东西等，如果说了实话，等待他们的往往是父母与老师的严厉批评甚至是处罚，为了逃避这种不愉快的现实，他们就会采取说谎的办法来进行自我保护。特别是在要求严厉的老师或家长面前，他们更爱说谎。这时，如果父母与老师对他们的谎话穷追不舍，非要弄个水落石出的话，就会促使他们说谎的水平一次比一次更高明，形成恶性循环。

2. 为了得到别人的关注和称赞

这些儿童说谎是出于自我保护或满足虚荣心的需要。例如，某个同学自己家里经济条件一般，却在小伙伴面前总说自己家中如何有钱；明明自己没到过某地旅游，却自吹到过某地旅游还看见了什么景色；还有的会说自己的父亲当的官如何大，在社会上如何有地位；等等。

3. 模仿性的说谎

父母和教师是小学生心目中的权威人物，是学习的榜样，如果他们在儿童面前经常说谎，就会使孩子产生"说谎正常"的错觉。例如，来了电话，父亲就对孩子说："如果有人找我，就说我不在。"还有些家长喜欢夸大其词，把一件微不足道的事情说得天花乱坠。孩子受此影响也会不知不觉地进行模仿，效仿大人吹牛说谎。此外，电视、网络里的尔虞我诈、互相欺骗的故事情节，也都会对儿童产生不良影响。

4. 打击报复，反抗叛逆

当感到自己受了某种不公平的待遇或委屈时，有的儿童会采取一种报复性的说谎。其目的是为了得到教育工作者或家长的同情与支持，借他人之手惩罚对方，以满足报复欲望。例如，某儿童本来是自己先动手打人，但吃了亏，却在教师或家长面前说别人打了他，指望师长去惩治批评对方。

针对儿童各种不同的说谎现象，我们应该采取不同的教育策略，尤其是应该重视社会氛围对儿童的影响。我们应该尽可能地注意那些儿童最容易接触的事物的"洁净度"。例如，保证电视剧和动画片发挥正面教育作用，尽量减少那些宣扬弄虚作假行为的情节，并明确指出这些行为的消极后果。随着网络的普及，家长更要及时关注儿童可能接触到的媒体内容，切不可听之任之地由他们自由发展。对于儿童已经做出的说谎行为，我们处理时应该注意以下几点。

① 首先要弄清儿童为什么要说谎。教师与家长应反省一下自己的态度和做法。一般来说，凡是受到家人的尊重，能够随意发泄自己的牢骚的孩子，大多比较诚实；相反，在父母过分严格的管教下成长的孩子，对父母大多有恐惧感，他们常常为了逃避责骂而说谎欺骗。

② 发现儿童有说谎或欺骗行为时，不要当众揭穿他，可以单独与他谈话，阐明说谎和欺骗的危害性。当众让儿童承认说谎，无非有两种结果：一是儿童"顽抗到底"，怎么也不承认；二是儿童虽然认了错，但自尊心受到了伤害。

③ 当儿童说出真相后，我们不应予以严厉训斥甚至处罚，相反，我们应该与他们心平气和地分析问题要害，用爱去消除他们心中的疑虑，努力与儿童建立起一种亲密的互相信赖的关系。

④ 提醒家长应该以身作则。要求儿童诚实，自己首先要以诚待人；要求儿童守信，自己首先要说到做到。

⑤ 平时对儿童的错误处罚要适当。如果儿童是由于顽皮、好奇、过失而犯错，不要对儿童太严厉，要耐心地向儿童指明错在何处，应该如何做；如果儿童的错误确实应当受到惩罚，如能主动承认，就应减轻惩罚，并说明之所以如此，是由于其主动承认错误；如果不主动承认，还要蒙混过关，则要加重惩罚，并告诉儿童，他还多犯了一个错误——说谎或欺骗。

以上只是列举了小学班队工作者在班级管理中可能遇到的一些学生的问题行为。在实际工作中，班队工作者还会碰到其他问题。但是，无论遇到何种问题，班队工作者应持有下列态度。

第一，必须树立正确的教育观。班队工作者要坚信每一个学生都是可以教育好的，应竭尽全力培育好每一个学生。学生存在的某些问题是暂时的，是发展变化的。德国诗人海涅

(H. Heine)小时候在学校里是尽人皆知的问题行为的学生,教师常骂他对诗"一窍不通";达尔文(C. R. Darwin)读中学时,因成绩不良而被教师、家长视为"智力低下"的人;诗人拜伦(G. G. Byron)在阿巴丁小学读书时,成绩也是全班倒数第一;军事家拿破仑(Napoleon)在巴黎军事学校的成绩也很一般。在现实生活中这样的事例也不少。

资料链接 6-1

你这糊涂的先生!

你的教鞭下有瓦特。

你的冷眼里有牛顿。

你的讥笑中有爱迪生。

你别忙着把他们赶跑。

你可要等到:

坐火轮,

点电灯,

学微积分,

才认他们是你当年的小学生?

(资料来源　陶行知.陶行知全集(第七卷)[M].成都:四川教育出版社,1991:36.)

由此可见,只要正确认识和对待学生的各种问题,教育得法,持之以恒,他们也一定能成为对社会的有用人才。班队工作者只有树立坚定正确的教育观,才能在遇到困难、挫折时,毫不动摇、坚定不移,才能主动地驱赶"厌、烦、憎"等不良思想情绪,才能去百般关心、帮助、教育和爱护学生,做到精诚所至,金石为开。

第二,必须以真挚的感情热爱学生。一方面,热爱学生,是教师必须遵守的职业道德。在通常情况下,学业与品德发展存在问题的学生在思想感情上都受到过不同程度的挫折,心灵上遭受过创伤,受到过不公待遇等。例如,常被同伴嘲笑、讽刺、挖苦或歧视,经常受到教育者的批评,受到家长的严厉斥责、谩骂和惩罚等,致使他们产生一种特殊的心理,自尊而得不到人尊,想胜而难以取胜,想改过而又意志薄弱,需要理解而又难以得到理解,等等。因而,常可以看到他们有时表现出自卑消沉,有时偏激冲动,有时又侥幸、懒散、畏难,甚至对人生采取冷漠、蔑视态度,怀着"看你们拿我怎么办""破罐破摔"等对抗情绪。他们往往对教师存有一种说不清的戒心,与教师保持一定的距离。因此,要消除这种隔阂和对抗情绪是非常不容易的,根本的办法是动之以情,与他们在感情上建立联系,逐渐使他们感到班主任、辅导员的可亲可近,然后再给予适当的引导和教育。当他们愿意与老师推心置腹地谈心里话、吐露真实思想时,就是他们突破心理障碍,发生思想转变的重要契机,也是班队工作者赢得他们信任的重要时机。班队工作者一定要抓住这种时机,从爱护关心出发,理解他们的心情。要以心换心,用真挚的感情热爱学生、教诲学生,诚如孔子说的"爱之,能勿劳乎? 忠焉,能勿诲乎"?

另一方面,班队工作者应当明确,对学业与品德发展存在问题的学生的关爱并不意味着对他们的缺点的姑息迁就。真正的爱应当是对他们既尊重又严格要求。要对他们晓之以理,给予必要的批评和教育。苏联教育家赞科夫说:"不能把教师对儿童的爱,仅仅设想为用慈祥的、关注的态度对待他们。这种态度当然是需要的。但是对学生的爱,首先应当表现在教师毫无保留地贡献出自己的精力、才能和知识,以便在对自己学生的教学和教育上,在他们的精神成长上取得最好的成果。因此,教师对儿童的爱应当同合理的严格要求相结合。"[1]

第三,要善于发掘学生身上潜藏的"闪光点"。这也就是我们在教育领域经常采取的方法,即长善救失。对于学业与品德发展存在问题的学生,其要求上进的心理需求常常是"一闪而过",所以班队工作者发现"苗头"就要及时表扬,使他们树立自信心,相信自己"我能学好",如果忽视了这些好的"苗头",做了好事也不予表扬,就会挫伤他们仅有的一点上进心,甚至可能引起不良的连锁反应,使其自暴自弃,一蹶不振,甚至犹如决口之堤一泻千里,不可收拾。在这些学生的发展过程中,对于其表现出的任何一点上进的要求,不管动机如何,班队工作者都要抓住它、扶植它,使它由小变大、由少到多,不断增强其自身的"抗菌"能力,以此来抵御外界的侵扰。

第四,要不怕反复,持之以恒。学生在学业与品德发展方面存在的问题是由自身的错误观念和外部的各种诱因所造成的。在改进过程中,由于新的思想、新的行为习惯还不十分巩固,加上可能遭到别人的讽刺、嘲笑,或遇到困难等,他们原有的错误思想和旧的行为习惯又会反复出现。反复是他们思想转化过程中的常见现象,即使是转变过来了,有时也会出现一些故态复萌的情况。但要注意的是,这些反复并不是以往缺点、错误的简单重复。例如,有的学生在犯了错误受到批评时,往往表现出倔强、不服气。但当他有了一点进步受到表扬之后,又出现错误行为时,只要经老师稍一指点,他们就会表现出不安和内疚,会感到心情沉重,觉得自己对不起老师和同学的殷切期望,对老师批评的态度也和以往不一样,这说明反复只是外在形式,思想却已经有了内在的变化,这种变化标志着他们的进步。有的班主任或辅导员看不到这种变化,当学生一有反复,就失去教育他们的信心,这是肤浅、轻率的。在做问题行为学生的转化工作时,班队工作者要有思想准备,不怕反复,对出现反复的学生仍然要满腔热情地尊重、信任他们,对他们的进步予以肯定,不能急躁、不能嫌弃。即使出现反复,也要及时了解原因,分析他们的变化情况,进一步做细致的工作。要持之以恒地关心教育他们,使他们真正转变。

---

[1] [苏]赞科夫.和教师的谈话[M].杜殿坤,译.北京:教育科学出版社,1980:30.

对问题行为学生的教育,还需要根据他们不同的特点,主动及时地调整教育内容、方法和步骤。例如,当某些学习上落后的学生对一种学习(如某项科技、文艺等)发生兴趣时,班主任应给予充分肯定并加以引导,从而激发他们学习的积极性,以带动其他方面的学习。

总之,转化学生问题行为是一项艰苦细致的工作,需要付出辛勤的劳动。班队工作者要努力研究他们的心理特点,探讨转化规律,掌握转化的艺术,抓住转化的时机,逐步化消极因素为积极因素。这里需要指出的是,教育上包医百病的"灵丹妙药"是没有的。班队工作者在教育、帮助学生的同时,还要争取少先队、任课教师、家长和社会各种力量的配合,采取多种措施,协调一致,共同努力,由此才能取得最优化的效果,才能切实做好这项工作。

第三节 班级中非正式群体的教育

班级非正式群体又称"自然群体",是相对于学校的班级合作小组、班委会、少先队组织以及各种兴趣小组等正式群体而言的。它是指那些没有正式规定的,以情感成分为主要调节机制,在心理、动机上具有相同倾向而自发形成的群体。群体中成员的地位和角色、权利和义务都不是上级或正式章程所明文规定的,他们是以个人喜好为基础自发结合在一起的联合体。

班级中非正式群体的产生,有其客观必然性。班级作为正式群体,是为了达到教育、教学目标和履行一定的社会职能建立起来的,一般而言,它并不顾及作为群体成员的学生的交往和情谊的需要。而少年儿童在身心发展中迫切需要与别人交往,交流感情,因此,出于满足感情交流与活动交往的需要,就产生了非正式群体。

在班级这个特定的学生集体中,学生最明显、最主要的社会需要就是相互交往和社会尊重的需要。

一、小学班级非正式群体的主要特点

(一)凝聚性

班集体中的非正式群体主要是以情感为纽带,以满足群体成员的交往、归属的心理需求为目的的一种自然结合体。在这种群体中,情感是维系群体成员的纽带。所以,成员之间常常相互支持、相互依赖、"一致对外",形成了一种"抱团"现象,体现出了他们群体内较强的凝聚力。每个成员信服自己的"首领",有一种向心力。通常,大家会奉行多数成员认同的行为规范和价值观,而且,规范一经形成就具有较高的权威,虽然群体内的规范是不成文的、无形的,但对成员有较强的约束力,儿童出于融入群体的强烈愿望,会主动与群体行为保持一致,如果与群体行为不一致,也会迫于团体压力改变自己的行为。儿童同伴团体一旦形成,便会通过团体规范和价值观来调节团体成员的行为。

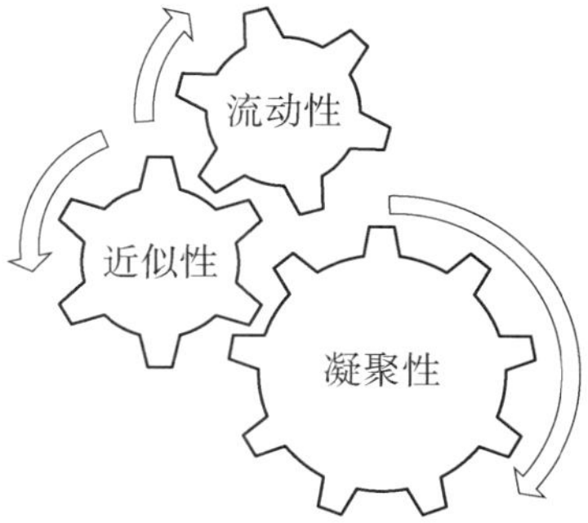

图6-5 小学非正式群体特点

(二) 近似性

心理上的认同和行动上的共同追求是班级非正式群体产生的直接动因。非正式群体中的成员由于彼此观点、利益的一致性,所以成员对外界的反应态度十分相似。加之各群体成员之间的兴趣、爱好、气质、性格或经历基本一致,使得他们之间的活动非常协调,往往"一拍即合"。他们一起学习、一起游戏,总是体现出统一的行为,群体成员之间既有许多共同点,也有比较协调的共同活动,各成员对外界的反应常持有相同的态度。

(三) 流动性

由于小学生处于"幼稚型认同"阶段,低年级儿童还没有形成"友谊"的概念,群体建立在大家平时在一起玩的基础上,群体中的成员只是短暂的游戏伙伴关系。因此,群体结构比较松散,非正式群体之间有可能相互交叉,群体内成员之间的联系或松散或紧密,而且容易解体,每个学生都有可能参加很多个群体,他们在群体中的流动较为频繁。随着年龄的增长,他们对朋友的选择性逐渐增强,友谊开始具有一定的稳定性,但也产生了强烈的排他性和独占性。

非正式群体的特点决定了它对于个体的社会化发展有着不可低估的作用,有的时候这种作用甚至会大于正式群体。当非正式群体的目标与班级集体发展的目标一致时,它会起积极作用,成为班级集体的辅助力量;反之,就有可能产生消极作用,给班级管理带来一些麻烦,造成或大或小的干扰,甚至形成对抗力量,使班级出现凝聚力不强、人际关系紧张等不和谐的现象,影响班集体的建设。所以,非正式群体的作用具有双重性。班队工作者对非正式群体必须予以关注。

二、正确对待班级中的非正式群体

班集体中的非正式群体影响和决定着班级目标的实现、班集体凝聚力的形成、班级良好人际关系的建立,所以,班主任一定要重视这种小群体的存在,并予以正确对待。

(一) 正确识别班级中的非正式群体

根据非正式群体的行为方式和所产生的作用,可把非正式群体分为以下几种:①积极型。成员能遵守班级集体的各项制度和要求,支持班级集体工作,积极与班主任和班委配合,发挥一些班级集体不能发挥的作用。②娱乐型。其成员往往只满足于共同玩耍和娱乐的需要,不能用集体生活准则来约束成员的言行。③消极型。其成员多半是由一些学习成绩不佳,或在班级中遭冷遇的学生组成。他们对班级集体活动没有热情,缺乏上进心和责任感。④对立型。成员大多是一些表现差,有问题行为,或受过处罚的学生。他们结成小团体后,故意与班主任和班干部对着干,干扰班级的正常秩序。

值得注意的是,非正式群体经常是处在变化之中的,所以,班主任应该用动态的眼光,从非正式群体表现出的主要特征来确定它的类型。

(二)区别对待不同类型的非正式群体

非正式群体是学生自发形成的,它的存在是合乎青少年身心发展规律的。作为班级管理者,就是要通过正确地引导,合理地利用其积极的一面,防止其消极的一面所带来的不利影响。

对于积极型的非正式群体,应支持和保护;对于娱乐型的非正式群体,应关心和引导,使他们对班集体的建设发挥更大的作用。同时,教师也可以利用他们的兴趣、爱好,组建不同的兴趣小组,让更多的同学加入进去,形成全班性质的兴趣小组。这样,不仅能使班集体的活动丰富多彩,也会增强班级的凝聚力。苏联心理学家马斯洛娃曾说过:"在非正式小群体中具有集体主义倾向的情况下(对于这种倾向总是可以进行指导的),这些小群体只会促进集体的形成,使之更加巩固,因为在非正式小群体中的相互谅解、亲密接触和友好合作,具有情绪的一致性相互依恋,也是少年学生产生对于班级(即正式群体)的价值观念、内在观点和行动动机的基本条件。"[①]

消极型和对立型的非正式群体,往往背离班级集体的共同目标,成为班级集体成员努力实现目标的阻力,所以,对消极型和对立型的非正式群体应该积极加以引导和改造。此外,对于消极型非正式群体不要轻易斥责,应该坚持疏导,通过发扬他们的长处来克服他们的不良行为。对于对立型非正式群体,教师除了要以正面教育为主外,还应对他们给予理解和尊重。这样,通过教育、理解和感化,就会使他们消除原有的念头,进而融入班集体当中。当然,对于个别经反复教育仍不改正的消极破坏行为,也不能一味地退让、迁就,必要时也可以运用批评、处分等手段。

(三)加强对核心人物的引导

非正式群体中一般都有其公认的在群体中起着核心作用的人物,这一核心人物具有强大的心理影响力,他的一举一动都会得到其他成员的响应。因而,做好非正式群体中的核心人物的工作,会产生以点带面、牵一发而动全身的效应,如果做好了他的教育转化工作,其他

[①] [苏]彼德罗夫斯基,等.集体的社会心理学[M].卢盛忠,等,译.北京:人民教育出版社,1984:55—56.

成员的工作往往也就迎刃而解了。所以,在管理过程中,要多关注非正式群体中的核心人物,使他们增强辨别是非的能力,树立正确的人生观和价值观,把"核心"的积极性调动起来,然后通过"核心"做好其他成员的监督、管理和教育工作,共同进步。对于品行优良又有能力的核心人物可以委以重任,这样,就会使班级中的正式群体具有较好的群众基础。例如,有意识地安排这些同学参与到班级的管理工作中来,让他们成为正式群体中的干部,这样,两种群体(正式群体和非正式群体)间就会和谐合作;还可以根据实际情况,把一些工作(编小报、研究性学习、各类比赛等)交由这些非正式群体中的学生去完成,以发挥他们的群体优势。对于消极型和对立型群体中的核心人物要注意发现他们身上的闪光点,并及时进行表扬,使他们不断进步。通过教育、帮助和鼓励相结合的办法,逐渐使他们的小群体融入班级大集体之中。当然,如果核心人物起到了严重的破坏作用,也决不能姑息迁就。教育转化核心人物的工作要细致而有条理,不可急躁。转化时要找准契机,消除其对立情绪,然后再委以重任,并采取相应的措施帮助其完成任务,使他在成功的鼓舞下顺利完成转变。

班级非正式群体满足了学生不同的心理需要。在班级的管理中我们一定要正确对待他们,尽可能满足他们的合理要求,使每一位学生在班级集体中都有自己特定的位置,都有发挥才能的机会。只有正式群体的包容性增加了,非正式群体的目标才会与班级集体的目标接近或一致起来,使班级管理取得更好的效果。

💡 思考与探究

1. 在班队建设中影响师生互动的因素有哪些?
2. 结合案例6-2《被学生"报复"以后》,思考师生冲突产生的原因,如何避免和化解师生冲突。
3. 怎样才能产生积极的师生互动?请评析陶行知"四颗糖的故事"中的做法。

四颗糖的故事

有一个男生用泥块砸自己班上的男生,校长陶行知发现并制止后,命令他放学时到校长室去。

放学后,陶行知来到校长室,男生早已等着挨训了。可是陶行知却笑着掏出一颗糖果送给他,说:"这是奖给你的,因为你按时来到这里,而我却迟到了。"男生惊疑地接过糖果。随后陶行知又掏出第二颗糖果放到他的手里,说:"这是奖励你的,因为我不让你打人时,你立即住手了,这说明你很尊重我,我应该奖励你。"

男生更惊疑了。这时陶行知又掏出第三颗糖果塞到男生手里,说:"我调查过了,你用泥块砸那些男生,是因为他们欺负女生;你砸他们说明你很正直善良,且有跟坏人作斗争的勇气,应该奖励你啊!"男生感动极了,他流着眼泪后悔地喊道:"陶校长,我错了,我砸的不是坏人,而是同学……"陶行知满意地笑了,他随即掏出第四颗糖果递过来,说:"为你正确地认识自己的错误,我再奖给你一块糖果,我没有多的糖果了,我们的谈话也可以结束了。"

4. 如何引导不同的非正式群体?
5. 除了本书中提到的小学生常见的问题以外,在现实中你发现小学生还容易出现哪类问题?应该如何解决?

问题	外在表现	产生原因	解决措施

6. 学习"拓展阅读"《班主任手中的魔杖——例谈"SFBT"视角下德育问题的处事原则》,请列举一个案例说明其中的某一原则。

参考文献

1. 吴康宁.教育社会学[M].北京:人民教育出版社,2019.
2. 易连云.德育原理[M].上海:华东师范大学出版社,2017.
3. [美]凯文·瑞安,卡伦·博林.在学校中培养品德:将德育引入生活的实践策略[M].苏静,译.北京:教育科学出版社,2018.
4. 张妙龄.德育从心灵开始:中小学典型德育案例荟萃[M].北京:北京师范大学出版社,2018.
5. 林甲针.从"教育"到"辅导":心理健康教育视野下的德育工作[M].福州:福建教育出版社,2017.

拓展阅读

班主任手中的魔杖
——例谈"SFBT"视角下德育问题的处事原则

班主任每天面对层出不穷的事,很多人认为班主任的工作就如消防员,来回奔走之间全部都是在"灭火"。问题和事情一多,就容易"乱花渐欲迷人眼",掺入了个人情感，处理起来就缺少了一点理性；问题处理妥了，心理能量消耗不少，甚至严重影响班主任个人的身心健康和生活品质。

SFBT（英文 Solution—Focused Brief Therapy 的缩写，即焦点解决短期治疗技术）兴起于20世纪80年代，由美国威斯康星州密尔沃基市短期家庭治疗中心创办者史蒂夫等人建立，其中的"六个原则"对于班主任在处理班级事务方面有着良好的借鉴意义，我在班主任工作的过程中引入SFBT的若干原则，在实践过程中对此加以扬弃和新增，摸索出了适合自己处理问题的原则。同时，对班级突发性事件进行巧妙的归类，取得了不错的效果。

原则一：没有"问题"的"问题"就不需要解决。

这是SFBT中的重要理念。我始终相信，不是所有的"问题"都是"问题"。我也相信学生自己对于问题的处理能力，就像我们身上的免疫系统一样，有着自我修复的能力，而且对于同类型的问题有着抗体。但现实生活中，很多班主任为了"巩固成果"，仍然抓着问题大做文章，这容易引发学生的逆反情绪，而且浪费时间，其实点到为止即可。

例如，女生寝室607一直以来都是流动红旗的保持者，某周一，因为韩同学忘记把厕所的垃圾袋提出去被扣了3分。我想一贯优秀的寝室发生了这样一次小疏漏也是情有可原的。这件事也就被我有意无意地忽略过去了。结果，反而让韩同学感觉特别难为情，觉得自己应该为寝室多做几天清洁。我想，孩子有这样的责任心是好事，对此也持默许的态度。

还例如，甘同学有一天被保卫处的老师抓到我这儿。只见孩子低着头不断地啜泣，保卫科的大叔不依不饶："学校是什么地方？难道班主任没讲不能带管制刀具吗？……"原来，甘同学因为布置教室带来一把剪刀捐献，门卫老师看到了，就事论事，就把孩子拧到我这儿来了。我一边赔不是，一边安抚小甘。等保卫处老师走了，稍微提醒了她几句，我就让小甘下去了。因为小甘一如既往的良好表现都不足以让我觉得她带上这把漂亮的红剪刀是有什么"非分之想"的。

面对"问题"的时候，班主任首先是要给事情本身定性。有问题就找方法，没问题也就没有必要去解决。

原则二：凡事都有例外，"例外"就是解决问题之道。

"例外"是指某个问题按理应该会出现，但实际没有出现的情况。这一原则对于总是爱犯同一类型问题的学生的处理无疑是一个突破口。这类班主任口中的问题"惯犯"，就是某一"行为图式"的牺牲品，犯错误也不完全是故意的。但是在众多的同类型问题中，总会有一两次例外。如果班主任能对这些例外加以利用，打破学生脑中的思维图式，就能收到良好的效果。

例如，班里有一个说谎大王，人家叫他"余四成"。言外之意是这个人的话只能够信四成，不可全信。我找了一个机会，和他坐下来好好谈了一下"说谎"这个事。

他低下头说："对不起，我知道错了……其实我也知道说谎不对，但是不知道怎么一开口就说了谎。真累心，每次后悔，但是临到下一次又……"

这和我的预判是一致的，他长时间的说谎已经在脑中形成了某种处理问题的"图式"。三番五次的"折腾"之后，也许走了很多情感的捷径，取得了临时的信任许可证。我利用"置换法"和"例外问句"开始破解其"图式"。

我说："解决问题的方式千百种，除了说谎，你还能够想出其他的办法来取回手机吗？"

"方法其实蛮多的，首先我可以给您写一封道歉信，我会说些软话或是做一些保证之类的。"他一本正经的样子，就像上课回答问题一样。

我说："对呀，这是一种方式。人心都是肉长的，你要是真这样做了，说不定我就还给你了呢。"

"其次，我还可以和你签订约定之类的。"他真诚的样子其实蛮可爱的。

"对，这是一个不错的办法。比方说我就可以和你签订协议，在下个月的月考中把某一弱势学科的成绩提上去，如果完成了任务就把手机还给你……还有没有其他的？"

"有！例如说，我还可以通过做好事来立一些功，将功抵过。"

"那你生活当中还有没有那些没有靠说谎做成的事呢？"此时，我在寻找那些"例外"。"别忙着说，好好想想。"

"有，很少！有一次我照抄作业，被张老师认出来了，她问我的时候，我承认了。"

"那张老师为难你了吗？你感受如何？"

"那一次张老师批评了我，但是我感觉还好，至少我心里没那么累。"

在种种分析"例外"的方法和案例中，解决问题之道就慢慢勾勒出来了。

原则三：考察行为背后的动机，以此为抓手。

很多看似不可思议的班级突发性问题背后都蕴藏着各类动机。班主任不要被行为表象所迷惑，要考察学生行为背后的动机，并以此作为突破口，先扬后抑或先抑后扬，往纵深处引导。

例如，一来到办公室，语文老师就对我说："你猜，今天我们抓到谁抄作业了？"

要说到抄作业,我还真不敢相信这事此时此刻会发生在我们班的学生身上,毕竟是中考备战时期。

"谁呀?"我好奇地问。

"陈青。"

"对,是我抓到的。"数学老师张老师马上接上了话茬,"当时我走进办公室,就看着陈青慌里慌张在许老师办公桌上写着什么,我凑过去看,才发现他把许老师的教师用书上的参考答案往自己的练习册上抄。"

"啊?岂能有这事发生!?"我有点按捺不住自己的惊讶。

我找到陈青问道:"我知道张老师已经很不留情面地批评了你。但,我需要一个理由,你能告诉我你这样做的原因吗?"

"昨天的语文题我是认真做了的,但有几题拿不准,又不想空题,就……"

听到此,我憋在心里的那团火扑灭了。孩子的出发点是好的,只是对作业的管理出现了偏差。我需要做的就是教会学生用正确的方式管理作业。我平心静气地说道:"既然你是这样想的,老师也就不怪你了。但是光是把答案抄去肯定是弊大于利的。以后可否换一种方式?比方说,当你已经遇到那种十拿九稳的题,你就在题号前面打上一个"√";实在不会做的题就打上一个"?";若是苦思冥想之后做出来的题,就在这种题前面标注"△",用以提醒自己,这类题是需要强化记忆的;若是找了参考答案或是询问同学的,你又可以打上一个"○"等,然后向老师如实禀告你的作业情况……"

孩子听得非常认真,以后的作业也就挺有规矩了。

我知道事出有因,有着良好动机的行为都应该话分两头,一分为二地去引导。

原则四:不翻旧账,把着眼点放在当下和未来怎么做。

班主任在解决学生问题时应该把着眼点放在当下和未来怎么做上面。同一学生会出现各种不同的问题,如果把这些旧账细细数落出来,既浪费时间,耗费老师心力,又容易让学生产生逆反情绪,且让问题交杂在一起,难以理出"线头"和"线尾"。

例如,今天安全委员又交上了一张迟到名单——小徐同学。这已经是他开学以来的第四次迟到了。而之前几次迟到的时候,我就给过他机会,他也向我保证下不为例。可结果还是在坚持了数天之后败给了自己的散漫和拖拉。他站在我面前,喘着气,让我有骂他的冲动,很想把之前的保证书拿出来数落他一顿。但我知道这样做于事无补。一分钟的忍耐之后,我把凳子推给他,让他坐在我的面前,从长计议!他反而特别不好意思,小声地说了句:"对不起,我一定改。"

我的目的不是让他难堪,而是要和他着手解决以后的问题。于是我又一次询问了他的起床过程。

他把自己如何赖床,如何拖拉的情况一五一十给我汇报了一遍。看着他这番样子,我反而觉得挺可爱。

最后,我们商定,用"调前时间法"和"三定法"来治疗他的"拖拉症"。我说:"这样迟到下去也不是办法。首先,你意识到了吗?"

"真的意识到了。就凭老师三番五次原谅我,我都一定不会辜负老师了。"他说得很真诚。

"那你把你的表拿过来,我给你往前拨5分钟。你的时间永远要比别人提前5分钟,你的世界必须快5分钟才能平衡你慢下来的5分钟,你知道吗?"他迅速取下表来递给我,我一边调,一边询问:"还记得我们的'三定法'吗?"

"记得呀!定向、定量、定时……哦,老师我明白了,你是想让我用'三定法'来管理自己的行动问题。"

我抬头望望他:"挺聪明的嘛,既然你的预测本都能计划时间,那吃早餐、上厕所、穿衣服、坐车、刷牙就不能预设时间?"

在我们共同规划之下,徐同学把每一项的行为都放入了时间的预设之下:

① 穿衣2分钟。

② 上厕所必须在5—10分钟以内。

③ ……

之后,他没有迟到过!

原则五:"滚雪球"效应。

SFBT强调问题的解决要重视从量变到质变的过程,在解决问题的过程中,一旦一个环节发生了变化,就可能产生一系列的连锁反应,最终把问题彻底解决。班主任在处理问题的时候,切忌贪大求全,试图一次性解决全部问题,这样不可避免会产生挫败感。

例如,"写省册"是我们班的习惯之一。但是刚刚推行的时候却遇到了十分大的阻力,班主任的美好愿望和现实常常会出现强烈的反差,这也不奇怪。我首先设立"省册督员",希望对此有所改变。但上有政策下有对策,很多不愿意写省册的学生也就在检查之前匆忙写完几句,搪塞督员。这反而成了学生的课业负担,真是事与愿违。

我果断改变战略,我对学生说:"如果有人不想写省册,那就不写吧。如果觉得能够坚持写下去就坚持,老师很赞赏。"后来,果然很多学生没有写省册,仅有为数不多的十几个人坚持写。这没有关系,接下来我分时段有条不紊地行动起来。

造势:班会"三定法""再谈复习预习";学姐交流会(目标和反省的重要性);树立典型(孟玥汐、方丽丹);示范(从自我做起,坚持反思);设立"殷哥专栏墙"以作示范);鼓励与表扬(对优秀省册进行物质和精神表扬)。

制度化:本学期,实施"鸿鹄班级操行量化考核",以班规的形式把写省册确定下来,但是在操作上有了根本的区别。以前,我们的班规重"罚";现在,我们不"罚",重"奖"。我让每个认真写了省册的学生在各自的组长处登记加分,每次加一分。现在,写省册已经悄然成了班级习惯之一……

原则六:如果方法有效,就继续深入下去;如果没有效果就要及时尝试其他方法。

效果才是评价教育措施的真正标准。班主任在处理问题的时候要对自己即将拿出来的教育措施进行审视——这在之前被证明是有效果的还是没有效果的呢?

例如,写保证书对有的学生来说,写一次就能收获效果;对一部分学生来说写十次也未必见效。此时,需要换一种方式。如针对徐同学的迟到问题,写保证书的方法就不能继续推行,而换成时间量化的"三定法",反而起到了作用。

SFBT视角下的德育处事原则给我们的日常工作提供了新的途径,有利于我们把问题系统归类、科学处理;不掺杂太多个人的情感因素,客观公正地为学生服务。办法总比问题多,面对不同类型的问题也不必焦头烂额,这恰是把问题转化成资源的良好时机。

(资料来源 殷振洋.班主任手中的魔杖——例谈"SFBT"视角下德育问题的处事原则[J].班主任之友(中学版),2017(06):17—19.)

▶ **视频资源**

视频内容: 小淘气变形记
执教教师: 方志婷
指导教师: 上海市嘉定区古猗小学副校长龚志萍
视频提供: 上海市嘉定区古猗小学方志婷

| 扫码观看视频 |

"小淘气"是影响班级各项活动顺利进行的一类学生,也是班队工作者个别教育的对象,方志婷老师通过微课的形式,以同伴的视角帮助"小淘气"认识自己身上的缺点,从而形成集体与个体相互影响的良性循环。

第七章

班队活动的组织与设计

- 理解班队活动对学生发展的意义
- 掌握组织和开展班队活动的基本原则
- 了解班队活动的类型、组织与指导方法
- 学会班队活动方案的设计与实施

案例 7-1

一直以来，班级的班队会或是其他主题活动，都是小干部们在我的指导下进行策划、组织，然后逐一按部就班地开展，我对于一切似乎总是"尽在掌握"的。当然，我们班的班队活动始终在学校大队部的表扬名单之中，也是其他班级学习的榜样。

去年开学初的主题班会——"老师，您辛苦了"，我尝试着尽可能地放手，除了确定主题，其他的都由学生自己策划。我很想知道这帮孩子会弄成什么样。结果可想而知，总有那么多不尽如人意的地方。

会后，我将几个中队干部集中到一起问他们队会后的感受。"还不错！"他们都这样说。这是我完全没想到的。

"好在哪里呢？"我追问。

"节目很多，也很好玩！""串联词写得好。""PPT 也蛮漂亮的！"他们兴奋地说着。

"那有没有不足的地方？"我不死心，心想，那么多的问题，难道大家都没发现？

"不足总是有的，但已经很不错了！"没想到，他们那么自信满满地答复了我。

于是我又征询班上其他队员的意见。不料，大多数同学也认为中队长组织得挺好的！那几天茶余饭后，队会中的内容竟然还是孩子们津津乐道的话题，孩子们对它的热衷程度竟然超越了以往的几次在我看来非常不错的队活动。

这一切，实在让我有些意外。这是为什么？这事发生后不久，从班主任工作研究实训基地活动中我听到的一个名词解读，解开了我的疑惑——"儿童视角"。所谓"儿童视角"，就是要求老师站在学生的立场上想问题，再帮助他们在学习中得以提高。简单地说，就是以儿童为教育的出发点，经常用他们的视角观察事物，用他们的大脑思考问题，用他们的情感体验情感，从而更真实地走进儿童的世界，引导并使他们充分享受童年的多彩与快乐。

回想一下那天队会活动中孩子们兴奋的眼神，我想我找到了答案，尽管节目的选择与主题有些脱节，可是那些节目是他们喜欢的；尽管 PPT 的播放与主持人的串联词不能完全对上号，但自己做的 PPT 已经让他们觉得"了不起"，"是个好创意"；尽管……尽管有那么多的尽管，但那些都不是孩子们关注的焦点，在他们眼中，他们是成功的，是完美的！

这时，我才恍然大悟，我所谓的"完美"其实根本不完美，按部就班本身就已使其不完美。学生是需要引导，需要老师点拨的，但我仍时不时地将自己的意愿强加于他们，这可能是导致貌似完美，实则并不完美的根本原因吧！

（资料来源　刘蓓芸.无需"完美"[M]//张文潮.立德树人——上海市中小学班主任德育案例.上海：华东师范大学出版社,2019：63—67.本文有删改。）

众所周知，活动和交往是思想品德形成的基础，人的思想品德在积极的生活和交往中形成，又通过活动和交往表现出来。苏霍姆林斯基曾指出，在积极活动中形成世界观和理想信念是极为重要的一项教育任务。小学快乐的班队生活，有助于学生形成积极的价值观念，并将成为其一生美好的回忆。

活动是对学生进行全面发展教育的载体。但是活动的性质、内容不同，对人的影响也是不同的。为此，如何组织和设计班队活动，是班队工作者需要认真思考的问题。本章主要阐述班队活动组织的基本原则和操作过程。

第一节 班队活动概述

一、班队活动的含义及其教育意义

（一）班队活动的含义

班队活动是指为实现教育目的，在教育者的引导下，由班级学生或少先队成员共同参与，在课堂教学以外时间组织开展的教育活动。

（二）班队活动的意义

1. 进行思想品德教育的有效方式

学生品德的培养可以通过多种途径进行，而组织班队活动是最有效的方式之一。这是因为小学生接受事物在很大程度上还是以形象思维为主的，因此，他们的道德认识只有通过生动有趣的活动才能形成。具体生动的活动能使他们得以比较和鉴别什么是真、善、美，什么是假、恶、丑，从而获得更直接的感受，留下深刻的印象。

对学生进行思想品德教育，在"动"的环境中的教育，往往胜过在"静"的环境中的说教。在活动中，学生的道德认识得到了提高，道德情感得到了陶冶，而且可以把认识转化成积极的行动，这就是活动的特殊教育作用。因此，班队活动是形成道德认识的阶梯，是陶冶学生道德情感的熔炉，是转化学生道德行为的动力。

2. 促进学生身心健康发展，是形成良好个性的主要途径

健康的身心是人发展的前提条件。身心健康的人，应该是能够较好地适应其所生存的社会，并能够积极作用于社会的人。具体而言，就是会生活、会学习、会做人、会关心、会思考、会健身、会交往,有责任心。班队活动为这些品质的形成提供了舞台。班队活动范围很广泛,内容丰富多彩,形式灵活多样,学生可以从多方面发展自己的兴趣爱好、个性特长,在活动与交往中得到锻炼,使身心获得发展。通过参加活动,学生可以学会处理生活中遇到的问题,自己的事情自己做;学会做一个文明人,讲究文明礼貌;增强规则意识,懂规矩,学会遵纪守法。在集体活动中,学生学会关心集体,为其尽责效力;关心社会,为其奉献爱心。此外,活动更使他们学会了交往,增强了适应环境的能力,形成合作意识,养成活泼开朗的性格,也锻炼了意志力。在人的品性中,具有核心意义的是人的创造性,通过活动,个人的爱好得到了充分的尊重,每个人都有体会成功的机会,都可以品尝成功的蜜果,在活动中,他们树立了自信,为创造力的培养奠定了坚实的心理基础。

3. 学生掌握知识,是发展认知能力不可忽视的条件

这不仅是因为"实践出真知",更主要的是因为活动为认知的发展储蓄了动力资源。美国著名教育心理学家奥苏贝尔(Dawid Pawl Ausubel)认为,当学生还不具备学习的兴趣时,先不要人为地去进行所谓的"兴趣"的培养,而是让学生直接进行学习活动,通过活动,儿童会产生活动的兴趣。这种在活动中产生的兴趣会成为学习活动持久的动力。心理学家皮亚杰(Jane Piaget)也认为,儿童认知能力的发展是其认知结构从不平衡到平衡再到不平衡的过程,这种不平衡就是兴趣的作用。他认为,只有鼓励儿童多观察,多活动,增加产生兴趣的机会,才能使其认知结构打破原有平衡,走向新的不平衡,由此推进认知结构的进一步丰富和认知能力的进一步发展。通过活动,还可以进一步挖掘和发展学生的内在潜力。

案例 7-2

垃圾分类进校园,争当环保小卫士

垃圾分类回收是一个比较复杂的工程,二联小学借助有趣的故事,通过稚嫩有趣的表演,将自己对"垃圾分类"和"健康生活"两者之间的认识融入表演中,使台下观众们获得更多垃圾分类的知识,养成良好的生活习惯。这可真是:古有"愚公移走太行王屋",今有"垃圾分类健康中国"!

二联小学以"垃圾分类"为切入口,以深入人心的民间故事《愚公移山》为背景,讲述了一个有趣的故事:愚公当年搬走两座大山的地方,因为村民们乱扔垃圾,又形成了一座会越长越高的"垃圾山",导致很多人生了重病,严重影响村民们的健康。眼见"垃圾山"越堆越高,愚公却束手无策,直至大伙了解了"垃圾分类"的新理念及其对人体健康的益处后,才纷纷开始齐心协力,借助"垃圾分类桶",移走了"垃圾山"。

(资料来源 上海市杨浦区二联小学.垃圾分类进校园,争当环保小卫士[EB/OL].(2019-05-18)[2020-03-28]. http://www.erlian.edu.sh.cn/info/1046/3449.htm)。

二、班队活动的原则

班队活动的原则是指为了保证班队活动的良好效果,在设计、组织和开展活动时必须遵循的基本要求。班队活动效果如何,与活动过程中是否正确地遵循这些原则是有密切关系的。

(一)教育性原则

班队活动的教育性原则就是要求在组织和开展班队活动时,要以促进学生身心健康、全面发展为目的。这是班队活动的基本原则。教育性原则,不只是要求教育者在组织班队活动时出于一个良好的教育愿望,更主要的是要通过班队活动的组织,切实使学生获得真正的教育,获得实实在在的发展,或增长知识,或陶冶情感,或培养良好的品行。从这个意义上说,班队活动要求教育者必须具备活动教育的思想,具备灵活选择活动主题和活动形式对学生进行教育的能力,也要求他们具备筹划活动进程、协调活动中各个具体教育因素的技能。

在组织班队活动过程中,还必须克服急功近利的思想,不能试图通过一次活动或几次活动就一定要使学生获得某种"预想的发展",更要摒弃那种通过活动进行空洞的道德灌输,把儿童看成"等着填充的容器"的做法。

在设计活动时,需要考虑下列问题。

① 为什么要组织这项活动?
② 通过这项活动,我要达到什么教育目的?具体的教育目标是什么?
③ 如何引起学生对这项活动的兴趣?
④ 怎样让学生成为活动的主人,人人都能参与这项活动?
⑤ 开展这项活动要做哪些准备工作,以保证活动的质量?
⑥ 活动过程中可能会出现什么问题,如何解决?
⑦ 活动结束后,还要做些什么以巩固活动成效及弥补不足?

(二)针对性原则

班队活动的针对性原则是指要根据班队组织与建设的实际需要,针对学生不同的年龄特征,以及学生所处的地域环境和条件的差异,对学生进行教育。

班队活动的组织要充分考虑学生的年龄特征。对不同年龄的学生,要根据他们的不同特点来组织活动。例如,小学低年级学生的思维主要以形象思维为主,直观操作在其活动中占据主导地位,加上他们的知识经验不足,因此,可以多开展一些简单易行的活动。随着学生年龄的增长,知识水平和活动能力的提高,要多进行一些探索类、制造类等较复杂的技术性操作活动,逐步培养他们独立工作、独立钻研、独立分析的能力和创造能力。班队活动不仅要考虑全体学生共有的一般的年龄特征,同时也要照顾每个学生的个性特点,在组织活动时,对他们每个人的兴趣、爱好、能力水平都加以考虑,以发挥每个人的特长,培养他们的特殊才能。

　　班队活动的组织还要考虑班队集体建设的需要。教育家马卡连柯认为，集体是教育的目的，也是教育的手段。因此，班队活动的主要任务之一，就是要建立一个良好的班队集体，通过这个集体教育和影响学生。从这个意义上来说，班队活动的开展也必须有利于班队集体的建设和发展。例如，针对班内学生自成小群体、集体意识不强的状况，可以组织主题班会或以相互协作为内容的活动，来引导、教育学生热爱自己的班级，增强同学之间的相互了解和信任。另外，班队活动要针对班队集体或学校所在地区的自然条件，充分发挥地区优势，因地制宜。我国地域辽阔，各地的自然条件、社会经济水平有很大的差异，因此，班队活动也要充分考虑这些因素。例如，经济发达的地区，可以通过参观、访问和调查，让学生充分体会改革开放的成就，以增强对伟大祖国的热爱；经济欠发达地区，可以引导学生通过各种活动找到与发达地区的差距，看到本地区发展的前景，以增强学生为本地区经济和社会发展作贡献的使命感。地处城市的学校，可以利用城市的工厂、商店、科研设施及其他文化设施，如少年宫、图书馆、科技馆、天文馆、博物馆等，开展形式多样的班队教育活动；乡村学校可以利用乡村自然资料丰富，农、林、牧、渔业发达的条件，开展以生物科学为主的科技活动和与农业生产有关的公益劳动等。

　　在设计活动时，班队工作者可根据活动针对性"五问"来检验活动是否满足针对性原则。

① 活动符合所教年级学生的年龄特点吗？
② 活动是否适合本班队学生的生活实际，他们会喜欢吗？
③ 班队集体建设过程中需要这项活动吗？
④ 活动能较好地利用学校周围环境所提供的有利条件吗？
⑤ 学校所在地区的自然条件便于这项活动的开展吗？

（三）自主性原则

　　班队活动的自主性原则是指班队活动要充分调动和尊重学生在活动中的主动性和积极性。班队全体成员是班队活动的主体，是活动真正的主人。班主任和辅导员是活动的指导者，要对学生的活动进行辅导和帮助，但他们不能代替学生的活动。对小学中高年级的班队工作者来说，从活动计划的制定、活动内容的选择到活动过程的组织和管理都可以让学生自己安排。把班队活动的主动权交给学生，是符合学生自身特点的。因为到小学中高年级时，学生的自主意识增强，他们更希望自己处理自己的事情，自己的事情自己干。同时，从培养人的角度来看，充分发挥学生的主体作用，更有利于促进学生身心的发展，有利于培养学生的创新精神和实践能力。

　　皮亚杰认为，儿童活动的自主性是儿童认知发展，尤其是个性形成的关键。他说："传统教育方法与新的教育方法的对立,乃是被动性与主动性的对立。"①他批评传统学校不尊重学生自主性的做法,认为"传统学校无论在理智方面还是道德方面,都把一切社会化的过程归结为一种约束机制了"。他说,儿童能够在他们自己的社会,特别是在他们的集体活动中,使他们自己服从一定的规则。"他们对于这种规则比对成人所发出的命令还要更加坚强地和自觉地予以尊重。"这种活动最有利于促进儿童养成"批判态度、客观性和推理思考的行为方式"。②

在设计活动时,班队工作者可根据尊重学生自主权"三问"来检验活动是否满足自主性原则。

① 学生有平等参与权吗?即是否做到人人能参与,人人可参与,人人认真参与活动。
② 学生有自由选择的权利吗?是学生自主选择感兴趣的活动吗?
③ 学生有自主评价的权利吗?能在自我评价中提升自我认识吗?

(四)多样性原则

小学阶段的学生,正处在一个求知欲旺盛、好奇心强、兴趣广泛、活泼好动、追求新异的阶段。因此,在组织班队活动时要充分考虑学生的这些特点,体现活动的多样化。

班队活动的多样性具有两方面的含义:一是活动形式的多样化;二是活动内容的多样化。形式的多样化,就是要满足学生求新、求异的心理要求,激发他们积极参与活动的兴趣;内容的多样化则是为了适应学生德智体美劳全面发展的要求,促进其全面、和谐地发展。因此,在组织、设计和开展活动时,一定要克服两种偏向:一种是为了一味地追求活动的所谓"教育性"或"塑造性",不顾学生实际的兴趣和需要,使活动形式单调刻板,内容单一而无变化;另一种是为了活动而活动。组织和设计活动时一定要做到内容丰富、主题鲜明、形式新颖、气氛和谐,使学生感到新奇、有趣,乐于参加;使班队活动成为以理服人、以情感人、以美怡人、以趣育人的教育活动。

根据调查,小学生喜欢的中队活动类型主要有考察、春(秋)游、模拟体验活动、文娱表演、游戏、体育竞赛等,不论哪种类型的中队活动,只要组织得好,学生都会喜欢。

(五)计划性原则

班队活动的计划性原则是指指导者要对每个学年、每个学期的班队活动作通盘考虑和总体规划,精心设计每一次活动,以保证活动效能的充分发挥。

班队活动的计划性体现在两个方面:一是规划活动进程,二是规划活动形式。

首先,教育者应根据学科教学的不同阶段展开活动,使课外与课内相互补充、相辅相成、相得益彰。例如,对于课堂教学中需要大量背景知识的内容,教育者可以组织课外阅读的活

---

① [瑞士]皮亚杰.教育科学与儿童心理学[M].傅统先,译.北京:文化教育出版社,1981:13.
② [瑞士]皮亚杰.教育科学与儿童心理学[M].傅统先,译.北京:文化教育出版社,1981:184.

动;对于课堂上晦涩抽象的内容,教育者可以在课外通过组织讨论、观察、实验、测量等形式促进学生理解。

其次,要根据国家形势发展的需要和国民教育的整体发展来安排班队活动。党和国家历来重视国民的思想政治教育工作,对不同阶段的学生有不同的具体要求,学校班队活动要根据小学生特点,及时与之相呼应。

第三,班队活动的计划性原则也要求教育者善于把握学生发展的时代特征,有计划地组织一些符合时代要求的活动,及时有效地对学生进行引导,使他们向着现代社会所要求的方向发展。

班队活动的计划性原则要求在组织班队活动时必须克服形式主义倾向,对活动早作计划、早作安排、早作准备,使活动切实有效地开展。

(六)生活性原则

生活性原则是指班队活动要扎根生活,深入实际,使活动符合客观现实发展的真实状况,让学生在真实的活动中体味生活、感悟人生,以达到对学生自然而然的教育。切忌远离实际、远离生活,忽视活动对学生的自然启发性。教育家杜威就反对活动远离生活的做法,他说,教育就是要给学生一个真实的情境,一个使学生真正感兴趣的活动。

因此,班队活动的组织与开展,一定要贴近生活、贴近实际、贴近学生。要从学生的学习、生活实际出发,从学生最关心的问题入手,深入浅出,寓教于乐,循序渐进。要用鲜活通俗的语言,生动典型的事例,用学生喜闻乐见的形式,用参与、讨论的方法开展活动。同时,还要结合学校所处地区的实际情况,使活动真正取得实效。

(七)快乐性原则

快乐性原则是指在组织和开展班队活动过程中要营造快乐的氛围,引导学生在活动中寻求快乐、创造快乐、享受快乐,愉悦自己、感染同伴,增进友谊、团结向上,让学生在快乐中受到教育。

快乐是人类的一种积极的情感体验,追求快乐是人本能的需要。快乐更是儿童纯真的情感需求,享受快乐是儿童的权利。儿童应该有一个快乐的童年。班队作为儿童自己的组织,理应尊重和满足儿童这种快乐的需要。快乐能提高人的生活质量,一个人如果生活快乐,在面对身边的一切时,就会保持一种良好的心态,形成积极乐观的精神,热爱周围的人、热爱生活。对学生而言,用新颖有趣的活动,让其释放快乐,体验快乐,他的生活就充满活力,从而感受到生活的美好和幸福。因此,快乐能促使学生和谐、健康地发展。"勤奋学习、快乐生活、全面发展",[①]"今天做祖国的好儿童,明天做祖国的建设者,美好的生活属于你们,

---

① 中华人民共和国中央人民政府门户网站.胡锦涛关心少年儿童和少先队工作:深情关爱育新苗[EB/OL].(2010-06-02)[2020-03-28].http://www.gov.cn/ldhd/2010-06/02/content_1618644.htm.

美丽的中国梦属于你们",①都表达了党和国家对青少年的关怀和期望,希望他们有一个快乐的童年和美好的明天。

> **案例7-3**
>
> **快乐的童话乐园——三年级秋游考察**
>
> 　　天高云淡,金风送爽。伴着秋天的落叶,上海市世界外国语小学三年级的小朋友踏上了秋游考察之旅。此次活动的地点是充满浪漫主义气息的安徒生童话乐园,孩子们最喜欢的童话主题式乐园。
>
> 　　从校车上下来时,每位小朋友无不惊叹于乐园内建筑的漂亮。穿过一片丛林,就来到了乐园的主体部分,初映眼帘的是一栋粉色的城堡,各个班级先是在城堡前合照留念。紧接着,小朋友来到城堡内部,进行淘气堡的室内活动项目,安全舒适的室内项目多以攀爬和滑梯为主。小朋友一来到室内,犹如脱缰的野马来到草原,鼓足了干劲往上爬。先是有小朋友三五成群,约定好比赛式爬行,冲顶的瞬间,让人感觉他们仿佛征服了一座山。之后,喜欢冒险刺激的小朋友来到九曲十八弯的滑滑梯项目。胆子大的小朋友争先恐后地爬到高处,有序地玩着项目。一次不够,第二次,第三次……直到内心的那份寻求征服的欲望得到满足,才肯罢手。除了看似险象环生的攀爬和滑梯项目,室内也有较为温和的海洋球项目和小推车项目。孩子们的想象力总是无穷的,当一个个小朋友将身体埋入海洋球内,只剩颗脑袋露出外面时,你还能找到那张熟悉的脸吗?当你熟知的同学,把身体塞入一辆辆人力小车中,你还分得清那拨动的双腿是谁的吗?
>
> 　　上午的活动已然耗去大部分体力,及时需要补充体力,即将"加血复活"的我们,进入秋游的进餐环节。在此过程中,小朋友以班级小组为单位,分享着自己前一天精心准备的美食。带队老师也"猝不及防"地得到各个小朋友的投喂,那一双双小手传达的是浓浓的爱师之情。吃饱喝足的我们,进入到秋游的最后环节,也是重头戏环节——游艺项目(室外活动)。下午的气温有些许升高,小朋友游玩的热情也随着气温的变化而持续递增。
>
> 　　游艺项目中,最令小朋友喜爱的莫属海盗船项目和碰碰车项目了。海盗船惊险刺激,随着船体的左一下右一下地摇摆,慢慢升至小朋友们心理承受的顶峰,不断地满足小朋友对于未知世界的极度渴求。升起降落间,小朋友们愉悦的心情缓缓释放。

---

① 中国共产党新闻网.习近平寄语全国各族少年儿童:美好的生活属于你们　美丽的中国梦属于你们[EB/OL]. (2015-06-02)[2020-03-28]. http://cpc.people.com.cn/n/2015/0602/c64094-27088929.html.

> 欢快的时光总是如此短暂,钱钟书在《论快乐》一文中,也说到"快乐在人生里,好比引诱小孩子吃药的方糖"。今天,我们三年级的小朋友品尝了不同口味的方糖,有惊险的、有平淡的、有翻江倒海的、有充满幻想的,人生各般体验在秋游考察过程中,得以一一实践、一一经历。
>
> (资料来源 上海市世界外国语小学:《快乐的童话乐园——三年级秋游考察》。)

要让学生在活动中感受快乐,首先,要把活动的主动权交给学生,让学生做活动的主人,学生依照自己的需要和兴趣设计活动,在创建活动过程中表达快乐,表现自我,品尝快乐。其次,教育者要有一颗"快乐的童心",并通过快乐氛围的营造,感染学生,使学生快乐。在这一过程中,教师要理解学生,赏识学生,设身处地站在学生的角度,将心比心,体会学生的需要和快乐,尊重学生的情感,这样才能与学生有共同语言,实现心灵沟通。再次,在师生共同创建快乐的活动中引导学生,深化快乐,帮助其在快乐中接受教育,在活动中实现道德成长。

三、班队活动题材的来源

班队活动的题材是指为落实班队活动的教育内容而挖掘的素材。其素材来源可以从以下几个方面考虑。

(一) 从学生的生活中选择活动素材

儿童的道德感受和道德认知与他们的生活经验、年龄特征密切相关。小学生的生活环境主要是家庭、学校和社区。学生在班级中生活的每一天都会生发出无数的教育资源,其中有许多内容可以提炼出来作为班队活动教育的有效素材。例如,为提高学生学习的自觉性,养成良好的学习习惯,可以开展学习方法经验交流等活动;为培养学生基本的行为规范,可以引导学生自己编排情景剧、小品,让学生在自主活动中体验和感悟。许多有经验的班队工作者往往善于从一些看似单纯平凡的事件中,抓住典型,巧妙筹划,设计出极具意义的班队活动,以激发学生的好奇心和学习热情。

(二) 从节日中选择活动素材

一年中的节日很多,我国有许多节日可作为班队活动的基本素材。各种法定节日,传统节日,革命领袖、民族英雄、杰出名人等历史人物的诞辰和逝世纪念日,建党纪念日,红军长征、辛亥革命、抗日战争胜利等重大历史事件纪念日,"九一八""南京大屠杀"等国耻纪念日,以及入学、入队、入团宣誓等有特殊意义的重要日子,都蕴藏着丰富的教育资源。不少学校都把节假日作为学生生命成长的节点,根据时代的发展要求,对节假日进行细心的梳理分类,精心策划,使节假日价值清晰化、活动系列化、层次化。

表 7-1 节假日分类及教育目标

节日分类	教育目标(学生角度)	代表节日
民族节日	了解每一个节日的来历、风俗,并能说一说。参与社会中的各种民俗活动,感受民俗文化的丰富多彩、源远流长,热爱自己的民族	清明节、端午节、中秋节、重阳节、春节、元宵节等
生态节日	了解每一个节日的由来,并能自己进行策划宣传、参观等社会活动,以实际行动保护生态环境,从小树立环保意识	植树节、环保日、爱牙日、护眼日、世界水日等
纪念节日	了解每一个节日的纪念意义,并能用各种方式表达,从中感受到祖国的日新月异,知道祖国今天的伟大成就来之不易,热爱自己的祖国,认识到每个公民的责任,树立正确的价值观、人生观等	建军节、国庆节、建党节、雷锋日、国家宪法日、烈士纪念日等
娱乐节日	了解每一个节日的故事,积极策划愉快又有意义的庆祝活动,并能主动参与。在活动中增长智慧,学会合作	儿童节、元旦等
情感节日	了解每一个节日的由来,感受到社会给予自己的关爱,培育感激之心。能自主策划"爱心活动",用积极的行动回报社会	妇女节、母亲节、父亲节、教师节等
假日活动	能自主策划丰富有益的假期活动,活动安排有计划,在多样化的活动中亲近社会、开拓视野、积累学问、增长见识	寒假、暑假等
校园文化节日	能自主策划、组织校园文化活动,活动安排目标明确、有计划,在活动中能展示个性特长、增强自信、增长才干、体验进步和快乐	艺术节、读书节、科技节、体育节等

(资料来源 许嫣娜.节假日:学生生命成长的节点[J].中国德育,2009,4(09):49—51.本文有删改。)

(三)根据地域特点选择活动素材

每一个地区,都有自己特有的自然环境、风土人情、名人轶事、革命斗争史、建设成就、新人新事等,这些都蕴含着十分丰富的教育内容。例如,可以组织学生深入农村、城镇进行调查,了解本地区的经济发展状况,开展一些体验活动,以增强他们建设家乡的使命感;了解本地区的传统文化特色,感受中华民俗技艺文化的灿烂辉煌;对一些文化大镇、历史名城进行考察,增强他们对历史的感知,感受中华民族自强不息的精神;在有光荣革命传统的老区,可以发挥红色资源的优势,开展革命传统教育活动,教育学生牢记革命烈士的光辉业绩,珍惜今天的幸福生活。

第二节
班队活动的组织形式

班队活动多种多样。从内容上看主要有主题教育活动、班队例会、班队文艺活动、班队体育活动、班队科技活动、班队劳动、班队游戏活动和雏鹰争章活动等。下面分类阐述。

一、主题教育活动

主题教育活动是指在班主任或辅导员的指导下,根据学校的教育计划,针对学生的实际情况提出一个主题,围绕这一主题而进行的教育活动。其主要形式有:主题班队会、主题报告会、主题座谈会和主题伦理性讲话。这里以主题班队会为例,着重阐述设计、组织和指导这些主题教育活动的一些基本要求。

(一)确定鲜明的主题

主题是主题班队会的灵魂,开好主题班队会首先要确定鲜明生动的主题。必须把思想性和针对性作为班队会选题的宗旨,使教育活动具有生动的教育性和感染力。因此,既要准确把握学生的实际思想,又要充分领会社会对学校教育的基本要求,把两者紧密结合起来,使主题班队会既能满足学生的心理需要,引起他们的兴趣,又能充分体现教育性和趣味性,达到寓教于乐的目的。

图7-1 主题确立的三要素(依据教育要求、依据学生实际、切入社会生活)

(二)制定周密的计划

一般来说,在学期或学年之初,班主任或辅导员就要根据学校教育的要求和班队的实际情况对一个学期或学年的主题班队会作出系统安排,大致勾勒出活动的计划,但具体到每一次班或队的主题会,则要与学生共同讨论后作出更为周密细致的计划。

1. 确定活动名称

班队会的主题确定以后,给活动起一个什么样的名称,也会影响到活动的成效。一般来说,这个名称要反映主题,能充分体现主题对活动的要求。主题名称切忌政治化,要直观、醒目、生活化、趣味化,使学生闻其名便有亲近之感。

表7-2 主题活动名称辑选

教育主题	活动名称	教育主题	活动名称
节约	节约——你行,我也行	珍惜生命	安全自护,我能行
	行动吧,节约小天使		用艰辛与汗水为生命喝彩

（续表）

教育主题	活动名称	教育主题	活动名称
交通安全	珍爱生命，平安出行	诚信	我和诚信交朋友
	学做交通小卫士		诚实守信在心中
环保	今天我们怎么扔垃圾	挫折教育	阳光总在风雨后
	环保365，伴我文明行		我努力，我成功
民俗文化	欢欢喜喜闹元宵	爱国家	祖国的昨天、今天和明天
	话端午、忆端午、品端午		爱我河山
善待他人	与微笑同行	增强社会责任感	小小志愿者之旅
	老少同心，快乐同行		让劳动更有意义
文明上网	QQ，我的快乐，我的烦恼	民族团结	走进民族园
	科技知识网上行		民族文化村，快乐少年心
热爱家乡（改革带来新变化）	家乡的桥，心中的桥	关心国家大事	爱我中华在行动
	古镇寻"宝"		红领巾相约中国梦
热爱阅读	我读书，我快乐，我成长	养成良好行为习惯	播种习惯，收获性格
	好书伴我行		爱在文明，美在礼仪

2. 确定活动的形式

好的主题班队会必须有好的形式来表现。主题班队会的形式依据内容的不同有不同的种类。例如：①演讲。这种形式的特点是以学生为主，能充分调动学生参与活动的积极性，锻炼学生的多种能力，实现相互影响、相互促进的效果。但是这种活动由于是以学生的语言表达和组织能力为基础，因此，只适合小学高年级学生采用。②报告。这种形式适合于各个年级的学生，可根据主题要求的不同，聘请不同的人士作相关的报告，如英模报告会就是常用的一种方法。③竞赛。可根据学校、家庭、社会的情况，结合学生的思想、学习、生活，组织专题竞赛，让学生在竞赛中学习知识，受到教育。④表演或观看录像。可围绕某一主题，对学生进行形象化的教育。另外，座谈、对话、辩论、参观、走访等形式也都可作为主题班会或主题队会的形式。

3. 确定活动的时间和活动的场所

根据学校和班级工作的要求，确定具体的活动时间和场所。其中，活动场所事关教育氛围。对于比较严肃的主题，最好选择在安静、干扰较少的室内进行；对于形式活泼的内容，则可选择在开放式的场所。

4. 确定参与人员的不同角色

活动由谁主持，由哪些人发言或表演，是小组式还是个人式等，在活动计划中都要有说明、有安排。

（三）做好充分的准备

准备过程本身就是一个教育过程。计划是以文字的形式描述活动的程序和安排的过程，而准备则是计划实质性的落实阶段。准备工作主要有以下两个方面。

1. 物质准备

包括选择场地，落实场地器材、多媒体课件（视频、图片、音乐），布置会场。

2. 人员准备

人员准备主要是对活动中人员职责、角色进行分工。这个分工是要尽量体现公平性，尽量让每一个学生都有承担活动所要求的角色的机会，做到人人有岗位，个个有职责，既能发挥特长，又能尽自己的义务。尤其是对一些活泼好动、比较调皮的学生，或平时对班级工作不甚关心，或性格内向以及有特殊才能的学生，更要让他们分担一定的工作，为他们创造表现、锻炼和受教育的机会，使他们在活动中增强责任感、自尊心和自信心。

（四）举行班队会主题活动

在做了充分准备工作的基础上，把富有感染力的情境、新颖有趣的形式和具有针对性的主题紧密结合在一起，举行主题班队会。在活动过程中应以学生为主体，教育者起引导作用，使活动全过程形成一个"动之以情、晓之以理、启之以思、导之以行、持之以恒"的良性流程。

（五）总结巩固成果

班队会活动结束以后，应与学生一起对活动的实施情况和结果进行分析、总结、评估，肯定成绩，找出不足，巩固班队会活动的成果。有的班主任还会要求学生将主题班会写成日记或作文，或出墙报，以加深学生的印象。这些都是比较好的可供借鉴的成果巩固形式。

资料链接 7-1

主题班会是班主任围绕中心话题，有组织、有准备、有目的地对学生进行思想教育、行为引领的德育活动。主题班会大都以课堂为主阵地，通过教师的引导、师生间的双向交流与互动来完成教育任务。然而，在现实生活中，由于部分班主任对主题班会的整体把握不够，导致本该成为师生间精彩"对话"和心声"吐露"的主题班会变成了班主任的"独角戏"或学生间的"相顾无言"。那么，如何让主题班会成为师生间、生生间有效互动的"窗口"和"桥梁"呢？

一、取材要精准

班主任在设计主题班会时要精准取材：一是着眼于有效实现主题班会的育人效果，要围绕中心、突出核心、把握重心，完成主题班会立德树人的重要功能；二是要着眼于学生的主动性，要在取材中多关注学生的思想状况、心理动态，了解他们喜欢什么、好奇什么、关注什么、困惑什么……做到心中有数，精准把握班会主题与学生内心世界的融合点，让他们在主题班会中如遇"知音"，如得"良友"。

二、引导要精心

"晓之以理，动之以情。"主题班会的出发点和落脚点就是让学生明白道理，指导实践。要让学生真正晓于理，践于行，班主任必须在主题班会中巧妙创设真实的情感、态度、价值观的"体验场"，并动之以情地精心引导学生，让他们在思想的碰撞、情感的互动中产生智慧的火花，明白做人做事的道理。因此，要切实达到精心引导的效果，班主任首先要精心布局，既要立足主题，又要站在学生的立场上思考问题，把主题班会互动设计尽可能做细、做实、做全；其次，善于运用课堂智慧，要合理地、恰如其分地分析引导和处理课堂出现的"意外"生成，帮助学生理清思绪，明辨是非，从而形成正确的、科学的人生观和价值观。

三、评价要精细

班主任在评价过程中首先要做到认真倾听。班主任要关注每位学生的回答，及时准确把握学生所表达的意思，对于模糊的回答班主任还可以适时追问，善加说明，这样可以清晰地向学生表明老师的关注度。其次要正向激励。评价时除非学生出现原则性错误和问题，教师要及时纠正外，其他时候班主任都要正向教育和正面鼓励，这样有利于帮助学生树立思考问题的信心，激发他们敢于表达的勇气，进而更深入、更持久、更深度地参与到主题班会中来。主题班会作为学校落实立德树人根本任务的平台，班主任要围绕精准、精心、精细的原则，让主题班会更加务实、高效，让学生在主题班会中不断重塑自我、完善自我。

（资料来源　胡小芳.主题班会互动要"三精"[J].教学与管理，2020(08)：9.本文有删节。）

二、班队例会

班队例会是指以班或队为单位，通过会议的形式，对学生进行常规教育。在一定意义上，它也是养成学生公民意识的实践活动。班队例会的类型一般有：班务会或队务会、民主生活会、周会及晨会、十分钟队会等。

(一) 班、队务会

1. 班、队务会的含义与作用

班、队务会是由班委干部或队委干部定期组织的、由全班同学或全体队员参加的例会。

召开班、队务会具有如下作用：首先，可以端正学生的思想认识，宣传党和国家的路线、方针、政策，定期对学生进行思想道德教育，是引导学生正确认识理想和现实之间关系的良好途径。其次，班队工作者可以通过召开班、队务会，了解学生的思想动态，了解班队工作的开展情况，通过与学生的交流，找出自己在工作上的成功和不足之处。再次，有利于全体同学的思想沟通与共识达成，进而部署班队工作，决定班队集体行动，发扬班、队集体的民主精神。最后，班、队务会也是开展批评与自我批评，提升学生自我教育的能力，充分发挥班队集体的整体功能的有效教育活动形式。

2. 班、队务会的内容

班、队务会作为讨论班队工作，引导全体同学对班队实行自主管理的活动形式，通常包括以下内容。

（1）班队工作规划

班队工作规划会主要是在开学之初举行，在会上对班队一个学期的工作目标作出计划，交由全班或全队学生酝酿讨论并最终通过。例如，在班务会中，常常要制定班级公约、值日制度、作业制度等。

（2）班队常规事务

班队常规事务会是定期举行的班队例会。目前中小学一般每周召开一次班级常规事务会，由班主任组织全班学生对上周的学习、思想道德方面的表现进行总结，并提出下一周的工作要求。

（3）学期工作总结

在学期工作总结会上，主要是师生对照学期之初的计划，回顾一个学期的工作，从中肯定成绩、找出不足。

另外，我国现行教育实践中，班务会还包括了确定班级干部和评选先进人物等内容。这里需要说明的是，人们逐步倾向于认为班级干部应采用轮岗制，选优也要尽量能做到全面考虑学生的发展，而非只看学生的学习成绩。班、队务会的召开一般来说是按确定主题、做好准备、组织会议、进行小结等步骤展开的。

(二) 民主生活会

民主生活会是针对学生集体中出现的某些错误或不良倾向而召开的，以批评与自我批评为主的班队例会。

1. 民主生活会的形式与要求

民主生活会有两种形式：一是班委会或队委会举办的民主生活会，二是班级全体学生或少先队全体队员参加的民主生活会。

召开班委会成员或队委会成员参与的民主生活会的目的，主要是针对班队干部的一些缺点而开展批评与自我批评。通过班、队委会的民主生活会，可以使每一个班、队干部都能认识到自己的不足，切实改正，形成一个积极向上、团结的集体。对小学生而言，其身心正处于不断完善发展的时期，自我意识尚处于初步发展阶段，班队工作者更要多加引导，既要帮助学生克服其缺点，又要激励其进步。

班队的民主生活会是对全体学生进行教育的有效途径，也是班队形成正确舆论和良好班风、养成学生公共精神、建立良好集体的方法。召开全体学生的民主生活会首先要求班主任和辅导员要充分、深入地了解学生的整体状况，了解每一个学生的思想品德状况、日常行为表现，同时要帮助学生通过民主讨论的方式找差距、促进步。特别要引导学生正确对待自己和对待别人，注意批评与自我批评的恰当性、公正性、客观性。其次，班队民主生活会不是以批评与自我批评为目的，而是应通过民主讨论，找出改进的方法与措施，帮助学生得到提高。因此，班主任或辅导员必须注意引导学生找出改正的方法，实现自我教育的目的。

2. 民主生活会的步骤

民主生活会一般分四步进行。

（1）寻准焦点，确定重心

召开民主生活会一定要先找到问题和焦点，分析错误倾向或思想的根源，认清有何危害，了解有哪几种行为表现，知道应如何处理，对于这些内容都要了然在胸。

（2）充分准备，开渠引水

在举行民主生活会前，应做好充分的准备工作。如果是班队干部和同学之间的矛盾，更应先做好班队干部的思想工作，可先召开班委或队委的民主生活会，以求得思想上的一致。这样，在班队干部带头批评和自我批评的推动下，班队的民主生活会必然是水到渠成，能取得良好的效果。

（3）讲清目的、开诚布公

在民主生活会上，一定要讲清召开这次民主生活会的必要性和目的性，消除学生的抵触情绪，使学生真诚投入，畅所欲言，沟通思想，共同进步。

（4）认真总结，巩固成果

会后，应与学生一起把会议的计划、过程、解决问题的方法、取得的效果作全面细致的总结，为防止以后类似错误的发生提供经验教训和借鉴。总结最好能够形成较详尽的书面材料留存下来。

（三）周会及晨会

周会一般安排在每周的固定时间，由学校统一部署，班主任负责组织，是一种对学生进行思想品德教育的形式。晨会又称"晨间谈话"，每天进行，一般安排十分钟左右。不论哪种做法，都要事前有准备，事中有记录，便于以后检查。同时，教育内容要联系实际，有针对性，要为学生提出明确的努力方向。

（四）十分钟队会

十分钟队会一般是由学校安排在每天固定的时间，由各中队自行开展的队务活动，时间是十分钟。这是一种学生自主管理、自我教育的形式。

十分钟队会的特点是短小精悍、自主性强，按内容大致可分为自治性队会、自学性队会和自娱性队会三类。由辅导员依据教育要求，引导学生确定主题，设计活动方案，全体队员共同参与。队会应做到内容丰富多彩，形式生动活泼，灵活多样，富有创意，切合队员的需要，能较好地发挥队员的特长。

十分钟队会主要是学生自己组织和开展的活动，因此，辅导员要敢于放手，给予队员自由，当然这并不是放任自流，在必要的时候仍然需要班队工作者提出合理的建议，给予适切的指导，但最重要的是要信任、鼓励，真正给予队员自主的权利。总之，一个成功的十分钟队会，应该是新颖的、快乐的、有益的，能让队员在感受快乐的同时受到教育。

三、班队文艺活动

班队文艺活动是班队文化、艺术、娱乐活动的简称，是指学校通过健康的文化艺术娱乐活动对学生进行熏陶和教育，以发展学生的美感和塑造健康心理品质的教育方式。

班队文艺活动形式多样，这里只介绍一种学校常用的活动形式——联欢会的组织。班队联欢会有以下几种常见类型。

（一）文艺联欢会

文艺联欢会是班队联欢会的形式之一，通常是由学生表演小品、相声、演唱歌曲等。

（二）生日联欢会

生日联欢会主要是借学生生日而开展的活动。这种方式在班级活动中运用较多。班主任可以找到某个或几个典型学生，问清他们的生日，借助生日联欢会，勉励各方面都表现好的学生再接再厉；对某些方面还有不足的学生，可以在生日联欢活动愉悦的气氛中既肯定他们的优点，又指出他们的不足。教育实践的经验证明，通过这种方式进行教育，要比单纯的说理教育效果更好，也更适合小学中高年级的学生。

（三）节日联欢会

节日联欢会是指专为庆祝节日而举办的联欢会。尤其是学生自己的节日——"六一"儿童节，学校常以班为单位组织节目排练，在全校进行表演，这样既庆祝了节日，又锻炼和教育了学生。我国还有一些传统节日，如元宵节、端午节、中秋节等，都是举办节日联欢会的良好契机。

（四）毕业联欢会

毕业联欢会对小学生来说是一次很有纪念意义的活动。这是一种既可以让学生回顾过去，加深同学友谊，又可使他们展望未来，培养理想的良好形式。

四、班队体育活动

班队体育活动是指在学校体育课以外开展的，以增强体质、提高体育技能、促进学生全面发展为主要目的的教育活动。

班队体育活动包括球类、田径、体操、游泳、拔河、游戏、棋牌等项目。由于在课外进行，对于丰富学生的课余生活，促进学生素质的全面发展有着极其重要的作用。

班队体育活动能够增强学生体质，并以其丰富多彩、生动活泼的形式和内容，吸引、感染学生，培养其良好的情操和道德风貌。特别是体育竞技运动中的激烈竞争、顽强拼搏、奋勇争先等精神对培养学生的进取与拼搏的精神、团体协作的意识、适应与组织的能力和勇猛顽强、机动灵活、沉着果断的品格以及毅力、意志力等品质具有重要作用。

开展班队体育活动应注意活动内容的合理搭配，以全面增强学生体质。对身体还较为稚嫩的小学生尤其要注意活动安排的恰当、适量。对不同年龄阶段、不同性别、不同身体素质的学生要区别对待。例如，在运动项目的选择上，女生可以增加一些艺术体操、舞蹈和体育游戏等项目，以便她们在全面发展身体素质的基础上，着重进行身体柔韧性、协调性方面的锻炼，发展女生的形体美。除此之外，还要注意坚持性和循序性。因为体育锻炼是一项技能性很强的活动，而技能形成的最基本条件就是练习和巩固。并且，技能水平的提高是一个由易到难、由简到繁的过程，因此，在组织学生进行体育运动时，切忌急于求成，在没有相应的技能基础时，不可强行提高运动水平，以免造成不必要的伤害。

五、班队科技活动

（一）班队科技活动的含义与作用

班队科技活动是指以学习科学技术，促使学生发挥潜力为目的的教育活动。它对于巩固学生在课堂上所学的知识，丰富和开阔知识视野，培养创新精神和实践能力，有着极其重要的作用，具体表现为以下几个方面。

开展科技活动是促使学生深度学习的有效途径。学生掌握了知识并不一定能够运用所学知识解决实际问题。只有在对知识的实际运用中，才能切实体会到知识的实践功能，体味出其中所蕴含的思想意识和价值理念。科技活动可以打破传统的课程体系，把学科知识整合后变成相应的项目,让学生得以利用各种手段开展主动的、探究式的、理解性的学习。

开展科技活动是发展学生观察能力,激发学生创造力和想象力的有效方式。观察力是人们认识事物的基本能力。开展科技活动,尤其是生物学科的活动,一般要求学生到野外观察,使学生对知识的理解由理性到感性,再由感性上升到理性。思维能力是智力的核心,学生在参与科技活动的过程中,能很好地培养形象思维和抽象思维能力。通过实验操作,还可以培养学生的动手能力,尤其是学生对自己感兴趣的内容深入探索,可以更好地培养创新能力。

开展科技活动有助于让学生接受集体主义教育,培养其合作意识和合作能力。科技活动是集体活动,许多工作必须在大家的参与下,相互帮助、相互协作才能完成。例如,郊外的标本采集,航模的制作与调试等,都离不开集体的协作。在各种科技比赛中,更是要团结一致、齐心协力,才能出成果。在实践活动中,学生可以懂得个人在集体中的作用,学会合作,从而增强集体观念,培养热爱集体、关心集体的优良品质。

此外,开展科技活动,对培养学生实事求是的科学作风,严谨细致的科学态度,坚韧不拔的意志品质以及创新精神、实践能力等也都具有重要的作用。

(二)班队科技活动的内容与形式

班队科技活动可以有多种形式,例如,科技班会、科技知识讲座、科技兴趣小组、参观、调查、科技演示、科技知识竞赛和科技游戏等。其中,科技参观、科技知识讲座和科技兴趣小组是班队经常开展的科技活动。

1. 科技参观

科技参观主要是指带领学生到生产企业、科技展览馆、天文台、少年科技活动中心等场所实地了解科技的发展,以增加他们的科技知识,培养他们科学精神和科技意识。

案例 7-4

安小科技实践社团赴龙虾基地参观学习

安居苑校区科技实践活动社团的同学们在社团指导老师的组织带领下来到了龙虾之乡——长丰县下塘镇韩岗龙虾养殖基地,参观、学习当地的稻虾生态养殖。

他们认真观察实物展示,仔细聆听养虾大户和当地扶贫干部的相关介绍,对自己小组要探究的任务进行有效询问和翔实记录。"这是我第一次来下塘,在这里我看到了稻虾共养田、雁鹅,学到了许多书本外的知识。"兴味盎然的学生纷纷说道。当听到韩岗农业合作社陶叔叔介绍其退伍回乡创业,克服种种困难,不仅自己勤劳致富,还带领周围群众走向共同富裕时,孩子们都热情地鼓起掌来。

> 本次科技实践活动，开阔了孩子们的视野，增进了其对自我、自然和社会的认识，同时也增强了他们的社会责任感和社会实践能力。
>
> （资料来源　合肥安居苑小学：《安小科技实践社团赴龙虾基地参观学习》。本文有删节。）

组织小学生的科技参观活动事先要制定计划，既包括总体的长远的计划，也包括每一次活动的计划。如果从四年级开始组织科技活动，那么在四、五、六年级这三年中，对于依次参观哪些内容、到哪些地方去参观，都要作出计划；每一次参观都要有所准备，如指导学生在参观前查阅相关资料，在参观过程中要做些什么记录以及如何记录等。

在参观过程中要进行指导：一是一般行为规范的指导，如纪律要求，让学生做到有秩序、讲卫生、不喧哗、不损坏公物等；二是参观技巧的指导，教师在参观中要做好详尽的说明和解释工作，以使学生真正理解所参观的内容。

2. 科技知识讲座

科技知识讲座是指教育者以一定的专题，通过系列讲座的方式对学生讲述科学的常识，以丰富他们的科学知识、培养其科学对待世界的意识的教育活动形式。

一般来说，小学科技知识讲座多在中高年级中进行，内容则从学生最感兴趣的事情入手。例如，常常有小学生对苹果为什么会落地而不是升上天，月亮为什么会圆缺，天为什么会下雨，风从何而来以及中国的火箭发射、神舟载人飞船、嫦娥探月等问题非常感兴趣，教育者可就这些问题进行深入浅出的讲解，使他们了解自然发展的真实状况以及中国的科技发展。同时，对小学生来说，科技知识讲座最好配以适当的实验、电视、电影、幻灯、图片、多媒体演示等直观形式，以促进学生的理解。

> **案例 7-5**
>
> **安小科技实践活动系列之科普知识进校园**
>
> 安居苑小学邀请龙虾养殖专家来校给科技社团的学生讲解龙虾知识，并指导孩子们制作稻虾养殖模型。
>
> 在社团活动中，专家现场指导学生进行了稻虾养殖模型的制作。同学们由理论联系实际，与专家共建稻虾共养模型。在交流互动时，孩子们积极思考、踊跃发言，专家也悉心答疑、不厌其烦。孩子们的提问都颇有见地，让陶专家称赞不已。

> 安小科技社团这学期的科技实践活动以研究稻虾生态养殖为主,带领学生关注合肥小龙虾产业发展。本次活动结束后,同学们感叹道:"小龙虾身上这么多秘密,太有趣了,回家要把今天学到的知识告诉爸爸妈妈,希望今后能经常有这样的活动。"
>
> (资料来源　合肥安居苑小学:《安小科技实践系列之科普知识进校园》。本文有删改。)

3. 科技兴趣小组

科技兴趣小组是指教育者根据学生兴趣,结合所学学科知识,组成各种科技兴趣小组开展活动,如机器人编程、科技制作、生物栽培、小动物饲养等,以发展学生的兴趣爱好,培养学生的实践能力和创新能力。随着人工智能的飞速发展,信息科学素养教育也逐步纳入小学教育之中,让编程教育成为现代学习的思维体操。学编程不只是教学生敲代码,更重要的是让他们明白人工智能背后的原理,通过编程课程的学习达到思维训练的目的,培养学生的创造性思维和未来人才必备的素养。在科技活动中,应注重动脑与动手相结合,培养学生的实践操作能力。

六、班队劳动

(一) 班队劳动的意义

组织学生参与课外劳动,是对学生实施劳动教育的主要形式,是学生社会化的主要手段之一,对学生的发展具有重要的意义。

班队劳动,有助于培养学生正确的劳动态度,增强学生热爱劳动、热爱劳动人民的思想感情。通过劳动,可以使学生切实体味劳动的艰辛,从而养成爱护物品、勤劳俭朴、艰苦奋斗的优良品质。由于劳动常常是在集体中进行的,因此,通过劳动,还可以增强学生的集体观念和组织纪律性。

班队劳动也是促进学生智力、体力、审美情趣发展的有效途径。劳动是人与大自然打交道的过程。大自然的千变万化虽然常常使学生感到困惑不解,但这种困惑正是启迪学生思维的"导火索",可以促使学生用眼去观察、用双手去探索和实践,由此促进其创造性思维的发展和思路的开阔。

学生参加适度的劳动能使肌肉、筋骨受到锻炼,促进新陈代谢,增进神经系统、呼吸系统的机能,提高抵抗疾病的能力,增强体质和体力。同时,组织学生参加必要的劳动,对促进学生美感的发展具有积极的作用。这是因为劳动是一种学生接触美、创造美和表现美的过程,通过劳动使学生感受美的劳动成果,体味美的行为表现,对提高他们鉴赏美、创造美和表现美的能力都有着不可忽视的作用。

本书附录部分附有《中共中央国务院关于全面加强新时代大中小学劳动教育的意见》《大中小学如何开展劳动教育？教育部 12 问答详解》等内容，可扫描附录中的二维码进行阅读。

（二）班队劳动的组织

班队劳动是以培养劳动观念、传递劳动知识、传授劳动技能、端正劳动态度和养成劳动习惯等为主要内容，旨在系统提升学生的劳动素质，促进其全面发展的德育活动。

从形式上看，班队劳动主要有生产性劳动、社会公益性劳动、自我服务性劳动。其中，适合于小学生的班队劳动主要为社会公益性劳动和自我服务性劳动。

1. 班队社会公益性劳动的组织

社会公益性劳动也称"义务劳动"，包括生产性公益劳动和服务性公益劳动。如植树造林、整顿校容、市容、做清洁卫生，维护社会秩序，帮助烈属孤老，参加工厂和农村劳动等，都是很好的社会公益性劳动形式。

组织小学生参加社会公益性劳动要有针对性，根据学生的实际状况，有目的、有计划地进行。公益劳动要内容丰富，形式灵活多样，既可在校内进行，亦可在校外进行。传统班队公益性劳动形式一般有校内、校外清洁卫生工作，如清除垃圾，铲除杂草，平整校园，洗刷街道护栏，助老、助孤、助残，协助维护公共场所秩序等。

开展社会公益性劳动有一定的程序。首先，要制定比较周密的活动计划，就劳动的内容、形式、时间、地点、人员组成作出明确的安排。同时要做好准备：一是精神准备，即活动前对学生进行必要的思想动员，阐明劳动的意义以调动他们参加劳动的积极性，同时要进行安全教育，防止意外事故的发生；二是物质准备，包括所需工具，学生个人必需的生活用品及基本的急救药品等。其次，在劳动过程中要给予必要指导。对小学生来说，他们具备一些劳动的基本技能和常识，让他们参加劳动，尤其要精心组织、细致指导，对于每一阶段要达到什么标准，教师要告知学生并及时检查。劳动如果不讲质量，也就失去了对学生的教育意义。最后，要有总结评价。社会公益性劳动结束以后，教育者要组织学生对一次、一天或一个时期的劳动进行总结，对学生的劳动热情、技术、责任心、纪律、协作精神、质量以及效率都作出客观公正的评价，指出成绩，找出不足，使学生真正受到教育。

2. 班队自我服务性劳动的组织

班队自我服务性劳动是指教育者组织学生开展的自己的事情自己做，以养成个人良好的学习与生活习惯，保持环境整洁卫生的教育性活动，如穿衣、刷牙、铺床、叠被、系鞋带、摆放桌凳、整理学习工具、扫尘、购物等。自我服务性劳动按学生所在的场所不同，可分为学校自我服务性劳动和家庭自我服务性劳动；按活动的内容不同，可分为服务于学习的自我服务性劳动和服务于生活的自我服务性劳动。

自我服务性劳动体现了个体最起码的社会责任心。一个人在社会上，生活和生存是第一位的,必须首先干好自己的事情,做好自我服务的事,这是奉献社会、服务大众的基础条件。但是,有些家长为了让孩子集中精力学习,或是出于呵护的愿望,在家庭生活中不让孩子承担任何劳动,让孩子过着衣来伸手、饭来张口的日子,致使这些孩子不仅生活自理能力差,而且缺乏自立自强的意识。

目前在一些青少年中出现了"不爱劳动、不会劳动、不珍惜劳动成果"的问题,为此"要在学生中弘扬劳动精神,教育引导学生崇尚劳动、尊重劳动,懂得劳动最光荣、劳动最崇高、劳动最伟大、劳动最美丽的道理,长大后能够辛勤劳动、诚实劳动、创造性劳动"。[①]

组织小学生的自我服务性劳动时,教师一要向学生说明目的和意义。讲意义不是给小学生讲大道理,而是要深入浅出,培养他们从小就不依赖父母、不依赖教师的光荣感和自豪感。二要具体指导他们每一天应该完成什么任务,一个学期应该达到什么标准,直至把劳动的要求变成自己的习惯。同时,教师要根据学生的不同年龄、不同能力水平,提出不同的自我服务要求;从技术上讲,体现从易到难的原则,力量的使用要从小到大,以达到步步提高的目的。对于表现好的学生要予以表扬,而且表扬要关注劳动态度而非能力。

学生的自我服务性劳动一半在家庭,一半在学校,因此,班队工作者要与家长保持密切的联系,可以通过家长、学校联系单的方式把要求传达给家长,由家长督促孩子完成自我服务性的劳动。

案例 7-6

杭州市富阳区首发小学生"劳动清单",每年级设 75 件劳动事项

4月22日,杭州市富阳区教育局向全区小学生发布了《杭州市富阳区小学"新时代劳动教育"指导建议》(以下简称《建议》),清晰地列出了小学阶段学生参加"家务劳动""校内劳动""农场劳动"和"志愿服务公益劳动"4个劳动方面的具体内容,每个年级都有适合其年龄特征的75件劳动事项。该《建议》最初由杭州市富阳区富春第七小学(以下简称富春七小)制定并实行。此后,该局将富春七小的《建议》向全区小学推广、提供参考,每所小学都可以根据特点,量身定做自己的"清单"。

"我们觉得现在的学生缺乏动手劳作能力,所以对他们的劳动素养和劳动价值观提出建议,而且学校建校10年来也一直强调学生的劳动教育。"富春七小章校长说,2009年建校之初,学校就利用校园周边的20亩土地,办起了现实版的"开心农场",并让各班承包种植。2011年儿童节前夕,学校组织了一次爱心土豆义卖:三年级学生挖土豆,四年级学生搬运分装土豆,一、二年级学生卖土豆,并将义

---

① 习近平出席全国教育大会并发表重要讲话[EB/OL]. (2018-09-10)[2020-03-28]. http://www.gov.cn/xinwen/2018-09/10/content_5320835.htm.

卖款捐给一所贫困小学。

今年 3 月初，富春七小相继推出"一至六年级家务劳动建议""一至六年级校内劳动建议""一至六年级农场劳动建议"和"一至六年级志愿服务公益劳动建议"等，鼓励小学生们积极参与各项劳动。同时建议，一、二年级学生每天家务劳动不低于 20 分钟、校内不低于 10 分钟，三、四年级学生家务劳动不低于 30 分钟、校内不低于 15 分钟，五、六年级学生家务劳动不低于 40 分钟、校内不低于 20 分钟，并且对农场劳动和志愿服务公益劳动给出了劳动时间建议。

富阳区教育局发布的小学生"劳动清单"涵盖面很广，例如在"一至六年级家务劳动建议"中，每个年级都设置了 15 项明确规定，涵盖日常生活的各方面。

一年级学生在家能垃圾分类，学洗袜子、红领巾，会剥豆，学习用扫把扫地、会用畚箕，会洗水果，当客人来访时，学会泡茶招待客人等。

二年级学生能用拖把拖地，饭前帮家人盛饭、摆碗筷，饭后收拾、擦桌子，并学习洗碗筷，会淘米并能用电饭煲烧出软硬适中的米饭。

三年级学生会洗自己的鞋子，帮家人擦皮鞋，会用水果刀削瓜类或水果的皮，会打死结、活结、蝴蝶结，能认识、洗切葱、姜、蒜。

四年级学生会整理自己的衣橱衣物，自己养一种小动物，独立上超市购物，熟练系鞋带，学会烧一个蔬菜。

五年级学生会整理换季衣服，照顾小弟弟、小妹妹，坚持每周至少洗一次碗及清理灶台，学会两个凉拌菜，新学烧两个小炒，学会洗鱼。

六年级学生每天自己整理床铺，会自己换床单和被套，根据衣物的材质和颜色进行分类清洗，根据营养搭配需求，独立去菜场买菜，每周为家人烹饪三菜一汤，管理家里一周的生活开支，并做数据分析、给出建议。

"最开始有家长提出这样做会无形中增加学生的日常负担，但实行一段时间后，家长反馈效果还是不错的。后续，我们还将通过发放劳动币的形式来激发学生劳动的积极性，一定数量的劳动币可以兑换特制的少先队勋章、学习用品等，让学生感受到劳动的乐趣和成果。"章校长这样说道。

片面重视书本知识学习和结论的记忆，忽视知识的产生、发展过程及在现实生活应用的现象在中小学教学中普遍存在；中小学生的劳动实践机会减少、意识缺乏，出现了一些学生劳动观念偏差、轻视劳动实践、不会劳动实践、不珍惜劳动成果的现象。为此要求学校安排适量的劳动家庭作业，如洗碗、洗衣、扫地、整理等力所能及的家务。

（资料来源 《杭州富阳区首发小学生"劳动清单"，每年级设 75 件劳动事项》。本文有删改。）

继家务建议后，富阳学校又给出 1—6 年级孩子校内劳动建议

劳动教育是全面贯彻党的教育方针的基本要求，是实施素质教育的重要内容，是培育和践行社会主义核心价值观的有效途径。校内劳动是学生校园学习生活的重要组成部分，是学生学习劳动知识和技能、培育劳动情感和价值观的重要途径。

杭州市富阳区富春第七小学充分发挥"全国中小学劳动教育实验单位"的品牌和资源优势，结合学校新劳动教育实践和培养目标，对小学阶段各年级校内劳动内容进行了系统梳理，主要涵盖了与校内劳动相关的生态文明、内务整理、值日保洁、学习整理、重要技能等方面的建议。这些劳动建议侧重于引导学生积极参加校内劳动实践，强调在亲身劳动经历中习得劳动知识、学会劳动技能、培育劳动情感、提升劳动素养。

学校对校内劳动的建议按年级分层设置、逐级提升，高年级的建议内容可作为低年级的发展目标，而低年级的建议内容则是高年级必须包含的劳动目标内容，从而保障了劳动教育的持续性和有效性。这部分建议内容具有一定的系统性和概括性，为教师指导学生校内劳动、开发校内劳动教程（或手册）提供了参考。

1. 小学阶段一年级校内劳动建议

（1）参与垃圾分类，纸张整平后回收。

（2）懂得人离断电、节约用电，会开关灯、电扇。

（3）能节约用水，取水适量不溢出，会关紧水龙头。

（4）会整理抽屉，大书小书分类放，水杯、学具放下格。

（5）会整理桌面，书本文具整齐放在左上角。

（6）会人离椅靠，椅背物品挂整洁。

（7）服从值日分工，知道值日时间，愿意和同伴合作完成值日工作。

（8）勤于保洁，会主动捡一捡、扫一扫。

（9）餐前会洗手，安静吃饭，餐后会将餐盘倒干净，餐盘摆放整齐，会清理自己的餐桌，叠好餐垫。

（10）会按老师要求预习功课，会借阅和归还班级图书，整理书柜。

（11）会做简单必要的课前准备和课后整理，会收发作业本。

（12）按时完成课内作业，乐于回顾或描述学习生活。

（13）会正确握拿扫把扫地，会用吸水海绵拖把。

（14）会整理班级小阳台，挂好伞和抹布，整齐摆放扫把和畚斗。

（15）会在垃圾桶上装垃圾袋，会打包垃圾，到指定地点倒垃圾。

2. 小学阶段二年级校内劳动建议

(1) 垃圾分类投放,会整理可回收物品。
(2) 节约用电,做到人离断电,会开关电子白板等。
(3) 节约用水,洗拖把、抹布时有意识控制水量。
(4) 抽屉常整理,书本、学具分类摆放。
(5) 桌面整洁,物品摆放整齐、统一。
(6) 人离椅靠,桌椅摆成一条线。
(7) 服从值日分工,教室打扫得干净整洁。
(8) 勤于保洁,包干区"一扫两保洁"规范到位。
(9) 餐后回收端平餐盘,能轻声、整齐摆放。
(10) 自觉预习功课,会打算好明天的学习。
(11) 会规范做好课前准备和课后整理。
(12) 课内作业日日清,一天学习能复述。
(13) 会正确使用黑板擦擦黑板。
(14) 会用、会洗拖把、抹布。
(15) 会合作使用扫把和畚斗将垃圾清扫干净。

3. 小学阶段三年级校内劳动建议

(1) 垃圾分类投放,会将可回收物品搬到指定回收站点。
(2) 节约用纸、用笔,会细心削铅笔、刨铅笔。
(3) 节约用水,洗拖把、抹布用水合理,清洗干净。
(4) 抽屉及时整理,物品分类摆放,整洁有序。
(5) 人离椅靠,桌椅摆成一条线,图书、工具分类摆放。
(6) 愿意分工合作完成教室内外板报、中队角的布置,爱护板报。
(7) 热心做好大队部值周工作,服从工作分配。
(8) 愿意承担厕所保洁,卫生工具摆放有序。
(9) 午餐后,做好餐桌清理,将泔水抬到指定回收点。
(10) 主动预习功课,一周学习会打算。
(11) 会做课堂笔记,会做个人劳动电子档案袋。
(12) 当日作业当日清,单元学习能梳理。
(13) 会正确使用抹布擦洗黑板,黑板表面清洁无尘。
(14) 会用水桶、抹布、清洁球清除瓷砖或地面污渍。
(15) 会双手配合用扫把和畚斗将垃圾清扫干净。

4. 小学阶段四年级校内劳动建议

(1) 垃圾分类投放,注重节俭,促进垃圾减量。

(2) 爱惜纸张、笔墨,不随意丢弃可用文具。

(3) 节约水电、洗涤用品,按需取用,降低污染。

(4) 抽屉、书包整洁有序,无杂物。

(5) 班内绿植会养护,室内物品有序放。

(6) 体育课上衣物、器材摆放整齐。

(7) 值日生工作细致高效,保持窗明几净。

(8) 厕所卫生工作积极承担,会干脏活、累活。

(9) 班级值周工作认真,敢抓敢管会劝导。

(10) 自觉预习、复习,每月学习会计划。

(11) 会做笔记整理,会进行错题整理。

(12) 功课、休闲会合理安排,课外作业不拖欠。

(13) 会用计算机规范打字。

(14) 会用绳带将可回收垃圾合理打包。

(15) 会按卫生、安全要求帮同学打饭、分菜。

5. 小学阶段五年级校内劳动建议

(1) 垃圾分类投放,会编垃圾分类宣传小报。

(2) 爱惜劳动工具,可修、可用工具不丢弃。

(3) 节约水电,会二次用水或废物利用。

(4) 抽屉、书包干净、清洁,资料讲义分类存放。

(5) 自觉参加班级布置劳动,教室文化氛围浓厚、有特色。

(6) 坚持垃圾袋装化,畚斗、垃圾桶及时清理、清洗,不留污渍。

(7) 卫生工作细致,教室地面干净、无灰尘、无污渍。

(8) 厕所卫生干净整洁,无积水、无异味。

(9) 室外楼道、楼梯过道无污渍、无积水。

(10) 会制定学科学习活动计划,做到课前认真预习、课后扎实复习。

(11) 学习笔记有条理,学会分科整理"错题集"。

(12) 会进行周、单元、月度学习小结或反思。

(13) 会用抹布把指定的玻璃窗擦得干净明亮。

(14) 知晓常用工具构造,会修理日常劳动工具。

(15) 会使用马桶吸,疏通常见的管道堵塞。

6. 小学阶段六年级校内劳动建议

(1) 垃圾分类投放，会写垃圾分类叙事体验文章。
(2) 珍惜劳动成果，会宣传、会保护环境卫生。
(3) 劳动中讲究节能环保，会编节能方案或金点子。
(4) 学具、材料整理有方会分享，会指导低年级同伴。
(5) 班级布置会参与、会计划，积极提供内容，展示效果良好。
(6) 内务整理会评价，有学习榜样，向先进看齐。
(7) 值日工作会分工、会管理、听指挥。
(8) 厕所管理讲科学，不良现象会治理。
(9) 包干区管理科学，争创卫生包干示范岗、示范区。
(10) 科学安排课外学习时间，会订学期学习计划。
(11) 学习笔记有条理，错题整理规范，及时温习。
(12) 结合学习实际，自觉开展阶段性反思，优化学习方法。
(13) 熟悉学校鲁班工坊的各种制作工具，会操作。
(14) 会用锤子钉钉子、拔钉子，会用螺丝刀起螺丝。
(15) 会管理班级和自己的劳动电子档案，资料丰富，分类合理，劳动经历和感悟具体详实。

（资料来源 《继家务建议后，富阳学校又给出1—6年级孩子校内劳动建议》。）

七、班队游戏活动

（一）游戏活动的意义和类型

1. 游戏活动的意义

游戏是人类最基本的、对人的发展具有重大影响作用的活动。游戏既可以愉悦儿童的心情，同时能够给予儿童许多知识，培养他们良好的品格。在游戏中，由于游戏本身的趣味性，它能吸引儿童积极探索和操作，发展了儿童的主动性；由于每种游戏都有必要的规则，这样就能使儿童养成合作、公正、诚实的品格；由于游戏要求同学之间相互配合，这对培养集体纪律、团结精神有重要的作用。游戏尤其以其趣味性的特点成为发展儿童智慧的绝好途径。儿童入学以后不会立刻改变爱玩的天性，也不会忘记自己游戏的体验，他们仍渴望着游戏。因此，应该让儿童参与有趣而愉快的游戏，保持儿童对生活的乐趣。游戏比学习更适合儿童的年龄，在教学过程中，利用游戏能不知不觉地使儿童从自由生活方式转入学校生活方式。

儿童时期的游戏是人生创造事业的源泉。因此，如何通过组织有益的游戏活动，促使学生的个性发展,培养他们的创造才能,这是教育者必须认真思考和着力解决的现实问题。

2. 游戏活动的类型

依照不同的标准,可以将游戏活动分成不同的类型,教育者可以根据教育的需要进行选择。依据游戏的教育目的,可把游戏分成智力游戏和体育游戏(如表7-3所示)。智力游戏主要是指以发展学生智力为主的游戏,体育游戏主要是指为发展学生体力而进行的游戏。另外,依据载体的不同,游戏还可分为印刷游戏和电子游戏。不论何种类型的游戏,其中都包含道德教育的内容。

表7-3 游戏活动的类型

智力游戏(按知识领域分)	数学游戏、语文游戏、化学游戏、物理游戏、生物游戏、英语游戏等
体育游戏(按器材分)	球类、棍棒、沙袋、手帕、圆环、绳子、旗帜、毽子、飞盘、障碍、棋类、纸牌等

随着科学技术的发展,电子游戏逐渐成为少年儿童活动的一种主要类型。电子游戏又称"视频游戏",或者"电玩游戏"(简称"电玩"),是依托于电子设备平台而运行的交互游戏。研究发现,电子游戏对儿童的社会化既有积极影响也有消极影响,它会对儿童的社会角色和自我观念产生影响,过多地沉迷于电子游戏,会影响儿童的基本生活技能和良好生活行为习惯的养成。所以,要正确看待儿童玩电子游戏,对他们进行正确引导,发挥电子游戏对儿童社会化积极正面的作用。

(二)游戏活动的组织

游戏活动不同于一般的儿童玩耍,要使它有教育意义,教育者必须给予认真而细致的指导。考察国内外学者对组织学生游戏活动的要求,教育者必须做到以下几点。

① 不要"以指使的方式"布置游戏。"指使"会使儿童游戏的情绪服从于教师的命令,是不利于培养儿童的独立性和创造性的。因此,游戏活动中也应该尽可能避免对游戏者的指责。

② 游戏应该是容易被人理解的。

③ 对游戏的规则应该正确地说明,但要注意规则不能太多。

④ 游戏的内容应该与教学内容和学生认知水平相适应,照顾不同水平的学生。

⑤ 游戏要难易交替,动与静的游戏相配合。

⑥ 自愿参与原则。集体游戏不要强迫某些不具备游戏能力的学生参与,否则会伤害他们的自尊。

班队工作者要根据不同的教育要求和儿童不同的年龄特征,选择不同的游戏方式,按选定的游戏,确定场地,选配和准备器材。在开展游戏之前应解说游戏规则,然后安排、确定学生活动的先后顺序,或不同人员的组合方式。在游戏活动过程中,班队工作者还要充当游戏活动的"警察",监督学生的规则遵守情况以及维持游戏场所的秩序。游戏结束后,可以让学生自己进行总结和评价。

八、"红领巾奖章"争章活动

"红领巾奖章"争章活动是少先队教育一种新的成长激励运作机制。它是根据全国少先队工作委员会2019年11月颁布的《"红领巾奖章"实施办法》的要求而开展的活动。

为切实增强少先队员光荣感,构建人人可行、天天可为、阶梯进步的"红领巾奖章"评价激励体系,全国少工委要求各级少先队组织在已开展的"雏鹰争章"及其他奖章活动的基础上,聚焦少先队政治启蒙和价值观塑造主责主业,突出党团队的血脉关系和红色基因传承,不断加深少先队员对少先队组织和标志标识内涵的认识与理解,将"红领巾奖章"评价激励体系融入少年儿童在少先队组织成长的全过程,不断增强少先队员光荣感。

"红领巾奖章"是少先队组织日常开展教育活动和评价激励的重要载体,分为基础章、特色章和星级章。

基础章的章目突出少先队组织的政治属性,以少年儿童政治启蒙、价值观塑造、组织意识培育为主要内容,评价激励过程贯通中小学1—9年级。基础章章目共设红星章、红旗章、火炬章三大章目类别,由全国少工委制定颁布,学校少先队组织负责具体细化设置。

特色章是省、市、县级少工委或学校少工委根据工作实际,围绕"德智体美劳全面发展"自行设定颁发的特色奖章,作为基础章的有益补充。

星级章由全国、省、市、县、校级少工委评定颁发,分为个人和集体两个类别,共设五个星级。五星章是"红领巾奖章"的最高等级。

"红领巾奖章"争章活动应按照实施办法,通过红领巾宣传阵地和少先队活动,引导少先队员充分理解每一枚奖章的教育意义。

在开展争章活动中,教育者必须注意以下几点:

① 要细化章目,根据各年级少年儿童特点,制定实施细则,创新学校奖章教育的工作机制。

② 重视"红领巾奖章"仪式教育开展和榜样典型选树。

③ 面向全体少年儿童,强调人人可为,天天可为;注重实践体验,使活动既有思想上的提高,又有情感上的触动,还有内心的收获,引导少年儿童在实践中增长才干、不断进步。

④ 注重全面素质培养,将"红领巾奖章"争章活动纳入小学生综合素质评价体系。

⑤ 注重把社会各方面的力量凝聚在一起,坚持运用多种资源和手段。

第三节
班队活动设计案例

一、班级主题活动案例

（一）"和手机成为朋友"主题班会课（节录）[①]

教育背景

随着社会的发展和科技的进步，手机以其强大的功能成为人们生活中不可或缺的一部分。但不少人因沉迷其中而影响了正常的工作和生活，其中也包括小学生。因此，帮助小学生认识到沉迷手机可能带来的伤害，学会合理正确地使用手机，是当前小学生德育和班主任工作的重要内容。基于这样的学情以及小学高年级学生的认知规律，我设计了这堂主题班会课。

设计思路

环节一：我的"牛"友。通过游戏，引导学生归纳手机这个朋友"牛"在何处。

环节二：我的"损"友。通过图表呈现、现场采访，引导学生直面生活现状，思考沉迷手机的危害之处。

环节三：我的"益"友。采用小组合作的形式，让学生讨论与手机成为益友的具体方法。

教育目标

1. 了解手机功能的强大，知晓手机是我们亲密无间的好朋友。
2. 理解手机本身并无过错，是自己的过度沉迷才带来了不良后果。
3. 引导学生掌握合理使用手机的若干策略，提升自我管理能力，进而远离生活中的其他伤害。

活动准备

教师准备：编制调查问卷，实施调查并完成统计、分析；编制活动学习单；制作课件。

学生准备：完成问卷调查。

1. 你在生活中经常使用手机吗？（　　　）

   A. 不使用　B. 偶尔使用　C. 经常使用

2. 你一般使用手机做什么呢？（　　　）

   A. 查找学习资料　B. 网络购物　C. 刷朋友圈　D. 听音乐　E. 玩游戏　F. 看电影

---

① 唐宏梅."和手机成为朋友"主题班会课实录[J].江苏教育,2018(95):50—52.本文有删改。

或者电视剧　G. 学英语　H. 其他

3. 你一般使用手机的时间是多久？（　　）

A. 周一到周四在一个小时或以上

B. 周五到周日在一个小时或以上

C. 每天都在一个小时以上

D. 其他

4. 你是否有过玩手机玩得入迷的经历？请举例。

_____
_____
_____

实施过程

1. 我的"牛"友

（1）我是手机的知音

师：咱们来玩个小游戏吧，既考验你们的耳朵，也考验你们的眼睛。猜猜它是谁？（幻灯片依次播放各种图片）

生：（略）

师：你们对手机可真是了如指掌，是手机的知音啊！

（2）手机是我的帮手

师：智能手机可以说是人类一项伟大的发明，我们的日常生活几乎离不开它，它能帮我们做什么呢？

生：（略）

师：嗯，手机不仅使我们的学习变得更便捷，也给我们带来了不一样的精彩。你能向大家推荐一款好玩的或者好用的手机软件吗？

（学生推荐了微信、喜马拉雅等）

师：原来大家都对手机软件这么熟悉啊，它真是我们的好伙伴、好老师、好搭档，是我们的"牛"友。

【设计意图】以学生喜闻乐见的游戏方式，以其普遍熟悉且感兴趣的手机软件拉近了师生之间、学生与课堂之间的距离，为整节课的学习营造了愉悦的氛围。

2. 我的"损"友

（1）手机危害大

师：但是，最近我们的这位"牛"友正处在舆论的风口浪尖上，网民们特别愤怒，他们这么说——（PPT呈现图片及文字）

> 1. 该死的手机正在毁掉我们!
> 2. 手机,生活中的毒瘤!
> 3. 智能手机简直就是恶魔!
> 4. 智能手机像"毒品"一样让人变得庸俗麻木!

生:(略)

(PPT呈现调查情况)

生:(略)

师:调查结果说明我们班一部分同学在不知不觉中也已经对手机产生了依赖。回忆一下,你是否也曾沉浸在手机的世界里无法自拔?

生1:有一次,我打开手机准备查资料,可是却不由自主地打开了"王者荣耀",然后我就玩得特别开心,一局又一局,等我抬起头一看手表,已经一个半小时过去了,但我总觉得心里痒痒的,不想放手,就继续低头玩了起来。后来,妈妈喊我吃饭,我也不理,她特别生气,一把抢过我的手机,摔在了地上。

师:妈妈一定是看到你痴迷手机,心里着急上火了。

生2:我有时候会趁爸爸不注意,躲在被窝里刷微信,或者上QQ跟网友聊天,我感觉网络世界特别有意思,一玩起来就什么也顾不上了。

师:手机里好像有一双无形的手牵着你,是吗?

(生2不好意思地点点头)

师:你能坦率地正视自我,老师为你点赞。如果继续这样沉迷下去,我们的生活会变成什么样?

生1:学习成绩肯定会下降。

师:有道理,游戏分散了注意力,还有呢?

生2:对手机上瘾之后,本来是用来学习的时间基本就用来玩手机了,所以作业也不好好做,开始胡乱应付了。

生3:手机里面有一些不好的网站,不能点开来,因为里面的内容很不健康,容易影响我们,有的人还会跟在游戏后面学一些不文明的语言。

师:你们的分析都特别有道理。手机曾经给我们带来无限欢乐,是我们最亲密的朋友,那它现在还是我们的好朋友吗?

生1:不是,它把我们害惨了。

生2:不是,它让我们沉迷,不能自拔。

师:这种给我们身心带来危害的朋友,就是我们的——(教师板书:损友)

(2) 这锅它不背

师:请大家认真思考下,手机真的是损友吗?

生齐答：是！

师：真的是手机出了问题吗？（教师在板书"损友"二字后面加上"？"）

（学生陷入思考）

生1：我觉得是手机上的一些网站出了问题，有些手机软件上有好多不健康的内容，容易诱惑我们。

师：那我们可以选择不点开啊！问题的根源究竟在哪儿呢？

生2：老师，我觉得可能是我们自己的问题。我们管不住自己，自我控制力特别差。

师：你们同意他的看法吗？

（学生纷纷表示"同意"）

生1：我们犯了错，还让手机背了黑锅，手机太委屈了。

师：原来，一切的祸根都是我们自己，所有的伤害都是由于我们使用不当。你们都能够深刻剖析自己，值得赞扬。

【设计意图】以手机承受的骂名引导学生冷静地思考：真的是手机出了问题吗？联系生活，让学生反思自己痴迷其中的画面，剖析依赖心理，在层层剥离中认清依赖的根源所在，从而突破本节班会课的难点：认识并体悟到形成手机依赖的主要原因是自我管理能力较差，使知行合一的德育目标成为可能。

3. 我的"益"友

（1）我该怎么办

师：那我们怎样才能和手机建立起健康、和谐的关系呢？

（学生先独立思考，然后在小组内交流分享）

（学生提出很多具体措施：提高自控能力、健康使用手机……）

师：手机还是那个手机，当我们努力做到缩短使用时间、控制使用范围、减少使用频率时，我们就让它成了益友！

（教师板书：益友！"！"用红色粉笔标注）

（2）我想对你说

师：今天，我们对手机有了新的认识，现在就把我们想说的写下来，献给我们最亲密的朋友吧。

（生写，师巡视）

师：谁来读读自己的知心话？

生1：手机，我最亲密的朋友，你是我们的好帮手，生活因为有了你才变得更便捷。但同时，我们也一直冤枉了你，说你给我们带来很多的伤害。今天，我才发现是我们错了。从今往后，我一定会管好自己，规划好自己的时间，科学合理地使用你，真正和你成为朋友。

……

师:是的,只有学会控制自己,学会合理分配时间,才能过上一种更健康的生活。

(3) 我还能思辨

师:生活中还有哪些"朋友"也和手机一样,既可能是我们的损友,也有可能是我们的益友?

生1:肯德基,偶尔吃吃很开心,吃多了对身体不好。

生2:汽车,汽车方便了我们的生活,但是它容易伤害到行人。

师:是的,我们同样要学会理性地去看待它们,提升自我管理能力,做最好的自己。

【设计意图】此环节旨在引导学生进行思辨,在提出问题、思考对策的过程中,学生主动参与其中,使课堂向生活的延伸有了保障。然后引导学生思考生活中其他类似的问题,让学生有带得走的思维和导行策略,真正实现课内与课外、课堂与生活、知与行的对接。

活动反思

一堂班会课,怎样才能让学生敢说、想说、能说? 我认为信任便能创造出美好的境界。学生紧张的时候,我用微笑让他们放松;学生胆怯的时候,我用微笑给予他们自由表达的力量;说到精彩之处,我用微笑告诉他们:孩子你真的很棒;不尽如人意的时候,我用微笑告诉他们:勇于表达就是一种自信。学生们正是在这一丝微笑中,感受到了教师的信任、期许、赞赏,然后才能自由、尽情地表达自我。只有这样,才能为儿童德性的生长营造温馨的环境,为"共生课堂"奠定美好的基调。

此节班会课中的合作学习成为点睛之笔。围绕"如何才能和手机建立起健康、和谐的关系"这个话题,学生们侃侃而谈,在求同存异中找到了合理使用手机的若干条策略。人人参与,人人体验,甚至在同一个环节中出现两次合作讨论,这是基于课堂和学生的需要,是真正着力于帮助学生解决问题,是为了"合作"而"合作"。

(二)"欢欢喜喜闹元宵"方案设计[①]

设计背景

中华民族的历史源远流长,伟大的民族精神需要我们的下一代去了解、传承。元宵节是中国重要的传统节日,它的寓意很美好:团团圆圆、一元复始、大地回春,含义深刻但容易理解。孩子们大多对"元宵灯会"有切身的体会,因此,我把"庆元宵"作为教育的切入口。

游戏是每个孩子都喜欢的,实践活动也是一年级小朋友比较愿意接受的形式,因此,本设计将游戏、动手实践与了解传统节日结合起来展开。

---

① 上海市中小学幼儿教师奖励基金会,等.拨动学生心弦的艺术——上海市班主任主题教育活动集锦[M].上海:上海教育出版社,2008:19—21.

教育目标

1. 利用多媒体把枯燥、复杂的节庆内容变得生动形象,让孩子们在喜闻乐见的活动中对元宵节有一个全面的了解。
2. 通过动手画画、做做,让孩子们对元宵节有切身的感受。
3. 通过弄堂游戏、猜灯谜活动,让孩子们身临其境地感受民族、民间活动的乐趣,体会劳动人民的智慧与才干。

前期准备

参与人员:班主任;美术、体育、音乐等教师;部分家长。

收集相关资料(文字、图片、媒体制作及学生照片)。

实施过程

第一阶段　了解节庆知识,绘成小报。

要求学生在寒假中搜集有关元宵节的起源、历史、传说等资料,在父母的帮助下剪贴资料并整理成手绘小报或电子小报。

第二阶段　画画、做做,体验传统文化;学学、玩玩弄堂游戏,感受民间活动乐趣。

这个阶段选取的活动内容分成花灯、元宵、百戏三个板块,通过课堂教学和亲子活动,引导学生体验传统节日的文化底蕴。

1. 花灯

(1) 探灯源。师生共同找资料:灯节的历史,花灯照片,灯谜。

(2) 利用美术课和音乐课画花灯、唱灯谣。

(3) 亲子活动。家长和学生一起做灯笼。

2. 元宵

(1) 亲子活动。做元宵、吃元宵并拍成照片。

(2) 音乐课教唱《卖汤圆》。

3. 百戏

(1) 教师通过网络,找到相关资料,做成视频,如舞龙、舞狮、跑旱船、踩高跷、扭秧歌等。

(2) 利用体育课,学生学习弄堂游戏。

第三阶段　开主题班会,玩弄堂游戏。

1. 主题班会

在第一、二阶段学习、实践的基础上,利用班会课集中展示成果,加深学生对元宵节的理解和感受,体验传统文化的魅力。主题班会分四个环节,环环相扣。

(1) 看、演:利用课本剧《闹元宵》引出主题"欢欢喜喜闹元宵"。

① 视频:通过剪辑的视频,让学生观看各族人民过元宵节的盛况,制造视觉冲击,激发学

生热情。

②学生表演课本剧《闹元宵》。《闹元宵》是本学期的一篇课文,语言生动、活泼。学生演来充满童趣,可以使学生迅速融入元宵节庆活动的气氛中。

(2) 看、听:看花灯、介绍节日由来。

① 用 PPT 演示各种各样的花灯。这让学生亲眼目睹了中国民俗艺术的美妙、中国人民无穷的想象力。

② 看教室中布置的自己做的灯笼,让学生介绍自己动手的过程及快乐的体验。

③ 请学生介绍灯节的由来。让学生知道灯节是从宫廷传到民间的。元宵节也称"灯节",元宵燃灯的风俗起自汉朝,到了唐代,赏花灯更加兴盛。通过对元宵节的介绍,知道它寓意团圆,庆元宵也就是贺大地回春。

(3) 做、猜:实践活动(让每个学生都动起来,成为体验者)。

① 当场做做简易的兔灯笼,让学生记住元宵节最具象征意义的兔子灯,并全身心地融入节日中。

② 猜猜教室里悬挂的灯谜,让学生积极动脑,踊跃发言,将活动推向一个小高潮。

③ 看 PPT:学生边唱《卖汤圆》,边看他们自己在家做、吃汤圆的照片,使会场气氛达到高潮。

(4) 欣赏:跳灯舞、看"百戏"(较全面地了解元宵节,爱上民俗文化)。

① 校舞蹈队表演精彩、欢快的灯舞。

② 以欣赏"百戏"的精彩表演结束主题班会,使学生对劳动人民欢庆节日的热情与丰富的创造力有更深切的感受。

这一台节目,学生通过说说、演演、看看、唱唱、跳跳、猜猜,对元宵节有了一个较完整的认识,达成了"认知"与"情感"目标。

2. 拓展延伸:弄堂游戏

主题班会后组织学生到操场玩弄堂游戏:套圈子、造房子、跳筋子、抽陀子、扯铃子。邀请学校部分师生、班级的部分家长共同参与。操场上还有猜灯谜活动,让学生在玩游戏、猜灯谜的过程中感受民间活动的乐趣。

第四阶段 加深强化:颁章(将学生了解的知识、学到的技能印在手册上,使之成为学生成长中的一个足迹)。

顺利参加了"做小报""画花灯""做灯笼""做元宵""唱歌谣""主题班会""弄堂游戏"中四个环节以上的小朋友,经老师考核、确认,就可以得到"元宵章",登记到学生成长手册上。

二、少先队实践活动案例

"红星照耀绿苗壮——小红星儿童团入团仪式"活动方案[①]

活动目的

小红星儿童团是小学低年级全体儿童的群众组织,是少年先锋队的预备队。苗苗入团仪式要以儿童团的知识和五旗教育为抓手,通过庄重而又活泼的活动方式,帮助儿童团员们从入团第一天起就明白儿童团员是党的好苗苗,要从小听党话、跟党走,时刻记住五个爱,准备加入少先队。

活动时间

12月4日(小红星节)或前后,仪式时间为40分钟,仪式后的配套拓展活动为30分钟。

活动对象

小学一年级全体学生。

活动地点

学校操场或校外教育机构广场或草坪。

活动准备

(1) 对准备加入儿童团的全体一年级学生进行儿童团的知识教育,激发他们对加入儿童团的向往。

(2) 对准备加入儿童团的全体一年级学生进行佩戴绿领巾、敬团礼等规范动作的指导和训练。

(3) 培训旗手两名,护旗手四名,仪式主持人两名。

(4) 学会歌曲《今天我戴上绿领巾》、《小红星儿童团团歌》和仪式上要演唱的儿歌。

(5) 组织四年级各中队与一年级各班结对,做好在仪式上作介绍和仪式后邀请儿童团员一起活动的准备。

活动过程

整个活动过程分为仪式部分和仪式后配套拓展活动两部分。仪式部分由五个板块组成。

1. 绿领巾戴起来

根据一年级学生迫切希望早日加入儿童团的心情,仪式一开始就以庄重的语气宣读儿童团新团员入团的约定,并由辅导员向新团员授绿领巾,儿童团员佩戴绿领巾。为让新团员

[①] 中国福利会少年宫.时光印记·就这样长大:中国福利会少年宫群体性文化活动集锦[M].上海:中西书局,2013:68—70.本文有删改。

充分表达自己入团的欢快激动的心情,在儿童团员戴上绿领巾后一起唱跳《今天我戴上绿领巾》。

2. 我是党的好苗苗

通过出儿童团团旗、唱团歌,让儿童团员重温团旗图案和团歌歌词的含义,并通过齐颂儿歌,点出仪式的主题:红星照耀绿苗壮。

3. 时刻记住五个爱

通过主持人与儿童团员的上下呼应,让每个团员牢记五个爱的要求,明确入团以后的努力方向。为适应低年级学生的年龄特点,呼应语采用儿歌的形式:

爱红星,党指方向我前进;

爱学习,动手动脑学本领;

爱师长,老师教导记在心;

爱同学,团结互助心连心;

爱劳动,生活自理我能行。

4. 准备加入少先队

儿童团作为少先队的预备队,需要一开始就走进少先队,逐步了解少先队,憧憬参加少先队,为此在仪式上安排四年级的各中队与新团员相应的班级结对,由各中队介绍自己的特色活动并发出邀请,吸引儿童团员们加入少先队。这也为仪式后的"红绿领巾同欢乐"配套拓展活动作铺垫。

5. 红旗指引我前进

通过学校党政团队教师代表展示国旗、党旗、团旗、队旗的方式,祝贺儿童团新团员入团,鼓励儿童团员努力争取加入少先队、共青团和共产党,为国立功劳。最后由学校领导讲话和辅导员带领呼号。

配套拓展活动:由结对的四年级中队分别带领相应班级的儿童团员参加"红绿领巾同欢乐"活动,这既能让儿童团员从中学习开展组织活动的一些方法,又能使他们体验精彩快乐的少先队生活,从而增强对少先队组织的向往之情。

> 活动提示

(1)入团仪式如逢下雨,可改在室内进行。如果校内缺少较大的室内会场,也可借市少年宫或区青少年活动中心等单位的场地。

(2)如有条件,还可以配合利用视频等形式,如播放儿童团和少先队活动的片段等内容,增强儿童团员对自己组织的热爱之情和对加入少先队的向往之情。

思考与探究

1. 开展班队活动时应遵循哪些原则？试用所学知识评析第三节中的"和手机成为朋友"主题班会案例。
2. 什么是班队自我服务性劳动？谈谈你对《杭州市富阳区首发小学生"劳动清单"，每年级设75件劳动事项》的看法。请设计一份以"劳动最光荣"为主题的班级活动方案。
3. 读"拓展阅读"《在"玩"中学》一文，谈谈你对小学生"玩"的看法。
4. 案例分析。

    老师让全班同学写一篇关于讲诚信的演讲稿。小虎写的演讲稿得到了老师的大力表扬，并打算让他代表班级去参加校级演讲比赛。

    但是，后来老师没有让小虎去，而是派了小浩拿着小虎的演讲稿参加了比赛，并得了第一名，还得了不少奖品。听说他还要代表学校去参加市级比赛。这件事老师还不让学生对家长说。

    11岁的小虎认为老师不公平。他问妈妈："是不是真像老师说的那样，我不够漂亮，朗诵能力不如小浩，所以老师才更喜欢小浩呢？"

    针对上述事件请谈谈你的看法。

参考文献

1. 周明，等.提升学生核心素养——班主任必备的28节主题班会课[M].南京：江苏科学技术出版社，2017.
2. 张红梅.用爱心和智慧打造特色班级活动[M].武汉：武汉大学出版社，2017.
3. 于淼，等.传统文化润心田——民俗节日教育小学班级活动案例集[M].上海：上海教育出版社，2019.

拓展阅读

在"玩"中学

上海市同泰路小学　王时松

站在学校的走廊上，举目远望，美丽的校园尽收眼底，宽阔的操场上到处可见学生灵活的身影。每当这时候，我常常联想起我的童年。我的童年与现在孩子的情况有着太大的区别，那时根本谈不上学习负担，小小的帆布书包里也就只有几本教科书。父母每天忙着自己的事情，全靠家里的兄弟姐妹互相照顾。学校早早地放了学，小伙伴们便聚在一起玩弹子、掰手腕、抓蟹摸鱼，或者干脆跳下水去洗个露天澡。在这样的快乐日子里我逐渐长大了。每当儿时的伙伴聚在一起，大家的话题总是特别多，一聊起小时候的事情，那真是说也说不完、笑也笑不够。

可现在的孩子就没有那么多的自由了。每天背着十来斤重的大书包，在校时间几乎占了一天时间的40％。除了学校的学习任务外，有不少学生还额外地去"再学习"。学生们在学校受老师的管教，在家里父母还要监督着学习。他们两点一线的生活中，缺少伙伴，没有玩耍，一到上体育课的时间，学生们便像冲出鸟笼的小鸟尽情飞翔，又跑又跳，可不一会儿他们又觉得没劲了，于是你追追我，我打打你，瞎打瞎闹，以此为乐。这些情况，我看在眼里，颇多感慨。我觉得现在的孩子竟然不会"玩"。如果连"玩"也不会，孩子们的童年还有什么"快乐"？

要让学生学会"玩"，学会活动，在"玩"中学习。这样的口号在我们学校一提出，便得到了学生、家长和老师的欢迎，我校的活动课也成了学生学习与"玩"的好场所。有不少平时调皮捣蛋的学生也因此学会了"玩"，学会了活动，在"玩"中找到乐趣。就拿学校的武术兴趣活动课来说吧，五六十人的队伍中有一半以上是来自不同班级中的"小调皮""小捣蛋"，他们平时坐不定站不定，老是喜欢给老师找麻烦，可武术队的训练竟然使他们有了不少的改变。老师在司令台上舞剑示范，小家伙们也拿着柄小木剑依样画葫芦，转身、起剑、踢腿……做得不好再来一遍，那股认真劲儿还真是有点"忘我"。同学之间相互吵闹的少了，操场上三五成群一起练武，你练我看，互相帮助，有时为了一个动作是否对路还争得面红耳赤，最后非要老师再示范一次不可。走廊上晃来晃去的学生少了，中队主题会上，学校联欢会上，外出比赛的舞台上，到处可见学生矫健的身影、飒爽的英姿。难怪有人戏说，你们"同泰"个个都是"武林高手"。

让学生们在活动中学会"玩"，"玩"出好身体，"玩"出好精神，"玩"出本领，"玩"出水准，即使"玩"需要占用一些学习时间，我个人以为那也是值得的。

我真心希望我们的下一代更幸福，更快乐。

（资料来源　《家庭教育报》.百位校长谈人生[M].北京：少年儿童出版社，2000：314—315.）

基于学生成长需要的系列活动

江苏省常州市第二实验小学　郭玉琴

我校以"成长需要"为重心,根据不同年龄阶段学生的发展要求,设计与之相对应的促进学生成长体验的系列活动。

一年级

1. 年龄特征。对新环境好奇,在入学之初对丰富的学习活动产生兴趣,但持久性不强、自控能力较差、注意力容易分散;经常会出现"违规"现象;伙伴间交往以"玩"为主题,常出现打闹、告状现象。

2. 成长问题。入学是人生的一个重要转折点,开始承担"学生"的责任,社会角色发生重大转变,这种变化对其心理产生影响。

3. 成长潜能。能听从师长的正确教导,大部分学生能主动适应新环境,乐于与老师、同学交往;能手拉手在朋友的帮助下,了解少先队的基本知识,顺利加入少先队;在老师的指导下,能遵守课间活动秩序,并能遵守游戏规则;在老师的激励下,有信心做到每天按时起床、穿衣服、叠被子、刷牙、独立睡觉,并逐渐养成习惯;并乐于把在学校学的新本领讲给爸爸妈妈听,愿意与师长和伙伴一起分享成功的快乐。

4. 系列设计。设计开展"我是神气的小学生"系列活动,内容包括:我是懂礼貌的神气娃、我是守纪律的神气娃、我是能独立的神气娃、我是爱读书的神气娃。

策划并开展了"课间游戏我能行"系列活动,像"传统游戏大家玩""亲子游戏合作玩""开发游戏创新玩(纸的魔术、乒乓球超级玩)"等。既让他们在玩的过程中收获快乐,同时也培养其规则意识。

二年级

1. 年龄特征。已基本适应学校的学习生活,喜欢集体活动,有着和同龄伙伴交往与游戏的强烈愿望和心理需求,但是交往还不甚得法。

2. 成长问题。交往的初步差异对学生心理的影响:一部分学生因不善于与人沟通、合作,产生自卑、怯懦感;一部分学生开始对学校生活缺乏新鲜感;还有一部分学生得到多方面的表扬、肯定,不断强化成功体验,开始产生优越感。

3. 成长潜能。学生喜欢和同伴交往、游戏,在老师加强了小队建设,进行小队活动指导、评价后,学生在交往方面取得了长足的进步,游戏中的规则意识也有了增强。

4. 系列设计。这个阶段需要强化学生的合作意识和集体意识,我们以小队建设为目标,从"游戏""岗位""学习"等方面入手,设计了系列体验活动,如"小队合作活动——岗位篇"系列活动设计:以小队为单位寻找合作岗位,参加班级岗位竞聘,举办"岗位合作我们能行——经验交流""岗位合作我们真棒——优秀小队评选"等子活动。指导学生关心和帮助其他伙伴,在活动中分享与伙伴交往的乐趣,体验快乐学习的乐趣。

三年级

1. 年龄特征。学生从儿童期转入少年期,其注意力、观察力、记忆力全面发展,思考问题从单一、幼稚向复杂、多元过渡;集体观念增强,乐于交往;独立自主的意识增强,想要逐步摆脱对成人、老师的依赖;大部分学生开始形成初步的道德规范。

2. 成长问题。随着学习难度和强度的增大,学生的学习兴趣开始分化,学科偏爱开始出现;自主意识的增强,使部分学生好表现自己。

3. 成长潜能。在老师的指导和帮助下,学生逐渐适应中年级的学习生活,良好的学习态度与习惯逐渐养成,适应力有了提高。

4. 系列设计。我们设计了"争做五好小公民""我是科学小博士""我是运动小健将""游戏活动我设计""环保小卫士在行动"等系列活动,帮助学生学习和理解知识,学习合作与交往,学习发明与创造。"环保小卫士在行动"的班级系列活动,先后开展了"有关白色污染的知识竞赛""走进超市——关于塑料袋使用习惯的社会调查""我是小小设计师——购物袋的创意设计和制作"等活动。

四年级

1. 年龄特征。学生自我意识增强,有较强烈的自我表现欲望;学生情感体验丰富,社会性成分不断增加,责任心也有所发展。

2. 成长问题。部分女学生身体开始发育,男女生交往变得敏感起来。有些学生不愿意与异性同学共同活动。

3. 成长潜能。学生自行策划、组织活动的能力明显增强,班队活动基本可以自主进行。学生特别喜欢人人都能参与的自主活动,渴望拥有自我展示的舞台。

4. 系列设计。我们结合学校科技节、体育节等继续开展系列的教育;抓住学生容易动情的年龄特点,组织开展感恩教育活动。针对学生成长问题设计了"男孩·女孩"系列活动,主要通过开展男女对抗比赛、点击双方优点"心灵碰撞"

(讨论如何相处)、"风雨同舟"(模拟情景合作游戏)、"人气最旺的男孩(女孩)"推荐会、男女双打乒乓球比赛、羽毛球比赛、小合唱表演等活动,帮助学生逐步认识男女生之间的性别差异,知道男女生各有所长,也各有所短,要互相学习、团结合作,并在活动中体验男女同学友好交往的乐趣。

五年级

1. 年龄特征。学生的活动能力已有了很大提高,对许多事情有自己的看法,反对大人过多干涉;具有较强烈的竞争意识,比较关注竞争结果。学生兴趣、特长差异表现得更明显,学生个体之间、师生之间开始出现疏离,非正式群体的影响开始显现。

2. 成长问题。需要关注学习成绩和生活事件对学生心理的影响,例如,考试没考好、班干部竞聘落选、对自己参与活动(比赛)的表现(成绩)不满等。对已完成学习活动的消极评价,会引发学生自我认识的偏差,产生挫折感,甚至对自己的成长与发展信心不足。

3. 发展潜能。自我评价的独立性、批判性、稳定性都有了一定程度的提高;开始进入伙伴关系依从性的高峰期,集体意识也开始增强,责任意识、小大人意识增强;如果给学生更多的成功体验、责任体验,学生的成长将更主动。

4. 系列设计。我们组织开展"今天我当家""当一日老师"等活动,给学生广泛参与各项活动的机会,使学生在多方面获得成功;开展"学习对对碰""学会控制自己的情绪""挫折助我成长"等主题活动,指导学生进行学习交流,学会情绪调控,培养耐挫品质;开展"解决烦恼我能行"小课题研究活动,让学生在课题答辩、图片展示、论文汇编、主题班会等方式的交流研讨中,彼此分享成果,获得成功、愉快的体验。

大队部还组织学生开展"大手拉小手"系列活动,如:"手拉手,一起走进新学期""手拉手,一起学习新队章""手拉手,一起逛人才(跳蚤)市场""手拉手,共同走进体育节""手拉手,共读一本好书"等。通过调查、访谈、交友、设计游戏等活动,丰富了一年级孩子的课间生活,也增强了五年级孩子的责任感。

六年级

1. 年龄特征。个性特点日趋鲜明,部分学生开始步入青春期;对时尚的东西比较关注,同伴交往日益增加;对升学的选择乃至对自己的人生理想开始有了思考。

2. 成长问题。现阶段小学毕业仍然承受着巨大的升学压力;青春期的身心变化将会对学生的性格发展产生深刻影响。

3. 发展潜能。教师如果能够开展深入细致的工作,大部分学生能掌握学习方法,自主、有效地进行学习,并体验成长的快乐与自豪,学生就可能怀揣着责任与理想走向明天。

4. 系列设计。我们组织学生开展"照镜子——学会正确评价自己的学习""轻松驿站""成长的足迹"等系列活动,指导学生分析评价个人学习,学会自我减压,向同伴学习;组织开展"我选择我快乐""我是一名合格的毕业生""为母校留下什么"等系列活动,指导学生学会选择并对自己的选择负责,做合格的小学毕业生。

毕业班的班主任围绕"毕业赠言"组织系列活动,在充分关注学生成长需求的基础上,引领学生更好地发展。

(资料来源 郭玉琴.基于学生成长需要的系列活动[J].中国德育,2009,4(07):57—59.本文有删节。)

视频资源

视频内容:手机使用公约修订:手机铃响起后
执教教师:沈韶华
视频提供:上海市徐汇区实验小学沈韶华

主题班队会是一种常见的班队活动。从沈韶华老师针对学生出现的"手机问题"召开的主题班会中,我们可以观察教师是如何设计、组织和指导班队主题教育活动的。

|扫码观看视频|

第八章

学校与家庭、社区的合作

- 认识学校与家庭、社区合作的意义
- 了解学校与家庭、社区合作的类型和形式
- 掌握家校合作的基本要求及策略
- 基本掌握运用社区教育资源的育人方式

> **案例 8-1**
>
> 作为一名没有任何经验的"新手",刚接班做班主任时,有很多家长对于刚出校门的我抱有很多的疑惑和担心,经常会有虽是好意但却令我较难堪的建议。我多么希望能够得到家长的理解,希望能获得家长的全力支持,希望和家长的沟通可以畅通无阻,能够针对问题而畅所欲言。
>
> 就在空有一番热情的我一筹莫展之时,学校开展的"利用数字平台开展德育的实践研究"课题给了我一个启示:为什么不利用建立了的班级网站作为我和家长之间交流沟通的一个新起点呢?网站是一个让教师、学生与家长都可以广泛、深入、多角度地开展交流与互动的舞台。
>
> 利用班级网站使我一改以往的被动局面。我主动对班级日常的事务进行点评,尽量对每一位同学的平时表现都作出肯定的评价,找出孩子们的闪光点在班级网站上"大肆"表扬。
>
> 随着班级网站上班级成长记录的一天天增加,家长对自己的孩子了解得更全面,也对班级更有信心了,不知不觉中,他们也受到了潜移默化的影响。家长们也活跃了起来:"廖老师其实你做得很好了……""这些孩子绝对能领悟你们的苦心。"
>
> 班级网站拉近了我和家长彼此的心理距离,现在班级大部分家长都能像朋友一样与我沟通,并初步树立了赏识班级和老师的意识。
>
> (资料来源 廖丽娜.沟通,从"新"开始——利用网站平台建立家校沟通新渠道[J].中国德育,2008(12):62.本文有删节。)

上述案例中,网站缩小了家校互访的时空距离,增进了家长对老师的理解、对班级和孩子的了解,与孩子有了更多的共同语言,对话有了更充实的内容。

在现代社会中,每个家庭中的孩子都必须进入学校接受法定的义务教育,这一点注定了学校与家庭在儿童的教育中具有一种天然的、密不可分的联系。此外,由于任何一所学校、任何一个家庭无论从地理位置上还是从行政区划上都隶属于某个特定的社区,因此,社区的环境、社区的生活质量会直接或间接地影响、决定着社区中的学校及家庭教育的质量。同时,学校和家庭生活的微型环境及其教育质量,反过来也影响或决定着社区生活的环境及质量。因而,加强学校与家庭、社区的教育合作,促进学校教育、家庭教育与社区教育的有机整合,从而发挥出三方在儿童教育上的最大合力作用,也就成为当下教育工作者必须加以深入研究的重大课题,这对小学班队工作者来说尤其重要。是否了解学校与家庭、社区开展教育合作的必要性及各种具体形式,以及我国学校与家庭、社区开展教育合作的现状、问题及其改善策略,直接决定着小学班队工作的质量。

党的二十大报告明确提出"健全学校家庭社会育人机制"。的确,学生的健康成长离不开其所处的不同环境的协同配合。本章旨在提供有关学校与家庭、社区开展教育合作的一般性知识、原理,供小学班队工作者开展学校与家庭、学校与社区教育合作时作参考。

第一节 学校与家庭的合作

家庭是个体出生后的第一个生存环境,也是其第一个受教育的环境,父母的言传身教,对儿童在各方面的成长至关重要。家庭教育具有自然性、奠基性、情感性和持久性等特点,美国心理学家托马斯·哈里森(Thomas A. Harris)等人根据大脑生理学和心理学研究成果指出,童年时期记录在大脑中的"父母意识",将永久不衰地记录在每个人的"人格"磁带上,它在成长的过程中将会自动播放,而且这种播放具有贯穿人生始末的强大影响。[①] 学校是个体第二个受教育的环境,它在儿童社会化过程中起主导作用,具有专业性、系统性、连贯性和高效性等特点。家庭和学校,是小学生日常生活的两个主要"世界",聚焦到儿童的全面和谐发展上,它们的关系就应该是:合作。

> **资料链接 8-1**
>
> 1966 年,美国人科尔曼(James Coleman)向国会递交了《关于教育机会平等性的报告》。这就是教育史上著名的"科尔曼报告"。这个调查结果令美国人大吃一惊:在此之前,人们只知道黑人学生的文化教育水平相对较低,而且越往后差距越大。科尔曼和大多数人一样都以为这种差距主要是学校的办学条件造成的。
>
> 调查结果却发现,黑人学校和白人学校在校舍设施、教师工资等有形条件的差距,并不像人们想象的那么大。而造成黑人学生学习水平低的原因,主要不是学校的条件,而是学生的家庭背景。学生的家庭背景和学习成绩有很强的相关性。
>
> "科尔曼报告"发表后,人们开始从两个方面调整自己对教育的看法:一是重视学校教育质量评估,二是重视学校背后的家庭教育。
>
> (资料来源 刘良华.父母对孩子的影响[J].中国德育,2009(03):67—71.)

[①] 黄人颂.学前教育学[M].北京:人民教育出版社,2002:355.

一、学校与家庭合作的必要性

（一）可以协调家校双方教育力量，产生合力

家校合作可避免家庭教育与学校教育的相互削弱与抵消，这一点是显而易见的。家校一致可防止社会不良现象对学生的侵害，避免给不良影响以可乘之机，使学校教育发挥出最大效能。当学生感觉到教师和家长在为自己的进步而协同努力时，他们会因这种关注而受到极大鼓舞，产生向上的动力。一般而言，凡是在家庭中受到不良影响的孩子，往往就是学校中最难教育的学生，而在学校里表现欠佳的学生，一旦其家长参与转化工作，往往进步显著。研究表明，家校合作较多的教育项目能使学生在各个方面表现出色，而在同样的几乎没有家校合作的项目中，学生的表现则一般；与家庭、社区保持经常性联系的学校，其学生的表现优于其他学校。

此外，尽管学校是一个专门性的教育机构，可以对影响学生成长的校内环境进行有效控制，但它很难对校外环境进行有效控制。由于小学生有相当一部分时间是在家中度过的，这段时间若没有良好的家庭环境控制，学校教育的效果就得不到呼应或强化。

> **案例8-2**
>
> 小徐，天资聪颖，记忆力好，学习成绩突出。但是，她总是看不起同学，在课堂上随意打断同学的发言，对老师的批评也不在意，对班级活动漠不关心，虚荣心强。
>
> 经过了解，她的表现与家庭教育有关。父母把她视为掌上明珠，十分宠爱，对她的将来寄予厚望，要求又高，无论哪次考试只有她达到满分或名列第一，家长才满意，而对分数之外的事则关注很少，这也是小徐过分注重学习成绩而忽视个人修养的主要原因。
>
> 通过与家长沟通，帮助家长破除只关心分数，而忽视孩子思想品德、心理发育的错误观念。在小徐父母的配合教育下，小徐开始重视自身的不足，并在实际生活中加以改进，渐渐地她能尊重身边的每一位同学，也能积极投身到集体活动中了。
>
> （资料来源　吴东萍.绩优生，想说爱你不容易[J].思想理论教育，2009(12)：68—70.本文有删节。）

> **资料链接 8-2**
>
> **单亲家庭学生心理健康教育对策**
>
> 　　对单亲家庭学生进行心理健康教育可有许多方法或途径,如:通过生活、学习上的关心,用爱心抚慰创伤;通过小组合作,鼓励他们交往,用友情弥补亲情;发现点滴进步,多加表扬,用鼓励消除自卑;经常谈心,沟通感情,用真诚换来信任。
>
> 　　核心策略:
>
> 　　(1)表扬换回自尊。在教育过程中应该以激励、表扬代替批评,对其微小的进步也应给予肯定和表扬,使他们重新燃起生活的信心,重新看到社会中的真、善、美,进而自激自励,不断追求成功。
>
> 　　(2)激励唤醒自信。激励学生是充分发挥学生积极性、主动性和创造性的前提,也是营造"海阔凭鱼跃,天高任鸟飞"的育人氛围的关键所在。发挥激励的作用,要注意把握恰当的时机,以收到事半功倍的效果。
>
> 　　(3)倾听赢得接纳。教师必须主动接纳学生,善于倾听学生的心声,理解和尊重他们的观点,关心他们的成长,创设条件打开他们的心扉,这样才能赢得学生的接纳,成为学生的良师益友。
>
> 　　(4)爱心感化心灵。教师要真诚地爱护、尊重他们,创设积极对话的平台,实现心灵沟通。教师还要协同家长、其他同学一起关爱他们,对他们多一分理解、多一分宽容和信任,这样才能消散他们心中的迷雾,使他们看到新的希望。
>
> 　　(5)指导转变心态。为了缓解学生的消极情绪,除了德育课程外,还可以通过各种体验活动,向他们传递一些人生信念和哲理,帮助他们形成积极健康的心态,以便将来更好地适应社会、回报社会。
>
> 　　(6)体验成功增强信心。最能鼓舞学生,促进其建立自信、消除自卑感的莫过于成功的活动体验。所以,教师应积极鼓励学生参加集体活动,展示自己的才华,以他们的成功点燃信心的火花。
>
> 　　(资料来源　朱绪兵.单亲家庭学生心理健康教育对策浅析[J].中国德育,2007(10):71—72.本文有删节。)

(二)可以统一家校各自具有的权利与义务

家长参与学校教育既是其权利,又是其义务。家长是孩子法定的监护人,又是学校教育开支的承担人,故他们有权利、有义务参与学校教育。

一般来讲，家长应有以下权利：
① 知道学校教育工作的运作方式。
② 了解学校政策的意图并提出质询。
③ 监督并参与学校教育工作等。

家长的义务在于：
① 从经济方面为子女接受适当教育提供物质保障。
② 为子女创设一定的家庭学习环境。
③ 与学校合作，支持、配合学校做好子女的教育工作。
④ 接受家长教育，提高自己教育方面的素养，努力改进自己的家教质量。

此外，保护子女的受教育权利不受任何剥夺与侵犯，既是家长的权利，又是家长的义务。

对学校或教师而言，其权利主要是出于专业服务的需要：
① 学校有权直接了解学生的有关信息，要求家长提供与学生有关的信息，要求家长检查、督促学生完成家庭作业。
② 学校有权要求家长提供必要的条件，以配合、支持学校对其子女进行教育等。

至于学校的义务，对家长而言：
① 学校有义务指导家庭教育，帮助家长改善家庭教育。
② 学校有义务及时向家长通报学校有关情况，并作出解释说明。
③ 学校有义务接待家长到校参观访问、了解有关情况等。

（三）可以推动迈向学习化社会

联合国教科文组织早在20世纪70年代发表的《学会生存——教育世界的今天和明天》报告中，就提出了终身教育和学习化社会的概念。家校合作正是促成学习社会化、教育社会化的一个重要方面。在今天这个时代，接受教育不再是人生特定年龄阶段的事情，也不再仅仅是学校的事情。社会本身正逐渐演变成为一个大学校，每个人都能在他需要的时候，随时随地得到合适的教育机会，学习成为每个人的生活需要，或成为每个人基本的生活方式。每个人既是教育者，同时又是受教育者。

家校合作是一个家庭与学校相互学习、相互教育的过程。一方面，家校合作对于家长是一个受教育的过程。在家校合作中，家长不仅可以向教师学习，也可向其他家长学习，并与他们交流、分享教育子女的经验。另一方面，家校合作对于教育者也是一个受教育的过程。在家校合作中，家长们的职业、经历和社会背景各不相同，他们可向学校提供大量的信息，教育者可以从中学到许多他们所不知道的东西，并分享家长的独特经验，甚至可以帮助教育者反思自己的教育经验。

> **资料链接 8-3**
>
> 　　在中小学生家庭中开展学习型家庭创建活动,能促进家庭教育、社区教育与学校教育的和谐,促进家庭成员之间、特别是亲子之间的和谐,能促进家庭观念的和谐。
>
> 　　创建和谐共进的学习型家庭要坚持以下原则。
>
> 　　① 学生为本原则。以学生发展为本是创建和谐共进的学习型家庭的出发点和归宿。
>
> 　　② 学校主导原则。学校必须从大教育观出发,充分发挥主导作用,要切实担负起指导和推进家庭教育的责任。
>
> 　　③ 家长主体原则。家长应责无旁贷地挑起创建的重担。创建的落脚点和归宿是孩子的健康成长。家长要树立新的理念。
>
> 　　④ 亲子共学原则。同一时间共同学习,是创建学习型家庭的核心内容,是构建和谐家庭、优化育人环境的重要途径。
>
> 　　⑤ 社区联动原则。学校要注意引导学生走出家门,走进社区。学校、家庭、社区三者和谐联动,是青少年健康成长的重要条件。
>
> （资料来源　杨培平.构建和谐家庭,优化育人环境——创建学习型家庭的实践与思考[J].中国德育,2008(06):72—73.本文有删节。）

二、家校合作的主要类型及具体形式

（一）家长参与学校教育的类型

1. 家长作为支持者参与学校教育

在这种参与方式中,家长与学校通过互相访问,保持经常性的通讯联系,以便及时有效地沟通信息;家长为孩子创设良好的家庭学习环境,督促子女按时完成作业,并随时检查子女的学习情况;家长往往在得到邀请时访问学校,参加家长—教师会议,出席学校举办的有关座谈会,观看学生演出,参观学生作品、作业展览,参与家庭体育竞赛活动,随班听课;或者与学校教师个别约见,同有关教师个别交谈有关自己孩子的教育情况等。这种参与基本上是单向的、被动的。

2. 家长作为学习者、受教育者参与学校教育

19 世纪中叶英国学者斯宾塞(Edmund Spenser)曾主张把"准备做父母的教育"列入普通教育的范围。"说正经话,子女的生与死、善与恶,都在于父母怎样教养他们,可是对于今后

要做父母的人在教养儿童方面连一个字的教导都没有,这难道不是一件怪事吗?"①

斯宾塞强调在儿童的普通教育阶段,每个家长都要接受做父母的教育,这种主张是否合适可能会受到怀疑,但有一点可以肯定的是,成人应该接受做父母的教育这是千真万确的。由此,家长通过进入家长学校学习,获得有关子女教育方面的知识技能,提高自己的教育素养,就成为做父母的职责。这不仅有利于家长改善他们对子女的家庭教育,也是对学校教育的有力配合与支持。故家长作为学习者存在,实际上也是对学校教育的一种间接参与。

3. 家长作为志愿者为学校活动服务

这种参与方式是指家长作为学校活动的志愿者,自愿为学校提供无偿服务,协助学校运作。自愿参与活动的范围很广,例如,家长可利用自己的时间、精力、智慧和才能来协助学校举办某些大型教育活动;作为教学辅助人员或教学助手,帮助教师从那些非教育性事务中解脱出来;作为校外辅导员,就亲身经历给学生作非正式报告,帮助班主任对学生开展思想教育工作;帮助学校建立校外教育基地;利用自己的特殊才能,就某门学科对学生进行课外的个别指导或辅导;帮助学校设计图书室、活动室,帮助制作教具,搜集整理有关资料信息,为学校提供信息技术服务,等等。总之,家长是宝贵且重要的教育资源,这个资源只有靠发掘才会被发现。

4. 家长直接参与学校教育决策过程

在这种方式中,家长作为学校管理委员会、家长咨询委员会、家长—教师协会等的成员,直接参与学校有关决策的制定、执行和监督过程。美国学者K·D·赫斯(K. D. Hess)认为,家长参与学校决策的理论基础是:首先,人们对没有参与制定的决策在执行过程中缺乏责任感;其次,整理信息、决策及推行的过程本身就具有教育意义,家长和学校可以相互学习,有益于提高管理技能;再次,家长最了解其孩子所处的家庭环境,也最了解其孩子的个人情况,因此,必须参与对其孩子教育过程的决策。

(二) 学校参与家庭教育的类型

1. 直接型

这是指学校直接对家长进行家庭教育指导,以改善学生家长的家庭教育水平。例如,举办家长学校,有的学校通过开设"家庭教育超市"的方式,为家长提供感兴趣的专题指导,由家长自由选择,帮助家长及时解决家庭教育中的问题;也有的利用学校网站开辟"家长论坛",既促进了家长之间的互相交流,又宣传了学校的教育理念。

2. 间接型

这是指学校作为专门性的教育机构,它的很多教育活动都能通过家长参与的方式,间接

---

① [英]斯宾塞.教育论[M].胡毅,译.北京:人民教育出版社,1979:21.

渗透到家长对孩子的教育行为中去。

显然，在家校合作中，起主导作用的应是学校，学校应是家校合作的领导者。

（三）家校合作的具体形式

家校合作的形式很多，归纳起来主要有下列几种。

1. 互相访问

互相访问的目的：一是了解孩子所在的学校、班级和家庭的基本情况；二是互相通报学校、家庭近来发生的重要变化，以及孩子在学校、家庭中的主要活动、表现及进步状况；三是共同协商和制定今后教育孩子的方法或方案，做到相互配合。

互相访问应注意的问题有以下几点。

① 互相访问的动机要端正，例如，教师不能通过家访去比较学生家庭在经济状况、社会地位等方面的差异，从而在日后对学生区别对待。

② 互相访问要常态化，不要等到问题成堆，一方无法解决时才找另一方帮助，使访问变成了"告状"。

③ 双方要采取实事求是的态度，对问题既不夸大也不缩小。

④ 互相访问时要让孩子在场，条件允许的话，应让孩子共同参与谈话。

教师家访按时间与内容划分基本有三种形式：普遍家访、定期家访和随时家访，可主要根据工作需要和学生情况采用不同的方式。一般在初始接班或开学之时要普遍了解学生的基本情况，采用普遍家访，这可以说是一种"了解性家访"；根据学生的发展状况，如对于需要重点加强教育的对象，要定期与其家长联系的，则每学期可安排固定时间家访，这种定期家访也可以称之为"问题性家访"；若学生在学习与生活中有突出表现或遇到困难与问题，则需及时与家长联系，应随时家访。

教师在与家长沟通时，针对不同类型的家长，需要注意采取不同方式，以求取得最佳效果（如表8-1所示）。

表8-1 教师与不同类型家长的沟通方式

家长类型	特 征	沟 通 方 式
民主型	具有较高文化素养，教育方法比较得当	如实反映学生情况，主动请家长提出教育子女的各种措施，适时提出自己的看法
放任型	对孩子的成长发展漠不关心	要全面介绍学生状况，尤其要强调其长处，引导家长发现子女的闪光点，委婉指出孩子需要父母的关爱，建议家长增强亲子感情，为孩子的发展创造良好环境
溺爱型	满足孩子的各种要求，对孩子的缺点、错误往往隐瞒包庇	先肯定学生的长处，对其良好表现予以赞扬和表扬，然后适时指出其不足，同时要充分尊重家长的情感，以恳切的态度说服家长采取正确的教育方式

（续表）

家长类型	特 征	沟 通 方 式
粗暴型	教育方式简单粗暴，一遇问题就以打骂代替教育	要以和缓的方式与家长交谈，让家长看到孩子的长处，指出帮助孩子改正缺点和错误靠打骂不能解决问题，要找出问题症结，共同耐心地帮助教育。关键是要以情服人，取得家长的信任

（资料来源　贺向红.接待家长的艺术[J].中国德育，2008(12):61.本文有删改。）

教师在与家长交谈时，态度要谦和有礼，语言要简明扼要。以平等之心对待家长，既不畏惧权威、胆小怯懦，也不自视过高、盛气凌人。总之，应以诚相待，共同为学生的发展寻求最佳教育方式。

2. 建立家校通讯联系

家校通讯的主要方式有：传递书信或便条，打电话，捎口信，发短信或微信，网上推送学校编制的校刊或校报、家庭教育通讯或家校通讯，以及利用网络平台沟通交流，等等。在这些通讯联系方式中，最常用也是最重要的联系方式是建立学校网站。其中，学校网站、校报、校刊主要用来报道学校近期发生的重要变化或即将举办的重大活动，进行政策宣传，刊登有关教师或家长的人物专访，普及家教知识，刊登学生的创作作品等；家校通讯主要由学生自己定期撰写，其功能是向家长汇报班级和学校的有关情况，此外，它还可以作为训练学生编辑能力的一门功课来看待。

开学之初，学校可以给每位新生家长一封信，信内附上本班各科教师的简介、本学期家校合作的具体计划安排等，这也不失为一种建立家校通讯联系的好方式。此外，面向家长和学生，开通家校热线，安排专人回答学生家长提出的有关询问，帮助学生家长释疑，也是一种有效的家校通讯联系方式。

随着信息技术的发展，教师可以以网络为媒介与家长及时交流，利用微信沟通思想，开设教育博客，设置"班级信息""家校桥梁"等栏目，把学生当日的学习、生活情况及时发布出来，使家长对学生的在校情况一目了然，同时针对孩子的情况，家长也可以通过网上留言、电子邮件、书面通信的方式，与教师沟通、交流。

资料链接 8-4

信息技术支持下的家校合作方式

1. 以即时通讯工具为基础的家校合作方式

以即时通讯工具（QQ、微信群等）为基础的家校合作方式多依托即时通讯工具的群组模块开展活动，家校合作的发起者将教师、家长置于相关群组之中。图1

是以微信群为基础的家校合作模式,这种模式的优点是家长可随时了解学校的事务,还有助于提升学生的社会性能力;但不足是在促进学生学习、提升其问题解决能力等方面效果不明显。

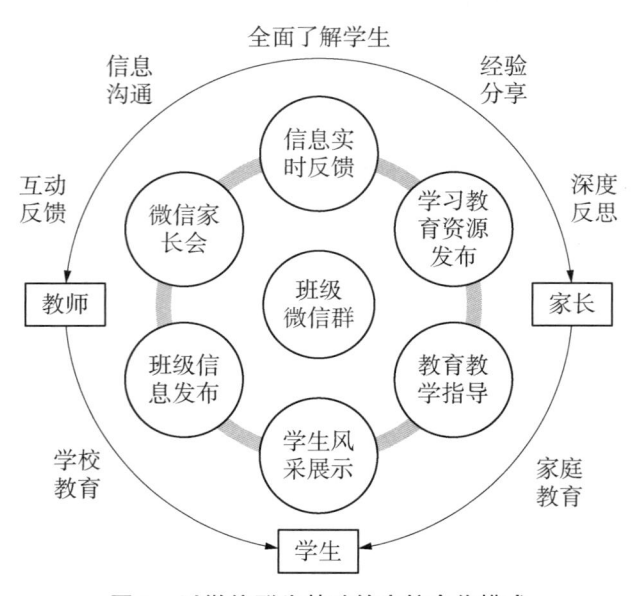

图 1　以微信群为基础的家校合作模式

2. 以 WEB2.0 网站为基础的家校合作方式

以 WEB2.0 网站为基础的家校合作方式多通过班级博客(class blog)开展活动。班级博客作为一种"公共平台",方便家长参与,使其了解教师发布的教学动态、作业教案、教学反思以及校内发生的事情等,并且可以形成班级发展或学生发展的电子档案(如图 2 所示)。

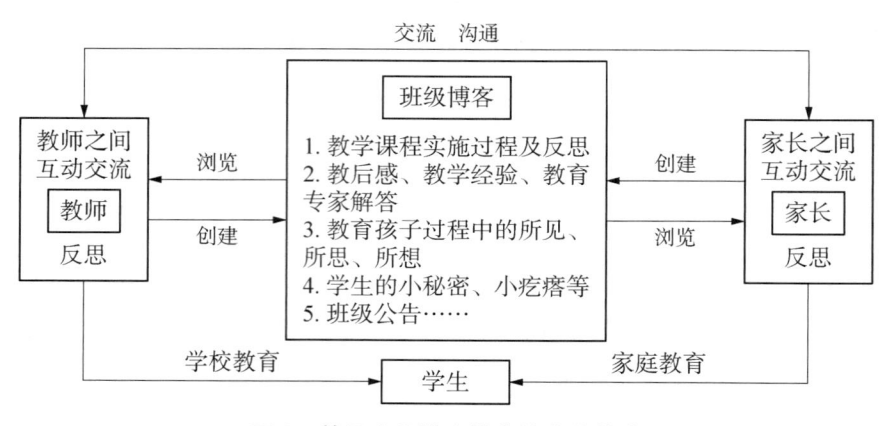

图 2　基于班级博客的家校合作模式

3. 以信息技术支持下的教学改革为基础的家校合作方式

翻转课堂、双师服务等信息技术支持下的新型教学模式的出现，拓展了学校教学的时间和空间，将教学活动延伸到家庭领域，从而形成了一种新型的家校合作模式（如图3所示）。鉴于信息技术支持下的教学改革越来越多，范围越来越广，这类家校合作模式具有较大的发展空间。

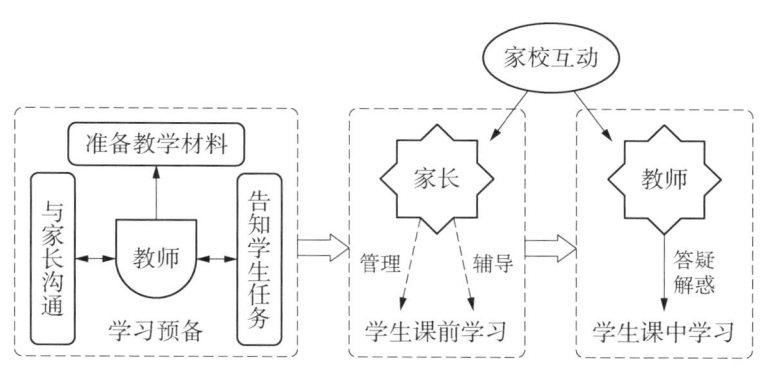

图3 基于翻转课堂的家校合作模式

（资料来源 高铁刚，李文.信息技术支持的家校协作体建设研究[J].中国电化教育，2018(05)：23—29.本文有删节。）

3. 编制家校合作指导手册

家校合作指导手册主要是为新生家长服务的。其内容可包括：新生注册注意事项，学校各类设施与机构性质，学校提供的各种特别课程（如乐队、合唱团、体操队、美术班），与家庭教育有关的社区服务机构，家教常见问题回答，教师简介及联系电话，学校网址，等等。

4. 家长到校听课

家长如果有意随堂听课，可事先告知其听课的注意事项。注意事项可以以告示形式张贴在教室门外或室内醒目的地方，或可以印在一张纸上分发给家长，或者教师在上课前与家长进行简单的交谈，口头交待应注意的事项，鼓励家长在课堂中以适当的方式参与教学活动。家长听课后，要请家长谈谈听课感受，搜集反馈意见。

5. 建立"值周家长"制度

每周可请一位学生家长担任"值周家长"，到班参加一次班级活动。邀请信由本周"值周家长"的孩子和教师共同书写、签名，邀请信上要讲明被邀来访的目的、具体的时间及活动安排等，来访接待主要由"值周家长"的孩子负责。

6. 利用纪念性活动吸引家长参与学校活动

这主要是指在孩子入学、入队、入团、成人仪式、毕业典礼、校庆或其他富有纪念意义的日子里，请家长和孩子一起到校，为学校做一件有意义的事情，如植树、修理课桌椅、捐献财物等。许多家长发现，这是为学校贡献力量最自然和最有纪念意义的方式。

7. 安排"往日重现"活动

由于时代变化迅速，如今的学校与家长孩提时代和青少年时代的学校大不相同，学校的一切对他们似乎变得陌生了，家长们对如今学校里的孩子们究竟是怎样生活、怎样学习的，往往感到十分陌生，为此，不妨邀请家长在某一天和某一个晚上到校再当一次学生，重温久违了的学校生活。这样做有助于家长设身处地地从孩子们的角度来理解他们的学习与生活，从而有利于更好地为孩子提供相应帮助。

案例 8-3

江苏省南通师范第二附属小学在探索情境教育的班集体建设中，为进一步密切家校联系，在举办一些活动时也邀请家长参加，使学校与家庭情境相互融通。

一年级，开展"我入队了"活动，家长参加庄严的入队仪式，为孩子的进步感到自豪；

二年级，开展"亲亲我的好妈妈"活动，在"三八"节为辛勤的妈妈献上精彩节目，一起参加趣味运动会；

三年级，开展"我十岁啦"活动，家长和孩子同台表演节目，表达绵长而浓厚的亲情；

四年级，开展"欢欢喜喜闹元宵"活动，邀请家长和孩子一起做汤圆、吃汤圆；

五年级，举行"风筝节"，家长和孩子一起放飞风筝，放松心情、放飞希望；

六年级，制作"成长的足迹"，和家长一起分享成长档案袋中甜蜜的欢乐。

……

此外，家长也主动参与班集体建设：

① 班集体开展活动，家长主动帮忙，提供物质保障。

② 利用专长，为班级开设专题讲座，帮助学生拓展视野。

③ 班级开设博客，家长主动提供技术支持。

④ 成立班级家委会，为班级发展出谋划策，贡献力量。

（资料来源　施敏华,吴云霞,陈迎.情境教育的班集体建设操作模式[J].中国德育,2008(02):40—46.本文有删节.）

8. 召开家长—教师会议或家长会

召开家长—教师会议或家长会是目前我国中小学校与学生家庭保持联系的主要方式。会议可分全校性、年级性和班级性的三种。会议的主要内容有：教师向家长报告班级或学校教育工作的基本情况及有关工作计划，向家长了解有关情况，征求家长的意见，向家长提出要求，与家长交流有关教育经验等。

家长—教师会议或家长会一般分信息型与问题解决型两类，前者的目的主要为交流信息、了解情况，它包括了解学生家庭背景、成长历程、身体状况、个性特点、学习方式等。后者的目的主要为发现问题、分析问题、解决问题。当然，家长—教师会议还可以是咨询性质、座谈性质的，介于信息型与问题解决型之间。

开家长—教师会议时，教师一定要尊重对方，避免以评论家、法官、道德家的姿态对对方的讲话作出评判或封闭式反应；在整个会议中，教师只能用一半的会议时间，另外一半的会议时间应留给学生家长发言。

举办家长—教师会议一定要事先做好充分的准备，尽力做到目的明确、内容丰富、时机适宜、形式多样，避免形式主义。

案例8-4

我改变以往开家长会的形式，召开了一次由老师、家长、学生共同参与、主持、讨论的主题为"手拉手，共同迈入新世纪"的开放式家长会。会前，通过一份精心设计的家长问卷，充分了解了家长想通过家长会知道的信息，如：家长渴望在家长会上了解孩子在校一天的学习生活情况、向其他家长学习一些教育子女的好方法，想通过家长会向孩子们说说家长们的苦衷，等等。这样，家长会的准备比较充实并有针对性。家长会那天，我以"学校生活的一天"为线索，采取多种形式，通过多种渠道进行家校沟通。

（1）通过几堂课的浓缩教学，向家长沟通了新的教学理念和本年段的教学目标，同时使家长们真实地体会到老师们，尤其是班主任老师为了学生的健康成长所倾注的心血。

（2）通过"红领巾上讲台"活动，展现了许多学生的各方面的才华。

（3）通过"悄悄话信箱"，让学生倾诉了平时想对家长讲，但又不敢讲的心里话。

（4）通过"现场采访"，让家长彼此交流了在教育孩子中的经验、困惑和苦恼。

（5）在"爸爸、妈妈有话要说"活动中，让孩子们体会和理解到父母对孩子的一片关爱之心和用心良苦之情……

> 这些内容丰富、形式活泼、途径新颖的探索和尝试，使"新型"的家长会获得了意想不到的成功和效果：促进了老师、家长、学生之间的心灵沟通，增进了彼此之间的理解和了解，更有效地促进了学校教育、家庭教育的合作，共同关注学生的全面发展。家长们建议多召开这样全方位的家长会，来提高自身的家教水平。
>
> （资料来源　李莉.走进新时代，走近家长——浅谈新时期怎样开好家长会[M]//黄静华.中小学育德新论.上海：上海三联书店，2008：45—49.本文有删节。）

9. 组织家校合作委员会

家校合作委员会的形式既有校级的又有班级的，其人选是由家长们推荐，并和学校方面共同协商产生。为了便于家校合作委员会更好地开展工作，可指派或由家长们选出几名家校合作联络人。联络人主要负责家校合作委员会的日常工作，包括疏通家校合作渠道、向学校反馈家长的意见、向家长传达学校的有关安排、组织有关家校合作活动等。成立家校合作委员会主要是为了提高家长对学校教育的责任感，争取让其在更多的方面支持学校的教育工作。

组织家校合作委员会的关键是要考虑合适人选，应选择那些对学校工作热心、活动能力强、在家长中有一定威信、具有较高文化素养和教育素养的人，同时也要考虑使委员会成员有一定的代表性，必要时还应考虑对委员会成员进行一定的培训。

10. 举办家长学校

如果说以前父母教育子女是靠一种天职本能，或者依靠世代相传的家风、家规、家训等来完成，那么，现在教育子女则是一种需要学习、研究才能做好的事情。鉴于我国相当数量的家长对子女教育问题感到力不从心，近年来，许多中小学联合工会、妇联、有关社会团体举办了各种形式的家长学校。家长学校主要是请校长、教导主任、教师和有关的专家讲解有关教育学、心理学方面的知识，有时也请家长互相交流有关教育子女的经验体会。

家长教育不能只是讲座式的，必须切合家长的实际需要和兴趣，让家长真正参与有关问题的对话与讨论，帮助他们找到解决特殊问题的特殊方法。在家长学校中，施教者并不限于教师，每一位家长也可能在某个时候、某个方面成为其他家长的教育者。在家长教育过程中，受教育的并不限于家长本身，开设家长学校也有助于学校教师反省、改进自己的教育教学工作，通过引导学生家长学习家庭教育知识，教师也能从中学到许多对自己有用的东西。

> **资料链接 8-4**
>
> **营造和谐家庭的指导策略**
>
> ① 专业点拨——提升家长的家庭教育能力。帮助家长建立正确的教育观念,学会理解孩子,用客观、平和的眼光正确对待他们成长中的问题。
>
> ② 人机互动——创建亲子互动的和谐氛围。在家庭教育咨询活动中鼓励家长积极开发和利用信息资源,学会与孩子在网上进行交流。
>
> ③ 横向交流——对不同家庭提供有针对性的教育建议。学校对不同年级层次的家长开设分层教育讲座,并组织家长相互交流经验体会。
>
> ④ 实践锻炼——充分利用各种教育资源,建立家庭教育工作坊,为家长和学生提供在实践中锻炼的途径。具体可以分为以下几种途径。
>
> - 建立父母教育工作坊:变溺爱为自爱,变训导为引导,建立"脊梁式家庭"。引导父母承担起"第一任老师"的责任,帮助孩子在社会公共活动中自觉养成与他人、与社会和谐相处的习惯。
>
> - 开设亲子效能工作坊:在亲情中学会信任、沟通、共同成长。指导家长给孩子留出自我空间,以平等方式多与孩子交流,多给孩子一些微笑,多给孩子一些积极的暗示,逐步培养孩子的独立人格。
>
> - 设立孩子成长工作坊:合作交流,分享快乐,体验成功。学校指导家长让孩子学会与人交往合作,学会与人共同承担责任、共同分享快乐与成果。要求家长以身作则,言传身教。
>
> - 开设"父亲班""母亲班",开展"文明礼貌月""诚信周""敬老周""睦邻周"等活动,让家长和孩子在互动中获得尊重与认同,在实践的锻炼中创建"和谐家庭"。
>
> (资料来源 陈琦.营造和谐家庭的指导策略[J].(上海)卢湾教育研究,2008(02).本文有删改。)

11. 组织家庭教育协会、家长教育联盟等民间教育团体

这种协会可负责组织家长教育,开发与实施家长教育课程,编写家长教育的有关材料,研究家校合作的理论与实践,还可组织大型的联欢活动、义演活动等。

12. 建立家校合作资源室

在家校合作资源室中,家长们可从有关教育教学的杂志、书籍、报纸中挑选、整理出对学生家长、教师有用的资料,将它们进行分类,以便家长、教师及教学辅助人员选择利用。家长们还可以从有关书籍、杂志、报纸中搜集游戏活动的信息,并将其改编以适应学校的需要,成为孩子们能玩的教学游戏,并由家长志愿者自己动手制作可作阅读、拼写、计算等用的游戏

教具等;家长志愿者还可以从废弃物品中挑选、整理出能在教学活动中加以利用的东西,如碎布、塑料瓶等可供学生进行艺术创作,废弃家用电器可供学生课外科技活动使用,等等。

13. 建立家长中心

家长们需要在校内有一个能够集会、交流信息、工作和休息的地方。学校可以提供一间屋子作为家长中心或家长休息室,供家长使用。家长中心的室内设施可由家长们提供。班主任教师还可以在教室后面建一个"家长角",在那儿放一套桌椅或一块公告牌,专供家长来校使用。

三、家校合作的基本策略

家校合作通常在学校、年级和班级这三个层面进行,其中班级层面的家校合作,因其联系的紧密性、交往的直接性和发生的频繁性等特点,无疑处于核心地位。而班主任的家长工作做得如何,就成为了决定家校合作实效性的关键因素。

(一)准确了解家长的需求,奠定家校合作的基础

家校合作,首先需要家长的理解、支持与配合,因此,作为班主任就必须了解家长的需求,例如,他们最关注自己孩子哪些方面的成长,希望和老师建立什么样的关系,倾向于与老师采用怎样的交流方式,希望学校为孩子营造怎样的学习生活环境,等等。这些需求,在班主任编制家校合作的目标和计划、选定家校合作的内容与方法时,应该予以充分考虑。这一方面能夯实家校合作的现实基础,做到有的放矢;另一方面,有利于激发家长参与家校合作的动力,以及与教师形成合作共同体的意愿。班主任了解家长的需求,可以通过问卷或访谈的方式,自行对班中学生的家长进行调查,也可参考研究者的相关调查结果,从整体上把握家长的需求状况。例如,中国青少年研究中心的专家通过研究发现,家长对于日常的家校沟通,最喜欢电话(短信)等能够直接交流的方式,而对家访、家校联系本等的需求并不高。[①]

(二)与家长形成"合作伙伴",建立民主、平等、宽容的合作关系

家校合作虽名为"合作",但在实践过程中常常变了味,成为班主任对家长的单向要求甚至指挥调度。一方面,虽然班主任站在"专业性"的高地,但须知家长也有自身的独特优势。有心理学研究发现,相对于教师,"父母自主支持对青少年心理健康和生活质量起着决定性的作用";"当父母自主支持较低时,即使班主任给予一定程度的自主支持,依然无法完全弥补父母自主支持缺失的消极影响"。[②]另一方面,家校合作是教师和家长在促进学生成长的共同目标下的分工合作,有以班主任为主处理的事务,也有以家长为主处理的事务,只有两者关系平等,不分上下,彼此以伙伴关系相待,才能真正做好家校合作工作。为此,班主任应

[①] 洪明.家校合育的基本现状及改进研究——基于9省市4000份问卷的调查分析[J].教育科学研究,2015(09):30—35.
[②] 李若璇,刘红瑞.父母和班主任自主支持对青少年幸福感和孤独感的影响:以个体为中心的视角[J].心理科学,2019,42(04):827—833.

以真诚、和善、宽容的态度对待家长,与家长建立平等、民主的关系。

> **案例 8-5**
>
> 我校在征集家长委员会意见的基础上,推出了"学生小家政岗位服务"实践作业。为了取得全体家长的理解和支持,我们给每个学生下发了"学生小家政岗位服务记录表",同时附上如下的一封信,请家长配合完成这项作业。
>
> 尊敬的家长:
> 您好!
> 诚请您给孩子固定的家务劳动岗位(一个月固定1—2个岗位,如洗碗、整理小房间等),把您每天需要做的家务分一两件给孩子做,并要求孩子每天坚持做,负责到底。请您督促孩子认真完成这项实践性作业。我们将每月组织一次交流点评,评选出"班级十佳家政岗位星",由班主任奖励"银杏卡"。期末将择优评选出"学校百佳家政岗位星"。
> 谢谢您的支持!
>
> ××××年××月××日
> 长兴县实验小学
>
> 我们要求低年级学生从自己解决诸如收拾玩具、穿衣、洗手、洗脸、系鞋带、整理文具等日常生活事务开始,随着孩子动手能力的提高,逐渐过渡到让孩子参加简单的家务劳动,如整理书桌、收洗碗筷、抹擦桌椅等。中高年级学生则要求完成难度相对较大的家务劳动。选择好家务后,就可以登记在"学生小家政岗位服务记录表"上,然后,在家长的鼓励和督促下,学生根据每天的家务完成情况,如实登记记录表。例如,508班杨泽江同学的"学生小家政岗位服务"记录如下。
>
> **长兴县实验小学"学生小家政岗位服务记录表"**
>
> 姓名:<u>杨泽江</u>　　　　　　　　　　时间:<u>2012年3月</u>
>
> 小家政岗位名称:<u>叠被子、整理房间</u>
>
> **自评记录(请在做到的日子里涂上红色):**
>
> | ☆ | ☆ | ☆ | ☆ | ☆ | ☆ | ☆ |
> |---|---|---|---|---|---|---|
> | ☆ | ☆ | ☆ | ☆ | ☆ | ☆ | ☆ |
> | ☆ | ☆ | ☆ | ☆ | ☆ | ☆ | ☆ |
> | ☆ | ☆ | ☆ | ☆ | ☆ | ☆ | ☆ |
> | ☆ | ☆ | | | | | |

> **个人体会**：以前一直是妈妈在做家务，看她做得得心应手，觉得很简单。这一个月来，我每天自己叠被子、整理房间，才知道简单的家务活儿每天坚持做也很不容易。
>
> **家长点评**：让孩子做家务，一开始我们也不放心，但孩子能天天坚持，我们感到很欣慰。那天孩子整理小房间，把书桌上的东西都搬空，用抹布擦呀擦，直到一尘不染。
>
> **班主任点评**：学生原来可能没有这种自立意识、劳动意识，认为父母为自己所做的一切都是理所当然的。现在，学生真正参与到家务劳动中了，改变了对家务劳动的看法，知道了父母的辛苦，也学会了感恩。
>
> 在"学生小家政岗位服务"活动中，家长们反映最多的问题是孩子图新鲜、不能坚持下去。为了让孩子真正养成自立的能力和习惯，我们再次召开"家委会"，与家长在两个方面达成共识：一是对孩子做家务要有耐心；二是要包容孩子在做家务中所犯的错误。
>
> （资料来源　范新萍.自立从"小家政"开始[J].中国德育，2013(07)：71—73.本文有删改。）

（三）明确班主任和家长的责任界限，掌握家长参与的"分寸"

家校合作将学生在学校和家庭两个领域的生活世界予以贯通，能够发挥协同效应，更好地促进学生发展。客观上，班主任和家长在家校合作的职责方面就各有侧重：班主任主要负责学生在学校的学习生活，家长主要负责学生在家庭的学习生活；班主任需要在学生集体的成长方面负起责任，家长则主要关注自己孩子的成长。因此，作为家校合作中不同的责任主体，班主任和家长首先应理清各自的职责界限，在做好自己工作的基础上进行合作。对此班主任可以在充分考虑后划定自己与家长各自的职责，并同家长沟通协商后予以确认。在开展家校合作，特别是家长参与班级事务的时候，班主任应掌握好"分寸"。有研究者指出，存在两种"失度"的问题：一是事无巨细都让家长参与；二是撒网过大，把班级中的事情承包给全班学生的家长。[①] 家校合作并不是让渡给家长的责任越多越好，而是应该以班级管理的有序、有效为准绳，赋予家长适度的责任。

（四）善于运用家长工作的策略与技巧

当"做什么"确定下来之后，"如何做"就成为了头等大事。不同的学校、不同的教师，之所以在教育工作中取得不同的效果，有的甚至大相径庭，往往是由于他们采用了不同的方式、方法。家校合作也需要一步一步地去做，才能达到其育人的目标。为此，班主任采用何种方法进行合作，就显得非常重要。一般而言，家校合作中班主任需做好两方面工作：一是

---

① 张华清.家校合作的"失度"与"适度"[J].教学与管理，2018(22)：83—84.

做好与家长的沟通,二是做好家长参与班级事务的引导。本书第四章对班队工作者的沟通能力进行过分析,班主任面对不同家长,更需要运用一些策略进行灵活的沟通。有研究者为班主任总结了因人而异的沟通策略:在面对民主法治意识强的家长时,要平等沟通、找准侧重;在面对冲动直率型家长时,要真诚从容、耐心化解;在面对弱势无助型家长时,要保护自尊、提供帮助;在面对依赖放任型家长时,要树立榜样、激发活力;在面对胡搅蛮缠型家长时,要巧妙冷静、借力处理。[1] 对于家长参与班级事务,班主任在引导过程中也应讲求策略,例如,开始可以巧妙应用适当的"示弱"技巧,向家长释放希望得到帮助的信息,然后牵线搭桥帮助他们建立班级家长组织,激发他们的集体归属感和责任感。在这些水到渠成后,引导家长参与班级管理,包括制定工作计划、进行具体分工等。[2] 当然,各地、各校、各班的实际情况不同,不管是与家长沟通还是引导家长参与班级事务,班主任采用的方式、方法不可能一成不变。善于思考、灵活多样地运用策略技巧,是实现家校合作目标的重要保证。

(五)勤于反思,勇于创新,不断提高家校工作水平

教育是一种典型的反思性实践活动,对于班主任从事的家校合作工作来说,也不例外。2019年被授予"人民教育家"称号的于漪老师曾说:"我不断地反思,我一辈子上的课,有多少是上在黑板上的,有多少是教到学生心中的。"[3] 只有对自己的工作不断进行总结、反思、检讨,才能使经验、教训成为"财富",从而使自己的工作少走弯路、不断进步。例如,有的班主任发现,在与家长交流的过程中,家长经常会出现沉默现象,经过反思得以明白家长的沉默实际上是由班主任的不当言行所引发的:如果班主任咄咄逼人,家长就容易出于心理防御而选择沉默;如果班主任自作主张,家长就容易由于无奈而表现出沉默。对班主任来说,勤于反思,就能更好地发现问题,把握问题产生的原因,从而为解决问题、改善家校合作成效打下基础。在新时代建立现代学校制度、提高学校治理能力水平的要求下,班主任在家校合作过程中要勇于突破条条框框,创新内容与方法,这对自身的专业发展、工作水平的提升都很有裨益。

资料链接 8-5

班级层面开展家校合作的六类活动模型

类型 1　相互交流

1. 老师和家长围绕解决学生问题的方法和过程互动交流,共同探索出一步步的行动方案,直至最后问题得到解决。

---

[1] 张洪波.班主任与家长良好沟通的"法"与"术"[J].基础教育课程,2018(20):17—20.
[2] 王雅静.让家长和班主任成为合伙人[J].中国教育学刊,2015(08):107.
[3] 于漪:做一辈子老师,一辈子学做老师[N].中国教育报,2018-09-15.

2. 同时发生着亲师、师师、亲子、师生交流等多种人—人互动。

3. 个性化互动交流，以定期和定内容交流、集体交流为必要基础。

4. 形式和内容多种多样。

类型 2　当好家长

1. 家校解决学生在校问题的过程，可以促进家庭亲子关系的改善。

2. 家校解决学生在校问题的过程，老师同时也可以具体指导家长如何与孩子沟通，解决家庭教育中的具体问题。

类型 3　志愿服务

1. 利用家长的多样化珍贵资源开展对学生的生活教育、知识教育、价值观及人生观教育。

2. 在家长参与志愿活动的过程中，形成一个在共同参与中相互理解、相互包容的团结集体，家长、孩子、老师彼此欣赏，产生强大的班级凝聚力。

3. 家长对志愿者行动，以及对老师和学校声誉的口口相传，起到营造良好氛围的作用。

类型 4　居家学习

1. 老师与家长合作，督促学生有质量地完成家庭作业乃至家庭中的其他学习任务。

2. 制定学校和家庭一体化的居家学习计划。

3. 建立家庭学习互助小组制度。

类型 5　民主决策

1. 老师发挥专业主导作用，行动信息向家长公开，取得家长的理解和充分支持。

2. 班级重大决策的民主协商。（开展禁止带手机到校、完成家庭作业专项行动）

3. 解决学生个体问题过程中，老师不断与家长进行协商。

类型 6　与社区协作

1. 主要是在家长参与志愿者行动的过程中，家长应用专业岗位资源、家长单位资源过程中包含社区协作因素。

2. 班级社区协作，也可以是学校整体社区协作教育教学的一部分。

（资料来源　吴莉，吴重涵.有效的家校合作如何在班级产生[J].教育学术月刊，2020(03):3—16.本文有删改。）

第二节
学校与社区的合作

社区是指聚居在一定地域中的人群的社会生活共同体。具体地说，社区是在一定地域内发生各种社会关系和社会活动，有特定的生活方式，并且具有成员归属感的人群所组成的一个相对独立的社会实体。社区作为一个相对独立的地域性社会，是社会大系统中的一个子系统，而学校又是社区这一社会子系统结构中的一个基本要素。学校在现实的社会生活中，是与具体的社区生活相联系的。由此看来，学校与社区的关系是学校与社会联系的重要方面和具体形式。社区作为学校的外在环境，其物质、精神、文化条件都制约和影响着学校教育，而学校作为社区体系中的文化教育中心，又对社区发展起到一定的促进作用。两者的联系是一种双向交流的过程，社区将其信息、资源带给学校，学校则将其教育活动及效果推向社区。学校与社区的合作，既是两者客观存在联系的天然体现，更是新形势下，特别是市场经济条件下，教育和社会发展的必然要求。

一、学校与社区合作的必要性

（一）加强学校与社区的合作，是学校发展的需要

1. 加强学校与社区的合作，是落实教育优先发展战略的必然要求

为了实现教育优先发展的战略目标，必须树立大教育观念，使整个社会都来关心和参与教育事业。显然，把教育单纯作为政府的事情和教育部门的责任的旧观念和旧体制是无法实现这一目标的。在全社会营造一个良好的尊重知识、尊重学习的社会风气，是全社会关心和参与教育事业的前提；全社会都来积极支持和配合学校教育，是其关心和参与教育事业的更进一步的表现。但仅有这一步还不够，因为这种对教育事业的关心与参与，还只是围绕学校教育而进行的，整个社会本身并没有成为一种学习型社会，而且还只有社会对学校教育的关心与参与，看不到社会对非学校化教育的关心与参与，也看不到学校对社会教育的关心与参与。因此，全社会都来关心和参与教育事业的最高形式应是通过创建学习型社会，使教育成为面向全体国民、面向个体终身的事业。这意味着学校教育、家庭教育、社会教育的一体化，才是真正落实教育事业优先发展这个战略地位的最好体现。通过学校与社区的合作可创建学习型社区，而创建学习型社区又是创建学习型社会最为重要的方面，因此，学校与社区的合作就成为必然的要求。

2. 加强学校与社区的合作，是当前学校德育提出的客观要求

随着社会经济的不断发展，我国已进入了一个发展社会主义市场经济的新时代，这对学校教育，特别是对学校德育提出了一系列的新挑战。

一是由于市场经济的发展，极大地改变着人们原有的价值观念和生活方式。这种改变在某些方面推动了诸如竞争意识、民主意识、法治意识、公平意识、效率意识、质量意识等积极观念的建立，同时在某些方面也诱发了诸如拜金主义、享乐主义、极端个人主义等观念的兴起，并渗透到社会的道德、伦理关系中来，使社会育人环境变得更加复杂。

二是全方位的对外开放使学校的社会文化背景发生了重大变化。随着对外开放范围的扩大、层次的加深，西方文化思潮猛烈地冲击着学校，无孔不入地渗透到每一个家庭，既吹进了新鲜的空气，也飞进了"苍蝇""蚊子"。进步文化和腐朽文化同时并存，国际间文化交融的节奏明显加快，世界性的青少年问题也逐渐波及我国，经济增长与道德沦丧、精神堕落这一"二律背反"的难题也摆在了我们的面前。

三是价值观念的多元化浪潮也冲击着整个社会。由于科学方法的影响及工业都市社会的发展，人们对各种绝对的东西已逐渐失去了坚定的信仰。道德领域的情况也是如此，道德价值观的多元化使得人们在作出道德选择时，变得困惑不解和茫然失措。

四是大众文化媒介的影响日益增强。由于视听工具日趋先进，自媒体兴盛，大众文化传媒的影响无所不在，充斥着暴力和色情的影视作品、各种粗俗平庸的报刊读物、铺天盖地五光十色的宣传广告，尤其是鱼龙混杂的互联网信息更是渗透在人们的整个生活之中，这一切无一不在暗示着、左右着广大青少年学生的价值观与生活方式。

由上述学校教育外部环境变化所引发的新情况、新问题可以看出，社会对人，特别是对青少年的影响，就其内容来说具有极大的丰富性，就其渠道来说具有多样性，就其速度来说具有即时性，就其影响的力度来说具有极大的渗透性和强烈的感染性，就其影响的效果来说具有双重性，既有主流文化的教育影响，同时又存在着大量的与此相矛盾、相对立的消极的负面影响。在强大的社会环境影响力面前，学校教育的影响力所占比重似乎变得愈来愈小。这一现象说明：脱离社会而孤立存在的学校教育所能发挥的作用是极其有限的，而且也是难以实现的，尤其是在德育方面。但长期以来，我国教育工作者往往忽视了这一点，只看到社会的消极影响，并竭力排除外部消极影响的干扰，企图把学校隔离于社会，成为不受社会"污染"的"世外桃源"。其实，这是难以做到的。针对这一点，17 世纪英国学者洛克（John Locke）曾指出："我知道常有一种说法，认为把当代的邪恶的事情告诉一个青年人就等于把那些事情教给他。我承认，就实际情形而论，这是很对的，所以才需要一个小心谨慎的学者，他应该懂得世间的实情，能够判断他的学生的心性、倾向和弱点。此外还要记得，在现在这个时代，要想使得一个青年绅士完全不知道邪恶的事情以免染上邪恶是不可能的，除非你想把他一生一世都关在密室里面，永远不准他和别人来往。他这样被蒙蔽的时间愈久，则一旦走到光天化日之下，便愈加看不清楚了，愈加容易做自己与别人的牺牲品。"[①]所以洛克主张，对于人世的唯一防备，就是让学生睁开眼睛看世界，并彻底懂得世故人情。为此，教师应在

---

① ［英］洛克.教育漫话[M].傅任敢，译.北京：人民教育出版社，1985：95.

学生还没有完全置身于社会以前,便把社会的真情实况告诉他,以预防学生日后骤然置身社会发现世间的情形与教师所教导的全不相同时立即走向堕落。因此,学校德育只有置于开放的、真实的社会环境中才能取得实效。

具体来说,学校德育无论就其形式还是就其内容而言,均应面向真实的社会或社区生活情景。其含义主要是:

① 学校德育不应仅仅局限在狭隘的学校生活范围内进行,而应让学生走出去,在了解、参与、服务于真实的社区生活中接受教育。

② 学校要充分了解、深入挖掘社区生活中现有的和潜在的各种教育资源,努力调动社区中各种积极的教育力量,吸取有利于青少年品德培养的社区生活要素,与社区配合做好学生的德育工作。

所以,为了取得德育的实效,迫切需要学校与社区加强合作。

3. 加强学校与社区的合作,是深化教育改革的必然要求

长期以来,我国学校教育无论是教育体制、教育结构、办学指导思想,还是教学内容和教学方法等各方面,同社会主义现代化建设,特别是同社会主义市场经济体制的建立还存在着不少矛盾和许多不相适应的方面。其中,最突出的表现就是,学校虽然存在于一定的社区内,但实质上是关起门来搞教育,对外封闭,与社区生活相隔绝,学校仿佛是游离于现实社会生活之外的一座"孤岛"。

这种"孤岛"现象的形成主要源于以下几个原因:一是"应试教育"模式使学校的运行轨道呈直线封闭型。学校的课程设置、教学评价、考试命题等无一不是围绕升学而进行的,学校与社会生活之间很少有横向联系。二是以学科为中心的课程设置,与社会发展的需要相脱节。我国现行义务教育的课程设置是按学科体系建立、发展起来的,并为升学服务,各学科强调自身知识系统的严密性和完整性,虽然在新课程背景下,学校已设置了基础型、拓展型、研究型三类课程,但是真正切实围绕现实社会生活中的重大问题组织起来的综合课程、核心课程、专题课程仍然很少。因而,单纯的学科课程体系无法适应和满足社会发展的需求,无法培养出适应社会发展变化的各类人才。三是与封闭式的办学模式有关。在我国,办学主要是政府行为,教育行政部门不仅直接承办学校,而且直接管理学校,成为事实上的办学主体。这种单一的、封闭的办学及管理模式,在客观上既妨碍了各种社会力量介入到学校教育中来,也妨碍了学校介入到各种非正式、非制度化的社会教育中去。

鉴于以上情况,必须对当前的学校教育模式予以全面的革新,学校教育必须面向生活自身的需要,面向社会发展与进步的需要,面向个体终身学习与发展的需要,增强与现实社会生活的横向联系,增强对社会变化发展的适应性,积极主动地介入、参与到各种非正式的社会教育形式中去。只有这样,学校教育才是开放的、民主的、有活力的教育;才能引导社会力量参与办学,充分发挥出社区自身的教育功能;也只有这样,创建学习型家庭、学习型社区、学习型城市才是可能的。

（二）加强学校与社区的合作，是社会发展的需要

1. 加强学校与社区的合作，顺应了"小政府大社会"的客观需要

随着我国改革开放的推进，一方面社会生产力有了很大的发展，人民生活水平有了明显的提高，另一方面在工业化、城市化进程加快和社会产业结构调整的过程中，也产生了一系列新的社会问题。例如：

① 老龄化社会提前到来，老年人的养老服务需求明显增长，给家庭和社会带来很大压力。

② 农村大量剩余劳动力向城市转移，外来务工人口急剧增长，城市人口不断膨胀，使得城市的社会治安管理更趋复杂。

③ 社会利益结构的调整使贫富差距日益拉大，社会弱势群体的扩大更加需要社会提供相应的救助。

④ 产业结构调整使相当数量的职工下岗、转岗、再学习、再培训的需要空前高涨等。

上述这些问题单纯依靠政府包办解决是非常不现实的，这在客观上就要求现行社会运行机制要实现向"小政府大社会"转变。在这一趋势下，一些政府职能开始下移到基层社区。社区要解决自身存在的问题，改善社区生活环境和提高社区生活质量，要做的工作是很多的，而开展社区教育可以说是一个行之有效的、非常重要的措施。开展社区教育最大的好处在于，它可以丰富居民的文化生活、提高居民的基本素养、优化社区生活环境，从而提高居民的生活质量。自然，开展社区教育，离不开学校的合作与参与。

2. 加强学校与社区的合作，是社区发展的必然要求

随着城市管理体制改革的推进，以街道为单位的社区建设成为城市建设的新课题。社区在现代城区管理中的地位和作用被凸显出来。社区建设和发展的实践逐渐使社区领导者认识到，一个强大的社区是解决各种社会问题的基础，社区内的专门教育机构，即各级各类学校在智力、设备、场地等方面的优势，使得其可以发挥社区建设尤其是社区精神文明建设基地的作用，为社区提供各种教育服务。事实上，增强学校对社区的开放程度，向社区延伸其教育功能，努力使学校成为社区文化教育活动的中心，这不仅有利于开展社区教育，促进社区发展，而且也有利于学校自身教育活动的开展。由此可见，社区内的学校与所在社区加强联系和合作是互利互惠的。

学校与社区合作可促进社区发展的内在机制在哪里呢？

首先，社区发展需要全体社区成员具有鲜明的社区意识，在感情上对本社区具有归属感与认同感，能够意识到他们的共同利益与需求之所在，只有这样他们才会积极主动地、自觉地关心和参与本社区的建设与发展。而要增强社区的凝聚力和社区成员的归属感，使他们体验到社区的共同利益，产生荣辱与共的社区意识，就必须培植良好的社区文化，这自然离

不开社区教育,离不开学校对社区教育的参与。

其次,对社区成员而言,仅有关心和参与社区发展的热情与积极性是远远不够的,社区成员还必须具有参与社区建设与发展的各种能力,包括各种专门的知识,如社区物业管理知识、社区福利保障知识、社区环境规划知识等,以及调查研究、演说宣传、交往表达、讨论决策等能力。所有这些专门知识的获得与基本能力的养成,都需要通过社区教育来进行。

第三,加强学校与社区的合作,可促进社区经济的发展。一方面,社区经济的发展要以市场的需要为导向;另一方面,要依据社区自身的特点与优势来进行,通过开展社区职业技术培训,可以较好地寻找到这样的切入点。下岗职工的再就业、再培训,不仅仅是职工原单位或社会有关职能部门的事情,下岗职工所在社区也有义务帮助他们重新上岗,最好的办法莫过于为他们提供上岗前的再就业培训。再者,从事社区管理本身也需要大量的、各方面的人才,这类人才的培养放在专门的学院或大学机构进行,可能还不如放在专门的社区学院或社区学校效果来得好。此外,要吸引国内外资金来社区投资,除了需要一定的社区基础设施外,良好的社区风气也是相当重要的,而良好的社区风气的形成自然也有赖于学校对社区教育的参与。

第四,学校与社区之间保持良好的合作,可以发挥社区管理的作用。学校与社区保持合作的具体表现形式之一就是参与社区教育。社区教育可发挥两个纽带作用:一个是组织纽带作用,另一个是交流纽带作用。组织纽带作用是指,社区教育组织(如社区教育委员会)容纳了社区的企事业单位、学校、街道里弄、驻军等单位,因而,通过社区教育组织,实际上可将原本松散的社区内各单位组织起来。交流纽带作用是指,在社区教育的多向服务中(即社区与学校、家庭、企事业单位等之间的双向互动),社区内各类人员交往接触的机会明显增加了,例如,学校为培养社区发展所需要的人才,聘请社区内有关方面的专门人员兼课,社区产业机构为了培训在职职工,聘请社区内学校的教师来授课等。这在客观上加强了社区成员之间的相互理解与交往,密切了社群关系,因而间接地起到了社区管理的作用。可以说,社区教育在一定程度上增进了社会理解与社会团结,化解了社会矛盾,维护了社会稳定。

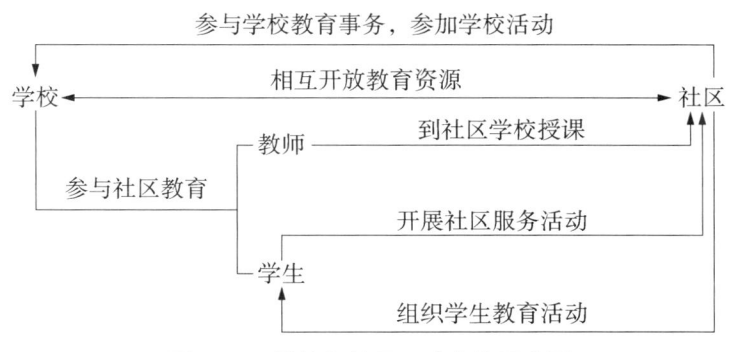

图 8-1 学校与社区互动合作示意图

案例 8-6

上海市杨浦区立足教育大区特点,开展形式多样的未成年人思想道德实践活动,为区域青少年健康成长提供了广阔的空间,帮助未成年人扣好人生第一粒扣子。

搭建实践平台,让成长有收获。自2012年起,杨浦区先后在六个街镇建立了学生社区指导站。各指导站精心设计开发多种多样且学生喜闻乐见的实践项目,引导学生亲身参与、深刻体会,在实践中了解社会、奉献社会,提升实践能力和综合素质,形成了"整体有特点,局部有亮点,学生有收获"的工作态势。每个指导站将社会实践内容设定为"6+X"。"6"即教育、科技、体育、文化、职业体验、志愿服务六大方面,活动涵盖各年龄段中小学生,为学生提供交流、分享、沟通的实践平台。"X"即结合社区实际拓展的特色社会实践内容,形式多样,亮点突出。近年来,六个社区实践指导站又进一步会同街道社区志愿者服务中心,遴选出符合学生需求的市、区级社会实践基地98个,有爱国主义教育基地、博物馆、科普场所、福利院等多种类型的学生实践场所,全区共设立了学生志愿服务岗位20 916个。结合进博会在上海举办,区文明办在各学校遴选了2 000多名进博会宣传小志愿者,直接参与进博会宣传工作,进一步增强了青少年们的责任感和爱国情。

搭建专业平台,让交流零距离。杨浦区"心馨家园"心理辅导中心是全市首批区级学生心理辅导中心。这一平台以"聆听孩子心声,解答孩子困惑,陪伴孩子成长"为服务宗旨,为需要帮助的未成年人提供个别和团体的心理咨询、心理测试、危机干预等服务。2018年3月至11月,心馨家园的心理辅导志愿者先后在区域各校与街道举办了近80场心理健康教育活动。

搭建服务平台,让课堂更生动。作为开展未成年人家庭教育的服务平台,杨浦区12个街镇挂牌成立了"一点学堂",设计和策划各种亲子教育互动活动,架构了丰富的社区亲子教育模式。例如,控江路街道的"一点学堂"秉承多代融合特色文化,以非遗文化传承为切入点,设计"亲子课程体验之旅""学习工匠精神,志者情暖社区"亲子课程体验,通过"多代文化"讲坛、"陶艺课程"体验、"走进非遗"之旅,让更多家庭了解、学习、传承中华文化瑰宝。

搭建网络平台,让科技助育人。倡导清朗的网络文化,引导未成年人文明上网、绿色上网。在"小手牵大手,推进垃圾分类"活动中,杨浦区绿化市容局通过网络平台开启线上知识竞赛,邀请"绿色大讲堂"讲师团为各校开设"学校垃圾分类怎么办"和"我爱我家、绿色行动"等环保课程,引导学生正确进行生活垃圾源头分类,着力提高垃圾分类和资源环境保护意识,以此带动学校、家庭和社区共同参与到垃圾分类行动中去。

(资料来源 龚洁芸.整合资源搭建新平台[N].解放日报,2018-12-06.本文有删节。)

二、学校与社区合作的组织形式

（一）学校参与社区教育

1. 社区教育的概念

现代意义的社区教育兴起于20世纪二三十年代，而社区教育这一概念在国际上被正式承认，则是在第二次世界大战之后。由于社区教育兴起的历史比较短暂，再加上各国的政治制度、经济发展水平、文化传统存在差异，各国面临的社会问题与教育问题也不尽相同。同时，社区教育这一社会文化现象本身不是凝固不变的，会随着人类社会的发展而变化，因此，对于社区教育，各国的理解是不相同的，至今尚无一个统一的概念来界定。从国际范围来看，社区教育的内涵基本上可概括为以下几点。

第一，社区教育依托一定的社区来进行，这个社区既可以是自然形成的，也可以是行政规划形成的。社区不等于简单的人群集合，一般来讲，社区是拥有共同价值观念、规范和目标的不同成员所组成的实体，在这个实体内，社区成员有着共同的利益，认同共同的习俗惯例及信仰，情感上的归属需要能够得到满足。

第二，社区教育属于社会教育的范畴，它是一种非正式的、非制度化的教育组织形式，没有固定的学制安排、课表安排和教学组织安排，也没有专门的、统一的课程教材和标准的考试评定制度，更没有固定的、专门的从教人员。它的教育对象不仅针对青少年学生，而且包括社区内所有成员；社区教育没有任何学历与年龄限制，可随时中断、随时续补；它允许社区居民根据自己个人的兴趣、爱好与需要进行自由选择。因此，社区教育是一种比学校教育更加开放、自由、灵活的教育形式。

第三，社区教育的目标在于满足社区成员的各种教育需求，培养和提高社区成员的素质，提高社区成员的生活质量，促进社区发展。其中，生活质量是反映人们生活和福利状况的一项标志，它包括自然方面和社会方面的内容。自然方面是指人们生活环境的美化、净化等；社会方面是指社会文化、教育、卫生、交通、生活服务状况，社会风尚和社会秩序，等等。

第四，社区教育的内容源于社区居民的实际需要，体现社区居民的切身利益，并不局限于系统的书本知识，而是以那些同现实社会生活、居民日常生活、社区发展关系非常紧密的问题和课题作为教育内容，诸如居民的道德教育、民主法治教育、环保教育、安全教育、人口教育、家长教育、家政教育、健康卫生教育、闲暇教育乃至下岗人员的职业培训等，都属于社区教育的范围。

第五，社区教育由社区内有关企事业单位、社区组织及团体、公民个人共同参与和承办。就办学体制而言，它是横向协调型的，而不是像学校教育那样，纵向地隶属于政府教育行政机构。教育行政主管部门一般不直接插手社区教育的运作与管理，最多提供某种咨询指导或资助，它对社区教育的调控多是协商型的，而不是采取行政命令。就社区教育的组织形式而言，它既可以依托社区内的学校来进行，也可以依托社区内的有关组织、团体或公共机构来进行；既可以是政府行为，也可以由民间发起和组织；既可以是固定的、长期的，也可以是不固定的、临时的。

第六，社区教育的实质是加强教育与社区的联系，协调教育发展与社区发展，走向学习型社会，实现教育社会化与社会教育化。所谓"教育社会化"，主要是指教育摆脱传统孤立、封闭的状态，面向社会开放，发挥其社会服务功能，并自觉接受社会的监督与评估；所谓"社会教育化"，是指社会应尽可能地为其全体成员提供多种多样可供选择的学习机会，不仅是教育部门，社会所有部门都有义务参与教育活动，承担相应的教育责任，发挥各自的教育功能。

总之，社区教育是以提高社区全体成员素质、改善社区生活质量、促进社区发展为目的的一种教育活动，具有鲜明的社区属性，它是由社区所发起、所承担、所享有的一种教育形式。它是教育社会化与社会教育化相结合的产物，是社会更多地参与学校事务，学校更多地参与社会事务两方面要求相结合的产物。通过学校与社区的合作，可最大限度地优化社会教育资源的配置，有利于整个社会朝着学习型社会的方向迈进。

表 8-2 社区教育的基本特点及具体表现

基本特点	具 体 表 现
大众性	教育对象广泛、分散、面向社区居民
地域性	教育场所依托一定社区，在一定空间范围内进行
多样性	教育内容和形式多样化，根据学习者需要提供服务
自主性	学习者根据个人兴趣爱好与需要自主选择课程
非制度化	没有固定的学制安排，没有专门的、统一的课程教材，没有标准的考评制度，学习者不受年龄、学历限制

2. 社区教育的起因

社区教育就其产生的历史背景与时代根源来讲，它至少与以下三个因素有关。

第一个因素源于20世纪70年代以来国际上终身教育思潮的兴起与发展。终身教育要求整个社会成为一个学习型社会，要求打破学校教育的封闭围墙，使学校教育、社会教育、家庭教育一体化，认为只有置身于一个学习社会化的环境中，学会学习，终身教育，我们才能学会生存。

第二个因素与人们对制度化的学校教育的批判有关。制度化教育是以成套制度、密集规范构筑起来的一种封闭的教育制度，其区别于非制度化教育的显著表现是它的标准性、规范性与划一性。制度化的学校教育实际上将学习与文凭、文凭与就业资格、就业资格与社会地位等同起来，强迫人们从儿童时代开始就去爬没有尽头的作业——考试——升学的阶梯，使年轻人单纯为求职而接受教育,而不是为了求知、探索真理而接受教育。这一制度按照它自己特定的标准选拔"英才",而那些不适合这种教育标准、不适合这种教育方式的学生则通常被标定为"无能者"与"失败者"。显然,相对而言,社区教育以其独有的开放、自由与灵活的特点,恰好可以弥补制度化的学校教育的不足之处。

第三个因素主要与知识经济的兴起、知识经济时代的到来有关。在知识经济发展的时代里,个人和社会的生存与发展,不再主要取决于自然劳动力或者土地、矿产等自然资源的多少,也不主要取决于资本的多少,而是取决于个体或群体智能开发的程度高低。在这样一个时代,各国经济的竞争主要取决于科技的竞争,说到底是人力资源的竞争。为适应这样的时代需要,学习社会化成为时代发展的必然趋势与要求,而开展社区教育恰恰是迈向学习型社会的一种努力。

3. 学校参与社区教育的主要形式

(1) 学校教育资源面向社区开放

学校教育资源面向社区开放是学校参与社区教育最主要的形式。为适应社区居民终身学习、下岗职工再就业技能培训以及提高居民休闲生活质量等需要,学校的图书室、实验室、礼堂、运动场地以及其他教学设施,均可以在不影响正常教学秩序的前提下,有条件地向社区居民开放。有的社区组织提出让学校"清晨闹起来,晚上亮起来"的口号,即早上学校打开大门,让社区老年人进去打拳做操,锻炼身体;晚上把教室变成各种社区学校,开展文化补习、技能培训以及各种文化娱乐活动等,这样做不仅可以充分发挥学校教育投资的效益,而且能使居民感到学校是自己的学校,从而更自觉地关心、支持学校的各项工作和建设事业。学校应成为推行社区教育的中心基地,并在创建学习型社区过程中发挥示范及引导作用。

(2) 发挥学校的优势,承担一定的社区教育责任

发挥学校的优势,承担一定的社区教育责任就是以学校为依托,从本社区的实际需要出发,依靠社区内各类学校本身的师资力量和教育优势,面向社区开展各类专门培训。例如:开设适应社区发展需要的课程或讲座,举办各种技能培训班,为社区内的企事业单位培养专业人才,提高劳动者素质,帮助下岗待业人员重新上岗就业;举办各类家长学校、女子家政学校、老年学校、外来务工人员学校、文明市民学校,对社区居民进行合格家长教育、文明市民教育等,使得社区居民在生活方式、社会交往、文化娱乐、自身素养、自我管理等各个方面都得到提高。此外,学校还可以在力所能及的范围内,倡导、牵头组织开展某些社区活动,例如,利用学校的体育设施场地和师资力量,开展社区卫生保健活动、社区体育运动会、社区文化休闲娱乐活动等,促进社区居民的相互理解与相互交往,培养社区认同感与归属感,增强居民的社区意识。

(3) 学校可组织学生开展社区服务活动

学校可利用寒暑假、节假日等组织学生定期或不定期地开展社区公益服务活动,例如,

帮助当地社区居民美化社区生活环境,给社区有特殊困难的居民提供小学生力所能及的特殊服务等,所有这些均有助于培养小学生的社区认同意识,增强其社会责任感。

> **案例 8-7**
>
> 　　我校所处的社区,是一个巨大的教育资源库。就物而言,附近有敬老院、体育场、社区文化活动中心、社区学校、区青少年活动中心等;就人而言,社区内不仅有众多的热心于教育的志士仁人和热切关注学校教育的家长,而且社区教育工作站还配备了专职教师,这些都是极其宝贵的教育资源。
>
> 　　我们组织学生在中华民族的传统节日——九九重阳节时,到社区敬老院和孤老家中探望,在为老人带去精心选购的礼品以及丰富多彩的节目的同时,也为他们送去了阵阵温暖。学生通过这些社区服务,树立了尊老敬老的意识,学会了在力所能及的范围内帮助他人、关爱他人。
>
> 　　为培养学生对突发事件的应对能力及安全意识,在"119 防火宣传日"的活动中,我们组织学生来到社区观摩消防队员现场训练,孩子们不仅自己学习了防火知识,还积极向社区居民宣传防火知识,提高大家的消防安全意识。
>
> 　　同时,在社区联欢的活动中也经常可以看见孩子们的身影。
>
> 　　通过这样的一些服务或活动也给学生提供了一个更为丰富的学习情境。学生在活动中不断观察和认识社会,不断进行自我发现和自我反思,从中可以学会做人,学会处理各种矛盾以及遇到问题如何解决,了解如何做事。社区服务和活动除了帮助学生学习与掌握知识和技能之外,更让学生学会了怎样在集体中工作,帮助他们了解社会,服务社会,提升了他们的公民意识。
>
> 　　(资料来源　蔡丕瑜. 整合社区教育资源,促进学生全面发展[J].(上海)卢湾教育研究,2008(12). 本文有删节。)

(4) 开设内容密切联系社区生活实际的课程,体现社区特色

学校可选择学生所熟悉的社区生活题材或社区生活中所面临的重大问题作为课程学习的内容,这是加强学校与社区联系的最好办法之一。

> **案例 8-8**
>
> 　　我校位于全国闻名的羊毛衫之乡——浙江省嘉兴市秀洲区洪合镇。我们尝试发掘地方毛衫文化中蕴含的教育资源,培养学生脚踏实地、勤劳、诚实的好品质和热爱家乡的传统美德。我们开展的活动有:

① 走进历史,以洪合毛衫发展历程启迪人。
- 播放宣传片,组织学生调查访问,听毛衫"昨天"的经验与教训,悟诚信之道。
- 组织学生到市场实地参观走访,看毛衫"今天"的发展,学勤奋开拓。
- 借助网络资源等举行班队讨论会,思毛衫"明天",树责任理想。

② 深入社会,在社会实践中教育人。
- 寻访身边成功企业家的故事,榜样育人。
- 开展小课题研究,探索发现。

低年级开展"毛衫是怎么来的"的小课题研究,中年级开展"毛衫与环境"的小课题研究,高年级开展"洪合与外来务工人员"的小课题研究。
- 组织暑期社会实践活动,实践明理。

争取家长的配合,组织学生参与的社会实践有"做一周横机工""毛衫包装助理""小老板实习"等。在这些实践活动中,学生体验到父母的辛劳、生活的不易,从而发自内心地懂得去体谅父母、珍惜生活,知道要磨炼自己的意志。

(资料来源　张国佩,陆伯良."毛衫文化"教育的思考与实践[J].中国德育,2009(07):54—56.本文有删改。)

(二) 社区参与学校教育的途径及形式

1. 将一切可能的社区教育资源对学校开放

在社区教育组织的帮助下,学校可充分利用社区内现成的或潜在的教育资源,广泛地开展校外课外活动或社会实践活动,为实现学校育人目标服务。这些教育资源归纳起来,可以分为人和物两大类。

就物而言,社区内的一切文化设施,包括公园、电影院、文化馆、体育馆、博物馆、图书馆、历史文化遗址、革命历史纪念地、科研机构、敬老院以及工厂、农村、部队等都是教育资源,学校都可以依靠社区教育组织加以开发利用,将其作为社会考察调查基地、社会服务基地、军训基地和革命传统教育基地等,让学生走出校门广泛参与各种社会实践活动,进行社会调查、社会考察,参加社会公益劳动和工农业生产劳动,和有关社区单位共建社会主义精神文明,建设文明小区等,这些措施对于学生接触社会、了解社会,加深对书本知识的理解,培养运用书本知识解决实际问题的能力等等,都是大有好处的。

就人而言,每个社区都会拥有一些热心于青少年教育事业、愿意无偿为学校提供教育服务的人士、各条战线的英雄模范人物、先进分子、知名人士、社会贤达、能工巧匠等,这些均是学校可资利用的宝贵教育资源。学校可根据自己的需要,适时地把他们请进来,给学生作报告、开讲座,邀请他们任兼职教师。这样不仅充分利用了社会教育资源,还极大地丰富了学校教育的内容,开拓了学校教育的视野。另外,社区还可以帮助学校筹措资金,改善办学条件。

假期里,社区可以以菜单的形式列出青少年活动的主题及内容,提供给学生,让学生根据自己的兴趣爱好选择参加自己喜欢的活动。

表8-3 学生可参加的社区教育活动类别一览表

教育活动类别	主要内容与形式
民族精神传承	访问社区名人、参观爱国主义教育基地、考察历史文化遗迹、开展社会调查等
学法用法	与社区司法志愿者交流、听讲座、看录像、开展法律知识竞赛等
交通安全	学习识别交通标志、慰问岗亭交警、做小交通宣传员;学消防知识、看消防演习等
同伴交往	开展社区小队自娱自乐活动、兴趣小组活动,帮助身边困难小伙伴等
社会服务	做小社工志愿者参与社区公益劳动、护绿行动,为社区搞宣传等
奉献爱心	帮助孤老、邻里、幼儿、病人、残疾人,到敬老院为老人送温暖等
阅读欣赏	故事会、好书欣赏交流、读书读报文摘、剪报比赛、展览等

2. 建立社区人士定期访问学校的制度

社区各界人士可选择在学校专门开设的"接待日"访问学校。访问的形式与内容可以多种多样,如参观学校举办的展览,随堂听课,出席学校举办的座谈会或专题会议,出席学校举行的特殊纪念活动等,在这些活动中,社区应选派代表积极参与其中,倾听学校的呼声,与学校一起分担责任,为学校排忧解难。

3. 建立社区—学校合作性组织

通过社区—学校合作性组织可以使社区组织、团体或个人都以某种方式介入学校决策或运作过程,参与学校教育事务,做到"帮忙不添乱,到位不越位"。此外,还可以以社区为纽带,打破学校、班级界限,以街道、居委会、乡镇、自然村为单位,建立社区性的少先队组织,如社区少先队大队、中队、小队,将同一社区内各学校的少先队组织联合起来,共同开展某些大型的、跨学校的合作性活动。

> 🎓 **案例8-9**
>
> 上海市静安区少工委把少先队组织建到社区,在街道成立社区少工委,以"就近就便,自主自愿"为原则组织社区少先队大队、中队、小队,并配备专职辅导员、志愿辅导员。在实践探索中,他们形成了组织协同、资源协同、制度协同、活动协同的"四协同"运行机制,使学校与社区切切实实形成合力,发挥更大的教育作用。

实例一：静安街道社区小队以"自愿、量力、安全、就近"为原则，以楼组为单位自由结合。小队长即准楼组长，下设"准五大员"，即组织员、卫生员、宣传员、调解员、劳动员，聘请楼组长为志愿辅导员，小队成立以后，制定"准楼组长"活动方案，开展楼组创建活动。楼组小队可以根据楼组不同的特点，开展环境整治、科普宣传、安全防范、社区服务等活动。将"准楼组长"活动与创建文明楼组相结合，与实践活动相结合，以"小手牵大手，小人推大人"的形式，促进楼组文明建设。与此同时，队员们在具体的岗位中也使自己的综合能力得到了提高。除了楼组组合以外，在实践中还可形成自主组合、特色组合、趣味组合等。

实例二：市西小学与街道的辅导员联手，充分挖掘居委会的资源，组织学生开展社会实践活动。活动前，学校辅导员让学生了解活动的内容、要求及路线。活动时，则由社区中队辅导员带领队员实地考察社区的设施、环境、人文景观，了解学校周边环境，了解社区主要公共设施及场所，为社区献计献策，为社区提供服务。活动后，学校辅导员还邀请家长提供反馈。学校与街道共同策划的少先队实践活动在时间上互为续接，在功能上互为补充，在空间上互为拓展，让队员们在活动中树立起社区是我家的意识。

（资料来源　上海市少年儿童研究中心.上海少先队"十五"课题成果汇编[M].上海：少年儿童出版社，2006：89—96.本文有删节。）

总之，不论是家校合作，还是学校与社区合作，在具体理念与措施贯彻落实的过程中，班队工作者都是最直接的参与者和实践者。

思考与探究

1. 试结合小学班队工作的实际，谈谈你对开展家校合作必要性的认识与体会。
2. 你对本章所列举的开展家校合作的各种具体形式有何补充与修订意见？请陈述有关理由或依据。
3. 试结合小学班队工作的实际，谈谈你对加强学校与社区合作必要性的认识。
4. 据你所知，当前小学与社区开展合作的具体方式有哪些？针对这些方式，你有何评论与看法？
5. 问题讨论。

　　某校开展"班主任家校沟通"项目培训，把培训项目的重难点锁定为："学会研究学生、掌握沟通策略、善于自我调节"。

从某种意义上讲,上述这三个方面可以说是家校有效沟通的三要素,为什么?请针对下列案例说明对三要素的具体落实措施。

案例:小曾是个三年级小学生,人很聪明,字写得不错。但不知为什么他的英语成绩出奇地差,而且脾气大得很。据同学们说,大家都不敢惹他,惹火了他,他的脏话就满天飞。这天,上早读课的时候,老师还未进教室,就听见一阵喧闹声,进去一问,班长说:"老师,小曾不肯把书拿出来早读,我说了他,他就骂我。"老师把这个问题解决后,针对小曾在校的表现,打算去小曾家做一次家访。

(资料来源　景卓.早读课[J].思想理论教育,2018(18):90.本文有删改。)

你认为小曾的老师应该怎样才能做到家校有效沟通?

参考文献

1. 吴重涵,王梅雾,张俊.制度化家校合作与儿童成长的相关性研究[M].南昌:江西教育出版社,2018.
2. 郁琴芳.家校合作50例:区域设计与学校智慧[M].上海:华东师范大学出版社,2018.
3. 李家成,王培颖.家校合作指导手册[M].北京:北京大学出版社,2016.
4. [美]爱普斯坦,等.学校、家庭和社区合作伙伴:行动手册(第三版)[M].吴重涵,薛惠娟,译.南昌:江西教育出版社,2012.
5. 侯怀银.社区教育[M].北京:北京师范大学出版社,2015.
6. 叶澜,等."新基础教育"成型性研究报告集[M].桂林:广西师范大学出版社,2009.
7. 张燕农,张琪.社区教育发展模式的理论与实践研究[M].北京:首都师范大学出版社,2011.

拓展阅读

日本小学家校合作的组织及实施策略

日本开展家校合作的组织叫家长教师联合会(PTA),它是一个从中央到地方覆盖全部中小学的民间社会教育团体。日本全国PTA又分为"社团法人日本PTA全国协议会"和"各都道府县、市级的PTA地方协议会",以及"学校PTA(单位PTA)",目前日本约有32 000个学校PTA。日本各中小学校的PTA组织均制定自己的规约。① 日本的小学家校合作主要采用以下策略。

一、班主任与家长的合作教育

班主任承担着大量的学生教育、教学工作,并会在日常工作中与家长频繁接触。日本的小学班主任在接手新班级之初就会按学校要求进行家庭访问,发放学生家庭调查表全面了解家长的基本信息和教育态度,同时学校要求班主任在充分运用这些信息开展合作教育的同时,须谨慎管理学生的家庭信息,以防泄露。家长一般通过制度化的家校联系渠道,如家校联系簿、家长面谈日、班主任家访等与教师沟通。此外,日本的小学班主任还时常邀请家长参加班级活动,如请家长和学生一起制作班级新闻板报、策划班级的课外活动、在教室设置"家长作品展角"等。

二、家长参与小学教育的主要形式

日本小学生家长经常以参加学校 PTA 会议的形式参与学校教育活动。日本小学的 PTA 定期召开各种会议,学生家长则以极大的热情参加会议,并与校方就学校的各种教育活动开展讨论、交换意见并达成一致。日本小学的家长还常以参观学校的形式参与学校的教育、教学工作。日本的小学均设有面向家长和社区居民的"自由参观周"或"学校开放日",定期向家长、社区居民开放呈现学校的教育、教学工作。学校会适时地在学校入口或楼梯拐角设置"感想·意见箱",征求家长对学校教育的感想和意见,学校会及时把家长的感想和意见在教职员会议上公开。

近些年,一些家长以志愿者身份支援学校教育、教学工作。日本小学的家长志愿者一般有如下类型:学校图书室志愿者,主要进行整理图书、装订杂志、修补书籍、上架书刊等工作;电脑维护志愿者;绿化志愿者,进行季节性的除草和树木修剪工作;教学支撑志愿者,作为教师助手参与学校教学工作。日本小学还有一种学生课外活动家长义工,如指导学生的合唱队活动,可在学校运动会中为参会的家长们安排座位、为受轻伤的小学生处理伤口等。日本小学教育志愿者的招募工作一般从新学期开始持续一个月,学校在 PTA 总会上向所有家长发放学校志愿者招募函,注明各类志愿者的工作情况和资格要求并附有报名表。学校对报名者进行资格、能力审定后就召开教育志愿者会议,在会上校方向家长义工发放志愿者指南,家长志愿者则按不同的工作任务分组商讨工作计划及分工等。

---

① PTA 总会下设三个分会:文化活动委员会负责学校运动会、学生学习汇报会等活动的策划和实施;宣传委员会负责学校 PTA 杂志的编制和发行;志愿者委员会则负责招募家长志愿者协助学校开展各种教育活动,三个分会每月各召开一次会议。

三、小学对班主任与家长合作教育的要求

为达到合作教育目标,日本小学还对班主任邀请学生家长到校谈话提出了详尽的教育技巧和要求。如为了缓解被请到校家长的不安,班主任宜在教学楼门口迎接家长,并在谈话前为其端上一杯茶;而当班主任和任课教师都在场时,不可把家长包围其中,以避免家长产生压迫感。其次,教师在说明学生问题时应适时地强调学生的一些优点,尽量不使家长产生抵触情绪,造成谈话失败。再有,谈话过程中要求班主任始终全神贯注地倾听家长的陈述,只有当家长感受到自己的讲述会被教师认真听取时,他们才会仔细倾听教师的分析和教育建议。最后,在谈话结束前,教师必须提出家校合作教育的具体建议,此时班主任不可用抽象、空洞、晦涩的专业术语,而应用易懂的语言与家长达成教育共识,商讨解决问题的策略及相互分担的任务。在结束交流时班主任还不应忘记对家长的鼓励,如用"您辛苦了,我们一起努力吧!"等温和、亲切的话语提升家长的教育信心。

(资料来源 杨民,苏丽萍.日本小学家校合作的研究及启示[J].教育科学,2013(06):89—93.本文有删节。)

"行知中山,探寻社区"系列之方东学生社区实践指导方案
上海市松江区中山街道方东居委　徐　瑜

一、活动背景

学生暑期生活即将开始,为进一步贯彻落实中共中央、国务院《关于进一步加强和改进未成年人思想道德建设的若干意见》和《关于加强青少年体育增强青少年体质的意见》通知的精神,方东居民社区致力于引导青少年过一个"安全、健康、快乐、有益"的暑假,努力为青少年的健康成长创造一个良好的育人环境。

此次,由多所学校联合举办了主题为"活力社区,快乐假期"的第五届社区节。社区整合了各个学校的资源,为学生的暑期生活准备了丰富多彩的活动。

二、活动目标

通过以"活力社区,快乐假期"为主题的第五届社区节系列活动,探索"学校、家庭、社区"三方联动的未成年人思想道德教育新机制,使学生在参加社区实践活动中,开拓视野,增长见识,更好地融入社区和社会。

三、活动准备

(一)加强领导、统一思想,增强做好暑期学生工作的责任感和使命感

成立由居民区主任任组长,分管领导任副组长,其他有关人员为组员的暑期

工作领导小组,形成主任亲自抓、分管领导具体抓、志愿者教师配合的齐抓共管的暑期工作格局,并细化分工,具体分派专人负责各块的社区暑期活动,上下及时沟通活动开展情况。

(二)科学筹划,精心安排,切实安排好广大学生的各种暑期活动

我们首先召开领导小组会议,对整个暑期活动的开展进行安排,做到思想早发动、计划早制定、网络早建成、资金早落实、场地早开放,使学生的暑期活动能全面、有序开展。同时具体落实几项工作:制定好工作计划,开好动员会和表彰会,建好一支教师志愿者队伍,搭建好暑期活动平台,营造一个健康的活动氛围,并进行认真细致的检查,扎实推进暑期工作。

四、活动过程

主要通过动手制作类、体育竞技类、讲座辅导类和户外拓展与志愿者活动四类项目让学生度过一个快乐、充实的假期。

(一)动手制作类

1. 开展布贴画制作课程,加强学生动手制作能力;
2. 开展手工制作课程,加强学生动手制作能力;
3. 开展"绿色再生,垃圾改造"DIY 活动,培养学生环保意识。

(二)体育竞技类

1. 开展"小精灵成长乐园"活动,让学生在游戏中体验成长、培养他们的团队协作能力和创新性能力;
2. 开展弄堂小游戏——方东社区第五届踢毽子比赛,促进同龄人之间的互动与交流。

(三)讲座辅导类

1. 开展趣味数学讲座,提高学生学习数学的兴趣;
2. 开展红十字急救培训讲座,提高自我救护能力;
3. 开展暑期安全知识讲座,提高安全意识;
4. 开展青少年心理、生理健康讲座;
5. 大学生志愿者走进方东社区,为学生们提供作业辅导、游戏互动等志愿服务。

(四)户外拓展与志愿者活动

1. 参观松江科技馆,开拓视野,增强成长体验;
2. 参观军营,体验军队生活,学习军人刚正不阿的品质和严谨的生活学习作风;

3. 通过观看红色电影《鸡毛信》,开展爱国主义教育及禁毒教育;

4. 开展"清洁家园"社区卫生整治活动,营造整洁、卫生的社区环境。

在学校、社区、家长相互支持、配合和参与下,结合方东社区自身实际,我们为前来参加活动的学生们准备了内容丰富、形式多样的社会实践活动菜单,让他们能各展所长、各取所需,过上多姿多彩的暑期生活。

五、活动成效

通过活动,社区初步形成了"学校、家庭、社区"三方联动的未成年人思想道德教育新机制,让学生真正有所收获。学生在社区实践活动的过程中激发了爱国热情,增强了在实践中奋发成才的使命感和责任感。这次的活动得到了家长、学生的普遍欢迎和赞扬。社区实践活动让家长感到放心,让学生感到开心,让社区教育工作者感到安心。

(资料来源 上海市青少年学生校外活动联席会议办公室.行知上海,探寻社区——上海市学生社区实践指导站优秀案例荟萃[M].上海:上海科学普及出版社,2013:32.本文有删改。)

视频资源

视频内容: 班主任第一次家访须知
家 访 者: 王祯娇
视频提供: 上海市闵行区田园外语实验小学王祯娇

|扫码观看视频|

家访对家校共育成效的重要性不言而喻。班主任的第一次家访,在家访准备、仪表态度、沟通内容等方面尤其要予以重视。

第九章

班队工作研究

- 理解班队工作研究的基本原则
- 掌握行动研究的内涵、过程和方法
- 掌握案例研究的价值、特点及案例的撰写规范
- 学会班队工作课题研究设计

(图片来源 [美]杰克·R.弗林克尔,等.教育研究的设计与评估(第四版)[M].蔡永红,等,译.北京:华夏出版社,2004:488.)

案例9-1

刚参加工作时,我在一所乡村小学任班主任。初为人师的喜悦和旺盛饱满的精力,使我在匆匆忙忙中还算应付得来,虽然也时常觉得很累很辛苦。但在从事班主任工作近十个年头后,我开始倦怠了:抱怨班主任工作纷繁复杂,抱怨学生不懂事,抱怨家长不配合……在抱怨中我开始应付,跟着大家走形式,这样浑浑噩噩的日子持续了将近一年,正巧教育科研的春风刮进了校园,及时唤醒了迷茫的我。

最初接触教育科研,我以为这可能又是一项形式化的工作任务,是另一种负担,但为了完成任务,总要找些材料来应付,找材料就要读书,读书便有了收获。记得那一天,我被书中一段朴实真切的话吸引了,大致内容是这样的:任何一项工作,只有用心去研究,才能收获成长;只有收获成长,才能乐在其中。

我凝神思考,反思自己近十年的班主任工作,只是在做"上指下派"的任务驱动型教师,根本没有想过成长的意义。因为我没有收获成长,所以才会倦怠。细细想来,应付抱怨是一天,用心研究也是一天,我们不该在工作中消耗自己,而要在工作中丰富自己。于是,我以教育科研为先导,以班主任工作中出现的问题为核心,开启了我的研究之旅。读书、思考、写教育日记;计划、实践、反思、总结……忙是忙了点儿,但坚持一段时间后,我发现了自己的改变。班级里出现问题,我不再用怒火来解决,而是跟着书本,学着一些教育家、优秀班主任的经验和做法,效果真的不一样。

有了研究意识之后,我开始把班级出现的问题进行整理、归类,然后逐个研究,尝试着用智慧去解决问题,或开展活动,或个别谈心,或把情景教育和家庭教育相结合……我在实践中不断尝试、思考,不断改进自己的教育方法……功夫不负有心人,一段时间后,学生们对我不再敬而远之,而是努力用行动践行着对老师、对班级、对同学的爱,一个又一个充满温度的孩子出现在班级里,我感到教育的力量是多么强大!我的教育日记里也记录着一个又一个充满温度的班级故事,我感到做班主任真好。这段时间的研究与改变使我明白:你把孩子当作天使,他们就会长成天使的模样;你把孩子当作魔鬼,他们就会像魔鬼一样折磨你。

在研究中,我的教育观念发生了转变,方法也随之改变了。一个又一个教育问题促使我思考研究,我在研究中不断总结经验,记录感人瞬间,渐渐地,我开始勤于笔耕。后来,随着经验的积累和视野的扩大,我抱着试试看的心情把自己用心撰写的文字投向报刊。在经历了一个又一个漫长的等待之后,终于,我的教育文章发表了。捧着一份份意想不到的收获,我感受到了成长的美好。

我把发表在杂志上的带有墨香的文字与孩子们分享,他们那么幸福地沉浸在以自己为主人公的故事里,那么崇拜我这个默默无闻的老师!他们更努力地做好自己,都期待着自己成为我下一个班级故事中的主人公。我们一起努力着、憧憬着、创造着美好的未来,累一点也并不觉得辛苦。教育真的可以这样美好!

现在,我已在班主任岗位上坚守了 20 多年,是研究让我从职业倦怠中走了出来,是研究使我的班主任工作不断向青草更青处漫溯……我也感谢我的学生们,他们成为我一个又一个教育故事的主人公,让我每每品读这些故事时,空气中都溢满幸福的味道,我可以自豪地说:"这些收获,缘于我是班主任!"

(资料来源 赵春梅.倦怠在专业研究中消散[J].班主任,2019(10):58—59.本文有删节。)

教育研究,让这位小学班主任如沐春风,顺利走出职业倦怠的困境。通过研究,教师能够发现更多的教育真知,领悟更多的教育真谛。我国已为教师队伍建设规划了蓝图:"到 2035 年,教师综合素质、专业化水平和创新能力大幅提升,培养造就数以百万计的骨干教师、数以十万计的卓越教师、数以万计的教育家型教师。"[①]一个有志于专业发展的班队工作者,需要研究的有力助推。

开展教育研究,是班队工作者专业工作的内在组成部分,是改善教育实践、提高教育质量的关键。本章分析、论述班队工作者从事教育科研的基本原理和主要策略,介绍如何酝酿并确定研究课题,目的在于促使班队工作者在理论和实践的互动中树立科学精神,提高科研意识,掌握和运用"行动研究""案例研究"的原理,并学会确定研究课题,提高对专业的理解力,为改善教育实践和教育环境作出贡献。

第一节
班队工作研究的原理与策略

一、班队工作研究的原理:发扬科学人文主义精神,一切为了儿童

用科学人文主义指导教育研究,是指本着热爱儿童、尊重儿童的人文主义精神,以人为本,用科学观念和科学方法研究儿童,研究怎样促进儿童健康成长。如果缺乏科学精神,研

---

① 中华人民共和国教育部.中共中央国务院关于全面深化新时代教师队伍建设改革的意见[EB/OL].(2018-01-31)[2020-09-02].http://www.moe.gov.cn/jyb_xwfb/moe_1946/fj_2018/201801/t20180131_326148.html.

究结果就无可信性；如果研究不以人为本，则意味着背弃儿童、背弃教育的根本目的，那么这样的"研究"是毫无意义的。

（一）儿童是研究的根本出发点

教育研究的根本目的是为了儿童的健康成长。如果研究者把追求外在利益——权力、金钱、地位——作为研究的目的，把儿童作为自己争取外在利益的手段，那么这种所谓的"研究"不但无助于儿童的成长，反而会损害儿童的身心。"一切为了儿童"，要求班队工作者尊重学生的主体性，在整个研究过程中主动与学生合作，不把学生当作被控制的工具或受操纵的对象。实验条件的设计、安排应当与学习环境、教育环境的创设相一致，使学生在其中能充分发挥自主性和创造力，应以不限制、不阻碍学生的活动、思维、想象、判断和自发的言语表达为前提。

（二）从儿童的基本需要出发

教育研究为儿童提供什么样的服务，应依据儿童的基本需要而定。小学班队工作者进行教育研究，必须明确小学生的基本需要，并积极地回应。小学生的基本需要有如下几点。

1. 享有童年

童年概念的形成，是欧洲文艺复兴和启蒙运动的产物，是人的价值、人的尊严得到首肯的体现之一。法国启蒙思想家卢梭曾指出，儿童是独立于成人的个体，有自己的尊严和权利。儿童期是个体生命发展的重要时期，其意义不仅仅是成人生活的预备。儿童的现在和将来是一个连续发展的过程，儿童应享有大自然赋予的童年生活，只有经过这样的阶段，他的身心才有可能健康发展。教育不应当为了儿童的未来而牺牲儿童的现在，而且尤其应重视儿童的现在。目前国际社会认同的与童年相关的理念包括：儿童与成人一样，也具有独立人格，而不是成人的附庸；童年生活有其独特的、不可替代的价值，而不仅仅是成人的预备；儿童需要一种与自己的身心发展相适应的生活，儿童的个人权利、尊严应得到社会保护。

2. 健全的心智过程

健全的心智过程主要反映了儿童的"精神生活"，包括以下几方面。首先，儿童在理智、道德、体育、审美和劳动诸领域的需要和兴趣，能通过积极的自身活动和社会互动得以形成、发展和满足。第二，儿童的学习，依靠视、听、嗅、味、触、动等多感官的协调配合，依靠动作式、图像式和符号式三种再现表象的配合协作，儿童的思维、想象、情感、言语和行动相互配合，促进他的整体经验和健全人格的形成。第三，每个学生都能享受并利用学校创设的环境和条件，发挥他的天赋、特长、潜能和创造力。第四，儿童的智力、兴趣得到激发和培养，能在实践中运用知识，并在集体中交流智慧。

包括班队工作在内，学校教育的各方面都应该回应、满足儿童的基本需要。学校的教育研究首先应对儿童的基本需要作出积极的回应。

二、班队工作研究的策略之一——行动研究

教育研究的方法很多,就研究过程的性质而言,班队工作者从事的主要是行动研究。行动研究是一种融教育理论与教育实践为一体的研究,它以解决教育中的实际问题为导向,着眼于改善教育行动的质量。它包括反思和实践两个方面,并且反思与改进工作同步进行。班队工作者的行动研究,是指研究儿童在班级、少先队和学校生活中的各种处境、情况,由反思而提高对专业的理解力、掌握技巧,从而改善班队工作实践,并改善儿童生活处境的全过程。

(一) 行动研究的四个基本问题

班队工作者既是教育实践者,又是研究者。为了处理好专业实践和研究的关系,必须先思考四个实际问题。[①]

1. 怎样使研究过程成为经济的、节俭的

这就是说不应该花费大量的时间收集数据,然后花更多的时间分析这些数据,而是在有限的时间内,在承担日常工作的同时,能够完成研究任务。

2. 怎样使研究过程成为特有的、具体的

怎样使小规模的研究获得真正的新洞察或新发现?必须明确行动研究不同于专业理论工作者的研究,它采取的是以实践经验为基础的研究方法,所要解决的是在班队工作中实际发生的问题,并且是按照实践本身的程序来进行的,唯有如此,才能保证研究特有的效果和不可替代的作用。

3. 怎样使研究过程成为可行的、有用的

行动研究必须建立在班队工作者现有能力的基础之上,使每一位希望采用这种方法的人都能运用它并从中获益。但这种方法并不意味着仅仅按照学科知识重新解释个人的实践经验。行动研究的一个宗旨是:在实践中,并经过实践,把自己培养成有较高理论意识、善于反思创新的新型专业人员。因此,研究过程必须与教育实践相结合。根据观察和记录的信息进行认真分析,通过有计划的干预,改变一定的教育行为,从而取得研究实效。

资料链接 9-1

行动研究的实践导向特征

阿尔特利奇特(Altrichter)等学者从六个方面描述了教师行动研究的实践导

[①] Richard Winter. Learning From Experience: Principles and Practice in Action-research[M]. London: Falmer Pr. 1989: 34—37.

向特征。

① 行动研究是由教师发起的，虽然长期的行动研究需要许多人共同合作以维持进行研究的动力，但外部专家的角色仅仅是提供支持，而不对实际进行的研究负起责任或掌握研究的方向。

② 行动研究起源于每日教育工作中所产生的实际问题。

③ 行动研究必须和学校的教育价值及教师的工作条件具有相容性。

④ 行动研究提供进行研究与发展实务的一些简要的策略与方法。适合教师使用的研究方法必须在不过度打扰实务工作的情形下进行。

⑤ 行动研究是一种持续不断的努力。它协助教师的反思性行动以便能发展个人知识，反省思考将开发出新的观点，也将在行动中被理解与检验。

⑥ 每一个行动研究都有自己的特点，所以行动研究不可能有非常精致明确的研究模式与步骤。

（资料来源　高耀明，李萍. 教师行动研究策略［M］. 上海：学林出版社，2008：4.）

4. 怎样使研究过程成为严谨的、精确的

行动研究的一个根本问题在于：数据有限，缺乏一个外部的、"不参与的"观察者，但是其理论又是在实践过程中形成的，那么在什么意义上能够称行动研究是客观、有效的呢？即怎样确保研究程序的严谨、精确？行动研究不强调将研究计划设计得十分完善、环境和条件控制严密、结论精确，但有两点必须做到：首先，需要采取谨慎的态度，并保证有一个成功的结果。其次，对研究方案要进行科学、完整的思考，每一个研究过程都应有相应的目标、计划、监控、评价机制，并不断地将反馈信息作为调整研究行动的依据。

（二）"行动研究环"

"行动研究环"体现了行动研究的基本程序（如图9-1所示）。

"行动研究环"表明，行动研究过程包括两方面：一是对实践的分析（导致预期的变化）；二是贯彻、实行改善了的实践计划（导致进一步增进理解）。这两方面结合起来构成一种螺旋形上升的形态，即行动研究过程。行动研究的中心特征是：经过反思，利用变化了的实践，为改善实践本身、改善环境、改进工作原理和提升理解力开辟途径。行动研究者把策略性的行动作为寻求改善和理解的探针，选择一种独特的实践形式以追

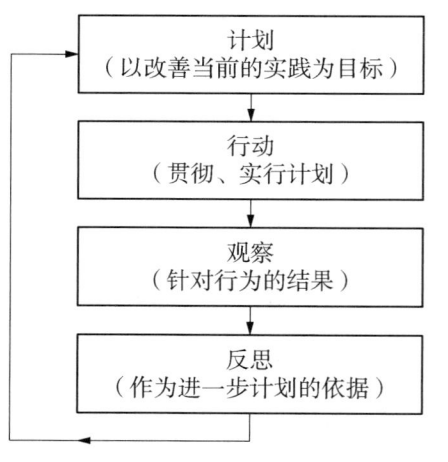

计划（以改善当前的实践为目标）→ 行动（贯彻、实行计划）→ 观察（针对行为的结果）→ 反思（作为进一步计划的依据）

图9-1　行动研究的基本程序

求这两个最终目的。①

> ## 案例 9-2
>
> **一名"多动"学生的行为纠正**
>
> 一、问题诊断
>
> （一）基本情况
>
> 小浩，男，1998年出生，家中长子，有一个两岁的弟弟。小浩现就读于某小学中年级，除了英语较差之外，语、数的单元测验和期末考试成绩多数保持在85分以上。父亲初中文化，职业是一名厨师。母亲初中文化，自营商铺，经销婴儿用品。
>
> （二）问题表现
>
> 小浩在学校的行为表现中出现"多动"的症状，具体反映在：(1)注意力缺陷。表现出与年龄不相符的注意力不集中问题，难以集中精力完成所面对的任务，无法抵御外界干扰因素。(2)多动。无目的、无意义地不停走动、跑动、跳动，无法安静听完一整堂课，小动作过多，甚至在上课时间离开教室到校园里玩耍。(3)冲动。在社会交往中缺乏控制力，多种场合行为鲁莽，强行加入或者打断他人活动，行为不顾及后果，容易闯祸。
>
> （三）诊断
>
> 从家庭角度看，小浩的父母文化水平不高，面对顽皮的孩子，教育方式多为打、骂，使得亲子之间的关系较差，缺少交流，可能导致小浩的脾气比较暴躁，不懂得协商解决问题。从学校角度看，小浩如果不喜欢某个老师，就会不喜欢这位老师任教的科目，在该科目的课堂上往往会大吵大闹；老师的工作仅限于单兵作战，没有联合起来配合行动；缺乏有威信的教师，以在小浩面前起震慑、指导作用。据此分析，应调整家庭、学校对小浩的教育方式，双方配合起来，共同纠正小浩的问题行为。
>
> 二、拟定行动计划
>
> | 行动 | 时段 | 目标 | 措施 |
> | --- | --- | --- | --- |
> | 总体计划 | 2006—2007学年第一学期 | 解决影响较大的不良行为，使小浩上课不再骚扰他人，减少其与同学、老师的冲突，消除对立情绪。缓和亲子关系，使小浩重新投入到家长的关爱之中 | 1. 把家长、老师组织起来，耐心谈话，指导家长改变教育方式，激发小浩改正不良行为的内在需求；强化家校之间的联系，密切关注小浩的心理和行为变化
2. 用奖罚分明的教育方法督促其改正自身缺点 |

---

① Richard Winter. Learning From Experience：Principles and Practice in Action-research [M]. London：Falmer Pr. 1989：11—13.

（续表）

行动	时段	目标	措施
第一个行动循环	1—7周	1. 寻找心理根源，为后面的工作铺路 2. 全面调整家庭、学校的教育方式	1. 进行访谈，取得家长信任，全面了解小浩的成长经历 2. 校长及各科任教老师都参与其中，帮助小浩进步
第二个行动循环	8—14周	1. 把小浩的精力吸引到学习上去 2. 作中期小结，为下一阶段制定目标	1. 采取谈话的方式，消除小浩内心的怨气，以鼓励的方式让小浩投入到课堂学习中去 2. 家、校加强沟通，相互检讨上一阶段的教育得失
第三个行动循环	15—20周	预防小浩出现厌烦情绪，加上期末学习压力较大，要巩固既得成果，防止其不良行为反复出现	1. 制定奖罚制度，遵守、违反都有相应的奖惩 2. 家、校要更密切留意小浩的变化，必要时要加大教育力度

三、教育行动

（一）第一个行动循环

1. 行动

（1）校长介入

小浩成为校长的帮扶对象，校长直接跟小浩交朋友。遇到严重错误时，先让老师进行教育，再由校长出面跟他谈心。根据小浩爱看课外书的特点，校长每1—2周借给小浩一些书籍，让小浩阅读后在校长面前复述，增加与小浩单独交流的机会，让小浩把内心的想法告诉校长。校长将获得的信息后反馈给老师，老师根据信息调整课堂教学方式，以适应小浩。

（2）调整家长的教育方式

向家长介绍科学的教育方法，建议家长放弃用粗暴手段进行教育的方式，并向家长阐明简单粗暴式教育的危害性。每周向家长了解家庭教育的情况，及时为家长提供指导，调整教育方式。

（3）各科教师参与

除了语文、数学、英语三科之外，也把美术、音乐、体育、信息、综合、科学等老师组织起来，针对小浩的情况，集体调整对他的教育方式，以谈话教育方式为主，希望软化小浩的暴戾情绪。先让他喜欢老师，从而喜欢该老师任教的科目。

（4）家校之间密切联系

每两周召集校长、各任教老师、家长、小浩本人，坐在一起讨论小浩最近的学校、家庭表现，进行一个小结。落实下两周的具体教育措施。取得家长的同意，各科教师随时与家长保持联系,每当小浩发脾气扰乱课堂纪律,经教育后不起效果时,或者与同学发生暴力冲突时,教师及时联系家长,由家长跟老师协同处理。

2. 反思

(1) 家长的协助起到了巨大的作用

在教师的指导下,父母改变了教育方式,从根本上改变了小浩的生活环境,使得教师在学校的教育不再无从下手,最起码能对小浩进行一些心理疏导。小浩认识到,自己的行为不仅影响了学校的正常教学秩序,而且波及家人,对自己的利益也造成了损害。

(2) 校长和各科老师的共同投入引起了足够的重视

为了教育好一个学生,把这么多老师组织在一起,共同研究如何施教,在其他学校一般是不多见的。学校的这一举措,让家长感受到学校的诚意、老师的真心,促使家长改变观点,使家长十分愿意跟学校配合。另外,学校里全方位的教育方式的改变,也使得小浩开始正视自己的问题,意识到自己的行为必须改变,激发了小浩自身改变的内在需要。

(3) 坏脾气有所收敛

由于家庭、学校的教育方式改变,小浩对同学动粗的情况减少了,上课时离开教室的情况基本消失了。但依然有随便拿同学物品的行为,甚至翻动同学的书包。上课大声叫嚣时有发生,并且经常离开座位骚扰其他同学上课。这两个问题是下一循环需重点解决的。

(二) 第二个行动循环

1. 行动

(1) 让家庭、学校的宽严程度持平

鉴于小浩在家庭、学校两种环境中的表现有较大差异,建议家长放松家庭的管教程度,使得家庭、学校的教育宽严水平相对持平,让小浩以相近的行为方式,在学校学习、在家里生活。当然,放松并不代表放弃和退让,原则上的错误绝不能妥协。主要建议家长不要过多责备小浩,有时候向孩子提出要求是应该的,但不一定要用严厉的语言、行动来贯彻实施,可以改用谈话或奖励的方式落实家长的要求。而上课的纪律问题要继续严抓,主要遏制小浩故意顶撞老师、离开座位打扰同学这两种行为。

(2) 父亲的让步

经过了解发现,小浩和他爸爸之间关系对立。和小浩爸爸、妈妈进行谈话,鼓励爸爸作出让步缓和父子间的关系,让小浩知道爸爸是关爱他的。爸爸主动跟小浩聊天,让他感受到父母工作的困难、社会谋生的艰辛,要以良好的学校表现来替父母分忧。

(3) 留意书包

由于小浩喜欢翻动别人的东西,所以向小浩家长提出要求,每天注意小浩的书包,看看有没有不属于小浩的物品出现,以便让他及时归还并进行教育。另外,每天让家长留意小浩有没有到小卖部消费,因为这些钱可能不是他自己的,而是窃取别人的。这样做是要小浩觉得无处匿藏自己的过错,一旦拿了别人的物品、钱财,家长就会发现,促使他勇于改正。

(4) 奖惩结合

取得小浩家长的同意,当小浩离开座位不听老师教育时,电话联系家长来校将其暂时带离学校。如下次再犯,将逐步升级处理方法。以上的处理措施均在小浩面前,由校长、老师和家长共同协商制定。当然,做好了也会有相应奖励,如一个月接到老师的投诉少于一定的数量,母亲答应带小浩到游乐园去玩。

2. 反思

(1) 严宽持平

把学校和家庭教育的宽严程度相对持平,主要是让小浩感受到家长、老师的要求是统一的,家里不允许做的事情,来到学校也同样不允许。有了比较统一的评价标准,在犯错误后小浩就不会无所适从——为什么家长会严厉批评的事情,老师却不怎么责备呢。经过这一阶段的干预,小浩在学校的违纪行为开始减少,主要是在学校里不再像以前那么胡闹。上课时离开座位的次数明显减少,但英语及其他科目的课堂情况仍不容乐观。

(2) 父亲的行动

父亲的这一举动给了小浩十分积极的影响,让小浩感受到父亲的爱。每天看到父子一起进出校门的情景,让人感到很温馨。家校合作对小孩的教育有着很关键的作用。

(3) 老师的作用

有的老师在小浩心中已经树立起了威信,如数学、语文老师,他们同时还是小浩的正、副班主任,有较多的时间接触小浩。当小浩出现违反纪律的行为时,往往是两位老师同时出面对他进行教导,这样效果会好许多。

(4) 认识和行动之间存在距离

尽管小浩认识到了自己的错误,然而对于小学生来说,认识跟行为是有一定距离的，认识到不一定能做到，而小浩正是这样的学生，知道自己的行为错了，但常常控制不住自己，会知错犯错。例如，翻别人的书包，随手拿同学的物品，在课堂教学中经常离开座位。下一个研究循环就要着重解决这些问题，把小浩认识与行动之间的鸿沟填平。

(三) 第三个行动循环

1. 行动

(1) 母亲的转行

为了更好地配合老师的教育工作，小浩母亲决定更换工作。结束了之前的婴儿用品的生意，改行经营托管中心，而且把托管中心的地点选在了学校的旁边。这样小浩每天都由母亲接送，他放学后的一段真空时间就得到了填补，减少了小浩放学后到处玩的机会。加上晚上有母亲督促，基本上能够完成所有的作业。此外，家长和学校的联系也加强了，有利于协同起来更好地教育小浩。

(2) 请假一周

尽管小浩在语文、数学课堂上基本没有问题行为，但在其他科目课堂上的表现却没有任何改善，他母亲几乎每天要在上课时间来学校两三次处理违纪事宜。经过家校沟通，征得校长、家长的同意，决定允许小浩请假一周在家自习，让他反省思过。其间老师和家长保持电话联系，密切留意小浩的变化。家长反映开始两天还行，到了第三天小浩就觉得很无聊，表示愿意回学校。但家长决定还是再观察两天，实现之前的诺言——反省一周。

(3) 安静阅读

请假一周回来后，允许小浩在图书馆借阅图书，让他可以在觉得没有兴趣的课堂上阅读，减少他因无聊而故意违反纪律的次数。

(4) 谈话教育

小浩违反纪律时，教师不再用严厉的态度对他进行批评，而是改以谈话的方式。每一次谈话都先表扬后批评。在他表现开始好转的情况下，再出现较大的违纪行为，不再立即打电话让家长接其回家，而是先把他带到班主任身边，静坐一会儿。在静坐的时候小浩的情绪往往能平复下来，然后再耐心谈话劝服。

2. 反思

(1) 母亲的配合

在小浩父亲转变了教导方式后，他母亲也为了孩子放弃了原先的职业，说明他们是非常重视孩子的教育的。而且，在自己的生意经营正常的情况下，为了孩子毅然转行，在现在的功利浮躁的社会中显得十分难能可贵。

（2）请假回家

回家反省这一举动实属迫不得已，因为学校的惩罚措施不可能无限升级来压制小浩的违纪行为。回家反省能让小浩知道再这样下去，家长、学校都不会接纳他，他的行为必须符合一定的规范。所以，经校长、老师、家长多方商议之后才决定使用这一手段。虽然在小浩身上收到的效果不错，但毕竟这样的方法属于冷暴力，只能在迫不得已的情况下使用。

（3）课堂上看课外书是一个缓冲

允许小浩留在课堂看自己喜爱的书籍，当他在适应及养成了坐在座位上的学习习惯后，再进一步提出专心听讲的要求。这一举措能保证其他同学正常听课，也保证了老师正常授课，可谓一举两得。

（4）老师有了威信后不再强硬地对待小浩

不采取态度强硬的批评，主要是为了平服小浩的逆反心理，一张一弛才能收到教育的效果。这也让小浩感受到老师对他的关怀，促使他对老师的教育心服口服。由于数学、语文两位老师已经在小浩心中树立起了一定的威信，为了巩固和利用好这一威信，就改变了以前的做法，在严重违纪时不再找家长，而是送到老师身边进行谈话劝导，使得教育的效果愈发明显。

四、反思总结

本研究能体现行动研究的实践精神，边研究边行动，及时反思并修正原来的研究设想，也说明了老师能以科学的态度，按照学生的需要来展开实际的教育活动。在本研究中，家长的大力配合是小浩得以转变的关键所在，体现出教育并非学校的专利，家长的配合起着关键性作用。而校长的参与，是对老师的一个强有力的支持，让老师可以专心投入研究，大胆尝试各种教育方法。经过一个学期的三个研究循环，小浩的行为有了明显的改善。尽管在成绩方面有了一些下降，但当他改掉了那些不良的行为习惯后，以他的智力水平，只要专心学习，在以后的学习中是一定能赶上来的。

（资料来源　温智珺：《一名"多动"学生的行为纠正》。本文有删节。）

这一案例体现了班队工作行动研究的基本规范与主要特点。行动研究有一句铿锵口号：为行动而研究，在行动中研究，由行动者研究。案例中研究的问题来源于班级管理和教育中的一个典型性问题，即个别学生的违纪等行为偏差问题，经过诊断分析之后，寻求出问题形成的心理和社会根源，就是家庭环境与学校教育中的缺陷，据此设计出学校和家庭联合起来干预并纠正该学生违纪行为的行动计划，并在行动中不断反思，修正计划以改善行动，最终形成三个循环行动。之所以构筑"行动—反思—再行动"的循环，就是要不断切近研究对象的变化，用更灵活、更适宜的应对策略解决新出现的问题。班队工作者在教育过程中会遇到与案例情境类似的各种问题，运用行动研究策略，无疑将很好地提升班队工作的效能。

（三）行动研究的实施原理

1. 批判的反思

批判的反思依靠对个人经验的实例作出判断，用质疑的而不是用断定的方式进行探究。批判的反思应采取对话的形式，由各方对经验作出可能的解释，而不把单方面的解释作为确定的结果。为此，应做到以下两个方面。

（1）使报告具有清晰的基础

收集关于教育事件、教育现象或儿童个人的报告、叙述和描写，并进行深入反思，使报告的基础或根据变得清晰。需澄清的方面包括：①报告中提出的概念、情况到底是事实的描述还是主观的判断？②该概念的内涵及界定标准是什么，该概念的反概念是什么，该概念在与儿童和有关教育事件的联系中有哪些不同的表现形式？③报告者的论点可能用了哪些隐喻、类推，这些比较可能导致哪些不同的判断？

（2）重新搜集被排除了的种种可能

这种做法包括以下两方面内容：①提出不同事物之间可能具有的共同基础，例如，电脑与手工艺之间可能的共同基础是对创造的兴趣，为此，可寻求为言语困难的学生开发课程的机会，或者帮助学生进行电脑辅助设计；②用不同的分类方法搜集关于某一问题或某一学生的信息，从不同角度、多重观点加以分析，考虑不同观点之间的固有内在联系，从而探讨一种整合性的新颖方案。

2. 辩证的判断

按照辩证法，要理解某一现象，就必须考虑构成现象的各要素间的复杂关系。这些要素各不相同但又互相依存，要素间一系列的复杂关系蕴含着差异性与统一性的矛盾，而且这种复杂关系总是使现象与必要的情境联系起来，由此决定着事物变化的趋势。在教育研究中，辩证的判断包括下述两方面。

（1）在蕴含复杂关系的情境中探讨具体的教育现象

例如，关于"女孩在自然科学领域的学习成绩偏低"的问题，应当不单从女孩的个人能力、学习态度、学习兴趣等角度来考虑问题，而是把这一现象与蕴含着动机、社会机会和群体期望等的必不可少的情境联系起来。于是上述每一种关系都开放地形成一系列问题：对不同群体的儿童我们有何期望？为什么有这种或那种期望？对于有个性差异的儿童，什么样的课程较适宜？一个儿童的能力与动机是怎样联系的？妇女的职业与女孩的学习兴趣有什么样的关系?这两者是怎样联系的? 等等。实际上,"女孩的学习成绩"是某种特定情境中的问题,离开该情境所蕴含着的必不可少的复杂关系,就无法准确理解或解释这一教育现象。认识到特定情境的存在及其蕴含着的必要关系,可以创造性地开拓研究领域,并揭示必须关注的有关现象。

(2)判断教育现象的变化倾向

首先,要澄清某一现象所固有的复杂、矛盾的结构,其中包括要素内、要素间的矛盾,以及情境中相互对立的力量的表现方式及消长趋势。接着,要推测该现象发生演变的几种可能性。然后,构想几种可能的干预方法,例如,关于"厌学"或"学生不满"的问题,根据辩证法,厌学或不满并不是学生共同的消极情绪反应,而是因为教育结构本身具有矛盾性:一方面,教育要提高全体学生的能力;另一方面,为了应试又大量地灌输知识,而忽视能力的培养。学生也具有矛盾性:一方面,对于支持、珍视、发展个人能力的那种教育予以欢迎;另一方面,为了应试又不得不死记硬背各门学科知识。因此,为解决教育的这种内在矛盾,就需要进行课程改革,全面推进素质教育。

3. 合作

与学生、同事、家长及其他关心教育的人一样,班队工作者本身也是教育共同体的成员。他们不是超脱于教育环境之外的"不偏不倚"的"观察者",而是在教育过程内,与共同体的各方成员一起,为改善教育实践而从事研究。共同体内每个成员的思想、观点、见解、想象、兴趣、疑问、关切、洞察、设计乃至忧虑都是一份精神财富。每个成员的智慧汇合交融,就形成共同体共有的教育资源。班队工作者一方面需要利用交汇融合的智慧资源从事研究,另一方面则应当通过研究为共同体增添新的精神财富。因此,教育研究是一项合作事业,其合作性主要表现在以下几个方面。①

(1)尽可能地吸收各方见解

研究者要尽可能地吸收各方见解,以使可用的信息资料尽可能全面、充实。要破除旧的等级制观念,对处于不同地位的教育参与者的观点一视同仁,也就是说,无论对方的地位如何,即使是学习成绩落后的学生,对于他们的见解也应认真倾听并考虑。研究者要在十分坦诚地承认对方完全可能言之有理的情况下进行讨论,切忌用程序性、封闭性的问题"框"住对方的思路,使对方的回答变成一种应付或"就范"。在交谈或讨论中,要不断地提一些开放性的问题,以使对方有充足的机会表达自己的思想。例如,可以这样提问:"为什么会……?""你认为如何才能……?""依你的看法是……?""你怎么会刚巧……?""你如何解释……?""请举例说明,好吗?"总而言之,"如何""什么""为何"是讨论过程中提问的"三宝"。

---

① 张民选.回应、协商与共同建构——"第四代评价理论"评述[J].外国教育资料,1995(03):53—59.

（2）努力使资料的收集工作具有相互影响性

两种不同的思维方式分别对应于不同的说话方式。直线式思维，即推导、论证与单方面述说相一致，这种思维本身无创造性，它只能作为结论或断定。而在交谈的双方或多方的互动——提出疑问、异议——回应和批判反思中形成的思维，即横向、多向思维和直觉思维，才是创造性的。在通过交谈了解各方对某一问题的见解时，研究者不仅可以问自己想问的问题，而且应向被调查者提出："你认为我应当问什么问题？""对这些问题你自己认为应该怎样回答？""我在与其他人的交谈中，他们提出了某事、某种见解。我想知道你对此有何见解。"等等。这样，就有可能在各种观点之间建立相互沟通的桥梁，判断不同观点中互相矛盾的要素之间的关系，并且触类旁通，明晰其他与该结构类似的一系列教育情境。

（3）通过协商、探究，达到创新

研究者要在种种不同观点、不同经验的相互挑战、碰撞、交流、启发和融会贯通中发现新的问题或焦点，开辟新思路，形成可用来改善教育实践的创新观念和方案。在这个过程中，不仅班队工作者本人，而且各方参与者，都会有一种因奉献自己的智慧并合作创新而产生的快乐。

尤其值得重视的是，研究报告本身也应充分显示研究过程的这种合作创新性质。研究报告必须显示：①来自各方的多种不同的报告、叙述和对每一种报告、叙述的评论，这些评论不仅解释和描述现象，而且提出诸多疑问、探询；②各种不同的观点、各方意见和事物的不同侧面；③有关各方对事实的感受和思考，在特定的时空、条件和经验中形成的共识，以及共识的形成条件和过程。研究报告所包含的叙述、评价和观点并不作为研究者自己的看法的支持性证据，也不是结论或断言，而是多元的、各自独立的见解，这些见解反映出广泛共享的经验结构，因而为研究报告的读者——教育参与者和合作者——选择可能的行动策略提供了可靠的根据。

4. 注重效益

行动研究的意义在于改善教育实践，而教育实践是否得到改善，或在多大程度上得到改善，其衡量标准是什么呢？显然，这种标准只能是教育的效益。教育的效益，是指通过任何一种连贯的、复杂的、协作的教育实践，参与者更加接近或达到那些卓越的标准。其中，"卓越的标准"既包括儿童成长、发展方面的卓越标准，又包括教育专业工作的卓越标准；这些标准是公认的，是有关领域历史演化、发展的结果，所以，个人的态度、选择、情趣和爱好应服从这些标准。这种教育效益是内在的，理由有二：第一，只有依据教育实践，凭借教育实例才能够说明这些效益；第二，只有依靠特定的教育经验和学习经验才可鉴别、认识这些效益。缺乏相关经验的人是无法判断教育实践的效益的。

单靠理论或单凭实践都无法实现教育的效益。脱离实践的理论会变成空洞、笼统的说教和固定的专门术语汇集；而无理论指导的实践则会陷入一成不变的例行公事和经验式的反应。唯有在理论和实践的相互作用中才能够取得教育的效益。教育实践中潜在的有关因素总是多样而异质的，采取某项行动的人不可能同时考虑所有因素，因此，总是有针对性地对部分因素作出反应，而忽视另一些因素。作出某项决定，意味着决策者排除了其他一些可能。因此，任何一项教育行动都不可能是绝对正确或圆满的。对教育行动进行理论层面的反思，不在于从外部引入不同的新概念，也不在于根据事实得出权威性的结论。反思的目的是对某项行动的基础提出疑问，做出探询，提供辩证的分析批评，以使人们注意先前被忽略了的可能性。理论层面的分析批评本身正是向问题开放：哪些方案是实际可行的？哪些洞察是有用的？唯有实践才能检验理论，并为理论的进一步发展提供需求和机会。总之，由于实践的改善促使理论本身也获得改善，理论的发展则为新的实践指引方向，教育的效益正是在理论和实践的相互作用中实现的。

三、班队工作研究的策略之二——案例研究

班队工作者是小学生精神成长的直接关怀者和襄助者，班队工作的效能，不可能源于空洞的、脱离生活的说教，只能产生在鲜活情境里的积极互动之中。我们所熟知的优秀班队工作者，例如，刘元璋、魏书生等，他们的成功都在于能在平凡的教育生活中洞悉不平凡的教育因素，并在其真挚情感的灌注过程中，通过与学生进行的接触、心理的交融，使学生在具体入微的真切感受中逐步成长。这一次次、一件件凝聚教师心血的教育事实，如同一滴滴水珠，汇聚起来，就成为一股完整的澎湃洪流。从研究术语来讲，这一个个具体事实，就是案例（case）。在目前强调班队工作者专业发展的背景下，开展研究，必然与这种专业发展相伴随，而案例研究，便是班队工作者开展研究的典型策略。所谓"案例研究"，是以叙事为主要方式，对某一教育情境中发生的事件及意义进行规范性描述与诠释。案例被视作一种分析对象，最初出现在医学教学之中，后来扩展至法律与工商管理领域，美国等欧美国家于20世纪70年代起将其应用于学校教学和教育研究当中。案例的外观类似于故事，但与自由表达的故事不同，作为一种研究方法，它具有一定的研究规范和表述原则，这是需要班队工作者了解并掌握的。

（一）班队工作者开展案例研究的价值

1. 作为自身工作史的鲜活档案

案例不同于平实甚至枯燥的小结，其内含的生动情节，决定了它如同对真实教育情境的"临摹"，将鲜活的言行留存于文字符号之中。优秀教师的一个共同经验，就是都会把自己的教育经历和体验经由思维的凝练表达成文，久而久之，就勾勒出教师自身的成长轨迹。案例这种档案形式，由于其真切透出的生命气息，而显现出独特的价值。

2. 作为教育反思的素材，推动自身的专业发展

案例中的叙事，当然不是对于文笔的卖弄，在栩栩如生的情节背后，蕴藏的是教育者的理念、智慧、真情和思考。反思，是专业发展的必要条件，"对职业活动的反思、在职业活动中的反思和为了更好地从事职业活动而进行的反思会使教师在自我觉察的反思中寻找到自己发展的有效途径。"[①]而反思的前提则是回顾与整理过去。案例所"播放"的就是已然发生的教育场景，无疑它为反思提供了最贴近教育现场的素材。事实上，构成规范性案例的要件，就包括了讨论与反思。

3. 作为班队工作的研究成果加以推广

案例研究的成果是否能成为理论建构的基础，是否能加以推广，一直以来被一些学者所质疑，甚至否定。但正如陈向明所分析的："在逻辑上任何研究者对被研究者的理解都应该具有'普遍性'。研究者之所以能够理解被研究者是因为他们双方的视域得到了融合，而这种融合是可以与其他所有可能出现的交流者的视域进行融合的。"[②]关于个案研究的外部效度，她指出，可以"在人类共同的大脑机制、思维方式、意义建构和情感反应等前提下达到'推论'的作用"。[③] 虽然案例来源于特定情境中的特殊事例，但其中所蕴含的价值与意义，对于人而言，具有一定的共通性和普适性。因此，班队工作中的案例，举凡合乎人之生命基本特征的，便具备了一定的外部效度，可以在此基础上推广至其他教育情境。

（二）案例的主要特点

在班队工作研究中，案例描述和诠释的对象，可以是某个个体，例如陷入班级人际障碍的某位学生；可以是小团体，例如具有很强执行力的某个少先队小队；可以是社会机构，例如班级文化建设有声有色的某个小学；可以是较大的社群，例如与少先队横向联系紧密的某个学区；等等。可见，虽然案例研究的对象是以单个体的形式呈现的，但这一单个体并不仅仅是一个人。作为一种规范性的研究方式，案例研究在实施和发展过程中形成了一些规则，这集中体现在案例的基本特征上。

首先，案例是真实的。案例是对存在过的教育情境、发生过的教育事件的再现。班队工作的记叙者往往是当事教师，由于亲历，就可能将整个师生交往和活动过程原汁原味地加以呈现。班队工作者应恪守的是，科学研究切忌弄虚作假，案例，只能源于事实，这是进行案例研究的基本条件。

其次，案例以问题为核心。问题是案例的"魂"，对于案例的叙述应围绕问题展开：交代背景是为了引出问题，描绘冲突和疑惑是为了凸显、诊断问题，记录事件的发展和高潮

[①] 叶澜,白益民,王枬,陶志琼.教师角色与教师发展新探[M].北京:教育科学出版社,2001:90.
[②] 陈向明.质的研究方法与社会科学研究[M].北京:教育科学出版社,2000:413.
[③] 陈向明.质的研究方法与社会科学研究[M].北京:教育科学出版社,2000:420.

是为了解决问题。案例的质量,很大程度上取决于研究者对于问题把握的准确性与明晰性。在小学班队工作中,由于教师的职责复杂多样,面对的学生千差万别,所面临的问题必然是层出不穷的。例如,班级中学生小团体的对立、冲突问题,学生之间冷漠、互不体谅问题,师生关系紧张问题,少先队活动组织失灵问题等不一而足。这些问题都源于实际的学校生活,问题的解决也诉诸教育实践。从某种意义上讲,案例就是对教育问题的叙述。

再次,案例具有典型性。"典型个案"是指"那些具有一定'代表性'的个案,目的是了解研究现象的一般情况"。① 案例研究是借助叙事揭示带有一定普遍性的教育道理及意义,并对后者予以诠释,因此,选择什么样的案例才能更准确、更有效地显示这种道理和意义就显得非常重要。例如,班队工作中常常会发生一些突发事件,这时就需要班队工作者具备较高的应对机智,总结在处置此类事件中所体现的一般的态度和解决方略。对此就应选择能充分实现研究用意的典型案例。

> **资料链接 9-2**
>
> ### 一个好的案例的标准
>
> ★ 一个好的案例应讲述一个故事。像所有好故事的标准一样,一个好的案例必须有有趣的情节。要能把事件发生的时间、地点、人物等按一定结构展示出来,当然,其中对事件的叙述和评点也是必要的组成部分。
>
> ★ 一个好的案例要把注意力集中在一个中心论题上,要突出一个主题。如果是多个主题的话,叙述起来就会显得杂乱无章,难以把握住事件发生的主线。
>
> ★ 一个好的案例描述的是现实生活场景,反映的应是近五年发生的事,因为这样的案例读者更愿意接触。
>
> ★ 一个好的案例可以使读者有身临其境的感觉,对案例所涉及的人产生移情作用。
>
> ★ 一个好的案例应包括从案例反映的对象那里引述的材料。例如,反映某个学校或某个班级的案例,可引述一些口头的或书面的、正式的或非正式的材料,以增强案例的真实感。
>
> ★ 一个好的案例需要对面临的疑难问题提出解决方法。

---

① 陈向明.质的研究方法与社会科学研究[M].北京:教育科学出版社,2000:107.

★ 一个好的案例需要有对已经作出的解决问题决策的评价。也就是说，一个好的案例不仅要提供问题及问题解决的方法，而且也要有对这种解决问题方法的评价，以便为新的决策提供参照点。

★ 一个好的案例要有一个从开始到结束的完整情节，要包括一些戏剧性的冲突。

★ 一个好的案例的叙述要具体、有特色，也就是说，案例不应是对事物大体如何的笼统描述，也不应是对事物所具有的总体特征所作的抽象化的、概括化的说明。

★ 一个好的案例要把事件置于一个时空框架之中，也就是说，要说明事件发生的时间、地点等。

★ 一个好的案例要能反映教师工作的复杂性，揭示出人物的内心世界，如态度、动机、需要等。

（资料来源　郑金洲.教师如何做研究（第二版）[M].上海：华东师范大学出版社，2012：165—166.）

（三）案例的结构及撰写

案例研究中最主要的工作就是撰写案例，如前所述，案例是对班队工作中某种情境的叙述，但作为研究成果的展现形式，案例必然有一定的格式与要求，案例的基本要素及其关系可用图9-2予以表示。

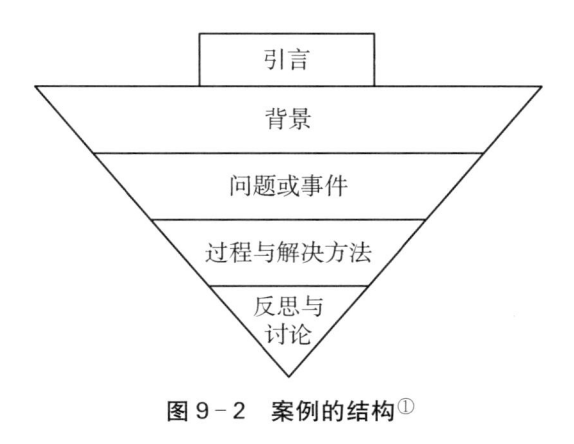

图9-2　案例的结构[①]

以下结合案例加以说明。

---

① 根据郑金洲的案例模型图修改，见郑金洲.案例教学指南[M].上海：华东师范大学出版社，2000：206.

案例 9-3

模糊教育

　　模糊教育不是和稀泥，而是处理问题的一种艺术。它不是穷追猛打揪住辫梢不放，而是在尊重、理解和信任的基础上，以静制动，决胜千里。

　　那天是周五，午休后，我站在走廊上正与一名学生谈话，小童就找我告状，说自己带来的 20 元买图书的钱没有了。我一听头都大了！学生丢钱常有发生，每次都查不出来。他怀疑是小博拿的。我乍一听觉得不可能：小博可是我最信任的班干部！可小童说有人看见午休时小博曾走出宿舍，而且从医务室买回五盒罗汉果润喉糖。我一听，有点道理——因为只有作为检察员才能自由行动……那还得了——身为班干部竟然偷窃！不会吧？虽然我有些疑惑，但这次既然有线索就不能不了了之了！一定要查个水落石出，等我抓到那个偷钱的人一定严惩不贷！

　　我想：别急着下结论，先调查清楚再做处理。我决定暗访——以防止小博串供。于是，我故意让小博帮我检查作业是否收齐，支开了他。一张调查大网暗暗张开了！

　　线索越来越清晰，所有证词都显示：钱就是小博拿的，我一肚子的火骤然生起——小博竟然利用职务之便行盗窃之事，我真是看错人、用错人啊！

　　我恨恨地想：这次可让我抓到了，借此机会"杀一儆百"！马上对他进行"批斗"。

　　我来到办公室，脾气正要发作，却看到他正在认认真真地工作。于是我压了压火，问："你今天有没有做过什么错事？你自己好好想想。"他马上红了脸，粗着脖子竭力否认。看他那样子肯定会来个顽抗到底，因为谁也没亲眼看见他偷拿那 20 元钱。我本人是心知肚明的，但现在受时间、空间、教育对象等外部条件的制约，这个问题暂时无法解决。在回教室的路上，我一直在思索，如何有效处理这件事：是在全班公开处理、大肆批评？是单独找他谈心、私下里解决？还是叫来家长双方沟通、共同解决？种种处

左侧内容是"引言"部分。引言主要是对案例主题的提示，让读者了解案例的要义，并对下文事件的产生和展开做好心理准备。引言无需长篇大论，简单扼要即可。本例中作者在"引言"部分揭示出的主题是"模糊教育"。

左侧内容是"背景"部分。背景主要是为事件搭建一个"时空框架"，清晰交代事件发生的地点、人物、组织机构等，为事件的展开作好铺垫。本例中作者布置的场景是在某小学学生宿舍中，发生了钱财失窃事件，"我"——班主任和嫌疑人——班干部小博将成为事件的主角。

的方式在我的头脑中闪现，同时种种处理方式的结果，我也在不断预料。

想起这个平时自尊心极强的男孩那紧张的神情，我把所有的想法都推翻了，我想，此时有必要把问题放一放，寻找合适的教育时机再解决，于是决定另辟蹊径——晾一晾。

就这样，我像平常一样上课，轻松自如，只不过课堂上的他似乎紧张了许多。就这样，一下午的课结束了，我没有叫他，他和其他同学一道放学回家了。

当天晚上，我打电话给他妈妈，将事情一五一十地说了，为了还孩子的清白或教育孩子，请她协助调查。他妈妈搜查书包果然发现了十几元来历不明的钱。看到家长焦急万分，孩子愧疚万分的神情，原先严惩的想法动摇了——假如他是我的孩子，一时鬼迷心窍犯了大错怎么办？学生犯错误，这是很正常的事情。不要将其看成洪水猛兽，或者是大逆不道的事情。孩子有时候做一些错事时只是觉得好玩，根本没有意识到后果。他现在已经认识到这样做是不对的，而且我相信他以后不会再犯类似的错误。于是我决定冷处理——不公开，不上报，但指出了他这样做的严重后果。要求写检讨交予家长保管，并要求他今后好好表现。为了"堵住"学生的嘴，我还对全班学生撒了一个"谎"——20元钱由我交还失主，表明是有人捡到交公了。

第二天，批改作业时我发现小博不但完成得质量不错，更值得高兴的是，字写得比以前工整了许多。在作业的结尾处，还有一小行话：杨老师，对不起，我保证以后决不会再出现这样的事了，你相信我吗？另外，他还画了一张带着紧张表情的小脸。看后，我思忖片刻，在他的本子上画下了一张灿烂的笑脸。

从此以后，班上没有再发生类似的事情。

对这件事情"晾了一晾"，就让它模糊地过去了，却收到了意想不到的效果。

> 左侧内容是"问题或事件"部分。问题是案例研究的核心，在事件的叙述中挑明问题，会加强案例的生动性和现场感。问题应明确而集中，是对主题的反映。本例中将行窃的嫌疑圈定在小博身上后，"我"用什么方式处理、解决这件事成为了一道难题，其中暗含了"模糊教育"这一主题。

> 左侧内容为"过程与解决方法"。过程与解决方法主要是将问题解决的过程与方法翔实地予以描绘，这部分内容是案例的主体，应将问题解决的步骤、细节生动而有逻辑地展现出来。本例中"我"根据小博的特点采用了"晾一晾"的做法，既保护了小博的自尊心，又使他认识到了错误，取得了很好的教育效果。

> 由此我想起了泰戈尔的一句诗:"不是锤的击打,而是水的载歌载舞,才让卵石臻于完美。"的确,目标清楚、指向明确的击打有时甚至会玉石俱焚,而寓教于乐、润物无声的模糊教育却能出奇制胜。我们都知道人非圣贤,孰能无过的道理,成人都有犯错误的时候,更何况是孩子呢?但我们有些大人却见不得孩子犯错,大错小错一律追查到底,轻则点名批评,重则行政处分,任意践踏孩子的自尊心和自信。教育最基本的目标是培养身心健康的社会建设者,按上述方法教育出来的孩子又岂会身心健康呢?其实,模糊教育何尝不是一种美?就此我得到一些启示:一是人的内心其实都有一种自律性,我们教育者就是要珍重并调动这种自律性,让学生进行自我教育,有时候这种内在教育比外在强加的教育效果要好得多;二是尽量从善意的方向理解学生;三是处理事情切忌盲目和急躁。

左侧内容部分是"反思与讨论"。反思与讨论是作者对事件的总结、体会和思考。这部分往往是作者对所亲历的教育活动的回溯并据此展开的理性分析,因此,对于提升教师的教育智慧具有很好的促进作用。本例中作者对学生犯错之后的教师应对方式进行了反思,指出了"模糊教育"的心理学基础及教育意义。

(资料来源 杨安萍:《模糊教育》。本文有删改。)

第二节
班队工作研究的课题

一、科研课题的产生条件

什么是课题?课题是指某一领域中尚未认识和解决的科学问题,即通过对背景知识的分析而提出的、寻求现象所蕴含的内在联系的问题。在教育领域,科研课题来自教育实践和反思,但是课题的产生或确定并不是随意的。爱因斯坦曾指出:提出一个问题比解决一个问题更重要。因为解决一个问题也许仅仅是数学上或实验上的技巧而已。而提出新问题和新的可能性,从新的角度看旧的问题,都需要创造性的想象力,而且标志着科学的真正进步。一项科研课题,必须有创造性、新颖性,有明确的目的、意义和内容范围,有相应的研究方法和研究步骤,以及有对完成该课题的条件的分析。因而科研课题的产生必须满足一定的条件,即研究者能形成有价值的、独创性观念,准确理解所探讨的问题,并具有科学的精神气质。

(一)形成有价值的、独创性的观念

研究者凭理性和直觉,将下述各方面整合起来,就可能形成有价值的、独创性的观念。

1. 学科知识的掌握和运用

哲学、社会学、心理学和人类学等学科的知识提供了探讨问题所必须使用的一般理论概念。不同的哲学观点有助于研究者从多重角度思考儿童成长与生活的内在关系,并从不同观点的交流中酝酿创新性的思想。社会学知识使研究者在制定教育培养目标方面能考虑未来生活的多样性、技术进步、工作的灵活性和国际理解等因素。心理学原理使研究者能根据儿童的年龄特征和身心发展规律来思考教育问题。人类学从整个人性出发来解释各种文化建构。在教育领域,人类学研究人的可教育性,教育气氛,人的际遇、处境及危机,空间、时间与人的成长,语言和判断力在人的发展中的独特作用等,从而启示研究者用全方位整合的观点来研究教育问题。

2. 了解学校实际情况

教育实践是培育独创性观念的肥沃土壤,班队工作者需要了解以下几方面实情:学校的发展方向;学校的办学特色;学校的风气、舆论与传统;各教育主体之间互动的性质;学校中的人际关系;学校中人们的思维方式、行为方式和价值观念;学生、教师期望、关注的焦点,他们的担忧、争端、要求和分歧;学校制度对学生整体人格的影响;学校的文化、心理氛围;等等。

3. 对学生的思想、行为方式进行观察、描述

对学生的思想、行为方式加以细心的观察和准确、明晰的描述,有助于抛弃偏见,全面认识学生,并使未预料到的真实情况显示出来。具体可通过以下两种方式:①轶事记录。对学生的行为和学业表现作叙事式的描述,追踪确定每个学生的兴趣、特长和成长、发展的实际情况。叙事要明晰,凸显学生的行为及其与周围环境的关系,评论简短贴切。要为每个学生建立轶事档案,并让学生及时了解教师对自己行为的评价,鼓励学生回应并提出问题。②检验表。根据具体的目的,以明晰、准确的措辞表述一系列可观察、可检验的标准,由此编制成检验表,用来观察、描述、测定学生的进步情况。检验表的项目宜包括学生行为的各重要方面,如学习态度,与同学的交往、互动,学习兴趣和热情,理解力,批判思维力,学习迁移力,选择、收集信息的能力,利用各种学习资源的情况,学习内容和方法的选择,识别、解决问题的技能,以及情绪表达,等等。

4. 了解已有的研究成果

了解已有的研究成果,是指通过查阅文献,从整体上把握有关研究领域的现状和历史,已取得的主要成果,研究的最新动向、趋势,争端和不同观点,被忽视了的问题,研究的深入、拓展程度，等等，从而发现重要的研究线索，找到研究的新起点。

5. 个人工作经验的提升

班队工作者要利用工作记录、自我评价和学生的评价，以积累个人工作经验。工作记录既要包括规范性、理解性、评价性的内容，又应突出描述性的内容。描述性的记录起着"画龙点睛"的作用，使人对过去的经验有一种清新、生动和开明的认识。教师自我评价的基本标准，应当以回应儿童的基本需要为依据。要通过反思发现问题，并确定改进方案。利用学生的自我评价，能促使教师从学生的立场、观点反思教育实践，由此提升工作经验。教师可以提出一些引导性的问题要求学生回答，从而了解学生的想法，进行工作分析。例如，你是用什么方式学习的？你有哪些发现？哪里是你觉得棘手的？你给自己的评价是什么？哪些事你能自己处理？哪些事你需要得到帮助？你做过什么决定？这些决定是怎样起作用的？关于刚发生的事，你有什么看法？等等。

6. 理解我国教育的重要问题

理解我国教育的重要问题——如素质教育——至少包括以下各方面：理解问题的核心；理解重要问题与次要问题的区分理由及相互关系；理解我国的重要教育问题与当今世界背景的关系；理解我国的教育制度与重要教育问题的内在关系；理解重要教育问题与学生行为和学校日常生活的内在联系；理解解决该重要问题的阻力、克服阻力的方法、途径等。

只有将上述六方面有机地结合起来，班队工作者才可能形成独创性的观念，从而促进研究课题的产生。

（二）准确理解所探讨的问题

准确理解问题，就是洞察、揭示问题的本质，具体表现为对问题加以重新组织，或就问题的内涵提出新的概念，从而生成解决方案。如果不能掌握问题的本质，而把枝节、表面现象或伪问题当作"课题"来研究，那么势必严重削弱乃至丧失研究的价值和意义。以下三种方法有助于研究者准确理解所探讨的问题。

1. 区分真、伪信念

任何课题的确定，总是以研究者的信念为依据的，但是"信念"带有一种本身固有的、不可避免的模糊性。信念可以先于理智而产生，也可凭个人经验、习惯或常识而形成。一般而言，有着极大影响力的习俗、常规尤其容易演变、内化成遵奉该习俗、常规的人的信念。尽管如此，区分真、伪信念仍然有客观标准，因为信念有其外界参照：真信念总是与一定的事实相联系，但是伪信念却无这样的事实依据。所以要对使一个信念为真的这件或许多件事实作出描述，而且这种描述在信念为伪的情况下不能适用于任何事物，这样的事实就是该信念的"证实者"。对于不能直接通过经验来确认的事物，可以通过与之有关的事件和经验这两者之间的因果、时空关系来确定该事物。例如，人们能够理解"曾祖父母的曾祖父母"这种关系,因为体验过"父母"这种关系,可以想象出能使上述关系为真的事实。必须注意的是,在教育领域,在尚未弄清某个学生的实情的情况下,绝不能凭"普遍概括的"原理,就对该生的现状和发展趋势下断言。例如,对某个学习困难的学生,不能仅仅根据概括化的关于学习困难学生的特征和相应对策来给该生开"处方",而应根据他本人的实际情况来决定帮助他成长的方案。概括化的原理不是处理某个具体事件的根据,而仅仅是一种参考,之所以如此,是因为普遍性总是蕴含在个性之中,并通过个性而表现出来的,普遍性不能代替个性。

2. 认识问题的背景

问题总是在一定的情境中产生的,而每一个问题的情境又都有其隐蔽性,且往往是复杂的背景。因此,脱离问题的背景孤立地看待某种现象,是不能洞察问题的。一种教育现象的发生是由于人的行为使然,而人又总是生活在一定的环境中,并非孤立于环境随意行动,人的行为是在人与环境的互动中发生的。脱离环境就无法解释人的行为,也无法理解相应的教育现象。洞察教育问题的关键在于澄清人的哪些行为导致环境发生了怎样的变化。例如,孩子厌学是一种教育现象,厌学与一定的制度、观念有着内在的关系,而制度、观念都是由人建构的。要揭示厌学现象背后隐藏着的问题实质,关键在于澄清人的哪些行为导致制度、观念正在发生或已经发生了什么样的改变,以及这种制度、观念对成人、孩子有什么影响。

3. 突破思维定式

教育中的思维定式主要有以下三种。

一是"两分法"。把复杂的教育现象所包含的诸因素简单地划分为互相对立的两极,如主要和次要、非此即彼、好与坏、多与少等,而忽略各因素之间的内在联系。受这种思维定式支配的教育观念往往涉及教育的各个方面,例如,"教学过程的本质到底是传授知识还是培养能力?""对小学生来说,到底是活动更重要还是学科知识的学习更重要?""奠定基础更重要还是发展个性更重要?"又如,把学生简单地分成"好、中、差"三类,对一个学生的评价局限于他的"优点、缺点"。再如,把"教育负担的轻重"当作教育的基本问题。总之,"两分法"完全忽略了教育中诸要素在交互作用中的互补关系和相互渗透关系,忽略了各因素之间矛盾转化的条件,把复杂的教育现象人为地简化为一种可以用"加、减法"或"二者取一"来解决的"问题"。

二是"教育者本位"。"教育者"包括教师、教育行政人员和教育管理部门。受这种思维定式的支配,考虑一切教育问题都以教育者一方的需要、利益为根本,研究问题的出发点、方向、目标、结果都是为教育者服务并用来解释教育者的行为的,而学生反倒成了教育者行动的"配角",成了达到教育者目的的手段。

三是"学科本位"。受这种思维定式的支配,不是以实际的问题为中心而是以某门学科的概念、原理为中心来展开教育研究;不是综合运用诸学科的概念、方法以创造性地解决具体的教育问题,而是把实践经验仅仅作为论据,来说明学科中的既存概念,或把教育经验仅仅当作充实、完善学科体系的手段。就此而言,学科成了禁锢研究者思想的樊笼。

以上三种思维定式由于其固有的狭隘性而使人无法发现教育中的真问题。

(三) 科学的精神气质

像一切有组织的社会活动一样,科学是一项精神事业。科学不仅是一组技术的、理性的操作,更是一种献身于既定精神价值、受伦理标准约束的活动。① 唯有科学精神存在,科研活动才成为可能。科学的精神气质,从根本上指导着科学家的行为,也是科研课题得以产生的必要条件之一。科学的精神气质包括以下几方面内容。②

1. 普遍性

普遍性是指以科学本身的价值为标准来评价任何科研成果。普遍性强调真理标准的客观性质,不以任何非科学的价值标准作为评判真理的尺度。它禁止人们把知识生产者的社会地位、出身、宗教信仰、人种、性别、党派、政治态度等作为附加条件和价值标准来评价他所生产的科学知识。评价一项科学贡献不应该与贡献者的任何社会属性联系在一起。普遍性坚持用科学的价值标准来评价任何人的科学产出,不畏"大人",不以"圣人"的是非为是非,也不以研究者的个人偏爱为取舍根据。

2. 有条理的怀疑主义

有条理的怀疑主义认为,应该用怀疑、批判的态度对待一切科学理论。著名科学哲学家波普尔(Karl Popper)指出:"一切生物机体都要犯错误,人是生物机体,因此人是会犯错误的;科学是人的建构,因而科学是可以有错误的,任何科学理论都是试探性的、暂时的、猜测性的假说,即使是目前非常成功的理论,也只是真理的一种近似,而为了找到更好的近似,除了对理论进行理性批判以外,别无他途。只要我们能够从错误中学习,那么,我们就能够推动科学进步。"③怀有这种精神的科学家,能在实践的检验中不断改变理论的形态,并在与交替出现的谬误的较量中不断提高真理的真值。

3. 公有主义

公有主义认为,科学发现是社会协作的产物,科学知识是人类共同的财富。所有科学同行都有权分享现存知识。公有主义尤其强调:从科学中取其所需的人有义务公开他个人的新发现,因为这些发现是建立在科学共同体已有财富的基础之上的。因而,在科学中保密是不道德的行为。首先,保密使科学发现成为私产,从根本上违背了公有主义的科学精神。其次,保密使科学家对其他同事已经做过的工作一无所知,从而剥夺了他获取从事有关研究所

---

① [美]伯纳德·巴伯.科学与社会秩序[M].顾昕,等,译.北京:生活·读书·新知三联书店,1991:100.
② [美]杰里·加斯顿.科学的社会运行[M].顾昕,等,译.北京:光明日报出版社,1988:20—26.另见李汉林.科学社会学[M].北京:中国社会科学出版社,1987:38—43.
③ [奥地利]波普尔.科学知识进化论——波普尔科学哲学选集[M].纪树立,译.北京:生活·读书·新知三联书店,1987:1—3.

必须的大部分信息资料的权利。最后,保密还废除了科学家之间对于新工作、新思想的非正式讨论,而这种讨论对于任何科学创造都绝对是必要的。

4. 无私利性

无私利性认为,应当为了科学本身的目的而从事科学研究,以追求真理为最高目的和唯一方向。这种精神反对将科学作为谋取私利的敲门砖,反对把追求权力、金钱、地位作为目的的任何行为。如果没有这种无私利性,有关科学创新的公有主义价值就不可能实现。如果大多数人都把公共的科学理论仅用来为自己的私利服务,那么科学共同体的财富就会停止增长,从而失去其作为科学的本质特征。

二、研究课题举例

针对班队工作的研究属于应用研究,包括:教育实践中亟须解决的问题之研究,成功的教育经验研究,教育改革、教育目标、教育内容、教育方法和教育环境的研究,等等。应用研究旨在探求有实践价值的新知识,并从实践角度支持理论的创新,以改进、完善教育实践。

一项应用研究的成果有以下衡量标准:①对于改善教育实践有明显的效果;②发现了教育过程中新的事实,提出了新观点、新见解,或对原有事实作出了新的解释;③提供了新的教育内容、方法、途径,创造了新的教育环境、教育范式,或对其有实质性的改进;④为理论提供了新例证,或修正、补充了理论;⑤观察、描述工作适当,描述准确。

一项研究课题的确定、实施,应始终围绕应用研究的性质、目的和评价标准展开,以下是两项课题举例。

(一) 品格教育

品格,指一个人(或一个群体、一个民族)所特有的不同于其他人(其他群体、其他民族)的思想、道德品质。品格在儿童的成长、发展中起着灵魂、导向的根本性作用。品格教育是提高全民族素质的极其重要的途径。一方面,由于生态破坏、环境恶化和全球贫富差距日益扩大,人类的生存和持续性发展受到前所未有的严峻挑战。没有好的品格不足以承受挑战、战胜困难,"没有品格的知识是危险的"。另一方面,我国在改革、发展中也产生了一系列无法回避的伦理价值问题,例如,权力、金钱是否应成为社会的根本动力?面对信仰真空或伪信仰该怎么办?在价值观念混乱的环境中,什么是儿童教育的价值取向?怎样避免社会丑恶现象对年轻一代精神上的侵害?因此,当前国际教育的新动向之一是重新重视品格教育,从新的角度对品格教育的内容、方法进行研究,提出有特色的范例。以下三个范例可供借鉴。[1]

---

[1] 施铁如.面向新世纪的品格教育[J].比较教育研究,1999(01):44—46.

1. 儿童发展计划

儿童发展计划(The Child Development Project,简称CDP)是美国为了培养儿童的亲社会品格而开展的一项计划。其设计特点是道德认知、实践与反思相结合,系统地改善教育环境与儿童的切身体验相结合。例如,为儿童提供与他人合作追求共同目标的机会,了解他人经历并理解他人的感受、需要、看法的机会,练习和发展社会交往能力的机会,承担学校和社区职责的机会,等等。又如,组织爱心活动、社区服务、跨年龄伙伴活动,并阅读、讨论有关社会价值的文学作品。该计划的实施结果是:学生的责任心、公平观念、民主意识、人际交往能力有了显著加强或提高,社会互动情况也获得了较大程度的改善。

2. 海德学校试验

海德(Hyde)学校是美国的一所私立学校,其特色是通过培养品格使学生实现生活目标。海德学校的一切教育策略和安排都围绕着一个"行动—反思环"展开,即儿童通过行动产生某一新观念,进而通过反思而接受这一新观念,以此新观念引导行动,于是行动与观念互相强化。学校有学术、体育、艺术和服务四类课程,强调学生人格的健全发展。社会服务包括到社区机构提供帮助,和成年市民一同工作;校内服务指每个学生每天在校内从事一项工作,诸如搞卫生,去食堂服务等。此外,学校还为学生提供与他人共享经验、交流意见的充分的机会。学校努力形成学生—教师—家长三位一体的教育、成长体系:激励学生怀有远大的生活目标,让家长成为孩子最基本的教师,鼓励教师成为新型专家,使学生、家长和教师都力争优秀。学校为家长设置家庭课程,组织家长学习、交流、探讨家庭教育和儿童成长方面的问题。

3. 蒙台梭利学校计划

蒙台梭利学校是世界上最大的私立学校,是国际公认的学生有良好素养和卓越成就的学校。该计划有以下四方面突出特征:①普遍的价值。把价值教育作为儿童发展中最基本的方面,注重同情、善良、可信、勇敢、谦虚和坚毅等品德的培养。②优秀。把优秀作为学生生活的指导原则,并鼓励学生发展其全部潜能。③全球理解。包括维护世界和平,相互依存的意识,对人类命运承担责任的意愿,尊重文化差异,各民族友好交往,增进相互理解。④服务。每个学生必须从事一定的社区服务和校内服务,诸如扫盲、帮助穷人等。

我国小学进行品格教育,应当以追求真、善、美,培养爱国情操,提高批判思维能力和价值判断力为根本目的,坚持主体性、情境性、合作性和兼容性原则,使实践、反思、阅读、讨论等活动相互配合,在一体化教育中努力建设品格教育实践基地,并开设品格教育论坛,使学生在积极的社会互动中养成优良品格。

(二) 儿童的人文教育

1. 儿童人文教育的内涵

人文教育,是相对于技术教育或职业训练而言的,是关于人之所以为人的教育,可以使人具有开明的心智、开阔的思想、优良的文化素养和道德品质。儿童的人文教育,是关于"做人"的教育,在人的生活、发展中起着最基础的作用,其重点在于:系统地改善儿童的生活、学习环境,使成长中的人的基本需要得到满足,引导儿童养成理性和德性,并帮助每一个学生找到为实现生活意义而充分发挥自身潜力的道路。

2. 儿童人文教育的意义

归属与爱是人的基本需要。儿童需要一个有组织、可信任的世界。工业化社会引起的人员过度流动和行为漫无目的给儿童的身心带来严重损害;由激烈竞争造成的过重的学业负担既加强了儿童的疏离感,又剥夺了他们体验生活和爱的机会;持续不断的都市化、高度的商业化、环境污染、家庭的分崩离析、代沟、传统团体的瓦解和人际关系的表面化,加强了人们尤其是儿童对社交、亲密、归属的渴望和摆脱孤独、异化感的需要。[①] 父母、教师不公正的态度或自相矛盾的行为使孩子焦虑,孩子认为这是世界变得不可靠、不安全的凶兆。[②] 父母、教师对孩子的指责、威胁、体罚、过度的施压或忽视同样会严重伤害孩子的心灵。而接触自然界,漫步于海滨、森林、园林之中,接触田野和动物,会使儿童热爱大自然,形成生态意识和环境保护意识。因此,要创造条件,让学生了解家乡人民的生活、历史和传统,培养为家乡作贡献的情感、态度,保护家乡的自然环境,美化环境,并继承、发展家乡的文化艺术。学校和社区可以协同组织"创建家乡活动"[③],让学生在家乡的自然环境、人文环境中展开各类实践性的学习活动。

3. 儿童人文教育的内容

(1) 自尊和尊重他人

使儿童养成自尊和尊重他人的态度是人文教育的一个重要内容。自尊,就是对自己的人格、能力、成就、优势、胜任和潜能的肯定,是一个人对自我价值的肯定。自尊的人才会尊重他人,才会自信并承担责任。自尊和尊重他人是平等、公正观念得以形成的必要前提。培养自尊心的最佳办法是既尊重学生又严格要求学生:尊重,意味着维护学生的自主性和独立人格,承认学生的能力和优势,赞扬学生的成就;严格要求,意味着鼓励学生充分发挥潜力,支持学生追求优秀。自尊不同于自恋,自恋者用自我取代现实,未能意识到自己以外的现实存在,不能认识到他人的处境、他人的需要;自恋者对外在世界漠不关心。[④] 培养自尊心应当与尊重他人、学会关心同时实行、相互补充。要利用并创设种种教育环境,使儿童切实体会到他人与自己的同等重要性,进而认识人与人之间的平等性质。要提供多种机会,鼓励学生帮助他人、关心集体、关心社会和生存环境、追求知识和真理,激发学生参与人类生活的道德

---

① [美]马斯洛. 动机与人格[M]. 许金声,等,译. 北京:华夏出版社,1987:46—50.
② [美]马斯洛. 动机与人格[M]. 许金声,等,译. 北京:华夏出版社,1987:45.
③ 罗正华. 日本的家乡教育[J]. 比较教育研究,1992(01):39—42.
④ [美]艾·弗罗姆. 人心[M]. 孙月才,张燕,译. 北京:商务印书馆,1989:56—60.

感,并养成合作精神。

(2) 主动地生存

人文教育的核心是使学生学会主动地生存。主动地生存,是指创造性地运用人的力量,以引起有益于社会的变化。对学生来说,主动意味着展现个人的才能、天赋和愿望;这就是说,要成长,要自我更新,要有兴趣去观察、倾听,要爱,要奉献。[①] 主动地生存有以下四个特征。

第一,获取生动的经验。学生需要从事探究、交往、审美、公益等多种不同性质的活动。人生原本就是由多种、多重活动复合而成的,只有参加多样化的活动,才能获得生动的、丰富的经验,从而体会人生的价值。

第二,个人的行为与其动机、性格相符合。个人的外在行为与推动他行动的真正力量是完全一致的,个人的性格结构、真正动机和行为协同构成其完整人格。言行不一、表里不一、"戴面具"生活,都违背了主动地生存这一要求。

第三,追求真理。一方面,既要关注表象,努力扩大生存领域,对周围世界、他人和自我的真实情况有更多的理解,又要穿透表面现象,洞察本质,从而批判地接近真理。另一方面,能接受真知。生活中,当令人痛苦的事实或真实想法将要暴露的时候,人往往产生一种抗拒心理,费很大的精力去隐藏我们所知道的东西,并竭力忘却自己这种隐藏真知的实质,似乎这种知识一旦被意识到,生活就"太困难""太危险"了。因此,接受真知不仅需要有自知之明,而且需要勇气和坚贞。

第四,奉献。奉献,并不意味着"放弃""失去"某些东西,它既不同于牺牲或伴随牺牲而来的痛苦经验,也绝不是交易行为。奉献,就是用自己最珍贵的品质为祖国、为他人服务,就是把自己的诚意、兴趣、同情、谅解、仁慈、理智、才华、知识、创造力、技能、幽默乃至忧虑——把所有这一切——创造性地给予祖国、给予他人。奉献是个人潜能和生命力的最高表现。

在学习领域,主动地生存有以下几种表现:①建设性地回应教材。学生有浓厚的兴趣,由他人的话语、思想而引发,形成自己的想法,产生新的问题、观点;通过学习,学生本人的思想变得更丰富,进而得以扩展。②生动的想象和深刻的理解。学生会自由联想,能创造性地想象,并联想曾经观察、体验过的事物。③自发地、创造性地交流。在学习中,学生忘记自身及其地位,不把知识作为占有物,而是发自内心地、创造性地作出反应。例如,把阅读作为读者和作者之间的对话。对于作者的思想感情,读者会在内心产生共鸣,并体会到自己与作者是如何达到心灵沟通的;他会意识到作者自相矛盾之处和回避了的问题;他会向作者提出质疑和追问;他会区分哪些观点是作者的新贡献,哪些是其继承前人的,哪些观点是偏颇、有局限性的;他能体会何时作者充满感情,何时用纯理性来说话;他能发现作者的叙述是否确实

---

① [美]艾·弗罗姆.占有还是生存[M].关山,译.北京:生活·读书·新知三联书店,1989:94—96.

可靠。①

实施这两项课题,必须遵循行动研究的原理,在理论和实践的互动中进行。师生之间、班队工作者与各方教育参与者之间的合作是取得研究成果的必要条件。人文精神、道德力量的感染,既是研究内容,又可作为一种研究策略。研究者应注重对本地区、本校实际条件的分析,以保证具体计划的切实可行和有效。

> **思考与探究**
>
> 1. 结合个人工作,举例说明怎样把科研意识运用于一项实际研究。
> 2. 行动研究过程由哪些阶段构成?如何理解"行动—反思—再行动"的循环?
> 3. 构成案例的要素有哪些?怎样才能写好班队工作案例?
> 4. 针对本校实际情况,确定一项班队工作研究课题,制定计划并加以实施。

参考文献

1. 郑金洲.教师如何做研究(第二版)[M].上海:华东师范大学出版社,2012.
2. 李冲锋.教师如何做课题[M].上海:华东师范大学出版社,2013.
3. 丁炜,陈静逊.小学教育科学研究方法(第2版)[M].上海:华东师范大学出版社,2014.
4. 杨小微,李家成.中国班主任研究[M].北京:北京大学出版社,2017.
5. 郑金洲.案例教学指南[M].上海:华东师范大学出版社,2000.
6. 高耀明,李萍.教师行动研究策略[M].上海:学林出版社,2008.

视频资源

视频内容: 行动是自信的源泉——乡村班主任的自信心发展之路
讲 座 者: 巩淑青
视频提供: 浙江省武义县芦北小学巩淑青

从自我觉醒、内生自信,到学习理论、付诸实践,再到专业反思、著述发表。正是通过科学研究,使一个普通班主任逐步走向优秀。

---

① [美]艾·弗罗姆.占有还是生存[M].关山,译.北京:生活·读书·新知三联书店,1989:40—41.

附 录

一、《小学生日常行为规范（修订）》

2004年

二、《少先队辅导员工作纲要（试行）》

2005年

三、《中小学班主任工作规定》

2009年

四、《教育部关于〈中小学班主任工作规定〉所作的说明（节选）》

2009年

五、《中小学心理健康教育指导纲要（2012年修订）》

2012年

六、《中国少年先锋队章程》

2020年

七、《中共中央国务院关于全面加强新时代大中小学劳动教育的意见》

2020年

八、《大中小学如何开展劳动教育？教育部12问答详解》

2020年

九、《中共中央关于全面加强新时代少先队工作的意见》

2021年

十、《全国教育科学规划课题申请书》

2021年